《厦门法学文库》编委会、编辑部名单

编委会
主　任：李伟华
副主任：刘炳泉　姚新民　吴少鹰

编辑部
主　编：吴少鹰
副主编：陈延朝
编　辑：唐艳艳

厦门法学文库

2016年卷

厦门市法学会 ◎ 编

图书在版编目(CIP)数据

厦门法学文库. 2016年卷 / 厦门市法学会编. —厦门:厦门大学出版社,2017.1

ISBN 978-7-5615-6358-8

Ⅰ. ①厦… Ⅱ. ①厦… Ⅲ. ①法学—文集 Ⅳ. ①D90-53

中国版本图书馆 CIP 数据核字(2016)第 295670 号

出 版 人	蒋东明
责任编辑	甘世恒
封面设计	蒋卓群
责任印制	许克华

出版发行	**厦门大学出版社**
社　　址	厦门市软件园二期望海路 39 号
邮政编码	361008
总 编 办	0592-2182177　0592-2181406(传真)
营销中心	0592-2184458　0592-2181365
网　　址	http://www.xmupress.com
邮　　箱	xmupress@126.com
印　　刷	厦门集大印刷厂

开本	787mm×1092mm　1/16
印张	20.75
插页	2
字数	506 千字
版次	2017 年 1 月第 1 版
印次	2017 年 1 月第 1 次印刷
定价	95.00 元

本书如有印装质量问题请直接寄承印厂调换

厦门大学出版社
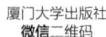
微信二维码

厦门大学出版社
微博二维码

序

中共厦门市委常委、政法委书记　李伟华

　　法治是人类政治文明的重要成果,是治国理政的基本方式。党的十八大以来,以习近平同志为总书记的党中央从战略和全局高度出发,提出建设法治中国的重大任务,强调坚持依法治国、依法执政、依法行政共同推进,坚持法治国家、法治政府、法治社会一体建设,将中国特色社会主义法治建设提升到了新的战略高度。在全面建成小康社会的关键阶段和全面深化改革的攻坚时期,党的十八届四中全会以依法治国为主题,吹响了建设社会主义法治国家的进军号。全会通过的《关于全面推进依法治国若干重大问题的决定》,是指导新形势下全面推进依法治国的纲领性文件。在全面深化改革、全面推进依法治国大背景之下,2015年1月,厦门市委第十一届九次全体会议审议通过了《关于贯彻党的十八届四中全会和省委九届十二次全会精神全面推进法治厦门建设的实施意见》,以"敢为天下先"的气魄,在全国率先提出"建成法治中国典范城市"。2016年新修订的《美丽厦门战略规划》,将"法治厦门"行动计划纳入了"十大行动计划"。2016年10月召开的厦门市第十二次党代会确立了建设"五大发展"示范市的战略核心,明确提出了建设最具安全感的城市,全面建设法治厦门,深化平安厦门建设,加强和创新社会治理,增强社会抗风险能力的任务要求。明确的法治目标,勾勒出法治厦门未来蓝图;而实现这个目标,则需要我们更加充分地发挥法治的引领、规范和保障作用。

　　全面推进依法治市,加快建设法治厦门,为法学研究事业和法学会工作提供了宝贵的历史机遇,为广大法学、法律工作者履行责任、实现抱负、报效国家开辟了广阔舞台。法学会作为党领导的人民团体、群众团体、学术团体和政法战线的重要组成部分,肩负着繁荣法学研究、推进法治建设、服务经济社会发展的重要职责,是推动法治厦门建设的重要力量。近年来,市法学会面对新形势新任务新要求,充分认识自身肩负的职责和使命,努力发挥自身优势和影响力，团结和引领广大法学、法律工作者，围绕中心，服务大局，先后举办了厦门自贸区法治保障、两岸司法互助、社会矛盾多元化纠纷解决机制等一系列有针对性的论坛研讨，一批研究成果得到转化应用；不断推动学术研究，选送并参加多场全国性、区域性法学论坛及研讨会，相当数量的文章获得优秀奖项，成绩斐然。法学会通过卓有成效的工作，较好地发挥了法学研究服务经济社会发展、服务民生的作用，成为我市法治建设进程中不可或缺的"思想库""智囊团"。

为展示我市法学研究的丰硕成果，市法学会决定从2016年起编辑出版"厦门法学文库"系列丛书，计划每年编选一本。这次组织收集、汇编的《厦门法学文库（2016年卷）》，荟萃了49篇优秀之作，倾注了全市法学、法律工作者的心血和汗水。他们借鉴域内外先进法治理念，结合实际提出了一系列厦门法治建设的真知灼见。文库内容涉及法学理论研究、司法体制改革、社会治理创新、纠纷多元化解、自贸区法治保障、两岸司法互助等法治建设的各个领域，展示了厦门法学、法律工作者深厚的学术功底和严肃的治学态度。文库的付梓出版，必将为服务厦门法治建设实践，弘扬法治文化起到重要的推动作用。

繁荣法学研究任重道远，推进法治建设不辱使命。希望厦门法学、法律界继续认真开展法学研究工作，积极担当历史和时代赋予的重任，切实增强为大局服务、为全局奉献的意识，坚持立足厦门、研究厦门、服务厦门，主动贴近全市经济社会发展大局，主动服务领导决策，主动参与法治实践，努力提出更多高质量的研究成果和切实可行的对策建议，为全面推进依法治市、建设法治厦门做出新的更大的贡献。

目录

法学理论研究

司法权力运行的矛盾及其辩证与消解
——对新一轮司法改革举措的审视 / 陈鑫鹏 /003

论司法公正与司法资源配置
——以诉讼当事人为视角 / 刘远萍 /010

论法官独立审判的现实困境和改革路径 / 郭顺强 /020

行政规范性文件司法审查思考 / 张小宣 /028

侦查阶段刑事和解制度研究 / 卢 琳 /036

民事虚假诉讼的程序及侵权责任法律规制研究 / 邱淑贞 /044

论行政诉讼的成熟原则 / 刘菲寒 /050

浅议刑罚变更执行中的受害人权利保护 / 林晓葳 /057

司法体制改革

法官员额制背景下基层法官助理制度探析
——以司法辅助事务精细化分工为视角 / 肖安定 /063

浅谈我国法官独立与司法公正的实现 / 李江河 /070

案管视角下检察管理体制改革初探 / 郑焱燕 /078

法官员额制度的冷思考：数量限制手段与精英化目标的背离
——基层法院实施法官员额的制约条件及过渡性措施 / 张占甫 /086

人民检察院人员分类管理改革探讨 / 刘胜男 /095

目标与路径：如何构建以审判为中心的刑事诉讼制度
——以台湾地区刑事诉讼制度改革为镜鉴 / 黄鸣鹤 /102

深化检察官管理体制改革的若干思考 / 洪文海 /111

深化司法改革背景下检察听证制度的实践操作及完善建议 / 陈城辉 /117

社会治理创新

从立法视野试探流动摊贩的社会治理 / 丁贤志 /125

关于无证旅馆管理的调查与分析 / 林少强 /128

浅谈对"资本运作"式传销的综合治理 / 白世伟 /134

公证参与社会治理路径研究 / 刘 莹 /141

公众参与社会治理调查分析 / 厦门市思明区委政法委课题组 /145

破解城管执法"塔西佗陷阱"的对策研究 / 王慧婷 /154

加强涉毒问题综合治理工作的调查与分析 / 刘为华 /159

做好道路交通排堵保畅工作的几点思考 / 程章秋 /164

厦门物流寄递渠道违法犯罪问题的现状、对策与调适路径探析 / 王学宁 /169

纠纷多元化解

多元化纠纷解决机制地方立法设计的调查研究 / 姚新民　黄鸣鹤 /177

建设区域性法律服务与纠纷解决中心构想 / 黄鸣鹤 /187

诉前调解正当性问题探视 / 杨建伟　邱福香 /194

律师介入信访工作全领域的实践与思考 / 厦门市信访局课题组 /199

浅谈司法公信视角下"虚假调解"规制机制的构建 / 张 颖 /204

运用人民调解方式化解行政管理领域民事纠纷 / 林金铿 /214

强化医患纠纷调解　推进厦门法治建设 / 蒋雅婷 /218

引入第三方人员参与信访矛盾化解的实证探究 / 吴雪莹 /223

自贸区法治保障

自由贸易试验区新型争端解决机制的司法保障研究 / 李 婧 /229

基层检察院在厦门自贸区建设中如何发挥服务保障作用 / 林育清　林丽玉　黄建宏 /238

厦门自贸园区公安管理工作初探 / 伍亲朝 /243

厦门自贸区事中事后监管制度研究 / 谢 进 /249

打造国际化仲裁机构
　　——以厦门自贸区建设为视角 / 黄怡霏 /253

自贸区时代法律服务业的机遇与挑战 / 章水仙 /257

自贸区检察机关横向协作机制构建有关问题的思考 / 罗 琳 /262

厦门自贸区知识产权保护研究 / 吴潇潇 /265

两岸司法互助

优化营商环境之司法创新探索
——以海沧法院涉台司法创新为分析样本 / 厦门市海沧区人民法院课题组 /271
浅谈律师在两岸旅游纠纷解决中的作用 / 郭　真 /282
厦门法院涉台审判机制改革之路 / 王思思 /287
浅析海峡两岸海商法律合作机制的建构 / 施英东 /292
两岸互助送达方式的拓展与反思 / 周内金　俞建林 /299
打击在厦涉台跨境毒品犯罪的对策研究 / 李永艳 /305
两岸金融司法合作的基点与路径选择 / 洪志坚 /311
关于构建厦门自贸片区两岸投资争端多元化解决机制的思考 / 许荣锟 /319

法学理论研究

司法权力运行的矛盾及其辩证与消解
——对新一轮司法改革举措的审视

陈鑫鹏[*]

一、新一轮司法改革的背景与要旨

自 1978 年改革开放以来，我国的司法改革总体上经历了三个发展阶段，并呈现出逐步推进、不断深化的过程。其中，发端于 20 世纪 80 年代的第一轮司法改革主要以强化庭审功能、扩大审判公开、加强律师辩护、建设职业化法官和检察官队伍为重点；于 2004 年启动的第二轮司法改革将改革重点置于完善法院的机关设置、职权划分和管理制度；2008 年推动的第三轮司法改革则是重点优化司法职权配置、落实宽严相济的刑事政策、加强司法队伍建设和司法经费保障。[①] 上述三轮司法改革的成效可谓明显，并初步构建了与我国经济社会发展相适应的司法制度。

然而，任何一项改革都无法毕其功于一役。虽历经三阶段改革，但司法权力运行的内在桎梏仍然存在，司法职权配置的不科学和司法决策机制的不完善，直接导致实践中的"司法地方化"和"司法行政化"两大顽疾。面对上述困境，2013 年 11 月，中国共产党第十八届中央委员会第三次全体会议通过的《中共中央关于全面深化改革若干重大问题的决定》史无前例地将司法改革作为"深化政治体制改革"的重要一环，明确提出"推进法治中国建设"的总目标，并提出 17 项司法改革任务，再次吹响了司法改革的号角。为贯彻落实上述战略部署，十八届中央委员会第四次全体会议作出了《中共中央关于全面推进依法治国若干重大问题的决定》，一针见血地指出，全面推进依法治国是"国家治理领域一场广泛而深刻的革命"，从而为新一轮全面深化司法体制改革提出了更高的要求。

据此，正在扩大推行的司法改革试点主要围绕以下举措展开：第一，完善符合职业特点的司法人员分类管理制度，这是深化司法体制改革的"牛鼻子"。据此，新一轮司法改革把司法人员分为法官检察官、司法辅助人员和司法行政人员三类，对法官检察官实行员额制，严格任职条件，完善选任程序。第二，健全司法人员职业保障制度，建立优秀法官检察官职务晋升通道，建立配套薪酬制度，完善退休制度等。第三，完善司法责任制，让审理者裁判、由裁判者负责，建立办案质量终身负责制和错案责任追究制，强化监督制约机制。第四，推动省以下地方法院、检察院人财物统一管理。纵观上述举措不难发现，新一轮司法改革旨在确保依法独立公正行使审判权检察权，健全司法权力运行机制，以及完善人权司法保障制度。

---

[*] 陈鑫鹏，厦门市人民检察院反贪局。
[①] 李林：《大陆新一轮司法改革概览》，第四届两岸和平法学论坛大会发言稿，2015 年 8 月 5 日。

二、司法权力运行的"八对矛盾"

就政治与法律的视角而言,任何一场改革,其本质上都是权力的重新配置,司法体制改革亦是如此。因此,司法权力运行机制是司法改革的核心内容,它包括了司法权力内部运行机制和外部运行环境两个相辅相成的体系。具体到中国的语境而言,司法改革应处理好司法权力运行中"四个关系",即党的领导与司法活动的关系,人大监督与司法活动关系,司法行政管理与司法活动的关系,以及司法机关内部三类人员的关系。

《中共中央关于全面深化改革若干重大问题的决定》出台后,新一轮司法改革回应社会关切,直指司法体制的"地方化"和"行政化"两大积弊,取得了初步成效,反响热烈。与此同时,部分学界人士和基层法院对一些试点措施仍有观望、疑虑或担忧情绪。有鉴于此,本文将结合新一轮司法改革已出台的具体举措,将上述"四个关系"进一步拓展为"八对矛盾",旨在反映司法改革中有待进一步解释、推敲或完善的问题。

(一)党的领导与司法活动的关系

毋庸置疑,坚持党的领导,坚持中国特色社会主义方向,是新一轮司法改革的前提,也是全面推进依法治国的题中应有之义。事实上,本轮司法改革正是在党的领导下不断试点并逐步推进的。《中共中央关于全面推进依法治国若干重大问题的决定》指出,审判机关、检察机关的党组织和党员干部要坚决贯彻党的理论和路线方针政策,贯彻党委决策部署,党组织要领导和监督本单位模范遵守宪法法律,坚决查处执法犯法、违法用权等行为。

但上述论断也从侧面提出了一个值得注意和思考的矛盾,即如何科学处理党的领导与司法活动的关系问题,这个问题包含了司法权力运行的内外环境两个层面:

第一,法院上下级党组与司法机关"去行政化"的矛盾。根据法律规定,我国法院本应是监督与被监督的关系,而非行政的"上下级"之分。然而,监督方式的行政化(如案件内部请示制度、法院内部的调撤率、发改率等指标的考核等),使得上级法院成为下级法院事实上的领导者,法院系统内部党组的存在使得这一问题更加复杂化。据媒体报道,江西省高院院长曾于2014年对全省12个中院党组书记、院长和纪检组长进行党风廉政集体约谈,对该年以来发生的违纪违法案件及涉及法院与法官进行点名通报。[①] 这一做法虽然是针对党风廉政,但实践中极易泛化。此外,实践中,各区县级法院的院长基本上是从中级法院庭长中选任。由于涉及专业,地方党委一般会同意中院的提名人选,这就为上级法院事实上"领导"下级法院提供了最为强大的"武器"。

第二,地方党委领导与司法"去地方化"的矛盾。目前,地方党委对法院最大的权力来自于人事任命权和财政拨款权。一方面,地方党委与同级法院党组系上下级领导关系,基层法院党组书记、成员仍由同级地方党委任命。即便在司法机关人财物实行省级统管后,基层法院党组在服务地方经济社会服务发展、社会总体维稳等方面,仍须接受地方党委的领导。另一方面,基层法院在法庭的建设用地等方面,仍须地方政府的支持才会有所作为。因此,二者关系若处理不好,仍有可能为地方党委、政府不当干预司法提供可乘之机。

---

① 姚晨奕、尹维群:《江西高院集体约谈各中院院长》,载《人民法院报》2014年12月16日第1版。

(二)人大监督与司法活动关系

人大监督与司法活动关系涉及司法权力运行的第三对矛盾,即司法"去地方化"与接受同级人大监督的矛盾。这主要表现为两个方面。

一方面,根据部分试点措施,市县两级法院、检察院的主要领导,可能一并由省委组织部提名、管理;其他法官、检察官可由省委组织部委托省法院、检察院党组提名、管理。简言之,省级法院、检察院党组享有全省法官、检察官的提名权,法院、检察院所在地人大及其常委会拥有任免权,因此,二者的协调至关重要。否则,要么提名权流于形式,"去地方化"的目标落空;要么任免权等于走过场,人大监督形同虚设。

另一方面,依照现行宪法架构和有关组织法的规定,"一府两院"均由同级人大及其常委会产生,司法机关理应受到同级人大及其常委会的监督、对其负责,确保法官清正廉洁、保障法律公正实施,改革后法院院长、检察院检察长仍要向人大作工作报告,并交人大代表表决通过。这可能意味着,地方党政可能会借助于人大对法院工作报告的审议,进而干预司法。

(三)司法行政管理与司法活动的关系

本轮司法改革的两大核心目标之一便是"去行政化",除了要消除行政权在审判业务中的不当影响,强化主审法官的独立性和责任制之外,至关重要的便是,通过人、财、物省级统管,遏制上下级法院"监督与被监督"关系异化为"领导与被领导"关系。

然而,这一举措可能加剧司法权力运行的第四对矛盾,即司法"去地方化"与省内法院"强行政化"的矛盾。人、财、物省级统管的前提,是省高院、检察院的司法廉洁公正程度和业务水平等均优于地方法院、检察院。但在目前司法人员选任制度行之有年的背景下,省高院、检察院司法人员的专业资质与基层法院并无二致,上述假设本身值得推敲。因此,司法机关人、财、物省级统管,可能强化省级司法机关与下级司法机关的隶属关系,加剧司法机关内部的行政化趋势。权力集中到哪里,权力寻租就会追到哪里。人财物省级统管如无强有力的配套制度和监督机制,不但会增加腐败风险,而且可能在使得司法"地方化"尾大不掉的同时,反而加剧省内司法机关的"行政化"。

为实现"去行政化"的目标,本轮司法改革还应妥善处理第五对矛盾,即司法机关(法院)审判业务与非审判业务的矛盾。笔者在调研中发现,部分同志认为,严格限制行政管理人员比例的做法,与目前法院承担工作的比例不符。近年来,法院承担的政工党务、数据统计、信息调研、行政装备、参与地方建设、普法、信访接待、汇报、对外宣传等非审判业务日益繁重。以某基层法院为例,尽管近5年来干警总数增加了30%,但除了弥补案件总量增长、审判人员流失之外,加之军转干部的转入,多数仍投放到后勤行政岗位,审判人员始终维持在20人左右,比重不升反降(由40%降为25%),审判压力更大(人均办案达250件/年)。因此,15%的行政管理人员,将导致部分行政能力强的年轻同志选择去一线办案,留下年龄较大、晋升无望、干劲不足的人员,势必难以应付与日俱增的非审判业务,这也不利于法院的长期建设和发展。

(四)司法机关内部三类人员的关系

习近平总书记指出,建立符合职业特点的司法人员管理制度,是深化司法体制改革必须牵住的"牛鼻子"。其中,对司法人员进行以员额制为核心的分类管理是重中之重,自然也是司法权力运行矛盾的集中区域。

司法权力运行的第六对矛盾,是法官检察官员额制比例的确定标准与弹性的矛盾。根据上海试点方案,司法机关工作人员将被分为法官检察官、司法辅助人员和行政管理人员三类,分别占队伍总数的33%、52%和15%,确保85%的司法人力资源直接投入办案工作。但是,上述比例仅具参考性,理由在于,东西部地区案件数量不同,市级及其以下司法机关与省级司法机关的案件也数量不同。因此,一刀切的标准难以适应不同情况的实际需要。

第七对矛盾,即法官检察官和行政管理人员相互关系的矛盾。以法院为例,目前担任庭长、副庭长等行政职务的法官事实上已非从事审判业务的主力,主力是35~40岁的中层以下人员。如果改革严控行政管理人员的比例、弱化行政管理人员的审批权,并严格限制法官和行政管理人员的互相流动,那么,目前担任行政职务的法官将选择且更有机会担任法官,从而挤压目前实际审判业务骨干的法官名额,这股消极情绪已经在部分基层法院蔓延。相反,如果允许法官和行政管理人员之间相互流动,则可能导致目前的部分行政人员同时占据法官和行政管理岗位,真正的业务能手反而沦为法官助理,从而与法官专业化的目标背道而驰。

法官检察官员额制的确定,还进一步涉及司法的队伍稳定问题。尽管司法考试制度已行之有年,但司法队伍的职业化程度仍未明显提高,而是存在两个极端:一方面,仍有相当比例的在职审判人员非科班出生,甚至未通过司法考试;另一方面,由于岗位调整等因素,高达50%具有法官资格的法官实际上不再或很少承办具体案件。目前,与法官精英化的目标相适应,法官员额的严格限制,将导致目前承担审判业务的中坚力量(如部分审判员和多数助理审判员)成为司法辅助人员。部分一线青年骨干已经在犹豫,认为自己被改革"误伤",从而影响其工作热情甚至考虑辞职。

第八对矛盾,是省内法官检察官流动与待遇存在地域差别的矛盾。仍以法院为例,理论上讲,上级法院的法官业务素质应高于下级法院,相应地,上级法院的法官应从下级法官遴选。但法官待遇的地域差别可能干扰这种正向流动。仅就工资而言,由于目前法官收入与所在地公务员收入相挂钩,以福建省为例,闽西地区法院与厦门地区法院法官的实际收入相差近一倍。此外,不同地区生活条件、生活习惯乃至子女就学、家人就医等配套,也将成为省内法官流动的障碍。如果统一提高至最高水平,则法院所在地的其他公务员心里不平衡;只要稍微降低高收入地区法官的待遇,则势必影响其工作热情和全院队伍稳定。在人、财、物省级统管之后,如何消弭上述差异成为难题。

三、司法权力运行矛盾的辩证与消解

上述"四个关系"和"八对矛盾",据其产生原因可大致分为两类:一类是我国现实国情之中司法权力运行的固有环境使然,如党对司法工作的领导,人大对司法工作的监督等;另一类则是因新一轮司法改革举措的实施而更加凸显的问题,如因员额制的实施而加剧的司法机关审判人员与非审判人员的矛盾、审判业务与非审判业务的矛盾等。与其产生机理相呼应,对上述"八对矛盾"应具体问题具体分析,综合运用"五种思维"或辩证看待,或逐步消解。

（一）法治思维

自改革开放以来，尤其是在20个世纪90年代，法律与改革的关系一直备受关注，甚至一度出现"良性违（宪）法"的主张，其核心是在社会急剧转型时期，应勇于突破开创不足、守成有余的法律，坚持改革创新的优先性。① 然而，这种主张日益受到批评。尤其是在我国这样一个缺乏法治传统的社会，更不应基于短期的功利目标，抛弃对法律至上观念的坚守，忽略法治文化的养成。

正是有鉴于此，习近平总书记才不无所指地提出："要有序推进改革，该中央统一部署的不要抢跑，该尽早推进的不要拖宕，该试点的不要仓促推开，该深入研究后再推进的不要急于求成，该得到法律授权的不要超前推进。"司法改革是法治中国建设的重要一环，因此，司法改革本身应符合法治要求，而"不抢跑""不超前"正是法治原则的体现。

本轮司法改革提出："确保依法独立公正行使审判权检察权。改革司法管理体制，推动省以下地方法院、检察院人财物统一管理，探索建立与行政区划适当分离的司法管辖制度，保证国家法律统一正确实施。"这些都对现行《宪法》规定的司法制度进行了创新性发展，因而需要对现行《宪法》有关人民法院和人民检察院的规定进行修改。建议将《宪法》第101条第2款"县级以上的地方各级人民代表大会选举并且有权罢免本级人民法院院长和本级人民检察院检察长。选出或者罢免人民检察院检察长，须报上级人民检察院检察长提请该级人民代表大会常务委员会批准"修改为"省、自治区、直辖市人民代表大会选举并且有权罢免高级人民法院院长、本级人民检察院检察长；省、自治区、直辖市人民代表大会常务委员会根据高级人民法院院长、本级人民检察院检察长的提议，任免中级人民法院和基层人民法院院长、省级以下各级人民检察院检察长。选出或者罢免省、自治区、直辖市人民检察院检察长，须报最高人民检察院检察长提请全国人民代表大会常务委员会批准"。

具体到司法人员管理体制，必须坚持党管干部原则与遵循司法规律相结合，做到司法改革于法有据。我国法律规定，地方各级法院院长、检察院检察长由本级人大选举和罢免，法官、检察官由本级人大常委会任免。因此，司法人员"省以下统管"，不能突破国家法律规定。而目前的试点措施则在增加省级司法机关党组提名权的情况下，保留了各级人大及其常委会的任免权，至少在一定程度上体现了依法改革的思路。但从长远来看，这种"统一提名、分级任免"的方案，实质上仍然存在权责不符的弊端。在未来《人民法院组织法》和《法官法》的修订过程中，应重塑人大对司法机关的监督方式，并慎重考虑人大对司法人员的任免权，真正做到司法权的依法独立行使。

（二）平衡思维

学界在评论司法改革的举措时，均力陈司法"地方化"的弊病，但这很容易从一个极端走向另外一个极端。从权力运行的基本原理来看，要确保司法独立和司法公正，就不能让司法权肆意游弋在"真空"中。因此，司法改革应以权力的分立和制衡为基本考量，过分强调司法机关与地方党委政府的完全切割，理论上既不可能，现实中亦不可行。

本次改革将人、财、物收归省级司法机关统管，这包含着一个前提，即省级司法机

---

① 郝铁川：《论良性违宪》，载《法学研究》1996年第4期；童之伟：《"良性违宪"不宜肯定——对郝铁川同志有关主张的不同看法》，载《法学研究》1996年第6期。

关的司法廉洁程度、公正程度等各方面均优于地方司法机关，但这个假设很可能就是一个"伪命题"：以某东部沿海省份为例，该省某地市法院的司法公开及透明度连续多年排名全国前列，而省级司法机关却被中央巡视组公开通报批评。试想，在这种情况下如果下级法院的一切事物均与地方同级党委、政府切割开，那引起的必将是新一轮更严峻、也更难查办的司法腐败。

因此，应以平衡思维辩证认识此次司法改革的初衷。本轮司法体制改革系中央层面自上而下发起，旨在让司法从省级层面上增强与同级党委、政府进行博弈制衡的能力，而非使其完全脱离地方党委、政府的联系与影响。把司法机关人、财、物的权力适当向省级集中，增加地方法院与同级党委政府博弈的能力，有利于地方法院减少行政干预，从现行体制和目前司法机关及司法人员的素质来看，并不应完全摒弃地方的领导和支持，应该让地方党委、政府和司法机关各方在博弈中获得一种新的、更利于司法进步的平衡状态。如果让其脱离地方党委、政府，一来司法机关本身服务地方的功能难以发挥作用；二来可能强化法院内部的行政化，更大层面上的司法腐败必将随之而来，且难以在司法系统内部得以纠偏；三来如果脱离了地方党委、政府的支持，地方司法机关在建设用地、资金支持等各方面都将寸步难行。

（三）底线思维

所谓"底线思维"，是针对法官检察官的员额制而言的。员额制是司法人员分类管理的基础，涉及司法行政管理与司法活动的关系，以及司法机关内部三类人员的关系。我国法院检察院领导干部的职数有限制，但法官检察官的员额并无限制。因此，本轮司法改革旨在确立法官检察官的员额制，以此提高法官检察官入行门槛，控制队伍规模，提高司法公信力。

在试点员额制的过程中，有的地方提出将法官检察官的员额提高到在编人员的60%至70%，否则现有人员难以安排，"案多人少"的矛盾也会更加突出。但笔者认为，上述建议并不妥当，很可能使得员额制名存实亡。员额制的初衷便是实现司法队伍的专业化和精英化，以此凸显法官检察官的主体地位。如果改革一开始便放低门槛，就起不到选拔优秀人才的作用，甚至可能影响司法改革的整体成效。至于"案多人少"的矛盾，则可以通过改革过程中合理调整审判业务和非审判业务的分工来妥善解决。

因此，笔者建议，中央应明确司法辅助人员比例的"下限"和行政管理人员比例的"上限"，并允许省级法院在此基础上因地制宜，适当调整，以此保证法官检察官员额处于合理区间。明确司法辅助人员比例的"下限"，是为了适应法官专业化、精英化的改革方向；而严控行政管理人员的"上限"比例，是为了体现"去行政化"的司法改革总体目标。以台湾地区的经验来看，法官占法院全体工作人员的比例并不高，比例最高的"最高法院"法官比例仅为27%，而高等行政法院、知识产权法院、地方法院及其分院的法官员额比例仅为15%。[①] 这一配置基本上反映了司法人力资源配置的规律。如果突破上述标准，司法改革的进步性就会难以体现。至于如何消化现有超额人员，可通过遴选、转岗、设定过渡期等多种方式予以消化。

[①] 习近平：《正确、准确、有序、协调推进改革 不抢跑不拖沓》，载《新京报》2013年11月29日第1版。

（四）专业思维

司法活动的专业性是众所周知的。但在我国的实践中，司法活动与司法行政管理却长期处于不相匹配的状态。以东部某基层法院为例，地方党委下达的非审判业务仅占10%甚至更少，大量的非审判业务是为了迎合上级法院层层下达的评比、检查、调研、信息搜集等。

这种现象存在的原因在于：第一，现代法治理念的缺失，使得法院仍未真正确立司法权"被动性"的理念。我们习惯于法院大包大揽地承担行政部门的诸多职责，主动为经济建设保驾护航、为地方维稳发挥中坚，使司法机关承载了社会公众过多的期待。第二，干部任用制度的同轨，使得司法机关领导人将自己视为行政机关的领导人，并存在与之相同的政绩冲动。他们习惯于各种"创新"，用行政手段将司法活动推出司法规律的循环圈之外，用行政手段承接司法活动以外的业务和职责，甚至被老百姓称为"该理的置之不理，不该理的乐此不疲"。

因此，新一轮的司法改革应真正确立专业思维，使得司法机关（尤其是法院）的运行应"以法官为中心、以审判为中心"，并据此做好业务剥离、机构简化和人员分流工作。尤其是法院自身在司法行政管理活动中应确立专业理念，杜绝行政化的思维模式，杜绝不必要的评比活动，以信息化手段高效做好信息搜集，减少非审判业务对审判活动的干扰。

论司法公正与司法资源配置

——以诉讼当事人为视角

刘远萍[*]

随着中国法治化进程的推进，诉讼在解决纠纷过程中所起的作用日益凸显。在社会转型远未结束的背景下，人民群众日益增长的司法需求与司法能力不相适应的矛盾日益突出。[①]司法资源同其他经济资源一样，均不得不"面对客观世界资源的稀缺性与人的主观欲求不断增加与多样化之间"的永恒矛盾[②]，因此不可避免地存在短缺的问题。司法资源的短缺，影响的不仅仅是司法效率，由此还将导致纠纷无法得到高质量的处理、个案当事人的欲求无法得到充分的满足，进而引发个案当事人的"司法不公正"之感。

当前关于确保司法公正、提升司法公信的研究大多循"问题—对策"路径，即基于实证或实践发现问题，再有针对性地提出解决途径。[③]多数聚焦于司法腐败现象，应对措施均以司法机关或者其他公权力机关为视角，指出公权力机关应如何具体行事（如推进司法公开、加强监督机制等等）以防止司法腐败现象。[④]前述研究，将视野放置于司法者的角度。事实上，司法腐败虽然客观上一直存在，但人数不多，每年违法违纪受到惩处的司法人员仅占整个司法队伍的百分之零点几[⑤]，但是因为影响恶劣，个案的不公经过媒体报道及口耳相传，对法院声誉造成严重伤害，进而危害民众的司法公正感，导致司法公信无从树立。

本文从诉讼当事人的视角出发，关注个案当事人的主观公正感，从分析影响当事人主观公正感的因素入手，在对司法资源主要消耗类型进行分析的基础上，探讨如何优化法院资源配置，通过提高对当事人主观公正感有益的资源，增强个案当事人的主观公正感受，进而促进客观司法公正，提升司法公信。需要特别说明的是，本文主张司法公正应关注当事人的主观公正，并非主张司法应该全然以当事人的主观感受为导向（这实际上也不可能），也不表示当事人的主观司法公正的感受都是依法有据、合乎情理。本文之旨趣毋宁在于强调如下事实：司法公正的最大意义在于确保人民之安宁，而在解决司法公

---

[*] 刘远萍，厦门市思明区人民法院。
[①] 参见2006年最高人民法院工作报告。
[②] 朱庆育：《是一种方法，仅仅是一种方法》，载《读书》1999年第2期。
[③] 比如沈明磊、蒋飞：《资源配置视野下的司法效率》，载《人民司法·应用》2008年第17期。
[④] 比如徐益初：《论司法公正与司法人员》，载《中国法学》1999年第4期；公丕祥、刘敏：《论司法公正的价值蕴含及制度保障》，载《法商研究》1999年第5期；李昌道：《司法公正与法官职业化》，载《中国法院》2003年第1期；樊学勇：《司法公正与法官精英化》，载《法学家》2001年第3期。
[⑤] 据统计，全国人民法院每年查处的违法违纪干警人数为：2008年712人、2009年795人、2010年783人、2011年719人、2013年1548人，参见2009—2013年最高人民法院工作报告。

正问题的过程中，就不能完全忽略当事人的主观视角。[①]

一、当事人预期与司法公正

在法经济学看来，"市场那看不见的手与法官的无私公正有着异曲同工之处"，"败诉的诉讼当事人没有任何理由迁怒于法庭，这正如一个没有发现一件与其愿意支付的价格相吻的产品的消费者不会迁怒于销售商一样"。[②] 这似乎意味着，司法裁判的结果可以、也应该获得当事人的认可。然而，在司法实践中当事人却有各种理由不接受、否定和排斥个案中客观存在的司法公正，甚至时而将败诉的结果不合理地归咎于法律、法院或法官。

（一）当事人方面因素

1. 诉讼成本无法决定裁判结果

当事人对于司法判决的接受程度往往同其支出的诉讼成本密切相连。当事人固然无法在没有任何诉讼成本投入的情况下获得任何诉讼结果，但这并不意味着当事人投入的时间、精力、金钱等诉讼成本越多，就越能获得更符合自己预期的诉讼结果。事实上，不少案件的裁判结果往往无法完全满足所有当事人的诉前预期。如果当事人投入了无数的时间、金钱和精力，最终的裁判结果却同其期望大相径庭，投入过多的诉讼成本但没有获得相应的收益或者完全没有任何收益（如败诉方），失望之时恐怕很难期望其能感受到司法公正。

2. 个案当事人承受能力不同

当事人投入诉讼成本将纠纷诉诸法院，目的是获得自己所欲的裁判结果。但当事人所欲的裁判结果具有很强的主观色彩，因人、因地、因时而异。比如，因同样的格式合同（比如房屋买卖合同）而发生的纠纷，在法院的判决结果相同的情况下，也可能发生如下情形：原告甲因为自我辩护而无须支付任何律师费用，法院的判决结果符合自己相对较低的预期而非常满意，但原告乙因自己获得的赔偿几乎等于自己支付的律师费用而不满判决结果，企图穷尽所有可能的司法或非司法途径。当事人因个体差异而呈现不同的承受能力，导致对相同的处理结果会有大相径庭的主观感受及评价。

3. 当事人意志的参与不足

法律市场不是完全竞争市场，[③] 当事人无法在充分协商一致的基础上完成选择。弗里德曼指出，伴随着传统权威的解体，现代法律不再是权威强加的名利，而是人们同意的契约。[④] 在此，权威脱离了简单的暴力服从，而是蕴含了一种利益相关主体的选择

[①] 习近平主席在讲话中指出，"要努力让人民群众在每个司法案件中都能感受到公平正义"，即是对民众主观感受的关注。相关报道详见 http://news.xinhuanet.com/politics/2013-02/24/c_114782198.htm，最后访问时间：2013年5月11日。在我国现有司法效果评价体系中，已有评价标准考虑到了当事人的视角，比如案件的上诉率。

[②] ［美］波斯纳：《法律的经济分析》，蒋兆康译，林毅夫校，中国大百科全书出版社1997年版，第679页。

[③] 冯玉军：《略论法律市场》，载《烟台大学学报（哲学社会科学版）》2002年第4期。

[④] ［美］弗里德曼：《选择的共和国——法律、权威与文化》，高鸿钧等译，清华大学出版社2005年版，第17页。

(choice)或同意(consent)。① 以当事人的信任、选择、同意为基础的协商一致,已经成为司法所需考虑的重要方面。

首先,按照程序法上关于法院管辖权的规定,当事人的争议由哪个法院管辖多数是不随当事人的意志而转移的,同时,法院的数量也是有限(比如一个地级市只有一个中级人民法院)的。这意味着,当事人无法自由决定将自己的争议提交给某一特定的法院审理,而只能被动地接受某特定法院的管辖。管辖法院确定后,具体审判法官的确定属于法院内部的行政管理问题,当事人仍无法参与。这种被动性可能会引起当事人在情感上排斥裁判结果。司法实践中存在的关于管辖权异议的案件,部分是因当事人不信任管辖法院或法官而排斥裁判结果的事前反应。与此相反,仲裁庭和仲裁员的确定都是当事人自己选择的,这一定程度解释了为什么当事人通常更接受仲裁庭的裁决。此外,有当事人更多意志参与的调解更容易实现"案结事了",进而有效保障其司法公正感。需要注意的是,《民事诉讼法》(2012年)对协议管辖的范围进行了扩张,并规定了应诉管辖制度,这些都为当事人自主选择法院提供了更大的空间。

其次,出于提高审判效率、避免高昂信息费用的需要,司法程序强制性地规定了辩论参与人的资格、可辩论事项的条件、启动辩论程序的条件、辩论的时间限度以及起点和终点。② 因此,司法者仅截取与争议事实相关的信息,并非所有当事人希望为司法者所了解的所有信息均会进入司法程序,再公正的司法都无法创造阿列克西以及哈贝马斯所谓的"理想辩论情境"③,在当事人诉讼目的受挫时,便认为司法者刻意忽视其利益诉求及重要事实导致其败诉结果。

(二)司法方面因素

1. 法律本身存在界限

法律只是调整人类行为的规范整体的组成部分之一,任何法律规范都有其适用条件、范围和界限,法律无法解决所有的问题。在现代法治邂逅传统中国时,法律的界限彰显得更加淋漓尽致。恰如学者在解读电影《秋菊打官司》时所阐述的,"正式的法律制度无法理解,也没有试图理解什么是秋菊要的'说法'"④,这是现代法律制度存在界限的具体表现之一。当事人在选择通过司法途径解决纠纷时,如果对"作为正义最后一道防线"的司法有过多的期许,认为司法可以解决其同他人间的所有法律和非法律问题,就很容易因自己的问题最后未完全被考虑和解决而在主观上排斥裁判结果。

当然,法律并不是全然不考虑当事人的主观诉求,"界定权利和建立权利保护机制的权力……在可能的情况下应更多地考虑当事人的偏好"⑤。当事人的主观价值事实上也已获得立法和司法的关注和重视,例如在侵权纠纷中,最高人民法院《关于确定民事侵权精神损害赔偿责任若干问题的解释》第4条便允许被侵权人以具有人格象征意义的特定纪念

---

① 冯玉军:《略论法律市场》,载《烟台大学学报(哲学社会科学版)》2002年第4期。
② 桑本谦:《法律论证:一个关于司法过程的理论神话——以王斌余案检验阿列克西法律论证理论》,载《中国法学》2007年第3期。
③ 在阿列克西及哈贝马斯看来,只要人们可以在免于干扰和强制的条件下参与辩论,获得平等的机会去表达自己的主张,按照程序规则进行对话和辩论,由此达成的共识就可以被视为符合正义标准的结果。具体可参见[德]阿列克西:《法律论证理论》,舒国滢译,中国法制出版社2002年版。
④ 苏力:《法治及其本土资源》,中国政法大学出版社1996年版,第26页。
⑤ 苏力:《法治及其本土资源》,中国政法大学出版社1996年版,第28页。

物品永久性灭失或者毁损为由向侵权人主张精神损害赔偿。但法律无力精确计算出所有权人对其物品的主观价值①而只能退而适用客观价值，此导致的直接后果是法院的裁判结果往往就不得不抑制当事人的主观期许和感受，②主观预期被裁剪和压制的当事人往往较难接受即使是十分公正的裁判结果。大量机动车交通事故案件的受害人对于所获得的赔偿无法接受便是重要一例。

2. 司法过程无法避免价值判断

尽管当事人的法律知识或许尚未达到法学专家的专业水平，但当事人基于自身对法律的朴素认识抑或道听途说却也都知道，司法裁判者在各种各样的案件中都掌握且行使或多或少的自由裁量权。对此朴素印象的专业表述是，司法裁判者在将案件事实（小前提）涵摄到法律规定的构成要件（大前提）并就此确定法律效果的过程中，不管是大前提的明确（需要解释法律），还是小前提的确定（需要筛选和提炼案件事实），甚至是法律效果的固定（需要具体化法律规范中的相对抽象法律效果）都不可避免要涉及价值判断，③"法律适用不只而且主要也不是一种三段论法"④。由于司法过程中价值判断存在的普遍性和客观性，在当事人得到一个同自己预期南辕北辙的裁判结果时，即使该裁判结果事实上没有任何法律瑕疵，当事人或许也还会错误地认为这是裁判者在行使裁量权时忽略其利益，故而倾向于否定该个案中存在司法公正。

法官在适用和解释法律所存在的价值判断可能导致司法的不确定性或不统一。雪上加霜的是，我国法院内部的法官等级管理模式"势必加大司法判决的不确定性，并且为不正当权力干预司法活动提供便利"。⑤如此一来，当事人对裁判结果的质疑和诟病又"何患无辞"呢？

3. 司法判决的合法性根基

民众并非总是自觉自愿甚至理所当然地接受法院的判决。⑥根据学者的概括，可能为司法判决的合法性提供根基的方法有：法条主义的演绎、价值衡量的方法、法律商谈的视角和法律程序主义。⑦但"当法律条文暧昧不明、社会价值分崩离析、争论双方势不两立"时，⑧前三种合法性根基在个案适用（如四川泸州遗产纠纷案）中却也捉襟见肘。同时，法律程序主义作为判决合法性根据的主张之合理性也遭到了法条主义论者的强烈质疑。⑨如果连法律共同体自身对于何为司法裁判的合法性根基尚未达成统一认识，那么就很难期待个案的当事人会对裁判的合法性有中立的评价和客观的态度。如此一来，当事

---

① 所有权中蕴含着所有人的情感价值，比如尽管所有权因侵权而丧失可以获得市价的赔偿，但所有人还是倾向于保有自己的财产，而不愿丧失之再获得赔偿。对此的研究可参见 Daniel Kahneman, et al., The Endowment Effect, Loss Aversion, and Status Quo Bias, 5 J. Econ. Perspectives, Winter 1991, P.193.

② [美]波斯纳：《法律的经济分析》，蒋兆康译，林毅夫校，中国大百科全书出版社1997年版，第680~681页。

③ [德]卡尔·拉伦茨：《法学方法论》，陈爱娥译，商务印书馆2003年版，第160~228页。

④ [德]考夫曼：《法律哲学》，刘幸义等译，法律出版社2004年版，第72页。

⑤ 贺卫方：《中国司法管理制度的两个问题》，载《中国社会科学》1997年第6期。

⑥ [美]斯蒂芬·布雷耶著，何帆译：《法官能为民主做什么》，法律出版社2012年版，第3页。

⑦ 何海波：《何以合法？——对"二奶继承案"的追问》，载《中外法学》2009年第3期。

⑧ 何海波：《何以合法？——对"二奶继承案"的追问》，载《中外法学》2009年第3期。

⑨ 黄卉：《论法学通说：一个法条主义者的宣言》，载《北大法律评论》第12卷第2辑，北京大学出版社2011年版，第338页。

人特别是败诉方对裁判结果的不满似乎也非空穴来风。

此外，虽然"法院所享有的机构合法性（institutional legitimacy），在一定情况下可以转化为具体判决的合法性（policy legitimacy）"①，但若从反面观之，如果法院所享有的机构合法性在个案当事人看来不充分，不但可能无法为具体判决的合法性提供支撑，反而可能削弱、侵蚀甚至葬送个案判决的合法性。一旦陷入"法院不可靠，所以判决有问题；法官不可信，所以判决不公正"的恶性循环，那么在诉讼成本（当事人的时间、精力、金钱）允许的前提下，当事人基于主观预期的落空而孜孜不倦于穷尽所有可能途径以反抗裁判结果似乎就是一种必然。与此相关的是民众尊重和服从法律与司法的态度和习惯。根据托克维尔的论述，美国人民之所以普遍尊重和服从法律，是因为法律是他们自己制造的，并且当法律偶尔损害他们时他们可以修订法律。②而如果立基于前述原因的尊重和服从法律与司法的习惯付诸阙如，那么对司法裁判的合法性的质疑和否定或许会更为激烈和频繁。

4. 裁判书的说理论证不充分

中国法院判决书中论证说理部分存在或语焉不详或过分简化的病症早已受到学者的诟病，③甚至也为最高人民法院所觉察和重视④。当前司法实践中，部分法官对于判决理由缺乏信心，秉持"言多必失"的原则，对于判决说理往往采取回避的态度。这点从判决书中"被告（原告）的某主张缺乏事实和法律依据，本院不予支持"这种经常性用语中可管窥一斑，至于为何缺乏事实和法律依据，则无深入论述，法官的自由裁量成为难以看得见的"正义"。裁判理由的简单化和格式化，使得当事人很难了解法院如此判决的法律依据和法理依据，从而产生对裁判结果的抵触。虽然在败诉方不履行裁判结果的情况下可以依靠国家强制执行力来保障胜诉方的权利，但是，裁判结果的可接受性程度很大程度上取决于裁判理由的充分和详尽程度。没有裁判理由的裁判结果是无法让当事人心悦诚服的。

（三）小结

可见，当事人对司法公正的感受是主观且个案的，这种主观感受一旦没有实现，他们就更倾向于否认而不是接受、质疑而不是肯定司法裁判。司法过程中普遍存在价值判断的事实以及司法公正和司法判决的合法性根基本身"公说婆说"的现状，使得当事人（尤其是败诉方）对司法公正的合理或不合理的质疑又多了一层理由，且几乎成为一种必然。

二、当事人视角下的司法资源耗费

基于前文的分析，有必要进一步梳理当前司法资源的配置（即司法的实际运作过程）对司法公正有种种主观感受的当事人产生何种影响。

---

① 何海波：《何以合法？——对"二奶继承案"的追问》，载《中外法学》2009年第3期。
② ［法］托克维尔：《论美国的民主》（上卷），董果良译，商务印书馆1988年版，第274~276页。
③ 罗书平：《审判方式与裁判文书质量》，载《法律适用》1998年第5期；民事审判制度改革研讨会纪要，载《法学研究》1998年第5期；关于裁判说理较为详尽的研究可参见唐文：《法官判案如何讲理：裁判文书说理研究与应用》，人民法院出版社2000年版。
④ 唐文：《法官判案如何讲理：裁判文书说理研究与应用》，人民法院出版社2000年版，第132~135页。

(一）司法资源耗费的三种类型

根据司法资源的耗费对当事人主观司法公正感受产生的不同影响，本文将司法资源耗费划分为积极的司法资源耗费、消极的司法资源耗费和中立的司法资源耗费。积极的司法资源耗费是指当事人认可司法裁判结果，为达致该裁判结果而耗费的司法资源。此类积极的司法资源耗费能够促进案结事了目标的实现，当事人对个案司法公正具有积极的评价和感受。消极的司法资源耗费与此相反，是指司法资源的耗费因否定当事人的主观司法公正导致当事人对司法公正只产生消极的印象（如觉得司法不公正、法官不廉洁等）。中立的司法资源耗费是指司法资源的耗费对当事人的主观司法公正没有任何影响，这一类司法资源的耗费通常同案件的审判过程和裁判结果无关，因此不会直接影响当事人对司法公正的主观感受。

（二）法院日常运作与司法资源消耗

不同地区，尤其是不同层级的法院在日常的程序运作上往往存在着较大的差异，即使在同一法院内部，因承办案件的法官个性相异或者案件类型不同，程序的运作也可能出现不一致的情况。[①] 以下忽略不同法院具体运作上的区别，从各法院受统一诉讼法、组织法调整的角度，以受理案件数最多的基层法院作为研究模型，则法院日常的司法资源消耗主要为如下方面：

1. 案件审判

案件审理是法院最重要的一项资源耗费。从案件受理到案件的送达、排期、开庭审理、调解、判决、办理上诉手续整个过程均可纳入案件审判的范畴。一个案件的裁判结果不能同时让双方当事人都满意，那么消极的司法资源耗费似乎就不可避免。换言之，如果"谁胜诉、谁败诉"的问题是"非此即彼"而不是"或多或少"的关系，由于任何案件中必然存在败诉方，多数裁判结果或许很难实现皆大欢喜，败诉一方当事人在情感上因而更可能无法认可裁判结果的公正性。因此，长久来看，任何个案的司法资源耗费可以分为两部分，对于胜诉方来讲是积极的司法资源耗费，对于败诉方而言是消极的司法资源耗费。司法实践中也存在双方当事人都不满意一审判决而均提起上诉的情形，此时很可能就意味着一审程序中耗费的司法资源在当事人视角下无助于个案司法公正的实现，而只是消极的司法资源耗费。当然，也存在双方当事人都没有对一审判决提起上诉的案件，但没有上诉并不必然意味着一审程序过程中耗费的司法资源就必然属于积极的司法资源耗费，因为当事人可能是因为预期到坚持上诉的成本会超过上诉的收益而放弃行使上诉的权利。就调解来看，由于案件的调解需建立在当事人自愿的基础上，耗费于调解的司法资源如果未能达致当事人握手言和的圆满结局，也不至于影响当事人对于司法的公正评价。但"久调不判"则可能因为消耗了当事人过多的诉讼成本而引发当事人对司法的不公正感。消极的司法资源耗费不但没有对当事人产生积极的司法公正效应，还可能抵消积极的司法资源耗费对当事人产生的积极效应。比如，败诉方因为自己的主观司法公正未能获得实现，就或有依据或没依据地质疑甚至抨击法院和法官，通过口耳相传，潜在的诉讼当事人可能因此对法院和法官整体上产生不公正、无效率的消极印象。当然，

[①] 王亚新：《程序·制度·组织——基层法院日常的程序运作与治理结构转型》，载《中国社会科学》2004年第3期。

主观司法公正获得实现的当事人也可能把自己对法院和法官的公正、廉洁、中立、效率等正面社会印象的感受同其他人分享，由此也可能形成一股积极的、信任司法的力量。就此而言，在个案案件审判上的司法耗费投入无法简单划归为积极或消极的司法资源耗费，而应根据积极消耗与消极消耗之间的抵消关系来确定。

2. 执行工作

在当前分工下，民事案件的执行工作成为正义实现的"宝剑"[1]，如果经由生效法律文书确定的权利义务无法得到充分执行，体现法律尊严的裁判文书便成了当事人权利义务的"法律白条"，民众就会进而否认司法权威，[2]对法院产生不公正之感。由于进入执行阶段的权利义务已经确定，执行标的的到位率能够很好衡量执行当事人的满意度以及对于司法的公正感。执行到位率越高，则可认为执行工作的司法资源耗费为积极资源；到位率越低，司法资源耗费积极的性质越向消极方向滑落。此处，司法资源耗费的属性与执行到位率可呈正相关。

3. 日常事务性工作

对于大部分法院而言，除审执工作外还包括大量的行政事务性工作，[3]这些行政管理事务除了包括与案件审理有关的工作，比如审判流程的管理、案件质量管理以及为审判工作的正常开展提供保障的后勤工作外，还有内部的人事考核、管理和任免等工作。此外，还包括如下同案件审理没有任何关系的方面："法院系统内部为提高法官文化和业务素质而举办的各类业余教育（函大、业大、电大），法院系统的改革，法院为解决经费不足和提供法院工作人员工资福利进行的各种事实上具有'创收'性质的工作，各种评比、检查，同时还必须参与当地政府的扶贫、抗灾、捐献、精神文明等大量的非专业性的工作。"[4]除服务案件的保障工作外，这一部分的司法资源耗费虽不可避免，但往往同案件的裁判没有非常直接联系，个案当事人一般不参与。因此，若以当事人为视角，该部分的司法资源耗费对于满足当事人的主观司法公正没有直接意义，但非审判工作的大量增加，则可能导致稀释其他方面积极的司法资源耗费。同时，当前法院普遍设有接受当事人投诉的机制，不少司法裁判人员或许有时要分心应付当事人的各种投诉，这部分的司法资源耗费尽管是因当事人的行为而引发的，但和个案裁判同样缺乏具体的联系，因此本文也将之归入中立的司法资源耗费。值得一提的是，如果法院和被投诉的法官在投诉事宜上的处理不符合当事人或合理或无理的要求，中立的司法资源耗费很容易就转变为消极的司法资源耗费，进而损害当事人的主观司法公正。

4. 教育、新闻、宣传工作

此类工作主要立足于普法教育，通过法院案件审判及工作动态的对外传递实现开启民智、树立法院形象的目的。法院进行宣传报道的形式和媒介随着新兴媒体的发展也呈

---

[1] 在耶林的论述中，正义女神一手持有衡量权利的天平，另一只手握有为主张权利而准备的宝剑。天平与宝剑相互依存，正义女神挥舞宝剑的力量与操作天平的技巧得以均衡之处，恰恰是健全的法律状态之所在。[德]鲁道夫·冯·耶林：《为权利而斗争》，胡宝海译，中国法制出版社2004年版，第1~2页。

[2] 冯一文：《司法不公抑或司法无力——论当前我国司法权威流失缘由及其出路》，载《河北法学》2009年第27卷第6期。

[3] 王亚新：《司法成本与司法效率——中国法院的财政保障与法官激励》，载《法学家》2010年第4期。

[4] 苏力：《论法院的审判职能与行政管理》，载《中外法学》1999年第5期。

现多样化的态势。除了常规性报道外，为应对舆论对法院工作和法院言行呈现的高强度、高密度监督，不少法院均建立舆情监督机制，以通过新闻宣传和舆论引导及时回应社会关切。法院还通过常规或非常规地组织普法宣传活动，通过此种新闻宣传及舆论引导让司法承担起教育的功能，对外进行沟通与联系。对个案当事人来说，并不一定每一位当事人都曾阅读过相关宣传、报道，但此种积极向上的宣传报道对于曾经阅读过的当事人而言，至少不会产生负面消极的影响。故此类司法资源的耗费对于个案当事人而言可归为积极的司法资源耗费。

总之，在当事人的视角下，优化司法资源配置所应追求的目标是努力增加积极的司法资源耗费，尽量减少消极的或中立的司法资源耗费，尤其要避免重复的司法资源耗费。同时，由于特定时期内的司法资源总量是有限的，中立的司法资源耗费必然挤占用于审判事务的司法资源的数量，就此意义来讲，中立的司法资源耗费在司法资源短缺十分严峻时极其容易丧失中立的色彩而转为消极的司法资源耗费。

三、司法资源的重新配置

（一）司法资源与司法公正

资源配置的目标在于物尽其用，将资源投入到发挥效用最大之处。因此，在司法资源总量不变的情况下，如果能在内部进行优化配置，重点满足资源耗费者即诉讼当事人的需求之处，使得司法资源的投入获得最大产出，保障法官有充分的时间审理个案，最终有助于实现个案的司法公正。

此外也要看到，"迟到的正义是非正义"，纵使很简单明了的案件可能会因迟迟没有作出最终裁判结果，随着裁判时间的延长，当事人认为案件结果被操纵的感觉可能越来越强烈，因司法资源的错误配置所引发的抵消容易导致个案审判时间过长并影响当事人对司法公正的主观感受。主观司法公正感受挫的当事人又会通过各种行为进一步耗费司法资源，从而加剧司法资源的短缺程度。

（二）优化司法资源配置与主观司法公正的实现

通过前文的考察可以发现，当事人对司法公正的感受是主观的。若当事人的主观司法公正没有得到合理且有效的满足，当事人就可能启动后续诉讼行为而进一步耗费司法资源，同时还可能通过对法院和法官负面社会形象的传播而削弱其他潜在的诉讼当事人对司法公正的信心。因此，要缓解司法资源短缺的严峻形势，在优化司法资源配置时就要考虑将司法资源的耗费同满足当事人主观司法公正的目标相结合。如果耗费的司法资源无助于当事人主观司法公正的实现，这样的司法资源耗费意义就不大。概言之，如果还不能说司法资源配置应该以当事人为导向，司法资源的配置至少应该兼顾当事人主观司法公正的实现。只有把司法资源配置的核心从人和物的关系转为人和人的关系，将司法资源多配置在法院和法官同诉讼当事人的关系上，重视诉讼当事人的主观司法公正，才能有效地缓解司法资源短缺的问题。对此，结合当事人的主观心理状态，司法资源可以通过优化配置而最大限度保障当事人的主观司法公正感。

(三)司法资源的配置方式

以增进积极性司法资源耗费、尽量减少或压缩中性、消极性司法资源耗费为原则,结合当事人对司法公正的心理感受,可将资源重点配置于如下方面:

第一,尊重当事人在程序中的自主性。如前所述,纠纷的司法解决在司法机构和当事人之间有密切的分工,司法机构不可能完全排斥当事人的参与或完全不顾及当事人的主观司法公正。当事人主观司法公正的实现程度,同当事人的自主参与程度有很大的关系。自主参与程度越高,主观司法公正就越容易获得实现,司法资源的进一步耗费就可以避免。例如,通过和解、司法调解、仲裁、刑事和解制度等当事人私人自治成分较大的制度所解决的纠纷往往更能让当事人心悦诚服。因此,如果可以,应该更多地允许当事人自己选择将纠纷交由自己信任的法院或法官进行处理,由自己选择的法院和法官所做出的裁判结果或许更具说服力,从而能更好地服务于当事人的主观司法公正的实现。其次,在审理程序中,可适度将资源倾斜于创造"理想辩论情境",为当事人提供舒适、自由度较高、时间较不受限制的辩论机会和环境,因为,"即使个人权益没有得到最终界定,但每个人的权益都已被纳入考量范围。这么做能够争取各方达成谅解与共识,由此形成的判决也可以被更好地贯彻执行,而且行之有效"。① 再者,法院内部存在大量的行政等级管理资源的耗费,此部分资源耗费的领域是一系列当事人不能正式参与的、却可能决定审判结果的环节,难以消除当事人及公众观感上的疑虑,② 因此,此部分资源耗费应尽可能控制其规模。

第二,完善裁判文书的说理论证。此即意味着增加司法资源的投入。对于法官来说,进行合理的论证首先要重视司法的修辞。裁判书的正式行文,要求准确、直接,以法律叙述行规要求的方式表达国家强制的意志。③ 法官通过语言阐释自己思路的过程中,应当充分考虑用语中的宣誓意义及标签作用,确保遣词用语的妥当性。一份可读性强、文通字顺的判决书能够成为一份很好的普法教材,更是法官素质的综合体现。在当前裁判文书的公开成为审判公开、阳光审判体现的情况下,法官判决书的影响将超越案件当事人本身,可能成为被后人反复诵读、论证各类观点合法性的先例。一份坚实有力的判决,除了要立场坚定、说理充分、透彻清晰、论据翔实,还应具有说服力,能给读者留下深刻、持久的印象,最终可以推动实现预期的法律效果。④ 其次应展示法官推理的过程。2013年1月1日起施行的《民事诉讼法》修正案对法官的判决书说理进行了规定,第152条要求判决书应当写明判决结果和作出该判决的理由,判决书应包括判决认定的事实和理由、适用的法律和理由。该条款意味着,法官向公众展示自己的推理过程、下判理由成为其义务。推理过程、下判理由可详可略,其无法验证性为法官逃避该项义务留下了很大的空间。在"调解优先"的背景下,一批"调解能手"收获无数荣誉,也带动了一阵对法官"调解能力"的训练热潮。从应然及长远的角度来看,应当加强法官司法专业技能的发展和培养,鼓励法官钻研法律知识和技能,以激励机制来调动法官的积极性,要注

---

① [美]斯蒂芬·布雷耶:《法官能为民主做什么》,何帆译,法律出版社2012年版,第113页。
② 陈杭平:《论中国法院的"合一制"——历史、实践和理论》,载《法制与社会发展》2011年第6期。
③ 刘星:《判决书"附带":以中国基层司法"法官后语"实践为主线》,载《中国法学》2013年第1期。
④ [美]斯蒂芬·布雷耶著:《法官能为民主做什么》,何帆译,法律出版社2012年版,第59页。

意用制度激励来促使法官解决实际问题，①并增加此项资源的投入。如当前优秀裁判文书的评选可以作为一项值得考虑并广泛推广的激励机制。

第三，强化司法共同体的打造。法律或法治，和其他人类的创造一样，不可能是永恒理性的产物。②我国的司法资源耗费相较于其他国家而言还因如下原因而可能特别多：法官的法律解释和适用任务特别繁重。以我国的民事立法为例，由于我国采取的是"零售式"的立法模式，先后制定《民法通则》《合同法》《担保法》《物权法》《侵权责任法》；此外，最高人民法院结合审判实践先后颁布了具有重大审判意义的各个司法解释。前述规范由于缺乏"批发"制定一部法典时的体系考量，各规范间难免相互抵牾。而学者对冲突处的解释也是莫衷一是，学界和实务界对于很多规范的理解尚未形成"通说"。"通说"的缺乏使得法官的法律解释和法律论证任务异常繁重。③因此，司法资源的配置上，应当致力于司法文化共同体的打造，司法者应在法律制度的约束范围之内进行裁判，以求得共识，确保同等情况同等对待。司法者尤其应避免使司法沦为政策的工具。此外，在司法文化的构建上，应认识到"法律就是一个共同体的生活方式的抽象化表达。人们怎样生活，法律就怎样说"④，在司法过程中，关切社会生活的常态，充分考虑案件处理的实际后果，避免疏离民众生活过远。

第四，承载司法教育功能。基于该项司法资源的投入对于个案当事人而言构成积极的司法资源耗费，理论上，应当最大限度地增加该项支出。但在资源总量不变的情况下，此项资源的支出必然削弱其他资源，从而引发主观公正感下降的效应，故而，该项资源的支出也应根据资源情况进行合理的配置。此项资源投入的最大意义在于培育公民对于法律的认同感，让"秋菊"认识并原谅法律的界限及其局限性，从而夯实法院判决的合理性根基，尽可能地让当事人个体的主观公正接近客观公正，从而提升当事人司法公正的感知度。

四、结语

法律纠纷是法院行使职权的前提，没有纠纷就无所谓司法。纠纷产生司法，但司法的目的却是消灭纠纷，做到案结事了。因诉讼当事人主观司法公正的客观存在，要真正实现"案结事了"就不得不尽可能凝视和关照当事人的主观司法公正，否则当事人主观上对司法公正的不认同将影响客观公正的实现，进而影响司法权威及司法公信力的建构。制度形成的逻辑，并不如后来学者所构建的那样是共时性的，而更多的是历史性的。制度的发生、形成和确立都在时间流逝中完成，在无数人的历史活动中形成。⑤当事人主观司法公正的建立也有赖于每一个个案、每一位法官具体的司法过程。唯有正视而不是回避、尊重而不是一味抑制当事人的主观司法公正，在配置有效的司法资源时想方设法增加有助于主观司法公正的积极的司法资源耗费，让当事人因心悦诚服而自我抑制后续的诉讼或非诉讼行为，才能有效地实现司法公信力的提升。

---

① 苏力：《关于能动司法与大调解》，载《中国法学》2010年第1期。
② 苏力：《法条主义、民意与难办案件》，载《中外法学》2009年第1期。
③ "如就某问题已存有通说，论者可在论证中直接引用通说，而不必重复加以论证"，有关通说的功能，可参见庄加园：《教义学视角下私法领域的德国通说》，载《北大法律评论》第12卷第2辑，北京大学出版社2011年版，第330~332页。
④ 秋风：《儒家式现代秩序》，广西师范大学出版社2012年版，第157页。
⑤ 苏力：《制度是如何形成的》，北京大学出版社2007年版，第53页。

论法官独立审判的现实困境和改革路径

郭顺强*

新一轮的司法改革提出"让审理者裁判,由裁判者负责"的改革目标,从语义上直接解读,就是要让承办案件的法官能够不受干预地、独立自主地对案件作出裁判,并由承办案件的法官对裁判的结果独立地承担裁判责任。这也使"法官独立审判"这个近些年相对"冷门"的话题重新回到人们的视野。从社会的分工来看,司法承担着对是非对错进行裁判的社会职能,司法裁判要被矛盾双方,乃至社会公众所接受和服从,首当其冲的便是法官在处理争议的过程中要始终保持不偏不倚的中立地位。在批评者看来,导致当前中国司法不公最大的元凶在于法官判案不够独立,有的学者甚至提出只要司法独立或法官独立就能"包治百病"[1]。在确保法官独立审判方面,过去人民法院三个"五年改革"推行过不少改革措施[2],然而时至今日,"法官不够独立""审者不判,判者不审"仍然为社会所诟病,是造成当前司法公信力不高的主要原因之一。本文试图从司法审判的基本规律出发,结合现实国情梳理法官独立所需具备的基本因素及现实中实现法官独立审判的差距,分析造成这些差距的原因所在,进而提出对本轮改革的若干建议。

一、图景描绘与实践冲突:法官独立审判的基本要素

无论是司法独立还是独立审判,作为现代司法文明的重要内涵,并非在我国社会发展中自行衍生的,而是来自西方的法治经验。从西方的司法独立经验来看,首先强调的法官个人独立,然后才是扩及整个司法层面的独立,而不是反过来。在那里,法官独立是一个不言自明的命题。然而,由于历史传统的原因,我国法治建设的基础十分薄弱,根本上缺乏司法独立或独立审判的经验。在这样的背景下,在过去30多年的改革中,人民法院主要是通过完善内部审判权运行机制,实行对法官放权,让法官拥有更多的审判权限,以树立司法的中立、公正的形象。由于理念上一直存在"法院整体独立"抑或是"法官个人独立"的争辩,且缺乏法官独立审判的体制设计,法官独立审判的内在需求没有得到满足,法官也没能够真正实现独立自主的裁判。当中央确定将司法体制改革作为全面深化改革的重点内容时,本轮司法改革实际已超越法院自身的改革,着眼于整个

---

* 郭顺强,厦门市湖里区人民法院研究室。

[1] 陈卫东、韩兴红:《以法官独立为核心推动我国法官制度的现代化》,载《人民司法》2002年第2期。

[2] 人民法院"一五改革纲要"明确规定"除合议庭提请院、庭长提交审委会讨论决定的重大、疑难案件外,其他案件一律由合议庭审理并作出裁判";2007年最高人民法院制定《关于完善院长、副院长、庭长、副庭长参加合议庭审理案件制度的规定》,促使院、庭长更多地作为合议庭成员直接参与案件审理;2011年最高人民法院出台《关于在审判工作中防止法院内部人员干扰办案的若干规定》等规范性文件。

司法体制的重构，这有助于我们从司法规律的内在要求以及现实司法运作的差距的角度，重新廓清确保司法公正的法官独立审判的基本要素。

（一）法官职业的独立人格

与丰富的法律知识、精湛的庭审技巧相比，社会对法官的评价更看重其在审判中是否保持中立的地位。法官要保持中立，就必须拒绝诉辩双方之外的意见进入法官的裁判意见系统。因此要从制度上保证这一点，就必须赋予法官在自己所承办的案件上有无可辩驳的独立性，亦即法官的独立人格。否则，如果法官的独立人格得不到保障，就很有可能为其他意见进入裁判意见系统打开了各种有制度机制支持的"门"和各种没有制度支持的"窗"，最终导致法官的裁判不是出于自己的意志，至少是不完全出于自己的意志。如此之下的裁判，暂且不论其是否符合法律的规定、符合案件事实的真相，仅因法官中立角色有所偏颇，就足以让社会公众质疑裁判的公正性，影响社会公众对司法的信赖。相反，如果法官能够只服从法律和内心的确信，独立自主地对案件作出裁判，哪怕裁判的结果不符合基本的道德标准、不符合案件的真实情况，也可以因为法官的中立获得社会对裁判的尊重，这在西方法治国家的许多案件的裁判中得到体现。在我国，法官并不具有独立的人格地位，法官看作是法院机构的附庸，是司法裁判"生产线上"的"制造工人"。一是重大复杂疑难案件集体审理。案件之于法官，无论案件是简是繁、是难是易，法官都必须做出决断，这是法官的责任，换言之，不存在法官无法下判、不能下判、不该下判的情形。实践中，尽管在改革之下，多数法院能够做到将多数案件交由独任法官或合议庭独立裁判，而不需要院、庭长加以审批，并尽量压缩减少提交审委会讨论的案件，但对属于重大复杂疑难案件仍然采取层层把关、集体决策的方式，最后的判决也未必是承办法官的意见。虽然数量上的多寡可以反映出审判行政化的程度，但哪怕是只有一个案件法官不能独立自主地作出裁判，就不能说明法官独立审判得到落实。二是院、庭长的程序裁决权。法官是诉讼程序的指挥者，也理应对诉讼程序的后果承担法定职责。然而诉讼法规定，案件审理过程中遇到的回避、保全、拘留、罚款、腾房公告、启动再审等事项，需要由院领导通过行政审批的方式来决定，而不是以审理的方式进行，法官并没有这方面的权力。尽管目前的改革也在减缩院、庭长对非法定程序事项的审批权限，但并没有让程序的裁决权全部回归到法官手上，而这本身就属于案件裁判的应有范围。三是审判管理职责扩张。近年来，审判管理作为提升案件效率和质量的手段，发挥的作用立竿见影。但是，在各项审判管理指标的指引下，院、庭长以直接的管理手段对法官办案进行督促、考核、评价、排名，使得法官裁判不得不考虑法外因素，比如以牺牲质量为代价提高效率，从而影响案件处理的公正性。所以，审判管理职责的扩张实际上是在强化了审判权运行的行政化色彩，也使无数的法官成了法院整体的办案机器中的一个"零部件""子系统"。

（二）法官之间的平权关系

既然法官在自己承办的案件上应当具有完整的意见权，那么在经验差异之外，法官之间的地位是平等的。在法院内部，不同的法官之间不存在隶属和服从的关系；在法院外部，案件由哪个法官审理，不存在由某一位法官更权威，或者另一位法官不权威的问题。我国法院组织制度也规定，院长、副院长、审委会委员、庭长、副庭长在履行审判职责上与普通法官并无区别。但是，司法实践中法官的平权关系却难以得到维护：一是法官之间层层负责。无论是独任庭还是合议庭审理案件，法官都应该平等行使审判权，对法律负责，对裁判结果承担职责，而不是对其他法官负责。现实中，法官处理审判事务，常常需要逐级请示汇报。尽管最高人民法院多次强调领导的审核不得改变法官的裁判意见①，但实际上法院内部，层层把关的审核模式，使得原本平行的法官关系最终演变成自下而上的一级对一级负责、下级服从上级的层级关系。二是法官管理行政化。作为行使审判权的主体，法官是法院的核心，法官管理是法院管理的核心。基于司法权和行政权的不同属性，世界各国普遍对法官实行不同于行政机关公务员的管理制度，目的是要保障法官能够独立自主地对案件作出裁判。目前我国法官管理制度主要是参照适用公务员制度，院、庭长对法官的任职选任、工作安排、考核奖惩、晋职晋级等具有直接决定权或重要影响，同时院、庭长又处于审判流程的末端，使得法官在行使审判权时必然十分重视院、庭长的意见。三是法官级别行政化。在参照公务员管理的法官管理制度作用下，法院内部形成了不同行政级别的法官，如副科级审判员、正科级审判员等等。这种级别之分不仅代表着政治待遇和经济待遇的差异，还代表着不同的位阶和责任关系。在这个金字塔里，越往金字塔顶端靠近的就越享有完整的审判权限，越处于金字塔下方的享有的审判权限则越小。

（三）法官民主裁判原则

司法裁判大者关乎他人生死，小者影响他人利益分配，司法裁判应慎之又慎，因此，司法除了依法、独立以外，在内部运作上强调民主决策。除简单的民事案件、轻微的刑事自诉案件由独任法官一人审理外，合议制是法官处理争议的主要方式。合议制就是一种多人共同参与、共同裁判的决策机制，最高法院的合议庭工作规则对合议庭成员之间相互监督、相互制约，保障裁判公正性做了明确的规定。然而，在以法院名义作出裁判的逻辑下，司法实践对这种民主决策的方式进行了大幅的"修剪"，实际上是回到行政化的决策方式上。一是法院院长工作报告制度。法院院长与行政机关负责人的不同之处在于，行政机关实行的是首长负责制，行政机关负责人要对下属工作行为负责，而在案件审判上，法院院长只对自己承审的案件负责，而不对其他法官审理的案件负责。实践中，法院院长作为法院代表，向党委、人大、政法委等汇报工作，既汇报行政管理工作，也汇报审判执行工作。这样一来，与其说院长是法律职务，不如说院长是一个对外对本院审理的案件负总责的行政职务。这无论如何都不可能在社会中形成法官独立裁判的形象，反映到法院内部，普通法官对庭长负责，庭长对分管院长负责，最后院长负总责的责任体系，也使院、庭长不得不更多地介入案件的处理。二是裁判文书以法院名义作出。在对外法律文书的签发方面，行政机关一般是由领导人签字并加盖单位公章，而法院的裁判文书也采取类似的签署规则，即案件承办人署名后加盖法院公章，才具有法律效力。在社会公众看来，法院才是裁判的"主角"，法官只是"附庸"，而不是反过来，即一个个具有独立意志的法官在法院组织下从事审判工作。从权责一致的原则来看，法官的地位在裁判文书上并不凸显，同时让法院替法官的裁判意见"背书"也不符合真实情况。三是审判监督工作的异化。从制度层面来看，除了公检法相互监督制约、纠纷双方制约法官

---

① 如《最高人民法院关于人民法院合议庭工作的若干规定》第十六条规定"院长、庭长可以对合议庭的评议意见和制作的裁判文书进行审核，但是不得改变合议庭的评议结论"。

等外，在法院系统自身，对当事人权利的救济还包括上诉程序、审判监督程序。但实际上，在日常的审判过程中，通过院、庭长审核、签发以及各种各样的"把关"等来监督法官办案已使院、庭长的监督渗透到案件审判执行的各个环节。尽管在审判权与审判监督权、审判管理权的关系中，审判权是核心，监督权和管理权是保障，但由于承办大多数案件、行使审判权的"一线法官"行政级别相对较低，而行使审判监督权、审判管理权的院、庭长行政级别相对较高，某种意义上造成审判权从属于审判监督权、审判管理权的"倒挂"现象。

二、追根溯源与问题反思：法官独立审判的现实困境

在分析差距以明确法官独立审判应具备的基本要素之后，我们必须回到现实，反思目前影响法官独立审判的障碍，才能使改革更加有的放矢。与西方发达国家上百年的司法发展历史相比，我国从20世纪70年代恢复司法制度以来不过40个年头，虽然我国宪法将"独立审判"确定为司法原则，但从社会演进传承的角度看，我国的司法权实际上是脱胎于行政权，法院组织、诉讼制度、决策方式、管理制度、问责方式等都采取类似行政机关的模式，使得目前法院审判运作同时充斥着"行政化"和"去行政化"两种相互矛盾的权力运作模式。如何解决这个问题，让"审判的归审判，行政的归行政"，仅仅对法院内部审判权运行机制进行改革，效果是十分有限的，根本无力撬动根深蒂固的行政化运作模式。

（一）司法理念强调法院整体独立

从我国社会治理的传统来看，政府是全能型的政府，立法、行政、司法都是政府的职责，惩罚犯罪、解决纠纷是政府对社会统治的一部分内容①。司法权并不是区别于行政权的独立型权力，而是作为一种工具性权力服务国家的经济和社会发展，整个司法制度不是纠纷解决型，而是政策实施型②。我国现行宪法第126条规定，"人民法院依照法律规定独立行使审判权，不受行政机关、社会团体和个人的干涉"。据此，人们认为我国目前实行的是法院整体的审判独立，而非法官个人的审判独立。在法院整体独立的理念指导下建立起来的法院组织采取科层制的组织模式，在审判业务方面自然而然地采取行政化的管理、集体化的决策，最终导致审判职权泛化、审判责任模糊不清。本轮改革既提出"让审理者裁判，由裁判者负责"的目标，就应该摒弃法院整体独立这一"抽象"的观念，明确法官个人独立审判，独立承担裁判责任。

（二）内部运作强调行政权优先

任何组织都离不开组织、指挥、协调、控制、监督，法院亦是如此。法院内部既存在审判活动，也存在为审判活动服务的行政管理活动。理论上，这两种不同类型的活动完全可以在各自的轨道内并行不悖地运行。法院内行使审判职能的是审判组织，具体包括独任法官、合议庭以及审判委员会，每一个审判组织按照诉讼程序对案件进行审理裁判，其所作的裁判就是法院的裁判；法院内行使行政管理职能的是院、庭长，代表法院

---

① 贺卫方：《中国司法管理制度的两个问题》，载《中国社会科学》1997年第6期。
② 达玛什卡：《司法和国家权力的多种面孔》，中国政法大学出版社2004年版，第1~23页。

或审判庭从事司法行政事务，法院内部的行政管理活动也并不必然导致审判事务的行政化。然而，司法实践中，法官与行政人员并无多大区别，法院内部审判权和行政权"两套制度的完全混同，法院组织法所规定的审判制度融入了法院内部的行政管理体制，变成法院行政管理制度的一个有机部分。"① 使得本应该相对封闭的审判权运作模式变得积极开放，院、庭长参与司法决策，并以行政管理的优势地位侵蚀了审判组织的独立审判。

（三）法官能力素质不能适应独立审判需要

法官独立审判作为司法的基本规律，这当中蕴含着一个重要的前提，那就是法官具有良好的业务能力和职业素养。如果法官缺乏专业法律知识、缺乏社会阅历、缺少职业操守，由他们来定分止争，不仅不能很好地解决纠纷，还会使司法失去起码的尊严。为此，顾培东教授指出，不能将"法官独立"作为司法改革的目标来追求，其论述的重要依据就是法官的素质还不够高，职业操守尚不理想，轻易放权，将导致更严重的司法不公。② 的确，目前的法官队伍素质参差不齐，与西方发达国家的法官相比，和法官独立审判内在需要相比，仍有不少的差距。但是，正如凯普利提所说的那样，"司法独立本身并不具有终极价值，它本身并不是一种目的，而只有一种工具性价值，它的最终目的是为了保证法官公正无私地审理案件"。③ 因此，如果因为法官的素质能力还不够理想，就否定法官独立审判的价值，很显然过于保守，也无助于法官能力素质的提升。

（四）诉讼制度不完善

相对于司法原则，诉讼制度是贯彻执行司法原则的操作规范，审判操作流程制度化是诉讼制度发展完善的重要内容。近年来，立案登记、审前程序、证据规则、强化当事人抗辩、再审程序甚至裁判文书公开等符合司法规律的操作实践被吸纳入新修订的诉讼法，反映我国诉讼制度的进步。但与此同时，如案件请示制度、裁判文书审核签发制度、办案指标考核评比等具有"短期效应"的做法却大行其道，这些做法由于违背司法规律，不可能被纳入诉讼化改造的范围，同时也强化了集体管理决策，更加忽视法官独立审判。因此，诉讼制度的改革要对这些实践中的做法进行梳理，具有合理性的做法应进行诉讼化改造，而那些不符合司法规律的做法，应该彻底摒弃。

（五）审判绩效考核管理弊端重重

20世纪90年代以来，受西方"新公共管理运动"④ 的影响，我国法院开始探索绩效评估、管理、考核等制度，经过多年的实践，这项工作在提升法院的办案质量方面发挥了积极的作用，但其弊端也是十分明显的。实践中，上级法院通过对下级法院下达审判管理指标以实现本地区整体审判质效优化的目标，在这个管理工具的作用下，当下级法院

---

① 苏力：《论法院的审判职能与行政管理》，载《中外法学》1999年第5期。
② 顾培东：《再论人民法院审判权力运行机制的构建》，载《中国法学》2014年第5期。
③ Mauro Capplletti, Who Watches the Watchmen? A Comparative Study on Judicial Independence. Judicial Independence, Martinus Nijhoff Publishers, 1985, pp. 550~557.
④ 20世纪70年代，西方国家面对传统官僚制度的诸多弊端，如机构臃肿、效率低下等，开始在政府等公共部门中适用绩效管理与评估制度，80年代全面推行，90年代达到鼎盛时期，学者把这个过程称为"新公共管理运动"。参见张军主编：《人民法院案件质量评估体系理解与适用》，人民法院出版社2011年版，第7~8页。

质效表现不佳时，其更多希望采取一些措施以改善那些相对较差的指标，追求某阶段工作的突出成绩，也就是所谓审执"工作亮点"，从而引发诸如"上门揽案"以提高调解率、"年底关门立案"以提高结案率、"上下级法院请示沟通"以降低发改率等社会公众反映强烈的问题。在一级法院内部，为了完成上级法院下达的指标，从院一级到法官个人层层签订办案责任状，院、庭长不得不更加积极地介入个案的运转流程乃至裁判结果，在干部提拔任用、评比先进优秀等方面，处处强调"数据说话"，进一步加剧法院科层化的管理模式。

（六）审判监督机制不合理

确保法官独立公正行使审判权，一方面是要赋权，另一方面是要防止其滥权。如果说对法官能力素质的不信任是造成"赋权"难的话，那么权力监督机制的不完善则是因为强调通过行政化的监督管理对法官能力素质进行补强，而强化了法院内部的行政化。实践中，一个案件从立案到结案，可能由一个法官承办到底，也可能要交由庭长、院长、审委会来决定，院、庭长既可以通过规范性程序参与到案件审理当中，也可以通过非规范性管控手段过问案件。在司法审判对社会影响越来越大，党政权力机关对法院越来越重视，提高法官整体的能力素质一朝一夕不可能实现的背景下，任何法院都不会容许"权力在法官、压力在法院、责任在院长"的格局或状态。因此，加强对审判权的管控就变得更加理所当然。实际上，权力监督手段的强化与权力配置不科学具有牵连关系，这也是造成法官独立审判难以落实的重要原因。

三、目标设定与制度重构：法官独立审判的改革路径

司法行政化、法官不独立让司法的中立角色遭受质疑，对法官放权、制约监督不到位也使法院的裁判质量受到贬损。人民法院过去的三个五年改革可以说是在"去行政化"和"强化行政化"之间反复，始终未能找到解决之道。在市场经济对司法改革的强烈需求下，新一轮的司法体制改革已经超越了法院自身的改革，而成为新一届中央领导集体实行社会改革的重要分支，这将大大扩大改革的空间和维度，使过去长期制约改革的藩篱有可能更容易被突破。法官独立审判不是简单的赋权、放权，需要从理念到制度、从机制到人才全方位的设计和实施。

（一）建立行政和审判系统明确分离的法院管理体制

法院是一种特殊的组织，其特殊性在于法院内存在行政和审判两个系统，行政系统和审判系统交叉混同是造成我国法官不能独立审判的重要原因。因此要确保法官能够独立自主地对案件进行裁判，就必须将这两个系统明确地分开。

1. 确定两权分离、以审判为中心的理念

审判权是法官享有的对案件进行审理并作出裁判的权利，这是法院职能中的核心权力，而法院内部行政系统是对人财物的管理，是为了保障审判系统的有序运转，具有从属性。但从目前的情况来看，行政系统明显占据"优势地位"，对审判系统进行了不当的分权，违背了审判规律。因此，新一轮的改革应该明确"让司法的归司法，让行政的归行政"的思路，把审判权交给专业的法官，把行政事务管理权交给从事行政事务的专门机

构,突出法官的核心地位,强调行政事务管理的从属地位。

2.设立服务审判的行政事务管理机构,取消院、庭长的行政事务管理权

专业的人做专业的事,既是司法职业化的要求,也是法院内行政事务管理的要求。院、庭长既是法官,又是行政官员,其对普通法官的影响在于其掌握着资源分配的权力。这种资源配置方式破坏了法官之间应有的平权关系,也为院、庭长干预普通法官办案打开了方便之门。要杜绝院、庭长对普通法官的不当干预,就应该取消院、庭长的行政事务管理权,将行政事务管理权分离出来,成立集中管理的、与审判无涉的专业性行政事务管理机构,由这个机构为法官办案提供保障。

3.成立法官委员会,取消院、庭长审判事务管理权

在法官素质不高的情况下,院、庭长的把关短期内有助于提高法院裁判的质量,但这种做法并不具有可持续性,一方面社会已对案件裁判的行政化审批诟病多时,另一方面让没有审理案件的法官对审理案件的法官进行审核把关本身就缺乏法理依据。因此,笔者认为应该取消院、庭长对审判事务的审批,让法官拥有完整的审判权,也让院、庭长应该回归法官的角色。同时,成立具有自治性质的法官委员会,对于案件分配、法官考核评价等工作,有该委员会通过民主表决的方式运作。

(二)建立符合职业特点的法官管理制度

尽管在国家实行统一司法考试之后,法官的职业化水平与过去相比有较大的提高,但目前法官的能力仍然不能适应社会发展的需要,也为院、庭长的把关留了"后门"。

1.提高法官的能力素质

首先要提高法官的任职条件。在社会转型时期,矛盾高发是不可避免的事实,一味强调案多人少增加法官,短时间内有助于缓解法院的办案压力,但长远看对司法的整体公信提升并无助益,也会加剧院、庭长的审核把关责任,使法官独立审判更加遥遥无期。因此,要提高初任法官的任职条件,特别是将从事一定年限的法律职业工作作为前提性要求。其次是要加强法官的职业培训。要告别先上岗、后培训的急功近利型、揠苗助长型的人才培养模式,在初任法官的培训方面、法官续职培训方面出台相关的制度,更加侧重于审判业务技能的培训。

2.法官待遇与行政级别脱钩

院、庭长对普通法官具有的显性或隐性的权威在于法官按照普通公务员制度进行管理,主要通过晋升行政级别提高自身待遇,这些都有赖于院、庭长对自身的评价。要让法官敢于坚持己见,就必须在核心的待遇问题上为法官"松绑",也就是让法官的待遇与行政级别脱钩,同时基于法官的职业特点,应该确定法官按级晋升待遇的正常增长机制,以确保法官能够更加独立自主地作出裁判。

3.保障法官正常履职

法官的裁判结果可以接受社会公评,但其权威不容置疑,这是司法裁判得以安身立命的根本。这就好比足球场上的裁判,尽管赛后通过慢动作回放可能发现裁判的判罚错了,但比赛的结果不容更改。法官定分止争,由于法律见解的不同,不同的法官对同一个案件可能有不同的看法,但只要不违反禁止性规定,法官的自由裁量权应该得到尊重,不仅当事人要尊重,法院内部其他法官也要尊重,社会各界也应当尊重。倘若法官的正常履职行为得不到有效保障,法官下的裁判就难有权威与公信可言。

（三）建立科学合理的审判监督制度

要在尊重司法规律的前提下，对当前法院内部不符合审判规律的监督管理方式方法进行改革，以促进和维护法官独立裁判。

1. 完善案件质量评估制度

目前执行的案件质量评估制度遭到办案法官的抵制，造成法官和管理人员的紧张，也导致了法院之间的不良竞争，其更深层次的影响在于加剧了"不独立审判"首先要设定好案件质量评估的目标，其定位应该在于案件质量检测，以尊重法官独立行使审判权为前提，既不是层级监督的工具，也不是控制法官权力的措施。其次是要由第三方来评估，突出评估主体中立化，保证评估结果的专业、公正和客观。再次是引入定性评估，以纠正"唯数据论"，杜绝因评估引起的不同法院之间的相互攀比。最后是增加司法公信度调查，要关注社会公众对司法的评价。

2. 强化诉权监督

从"他律"向"自律"转换并不意味这对法官绝对放权，让法官可以"独裁"，而是在弱化行政化监督的同时，要通过诉讼制度的改良，通过对当事人的诉讼权利的强化，实现对法官审判行为的监督和制约。在笔者看来，诉讼制度的有效性在于让纠纷的双方能够充分地表达意见并且能够有效地监督法官行使自由裁量权。从监督的实质性效果来看，无论院、庭长以何种手段监督法官行使审判权，也无论社会公众对法官的裁判施以何种程度的舆论压力，都是外源性监督，如果赋予当事人充分的诉讼权利，让他们在诉讼的每一个环节都具有监督法官的权利，这种来自于自身利益的内在驱动将比任何诉讼程序外的主体的监督更加有力。与此相配套的是，要推进律师代理制度改革，在当事人和法官之间搭建平等话语平台，突破司法的专业性障碍，也有利于通过职业律师对法官进行监督。

3. 司法公开从形式公开走向实质公开

阳光是最好的防腐剂，司法公开是司法公正的保障，也是制约法官行使审判权的重要手段。尽管司法公开已成为深化司法改革的重要内容，但从具体操作的情况来看，不少法院常常会担心公开会带来"负面效应"，而对公开有所保留，或做表面文章，或打折扣。因此必须进一步加大司法公开的改革力度，将法官行使权力的全过程暴露在阳光下，接受公众的检视。具体而言，可以通过对司法公开的考核提高各级法院的积极性，加大大案、要案的公开，扩大庭审公开、当庭宣判范围，扩大审判信息公开范围，避免审判信息"内卷化"等等。同时，要通过立法将司法公开明确为法院的法定职责，并允许当事人将违法司法公开行为作为提起诉讼，对知情权进行可诉救济。

综上所述，本轮司法改革提出的"让审理者裁判，由裁判者负责"的目标，绝非仅仅是对法官放权的重申，而是着眼于更加深层次的体制和制度变革。笔者尝试从社会观察的角度，结合自身体会，提出见解，以期能够抛砖引玉，引来更多的思考。

行政规范性文件司法审查思考

张小宣[*]

规范性文件不仅是行政法学上一个重要概念,而且也是行政法律制度中广泛存在的一类行政行为。[①] 规范性文件是指各级人民政府及政府部门等发布的涉及公民、法人和其他组织的权利义务,在一定时期内反复适用,在所管辖区域内具有普遍约束力的文件。[②]《行政诉讼法》修订之前,规范性文件是不可诉的,这一制度设计饱受社会各界的质疑,此次《行政诉讼法》修订,新增的第53条规定,将规范性文件的附带审查纳入了行政诉讼的受案范围,开启了对规范性文件司法审查的大门。

一、我国规范性文件的制定现状

依法行政是建设法治政府的重要内容,行政机关在实施行政管理工作中,必须严格依照法律、法规、规章的规定。随着行政管理面临的社会问题呈现出日益复杂化、多样化的趋势,法律、法规、规章存在的抽象性、概括性、原则性、滞后性使得法律、法规、规章的规定难以满足行政管理各个方面的需求,仅仅依靠法律、法规、规章处理复杂多样且具体的行政事务,容易造成生搬硬套,行政管理效果达不到预期的目的。这就需要对法律、法规、规章进一步细化、具体化。但是在我国的行政机关中,只有国务院、国务院各部委以及少数地方政府拥有立法权,这种客观存在的矛盾,使得规范性文件具有存在的客观基础和重要意义。行政管理实践中,规范性文件也确实发挥着极其重要的作用,是行政机关行使行政管理职能的重要手段,也是行政机关执行法律、法规、规章的主要载体。但是由于行政机关法治意识淡薄、法制力量配备不足、文件制发机制不健全等因素的存在,实践中规范性文件存在着诸多问题,如规范性文件制定主体混乱、越权情况严重、合法性问题突出、程序规则缺失以及监督管理不到位等等,不仅严重影响法制统一,损害政府的公信力,而且严重侵害行政相对人的合法权益。

---

[*] 张小宣,厦门市法制局。
[①] 张浪:《行政规范性文件的司法审查问题研究——基于〈行政诉讼法〉修订的有关思考》,《南京师大学报(社会科学版)》2015年第3期。
[②] 本定义参照《厦门市行政机关规范性文件管理办法》第2条规定,本办法所称规范性文件,是指下列涉及公民、法人和其他组织的权利义务,在一定时期内反复适用,在所管辖区域内具有普遍约束力的文件:(一)各级人民政府发布的,以及经市、区人民政府批准以政府办公厅(室)名义发布的文件;(二)经市、区人民政府批准以政府工作部门、直属机构、办事机构和其他依法行使行政管理职能的机构(以下统称政府部门)或者派出机关名义发布的文件;(三)市、区政府部门发布的文件;(四)市、区人民政府派出机关发布的文件;(五)法律、法规授权的具有管理公共事务职能的组织发布的文件。

二、规范性文件纳入司法审查的必要性

旧《行政诉讼法》第12条第2项规定,人民法院不受理公民、法人或者其他组织对行政法规、规章或者行政机关制定、发布的具有普遍约束力的决定、命令提起的诉讼。此规定确定规范性文件具有不可诉性,这一制度设计长期以来受到社会各界的质疑,是否将规范性文件纳入司法审查的范围一直是法学理论和司法界关注的焦点问题。2000年,《最高人民法院关于执行〈中华人民共和国行政诉讼法〉若干问题的解释》第62条第2款规定,人民法院审理行政案件,可以在裁判文书中引用合法有效的规章及其他规范性文件。这一规定实际上赋予了法院对规范性文件的选择适用权,而作出是否适用规范性文件的选择势必涉及对规范性文件的审查。① 2004年5月18日,《最高人民法院关于印发〈关于审理行政案件适用法律规范问题的座谈会纪要〉的通知》规定,人民法院经审查认为被诉具体行政行为依据的具体应用解释和其他规范性文件合法、有效并合理、适当的,在认定被诉具体行政行为合法性时应承认其效力;人民法院可以在裁判理由中对具体应用解释和其他规范性文件是否合法、有效、合理或适当进行评述。2009年11月4日施行的《最高人民法院关于裁决文书引用法律、法规等规范性法律文件的规定》第6条规定,"对于本规定第3条、第4条、第5条规定之外的规范性文件,根据审理案件的需要,经审查认定为合法有效的,可以作为裁判说理的依据"。据此可以看出,最高人民法院认为法院在审理具体行政行为时可以对规范性文件进行附带审查。司法实践中,法院对规范性文件进行附带审查早有先例,但是由于缺乏立法上的直接依据,回避审查成为实践常态,实际适用成为惯常做法,② 即行政诉讼中,法院尽管发现了规范性文件不合法,却因为缺乏法律规定等多种因素,仍将其作为认定具体行政行为合法的依据,导致了司法不公。《行政诉讼法》的修订,立足于国情,将规范性文件纳入司法审查范围具有其理论基础和必要性。

(一)司法权监督行政权的必然要求

孟德斯鸠指出,"一切有权力的人都容易滥用权力,这是万古不易的一条经验。有权力的人们使用权力一直到遇有界线的地方才休止……要防止滥用权力,就必须以权力约束权力"。③ 西方许多国家确立了三权分立制度,我国虽然未确定三权分立制度,但也并不排斥权力的分工和监督。行政权的行使直接涉及行政相对人的权利义务,必然是监督和制约的对象,行政诉讼法明确规定的法院有权对具体行政行为进行审查确立了司法权监督行政权的制度,而制定规范性文件作为一种抽象行政行为,同样是行政机关行使行政权的重要形式,将规范性文件纳入司法审查范围,建立司法监督机制,既是规范性文件本身的性质所决定的,也是民主法治发展的内在要求和必然趋势。

(二)维护法制统一的现实要求

《行政复议法》第7条规定,公民、法人或者其他组织认为行政机关的具体行政行为所依据的国务院部门的规定、县级以上地方各级人民政府及其工作部门的规定、乡、镇

---

① 徐蓉:《完善行政规范性文件司法监督的几点思考》,载《延边党校学报》2012年第27卷第5期。
② 王庆廷:《行政诉讼中对其他行政规范性文件的审查》,载《人民司法》2011年第9期。
③ [法]孟德斯鸠:《论法的精神》,张雁深译,商务印书馆1961年版,第154页。

人民政府的规定不合法，在对具体行政行为申请行政复议时，可以一并向行政复议机关提出对该规定的审查申请。这一规定确立了规范性文件在行政复议中的附带审查制度，在《行政诉讼法》修改之前，《行政诉讼法》将规范性文件排除在司法监督范围之外，产生了复议范围和诉讼范围不衔接的矛盾，直接导致了行政相对人对复议机关作出的相关行政规范性文件合法的裁决不服时，无法得到司法救济。新《行政诉讼法》确立了法院对规范性文件的附带审查制度，使之与行政复议的附带审查制度衔接、统一起来，避免了法律冲突，维护了国家法制统一。

（三）规范性文件存在诸多问题的实践要求

目前，我国各级行政机关发布的规范性文件数量庞大，且存在着诸多问题。在新《行政诉讼法》修订之前，对规范性文件的监督方式主要有人大监督、行政机关监督和行政复议监督三种，但是，由于监督制度设计上存在缺陷，对规范性文件的监督都有不尽人意之处。实践中不合法、不合理的规范性文件不在少数，并且由于其在适用对象上的不特定性、适应的反复性等特点，侵害行政相对人合法权益的情况时有发生，甚至会出现反复侵害行政相对人合法权益的现象，如近期引起热议的四川某县出台的《关于进一步规范国家公职人员和群众操办酒席的通知》规定，群众办寿宴需满70周岁，操办酒席须提前申报，经审核批准后方可操办[①]。对于规范性文件的监督，除了应当进一步加强人大监督、行政机关监督和行政复议监督之外，还应构建更为完善的监督体系。法院与行政机关同属国家机关，地位平等，但是法院独立于行政机关行使审判权，对于规范性文件的合法性问题，由与双方无利害关系的法院审查认定，更为公正、合理，司法权作为最后的救济权也应当赋予合法权益受到规范性文件侵犯的行政相对人，从而最大限度保障行政相对人对违法的规范性文件获得救济的权利，充分实现司法作为最后一道屏障的救济功能。

三、新《行政诉讼法》对规范性文件审查的规定

关于规范性文件的审查规定，新《行政诉讼法》共有三条，一是第13条第2项规定："人民法院不受理公民、法人或者其他组织对下列事项提起的诉讼：……（二）行政法规、规章或者行政机关制定、发布的具有普遍约束力的决定、命令。"二是第53条规定，"公民、法人或者其他组织认为行政行为所依据的国务院部门和地方人民政府及其部门制定的规范性文件不合法，在对行政行为提起诉讼时，可以一并请求对该规范性文件进行审查。前款规定的规范性文件不含规章。"三是第64条规定，"人民法院在审理行政案件中，经审查认为本法第53条规定的规范性文件不合法的，不作为认定行政行为合法的依据，并向制定机关提出处理建议。"2015年4月20日通过的《最高人民法院关于适用〈中华人民共和国行政诉讼法〉若干问题的解释》（以下简称新《司法解释》）有两条，一是第20条规定，"公民、法人或者其他组织请求人民法院一并审查行政诉讼法第53条规定的规范性文件，应当在第一审开庭审理前提出；有正当理由的，也可以在法庭调查中提出。"二是第21条规定，"规范性文件不合法的，人民法院不作为认定行政行为合法的依

---

① 查云帆：《四川通江民众办寿宴需满70岁 专家称缺法律依据》，http://finance.chinanews.com/sh/2015/08-05/7447874.html，访问日期：2015年8月7日。

据,并在裁判理由中予以阐明。作出生效裁判的人民法院应当向规范性文件的制定机关提出处理建议,并可以抄送制定机关的同级人民政府或者上一级行政机关。"除了第 13 条第 2 项是保留了旧《行政诉讼法》的规定之外,其他规定是新增加的,也是此次《行政诉讼法》修订的一大亮点。

(一)审查主体

根据新《行政诉讼法》第 53 条和第 64 条规定,行政诉讼中规范性文件附带审查主体是法院。法院依公民、法人或者其他组织的请求,在对被诉行政行为进行合法性审查的同时,可以一并对该行政行为所依据的规范性文件进行合法性审查。① 与行政复议机关对规范性文件附带审查不同的是,法院可以对国务院部门和地方政府及其部门的规范性文件进行附带审查,而复议机关只能对下级行政机关制定的和复议机关本身制定的规范性文件进行审查;规范性文件是上级行政机关制定的,复议机关无权处理。

(二)审查性质

新《行政诉讼法》第 13 条第 2 项规定是对旧《行政诉讼法》的保留,即仍然将规范性文件排除在行政诉讼的受案范围之外。但是新《行政诉讼法》增加的第 53 条规定明确将规范性文件的附带审查纳入了行政诉讼的受案范围,即行政相对人不能针对规范性文件单独提起行政诉讼,但是在对行政行为提起行政诉讼时,可以一并提起对行政行为所依据的规范性文件进行附带审查的请求。

(三)审查范围

根据新《行政诉讼法》第 53 条的规定,法院对规范性文件附带审查的范围是国务院部门和地方政府及其部门制定的规范性文件,不包括规章。规范性文件的制定主体包括国务院及其部门、地方各级政府及其部门,但是根据新《行政诉讼法》第 53 条的规定,公民、法人或者其他组织可以请求法院审查的规范性文件仅包括国务院部门和地方政府及其部门制定的规范性文件,而不包括国务院制定的规范性文件。在国务院规范性文件附带审查的问题上,新《行政诉讼法》与《行政复议法》保持一致,公民、法人或者其他组织向行政复议机关提出审查申请的规范性文件也不包括国务院制定的规范性文件。

(四)提请节点

法院对于规范性文件的监督与行政机关内部监督不同,只有在规范性文件发布并正式实施之后,行政机关据此作出行政行为并引起了行政诉讼时,法院才能依据《行政诉讼法》对其合法性进行审查,属于事后审查的监督模式。根据新《司法解释》第 20 条的规定,行政相对人提起规范性文件附带审查的,应当在第一审开庭审理前提出;有正当理由的,可以在法庭调查中提出。

(五)审查效力

对于行政相对人提出的规范性文件附带审查申请,法院经审查后,若确认合法,自

---

① 马怀德:《中华人民共和国行政诉讼法释义》,中国法制出版社 2014 年版,第 298 页。

然不会影响有关规范性文件的效力；若认为不合法的，根据新《行政诉讼法》第64条和新《司法解释》第21条的规定，法院可以采取两种措施：一是不将有关规范性文件作为认定行政行为合法的依据，并在裁判理由中予以阐明；二是向制定机关提出处理建议，同时可以将处理建议抄送制定机关的同级政府或者上一级行政机关。

四、现行司法审查规范性文件存在的问题

（一）规范性文件仍未纳入行政诉讼的受案范围

新《行政诉讼法》规定公民、法人或者其他组织只能对规范性文件提出附带审查，仍然没有将对规范性文件的审查纳入行政诉讼的受案范围，而只是将规范性文件的附带审查纳入了受案范围，公民、法人或者其他组织不能对规范性文件提出独立审查。具体行政行为和抽象行政行为是两个行为范畴，具体行政行为违法并不必然意味着抽象行政行为违法，而抽象行政行为违法也并不必然通过具体行政行为体现出来，新《行政诉讼法》的附带审查规定，直接导致行政相对人对没有以具体行政行为表现出来的违法规范性文件不能提请法院审查，即使权利受到了侵害也不能得到司法救济，并且当行政行为超过六个月的诉讼时效时，行政相对人对规范性文件申请附带审查的权利将随着行政行为救济权利的丧失而丧失。

（二）审查对象不包括国务院规范性文件

新《行政诉讼法》第53条的规定，仍然将国务院规范性文件排除在附带审查之外，虽然国务院是国家最高行政机关，但是也不能保证其制定的所有的规范性文都正确合法。许多规范性文件是根据国务院规范性文件制定的，如果纳入司法审查的规范性文件不合法的内容直接根据国务院规范性文件而制定，就可能出现国务院部门、地方政府及其部门制定的规范性文件被法院认定为不合法，但具有相同或类似内容的国务院规范性文件仍然存在的情况，或者可能会使得法院直接依据国务院规范性文件而认定有关规范性文件不违法，造成司法不公。

（三）对于处理方式没有具体规定

新《行政诉讼法》对法院审查规范性文件的审查形式、审查程序、审查标准及处理建议的制作格式、内容、效力等均没有具体的规定，并且提出处理建议的主体在裁判生效之前存在不确定性。根据新《司法解释》第21条规定，处理建议由作出生效裁判的法院提出。一审法院的裁判作出并送达时，裁判是否生效是不确定的，此时，一审法院不能向制定机关提出处理建议，而要等上诉期满之后，当事人未上诉，一审法院才能提出处理建议；对于当事人上诉的行政案件，一审法院不能向制定机关提出处理建议，二审法院经审查认为规范性文件不合法的，由二审法院向制定机关提出处理建议。

（四）审查效力不具有强制执行力

根据新《行政诉讼法》第64条规定，法院对于经审查认为不合法的规范性文件，除了不作为认定行政行为合法的依据之外，向制定机关提出处理建议，值得注意的是，法

院向行政机关提出的是处理建议,处理建议的内容不具有强制执行的效力,也不能作为行政机关的执法依据,《行政诉讼法》并没有赋予法院直接撤销违法的规范性文件或者宣告规范性文件违法的权力,法院认定规范性文件不合法时,不能在判决或裁定中直接撤销或者宣告其无效,[①]并且没有规定行政机关不按照法院提出的处理建议处理有关规范性文件的法律后果。因此,处理建议不具有强制执行力,规范性文件是否撤销、变更或者废止仍然取决于行政机关的决定,这就可能出现法院认为规范性文件不合法,而行政机关未按照法院处理建议对有关规范性文件进行处理,使得有关规范性文件继续有效,一方面,可能会导致在反复适用时继续损害不特定多数人的合法权益;另一方面,可能会在另案诉讼中被不同的法院或法官认为合法而适用,将造成裁判的分歧。

五、对完善司法审查规范性文件的思考

由于适用对象上的不特定性、适应范围上的普遍性以及反复适用性等特点,抽象行政行为如果不合法,将会给公共利益及个人利益造成普遍的大面积损害,其危害要比具体行政行为大得多。新《行政诉讼法》将规范性文件纳入司法审查范围是我国行政诉讼制度的一次重大修正,对规范性文件司法审查制度的建立具有里程碑意义,但是,新《行政诉讼法》规定的原则性,在配套制度建立之前,将会导致规范性文件的司法审查实务出现一系列问题。本文针对新《行政诉讼法》对规范性文件司法审查有关规定存在的问题,结合规范性文件审查实务,提出一些完善建议,以期能够构建符合现实需求的审查机制。

(一)扩大受案范围

对于规范性文件的司法审查,学术界存在不同的意见,一是认为应赋予行政相对人直接对规范性文件提起行政诉讼的权利,由法院对规范性文件进行合法性审查;二是认为参照《行政复议法》的规定,建立规范性文件附带审查制度;三是认为维持原有做法,通过其他监督机制纠正不合法的规范性文件,法院对于不合法的规范性文件不予适用。目前,新《行政诉讼法》采纳了第二种主张,但持第一种观点的学者不在少数。对规范性文件进行附带审查只是形式上而没有在实质上扩大行政诉讼的受案范围,随着社会经济的发展,扩大司法审查范围是民主法治发展的必然趋势,在规范性文件附带审查制度实施一段时间之后,进一步扩大行政诉讼的受案范围,取消对规范性文件司法审查的附带条件,赋予行政相对人对规范性文件提请合法性审查的权利,将规范性文件纳入法院的受案范围,充分发挥法院的司法监督职能,增强司法权对行政权的监督作用,切实保障行政相对人的合法权益。

(二)拓宽审查对象

如前所述,新《行政诉讼法》将国务院部门、各级政府及其部门制定的规范性文件纳入法院附带审查的范围,而将国务院规范性文件排除在外。国务院规范性文件在性质上与国务院部门、地方政府及其部门制定的规范性文件是一样,同属于抽象行政行为,只是制定机关在行政层级上不同而已,而作为国家最高行政机关制定的规范性文件如果不合法,其产生的危害结果是全国性的,范围比地方政府及其部门要广得多,因此,新《行

---

① 马怀德:《中华人民共和国行政诉讼法释义》,中国法制出版社2014年版,第299~300页。

政诉讼法》既然建立起规范性文件附带审查制度,那么就更应该将作为制定依据的国务院规范性文件纳入法院审查的对象。

(三)明确处理方式

缺乏制度保障和程序规范的实体权利在行使过程中必然出现形式多样、程序不一且随意性强等问题,在将规范性文件纳入司法审查范围的同时,应当针对法院附带审查规范性文件的审查事项、审查形式、审查方法、审查程序、审查标准和审查时限等设计可行的程序和具体规则,规范法院对规范性文件的审查行为,促使法官本着有限审查的原则,依据案件的具体类型选择适当的审查方式,妥善解决行政争议,避免"过"和"不及"的双重危险。① 针对法院经审查认定规范性文件不合法提出处理建议的,规定处理建议的制作主体、格式、内容、时间、送达及效力等,使法院的处理建议能够对不合法的规范性文件产生实质性的影响,真正发挥司法监督的作用。

(四)保证审查效力

完善对规范性文件的司法审查机制,必须赋予法院对不合法规范性文件的裁判权力,否则,司法审查监督将会因缺乏效力而形同虚设,从而影响司法审查的效果和司法权威。鉴于司法权和行政权相互独立又相互制约的特殊性,对经审查认定不合法的规范性文件,从法治发展的渐进性和我国法治政府建设的现状来看,目前还不适宜赋予法院直接撤销或者宣告无效的权力,而由法院在个案中否定其效力,撤销、修改或者废止有关规范性文件的权力仍然为行政机关所享有。一方面,可以最大限度地减少司法对行政的不当干预;另一方面,应当建立配套制度确保司法审查的效力。一是建立法院司法监督与权力机关监督、行政机关层级监督衔接机制。根据《各级人民代表大会常务委员会监督法》以及各地市出台的规范性文件管理办法,县级以上地方各级人大常委会对本级政府发布的决定、命令,认为不适当的有权予以撤销,地方政府对其部门制定的规范性文件,发现内容不合法的,可以予以变更或者撤销。法院向制定机关提出处理建议,除了抄送制定机关的同级政府或者上一级行政机关之外,如属地方政府规范性文件的,同时抄送同级人大常委会,启动权力机关和行政机关对有关规范性文件的审查监督程序,权力机关和行政机关经审查认定规范性文件不合法的,由权力机关和行政机关直接予以撤销或者变更。二是建立反馈机制,权力机关和行政机关应当将对有关规范性文件的审查、处理情况及时向法院反馈,并且明确规定权力机关和行政机关尤其是制定机关的责任和义务,确保法院处理建议得到落实。

结束语

法律只有实现才能体现出其存在的价值。新《行政诉讼法》对于规范性文件的司法审查仅仅开了一个小口子,但是仍然具有十分重大的意义,新《行政诉讼法》如果能够得到认真贯彻,规范性文件游离于司法监督之外的状况将逐步得到改善。由于对规范性文件司法审查缺乏整体制度研究和具体的操作设计,新《行政诉讼法》施行之后,还可能出现一些问题和困惑,如法院认为规范性文件不合法,而行政机关认为合法,应当如何操作;

---

① 江必新:《司法审查强度问题研究》,载《法治研究》2012年第10期。

行政行为所依据的规范性文件涉及多个层级的政府或者政府部门，法院经审查又认为相关内容不合法的，如何处理等等。让我们一起期待国家针对司法实践中存在的问题能够有更深层次的制度设计，在法律规制的基础上，促使规范性文件走上法制化、规范化的轨道。

侦查阶段刑事和解制度研究[①]

卢 琳[*]

作为特别程序之一，2012年新修改的刑事诉讼法在立法层面对当事人和解的公诉案件诉讼程序（以下简称刑事和解程序）予以确立。刑事和解制度明确了刑事和解的适用范围、和解程序、和解效力等内容，特别是明确了在公安侦查阶段适用刑事和解的合法性，为公安机关执法实践提供了明确的理论支持和程序保障，符合诉讼各方的利益需求。刑事和解制度对修复社会关系、化解社会矛盾、节约诉讼成本、推动和谐社会的构建意义重大。但该制度还面临缺乏刚性条款和可操作性程序等问题，如适用范围过窄，和解程序不完善，协议效力不明确，监督引导、功能实现、权利救济不到位等。作为一个亟待解决的实务课题，本文拟从侦查阶段的刑事和解程序为视角，端正公安机关执法理念，厘清相关法律概念，明晰和解协议法律效力，并对有效规范执法和完善和解程序作进一步的探索，良性引导、化解纷争和诉求，以期对构建法制社会、和谐社会有所裨益。

一、刑事和解的概述

（一）刑事和解的概念

概念是反映事物本质属性的逻辑思维方式，是我们认识事物的前提和理论研究的基础。只有通过对概念正确、清晰的界定才能正本清源，因此对刑事和解的研究应当从概念入手。

刑事和解在西方被称之为"加害人与被害人的和解"（victim-offender reconciliation，简称VOA）。在刑事诉讼法对刑事和解制度确立之前，我国学界和司法界的主流观点均认为，刑事和解是指在刑事诉讼程序运行过程中，加害人与被害人以认罪、赔偿、道歉等方式达成谅解与协议以后，国家专门机关不再追究加害人刑事责任或者对其从轻处罚的一种案件处理方式。

2012年新修改的刑事诉讼法将刑事和解制度表述为当事人和解的公诉案件诉讼程序。从字面表义看，该制度适用范围必然包含在公诉案件的范畴之内，和解的主体是当事人。从立法规范看，该制度明确了和解的适用范围、和解模式、和解程序、和解的效力等内容。要求在特定的案件范围内犯罪嫌疑人、被告人真心悔罪，通过向被害人赔偿损失、赔礼道歉等方式获得被害人谅解，双方当事人自愿和解，公安机关、人民检察院、人民法院应当听取当事人和有关人员的意见，对和解的自愿性、合法性进行审查、主持制作

[①] 本文论及的刑事和解程序，即2012年刑事诉讼法中规定的特别程序——当事人和解的公诉案件诉讼程序。

[*] 卢琳，厦门市公安局。

和解协议书，并酌情作出从宽建议、从宽处理的诉讼活动。

（二）刑事和解的内涵和外延

在刑事和解过程中，被害人与犯罪嫌疑人、被告人可充分阐述犯罪给他们的影响及对刑事责任的意见等方面内容，选择双方认同的方式来弥补犯罪所造成的损害，缓解矛盾；在刑事责任处置过程中，犯罪嫌疑人、被告人能获得从轻、减轻或免除处罚。这样，被害人在精神和物质上可以获得双重补偿，而犯罪嫌疑人、被告人则可以赢得被害人谅解和改过自新、回归社会的双重机会。

樊崇义教授认为，"中国博大精深的和合思想就蕴含着和谐司法的理念，这种理念较之和谐司法理念，在内涵上更加全面和科学"。刑事和解基于恢复性司法的范畴，在打击犯罪和人权保障方面寻求法益的平衡；又符合刑罚的谦抑精神，充分体现了经济性、补充性、紧缩性的价值追求。

（三）相关概念的比较

1. 和解与调解

在《辞海》中，和解是指不再争执或仇视，归于和好；调解是通过说服教育和劝导协商，在查明事实、分清是非和双方自愿的基础上达成协议，解决纠纷。在我国的立法层面，和解主要出现在刑事和解程序和行政复议和解程序中。行政复议和解，即在行政复议案件审理过程中，行政复议申请人与被申请人自行达成和解协议后，由行政复议机关予以确认，并终止复议案件审理。调解，主要包括：（1）法院调解，即在人民法院主持下进行的调解；（2）行政调解，即在国家行政机关主持下进行的调解；（3）仲裁庭调解，即在仲裁庭主持下进行的调解；（4）群众调解，即在人民调解委员会主持下进行的调解。有人认为和解、调解只是名称不同实质内容相同，二者殊途同归，都是协调、解决纷争的途径。笔者认为，和解和调解不仅名称不同，适用的法律和程序阶段也不同，其实现的法律后果也大不相同。和解是对当事人双方协议状态的法律概括，其法律后果并不必然影响案件的处理。而调解是法定的案件处理程序，一种纠纷解决机制，一旦达成调解即产生相应的法律效力，是诉讼、行政程序终结的一种形式。

2. 刑事和解和"私了"

在我国，司法机关必须对刑事案件立案侦查、审查起诉、刑事审判，不以被害人的意愿为转移。被害人的权利救济、精神和经济赔偿常常得不到保障。刑事和解的出现为纠纷的化解提供了新的路径，同时却也饱受"私了"、"以钱赎刑"的质疑。有人认为这是与罪刑法定原则的冲突，刑事和解"在最终实体处分时则做出低于法定刑的刑罚或者免于刑罚，在一定程度上，这违反了罪刑法定原则，也有损司法的尊严"。[1] 罪刑法定原则设立的初衷是对犯罪的追究和正当权利的保障，而刑事和解并没有与其初衷相悖。在思想基础和价值取向上，刑事和解强化了加害人对犯罪后果的预测，对违法行为的惩罚和教育的同时兼顾修复社会关系，化解社会矛盾，是对罪刑法定追究机制的有益补充。通过立法的确立，刑事和解对私利救济和公权让渡的规制体现了刑事契约的典型形态，和"私了"、"以钱赎刑"的区别在于，有司法机关的监督和确认，保证了纠纷解决的有效性、合法性和正当性。

---

[1] 马静华、罗宁：《西方刑事和解制度考略》，载《福建公安高等专科学校学报》2006年第1期。

3. 刑事和解和辩诉交易

辩诉交易（Plea Bargaining）最早源于美国，是检察官与被告人之间进行的一种对罪名和刑罚的交易行为。辩诉交易忽视被害人的权利，重效率轻公正，是为了节约司法成本与提高司法效率的产物。公诉人一般根据所掌握的证据能否获得胜诉而决定是否进行交易，并不征求被害人意见，也不以赔偿、道歉作为条件，被害人被边缘化，交易的结果很有可能违背被害人的意愿。刑事和解的意旨则不同，其出发点是修复被犯罪破坏的社会关系，促进社会和谐，是被害人和犯罪嫌疑人、被告人之间为了利益最大化而选择的案件解决方式。

二、侦查阶段适用刑事和解的积极意义

实践中，针对侦查阶段是否适用刑事和解的论争终于随着2012年刑诉法的修改迎来了肯定的答案。在当前法治建设和刑事司法政策条件下，公安工作的重要地位和基础性作用，决定了侦查阶段适用刑事和解具有重要价值和现实意义。①

（一）最大限度保障双方当事人利益

传统的刑事诉讼模式，被害人的实际权益保障迟迟不能到位。赋予被害人相应的诉讼地位，改变被害人在公诉案件中单一的工具化地位，不仅满足被害人的报应情感，还将被害人的恢复需求纳入刑事诉讼的范畴。被害人在案发后往往面临生理和心理的双重创伤，越早引入刑事和解，就能在"黄金时间"时尽快恢复被害人的物质利益与精神利益，最大限度得保障被害人的权利救济，减少社会对立面。在侦查阶段，犯罪嫌疑人、被告人通过真诚悔过达到对犯罪结果的自我认识，通过协商获得对刑罚的正确心理预期，使其司法命运能够及时确定，从而避免进一步的起诉、审判及刑罚执行的标签式影响、不确定命运的担忧，可以更快、更自然地实现自身的再社会化。②

（二）提高个案的诉讼效率

一方面，由于侦查阶段处在刑事诉讼程序的最前沿，公安机关与当事人接触最早最多，对案件事实、证据、纷争的焦点了解更全面，侦查阶段允许当事人进行刑事和解，有利于提高整个案件的诉讼效率，及早化解纠纷减少诉累。公安机关在长期的治安行政案件办理中积累了丰富的调解经验，这些经验可以应用到刑事和解程序中来。

另一方面，一些轻微刑事案件在取证困难、关键证据缺失、加害人拒绝供述、证据无法证实等情况下，公安机关无法完全还原事实真相，导致案件久拖未决，无法顺利移送起诉。如当事人双方同意和解，加害人真心悔罪，那么对案件事实的认定就有了保证，侦查机关也不会因事实不清、证据不足而承担被撤销、补充侦查或宣判无罪的风险。司法机关只要审查和确认和解协议的合意性、真实性与合法性，以和解协议为起诉裁量或审判裁量的直接依据，从而提高对个案处分的效率。③

---

① 王宁：《公安侦查阶段的刑事和解研究》，山东大学法学院硕士学位论文，2012年7月。
② 向朝阳、马静华：《刑事和解的价值构造及中国模式的构建》，载《中国法学》2003年第6期。
③ 马静华、苏镜祥、肖仕卫、黎莎：《刑事和解理论与中国模式》，中国政法大学出版社2011年版，第28页。

（三）从源头上息访息诉，实现整体司法效率、节约司法成本

当被害人及其亲属因司法机关追究犯罪人责任不到位或得不到有效赔偿，犯罪嫌疑人、被告人及其亲属对案件处理结果不服等情况出现时，当事人很容易将矛盾、情绪转移到最初接手案件的机关——公安部门。涉法涉诉信访案件耗费了公安机关大量的办案时间和精力。侦查阶段适用刑事和解，即在案件源头为当事人双方搭建沟通协商的平台，为矛盾冲突的化解和利益需求的平衡提供实现的路径，从而将当事人的不满情绪和不合理诉求消化在萌芽阶段。从源头上息访息诉、案件得以有效解决，不仅能有效节约公安机关的办案成本，对检察机关、法院而言也实现了诉讼程序的良性传导和合理分流。刑事和解实现了整体的司法效率，节约了司法成本乃至社会成本。

（四）通过当事人的诉讼参与定纷止争，推进执法公正

当事人经过自由选择并有意义地参与到诉讼中，对案件内容和办案程序的知情权得到保障。特别是新刑事诉讼法规定了公安机关在侦查阶段对刑事和解案件只有建议权没有处分权，赋予公安机关相对独立、超脱的执法身份，提高了执法透明度，降低了暗箱操作和司法腐败的可能性，对刑事和解案件的执法监督和制衡具有积极的意义。

三、侦查阶段刑事和解制度的现状和困惑

（一）制度的探索和现状

近年来由于缺少立法的支撑，公安机关侦查阶段适用刑事和解一直在摸着石头过河，如 2011 年福建省高级人民法院、人民检察院、公安厅、司法厅《关于办理轻伤害案件的若干规定（试行）》中规定了刑事和解的适用范围、条件、程序、效力等；2011 年厦门市公安局《以和解方式处理轻伤害案件工作规定（试行）》细化了相关的和解程序和办理规范；还有 2011 年上海市金山公安分局、乌拉特前旗市政法委、2009 年舟山市公安局、2007 年珠海市公安局等均制定了相关文件。经研究发现，这些规范文件和新修改的刑事诉讼法有一致的地方，也存在冲突的规定；均允许侦查阶段适用刑事和解和公安机关作撤销案件处理，但在刑事和解适用的主体、范围、模式、和解协议的效力等方面的规定不尽相同。

目前我国关于刑事和解的立法主要包括：《刑事诉讼法》第五编特别程序的第 2 章当事人和解的公诉案件诉讼程序、最高人民法院《关于贯彻宽严相济刑事政策的若干意见》第 23 条、最高人民法院《关于刑事附带民事诉讼范围问题的规定》第 4 条、最高人民检察院《关于办理当事人达成和解的轻微刑事案件的若干意见》、《公安机关办理刑事案件程序规定》第 10 章第 2 节以及一些地方出台的规范性司法文件。刑事和解制度在吸收各地探索的成果基础上明确了和解的适用范围、和解程序、和解效力等，允许侦查阶段适用刑事和解，赋予公安机关在侦查阶段对案件从宽处理的建议权，但排除了处分权、终裁权。

（二）制度的突破和困惑

1. 明确了刑事和解程序的适用范围，但适用范围过窄。刑诉法第 277 条规定了能够

适用刑事和解的案件类型和排除条款，并对和解的条件进行了规范。案件类型分为两种情况：一种是因民间纠纷引起的，要求罪名是涉及刑法中规定的侵犯人身权利、民主权利、财产的犯罪，且可能判处三年以下有期徒刑，要同时符合三个条件的民间纠纷案件才可能适用；另一种是过失犯罪，要求罪名除渎职以外，且可能判处七年以下有期徒刑，要同样符合三个条件的过失犯罪才可能适用。在适用过程中，同时要考虑排除性条款，即犯罪嫌疑人、被告人在五年内曾经故意犯罪的，不适用刑事和解。概括来讲，刑事和解的适用范围要求在罪名性质和犯罪情节上综合考量。

设立刑事和解的立法原意是为了化解矛盾纠纷，修复社会关系和秩序，降低诉讼成本。那么在和解适用的界定上，主要应当判断可否通过双方协商的方式化解矛盾，对社会关系和法益的侵害能否得以恢复和保护。一方面，对于因民间纠纷引起的侵犯人身财产权利的犯罪，其涉及的社会关系主要限于当事双方，对除此之外的其他社会主体影响不大，法益侵害程度也不高，因此适用刑事和解制度比较合适；过失犯罪中，行为人的主观恶性通常不大，对国家利益、社会公共利益的影响一般不会太严重，这就为适用刑事和解奠定了基础。另一方面，在考量犯罪情节方面通过可能判处的刑罚方面进行限制，是否就意味着犯罪性质、情节严重，无法通过当事双方协商的方式加以解决，或者案件对于社会关系和法益的影响程度严重，不能通过协商的方式予以恢复和保护？实际显然并非如此。①

笔者认为，通过可能判处的刑罚进行限制刑事和解的适用范围，无疑是自我束缚，不仅削弱了和解制度的积极功效，更缺乏可操作性。可能判处三年以下有期徒刑还是七年有期徒刑，要综合刑法规定、全案案情、加害人认罪态度、量刑情节等作出合适的判断。那么是否要求当事人双方在完全理解和解适用范围、完全掌握案件情况下，作出自愿合法的和解呢？如果在侦查阶段当事人双方已达成和解，是否因公安机关还没能完全掌握案情证据、量刑情节，无法作出合适的量罚判断，和解协议就没能被公安机关所采纳呢？再进一步，如果当事人双方达成和解，是否因为量罚超过和解的适用范围，公安机关就强令双方不能履行和解，被害人得不到安抚，加害人得不到从宽处理？显然，如果这些问题的答案是肯定的，将与刑事和解的目的和功能相去甚远，并不恰当。

2. 明确了刑事和解的基本程序，但对公安机关的处理程序缺乏规范。刑诉法第278条规定了由公安机关、人民检察院、人民法院听取相关意见，对和解的自愿性、合法性进行审查，并主持制作和解协议书。《公安机关办理刑事案件程序规定》第324条至第327条细化了公安机关对和解协议的审查内容和程序、制作内容和程序等规定。但对和解的自愿性、合法性应通过哪些方面、什么程序进行审查，公安机关提出的从宽处理建议是否有可期待性，当事人对公安机关提出的从宽处理建议是否有知情权、陈述和申辩权、救济权等等，缺乏明确的规范，公安机关在实践中很难操作和把握。

由于对"从宽"的属性没有明确的界定，很难判断是法律层面还是政策层面上的从宽，同时也未厘清"从宽"和"从轻"、"减轻"之间的关系适用。公安机关提出从宽的建议的范围和内容有哪些，是定罪量刑的建议，还是变更强制措施的建议，有没有量化的标准；和解协议达成后，在案件的证据审查方面是否与认罪态度的量刑情节重叠；如果和解协议发生变更、履行不力的情形，公安机关对和解的效力应如何认定、从宽处理的建议应如何调整；公安机关"可以"提出，而不是"应当"、"必须"，是否自由裁量权过

---

① 陈瑞华、黄永、褚福民：《法律程序改革的突破与限度》，中国法制出版社2012年版，第257页。

大。刑诉法和《公安机关办理刑事案件程序规定》的规定过于模糊，缺少可操作的规定、可遵循的程序，对指导公安机关的处理程序功能不足，对约束公安机关的自由裁量权功能缺位。

3.明确了公安机关在刑事和解程序中的作用，但一定程度上增加了公安机关的执法成本。刑诉法明确了公安机关在刑事和解程序中只有建议权没有处理权。因此，公安机关的侦查工作不因当事人是否达成和解协议而受影响，不能因达成和解协议而减少侦查取证工作或降低诉讼活动标准。这项规定虽然是保证案件得到及时、客观、公正处理的有效方法，符合刑事诉讼精神，但在一定程度上反而是增加了公安机关的执法成本。特别是执法实践中，有不少被害人在案件处理初期和加害人达成和解，当案情或损害发生变化后又反悔，那么案件需要重新进入正常的诉讼程序。如果公安机关在办案初期因刑事和解协议已达成，忽略了证据的收集、固定或降低了取证标准，必然贻误战机，影响后续的案件处理。

公安机关对刑事和解案件没有处分权的规定，也大大削弱了公安机关在侦查阶段促进和解、化解矛盾的积极性。一方面，办理刑事和解案件同样会耗费执法精力，而双方当事人一旦反悔，案件仍须按一般的诉讼程序进行。在执法实践中，有的办案单位图省事、怕麻烦，可能不热心进行刑事和解程序。另一方面，在批捕阶段犯罪嫌疑人心理压力比较大，原本和解迟迟不能达成，在可能被逮捕的压力下很快就能自愿达成和解。这种情况会直接影响到公安机关的报捕率，公安机关必然对刑事和解的达成产生排斥，导致和解可操作性降低，刑事和解的目的和功能得不到有效实现。

4.赋予刑事和解协议相对明确的效力，但规定过于粗放，缺少操作性。刑事和解协议的效力是刑事和解制度的核心内容，是当事人、司法机关对社会秩序恢复的心理期许的实现保证。刑诉法第279条规定，对于达成和解协议的案件，公安机关可以向人民检察院提出从宽处理的建议。但刑诉法对和解协议的法律属性、生效要件、无效情形、变更情形以及履行程度对处理建议的影响等内容缺少进一步的明确和细化。

四、侦查阶段刑事和解制度的规范对策和完善思考

侦查阶段刑事和解的法律化不仅意味着在法律上承认其合法地位，更内在地包含着一套复杂而精致的制度设计，其中诸如刑事和解的适用原则、条件、案件范围等问题，都应该有明确而具体的规定，而刑事和解的具体程序也应当在法律中予以规定。[①]

（一）树立程序意识，端正执法理念

刑事和解制度本意在于贯彻宽严相济刑事政策，促进社会和谐稳定，其必要条件之一就是要求"案件事实清楚，证据确实、充分"。公安机关处在整个刑事诉讼程序的起点位置，对案件的办理起着举足轻重的作用。要树立程序意识，端正执法理念，不论刑事和解程序是否启动，都应当注重证据的全面收集与及时固定，防止当事人反悔造成诉讼被动。证据是审查处理和解案件的依据和基础，只有在证据充分、责任归属明确的情况下才能适用刑事和解。既要保护被害人权利，也要保护犯罪嫌疑人的合法权利，做到依法、公正、及时、高效的办理。不能因为当事人达成了和解协议就降低办案标准，要在

---

① 宋英辉主编：《刑事和解制度研究》，北京大学出版社2011年版，第197页。

执法办案质量上下功夫，保证案件经得住法律的推敲，经得起时间的考验。

公安机关要按照刑诉法的规定，听取当事人及有关人员的意见，对和解的自愿性和合法性进行审查，并主持制作和解协议书。要充分尊重当事人的和解意愿，不能主动甚至主导、诱使、强制促成和解，避免影响到案件的公正办理。在当事人提出和解要求或法律帮助时，公安机关可以为当事人提供相关法律的解释和分析，帮助当事人对和解范围、和解条件、补偿方式、谅解悔罪等形成正确的认识，有助于化解矛盾纠纷。

（二）合理扩大刑事和解的适用范围

刑诉法对刑事和解案件的适用范围限制过于严格，背离了实现刑事和解制度的设计初衷。鉴于刑事和解制度的立法原意，应合理扩大适用范围，增加未成年人、老年人犯罪的适用，以及其他一些侵害客体单一、情节较严重但通过自愿和解可以消除矛盾、社会秩序得以较好恢复的案件。

规范适用刑事和解的案件类型和性质，并通过严格审查和解协议的自愿性等方式进行制约。建议对可能判处不同刑罚的案件中适用刑事和解的后果加以规范，如可能判处三年以下有期徒刑的案件中适用刑事和解，应当从轻或者减轻处罚，可能判处三年以上有期徒刑的案件中适用刑事和解，可以从轻或者减轻处罚。①

（三）完善刑事和解程序，促进社会和谐

应当进一步吸收司法实践中的有益成果，对刑事和解的内容、模式、和解诉讼参与主体的引入、和解的启动、审查、确认等进行规范，完善侦查阶段刑事和解程序。

1. 完善公安机关对刑事和解的处理程序，加强监督和制衡。应当对"从宽"进行界定。在"从轻"和"减轻"范畴，公安机关应当提出具体的建议，包括定罪量刑、变更强制措施的建议，并由人民检察院进行全程的监督审查。在符合法定的适用范围、本着双方自愿原则、履行了和解协议的情况下，公安机关应当向检察院提出从宽的处理建议。

2. 建议引入人民调解委员会作为第三方中立主持，参与和解的过程。如果只有当事人双方参与协商，由于双方严重的利益冲突和情感诉求，很难冷静、客观地解决纠纷矛盾。排除公安机关作为追诉机关的各种因素影响，通过专业、中立的第三方的调停，对安抚双方情绪、达成和解协议、把握协商进程、化解矛盾等效果更好。

3. 通过程序的设计、完善配套机制，保障人人平等的原则，实现促进社会和谐的功能。要通过程序的设计，消除"富人用钱买刑、穷人没钱适用和解"的理解误区。刑事和解包括赔礼道歉、经济赔偿、劳务补偿、公益劳动、恢复原状等多种方式。通过搭建和解沟通的平台，对真心悔过而没有赔偿能力的人可以由社会公益机构、政府援助基金或双方签订合同延期支付等，将刑事案件转化为民事关系，取消对立面，实现社会秩序的重建。

（四）细化刑事和解协议的效力，保障当事人的权利救济

应进一步细化刑事和解协议的效力，确立和解协议特别是经济赔偿的法律地位和属性，明确和解协议的履行对从宽处理建议的影响，加强对公安机关自由裁量权的制约，

---

① 陈瑞华、黄永、褚福民：《法律程序改革的突破与限度》，中国法制出版社2012年版，第258页。

保障当事人的权利救济。

  1. 明确和解协议的生效要件，应符合民事契约的原则，并接受刑事诉讼的调整。应明确和解协议的生效要件、履行方式、排除规则、变更情形等内容，特别是和解协议无效、变更或允许当事人反悔的情形，如有威胁、逼迫、胁迫、欺诈、非自愿达成和解、协议的内容违反法律规定或公序良俗、和解协议未履行等。并细化协议内容、履行程度对追刑量罚的影响。

  2. 公安机关对和解协议效力的确认。公安机关在刑事和解协议达成后，仍应对协议履行的程度、期限以及反悔的后果等情况进行收集，以正确地作出评判、给出处理建议，保障当事人的权利。对于经过刑事和解未达成和解协议，公安机关应当恢复到原本的办案程序继续办理；对于达成协议后，当事人一方有正当理由反悔的，公安机关应当确认原和解协议无效，反悔以一次为限；特别是由于一方的欺诈、诱骗、胁迫等达成的和解协议，经审查一旦发现，应立即予以确认无效；如果一方部分履行、不履行和解协议，或一方在和解协议履行后，对另一方进行恶意攻击、其谅解或悔过非真诚的意愿表达，公安机关应当如实将刑事和解履行的情况书面报告人民检察院，并区分情况重新向人民检察院提出处理建议。在处理建议的内容上，应当赋予被害人和加害人知情权、陈诉和申辩权以及诉讼救济权。

  法律的保守是因为它必须通过其内容和效力的稳定起到可预期的导向。然而，法律的保守性以及立法的不健全不能成为法律发展的桎梏，更不能阻滞刑事和解在司法实践中的运用。基于构建社会和谐与法律自身发展的要求出发，在司法的殿堂中进一步明确刑事和解的效力规则和程序是势在必行的。这也是本文的初衷和最终归宿。笔者不揣浅陋，略陈管见，希望能够与学术同仁共勉。

民事虚假诉讼的程序及侵权责任法律规制研究

邱淑贞[*]

民事诉讼作为一项基本法律制度，是一把"双刃剑"：一方面，它是公民维护自身合法权益的工具；另一方面，民事诉讼也极易被不法分子利用，成为他们谋取非法利益的合法途径，虚假诉讼就是其中的典型。随着法院受理民事案件数量的不断增长，近些年来，虚假诉讼的数量也随之水涨船高。例如江苏省检察系统于 2011 年对 179 件虚假诉讼案件提起法律监督，2012 年对 318 件虚假诉讼案件提起法律监督，2013 年对 375 件虚假诉讼案件提起法律监督。[①] 虚假诉讼不仅严重侵害了诉讼相对方或利害关系人的合法权益，浪费了大量的司法资源，还极大损害了司法的公信力与权威性。因此，规制民事虚假诉讼行为，不仅是现行民事法律的基本要求，也是保护第三人合法权益、维护司法权威和公信力、体现诚实信用原则、提高司法效率和降低司法成本的要求。

我国新修订的《民事诉讼法》设立了多条规定对虚假诉讼进行规制：总则部分将诚实信用原则作为民事诉讼的基本原则加以规定；具体到制度层面，如《民事诉讼法》第 112 条规定："当事人之间恶意串通，企图通过诉讼、调解等方式侵害他人合法权益的，人民法院应当驳回其请求，并根据情节轻重予以罚款、拘留；构成犯罪的，依法追究刑事责任。"第 113 条规定："被执行人与他人恶意串通，通过诉讼、仲裁、调解等方式逃避履行法律文书确定的义务的，人民法院应当根据情节轻重予以罚款、拘留；构成犯罪的，依法追究刑事责任。"第 115 条规定："对个人的罚款金额，为人民币十万元以下。对单位的罚款金额，为人民币五万元以上一百万元以下。……"上述条款界定了虚假诉讼的构成要件，明确了对虚假诉讼的处罚措施，加大了对虚假诉讼行为的处罚力度。但由于虚假诉讼具有较强的隐蔽性，现行《民事诉讼法》中缺乏如何识别及审查虚假诉讼行为的规定，司法实践中，法院对于如何应对虚假诉讼存在很多困惑，又没有切实的操作标准和方法，导致法院对于虚假诉讼的识别存在操作方面的现实困难，未能及时定性虚假诉讼；《民事诉讼法》中规定的处罚措施只针对伪造、毁灭重要证据及以暴力、威胁、贿买方法阻止证人作证或者指使、贿买、胁迫他人作伪证两类行为，而对于双方当事人恶意串通损害第三人的侵权行为缺乏制约，相关法律对于受害人能否对虚假诉讼侵权行为所造成的损失提起赔偿诉讼，及赔偿数额、范围的规定均不明确；《民事诉讼法》也未规定第三人可以向法院申请再审，导致第三人的权益难以救济。因此，如何有效地识别民事虚假诉讼，如何运用程序法、实体法对虚假诉讼进行有效规制，成为实务部门亟待解决的问题。

---

[*] 邱淑贞，厦门市集美区人民法院。
[①] 吴海燕：《论虚假诉讼的法律规制——江苏省虚假诉讼案件的实证分析》，苏州大学硕士论文，2014 年 4 月 24 日。

一、识别：民事虚假诉讼的定义与特征分析

（一）定义

近年来，虚假诉讼一直是学界的研究热点，但对虚假诉讼的定义却未形成一致的意见。目前较具代表性的观点有以下几种：

第一种观点：虚假诉讼是指行为人以非法占有他人财物为目的，利用虚假的证据，提起民事诉讼，破坏法院的正常审判活动，促使法院做出错误的判决或裁定，而使自己或者他人达到获得财产或财产性利益目的的行为。[①]

第二种观点：虚假诉讼是指当事人出于不合法的动机和目的，虚构事实、隐瞒真相，利用法律赋予的诉讼权利，采取虚构诉讼主体、事实及证据等方式提起民事诉讼，使法院作出错误判决或裁定的行为。[②]

第三种观点：虚假诉讼是指民事诉讼各方当事人恶意串通，采取虚构法律关系、捏造案件事实方式提起民事诉讼，或者利用虚假仲裁裁决、公证文书申请执行，使法院作出错误裁判或执行，以获取非法利益的行为。[③]

前两种观点均从某一方面揭示了虚假诉讼的特征，但均未能完整诠释其内涵，也未明确行为人之间的恶意串通为虚假诉讼的要件，使虚假诉讼与诉讼欺诈、恶意诉讼以及滥用诉讼权利等相近概念难以区别。第三种观点较为准确地揭示了虚假诉讼的本质，也将仲裁、公证行为纳入虚假诉讼的范畴，该观点较好地为《民事诉讼法》所吸收，但该观点在概括其行为方式上仍不够全面，也未将调解纳入其中。《民事诉讼法》第112条、第113条、《最高人民法院关于适用〈中华人民共和国民事诉讼法〉的解释》第189条第1项等对虚假诉讼的范围及应承担的法律责任作了规定，为法院处罚虚假诉讼行为提供了法律依据。结合以上法律规定及第三种观点，笔者认为，民事虚假诉讼是指民事诉讼各方当事人恶意串通，采取冒充他人、虚构法律关系、捏造案件事实等方式提起民事诉讼或参与民事诉讼，或者利用虚假仲裁裁决、公证文书申请执行，使法院作出错误裁判、调解或执行，以获取非法利益的行为。

（二）特征

1. 当事人之间关系密切。民事虚假诉讼的当事人之间一般存在亲属、朋友、同学或关联企业、上下级单位等密切关系，有如此关系的当事人共同进行虚假诉讼，成本较低，易于操作、达成目的。

2. 案件类型化、集中化。民事诉讼案由类型繁多，但从虚假诉讼涉及的案由和领域分析，案件类型多为财产纠纷，且主要集中在民间借贷、婚姻财产分割、房产拆迁、企业破产和改制、商标认定等领域。具体的类型主要包括：民间借贷案件；离婚案件中，一方当事人作为被告的财产纠纷案件；已资不抵债的公司、企业、其他组织为被告的财

[①] 杨玉秋：《虚假诉讼行为定性及其相关问题研究》，载《哈尔滨市委党校学报》2008年7月第4期。
[②] 魏新璋、张军斌、李燕山：《对虚假诉讼有关问题的调查与思考——以浙江法院防范和查处虚假诉讼的时间为例》，载《法律适用》2009年第1期。
[③] 参见浙江省高级人民法院于2008年11月18日在该院审判委员会第2067次会议上通过的《浙江将高级人民法院关于在民事审判中防范和查处虚假诉讼案件的若干意见》，该意见以文件的形式对虚假诉讼进行了定义。

产纠纷案件;涉及拆迁时出现的分家析产、继承、房屋买卖合同纠纷案件等。①

3. 多为系列案件。虚假诉讼中常出现系列案件,同一当事人作为多个案件的原告或被告,以同一类诉求提起诉讼或参与诉讼。

4. 抗辩过程缺少对抗性。原、被告是相互对立的,双方之间在正常情况下,存在较为激烈的对抗。而在虚假诉讼中,行为人为实现共同的非法目的,决定了双方在司法实践中缺少对抗性,即使有对抗也是虚假对抗。在司法实践中具体表现为:一是申请的鉴定少。虚假诉讼双方当事人事先恶意串通,虚构法律关系,捏造证据,所以他们不可能对涉案证据申请鉴定,而法院通常也不会主动依职权对涉案证据进行鉴定。二是自认多。虚假诉讼当事人双方事前已沟通好案件事实的陈述,不存在争议,法院对于案件基本事实大多会通过当事人自认的方式予以确认。②

5. 采用简易程序,通过调解结案。在虚假诉讼案件中,行为人进行诉讼只是为了获得法院的一纸裁判文书(或调解书,且多为调解书),即以合法的手段和形式来获得非法利益。司法实践中,虚假诉讼当事人基于便利性和效率性考虑,会利用简易程序审理时间短、方式便捷等特点。法院调解与裁判相比,具有同等的法律效力,又能节约当事人的诉讼成本,更有利于虚假诉讼行为人目的的实现;还因法院对调解结案的欢迎(我国法院内部将调解率作为内部考核的重要指标之一),减少被查处的风险,故实践中,虚假诉讼案件一般适用简易程序审理,且多通过调解方式结案。

二、程序防范:在诉讼过程中建立应对民事虚假诉讼的审查制度

司法实践中,一般是到了执行阶段,因法院采取的查封、扣押等执行措施具有一定程度的公告意义,第三人因其利益受到实际侵害向法院提出异议,虚假诉讼行为才被发现。确认为虚假诉讼后,法院即要按再审程序对案件重新审理,且须重新组成合议庭进行合议,花费大量的时间和精力去核查,最终才能查清事实并改判。这对司法资源而言是一种极大的浪费,由此引发的错案,也导致司法的权威和公信受到损害。《民事诉讼法》中规定虚假诉讼的法律处罚,主要是罚款、拘留甚至刑罚,这些处罚措施都是虚假诉讼行为发生后的规制。笔者认为,虚假诉讼作为一种违法行为,程序法不应仅通过事后的法律责任进行规制,还应当增加诉讼进程中的规制措施,以从源头遏止虚假诉讼行为的发生,提高司法效率,节省司法资源,维护司法的公信力和权威。

民事活动所遵循的当事人意思自治与权利自主处分原则客观上为虚假诉讼提供了滋生的条件,而民事审判权的被动性以及民事诉讼中司法审查权的缺失为虚假诉讼提供了生存空间。我国自20世纪90年代中期开始进行民事诉讼中庭审制度的改革,通过引入抗辩制模式,加强了对法官权力的限制和对当事人权利的尊重。民事审判权的被动性要求法院不能主动干预当事人的诉讼活动:对于双方当事人自行达成的合意,法律应予以尊重;对当事人的自认行为、自主处分行为以及达成的和解、调解协议只要不违法,法院均不应否定;只要虚假诉讼双方当事人互相串通,虚构事实与证据,从表面上达到事实清楚、证据充分,诉辩双方对事实和证据没有异议,法院就不大可能去审查证据和民

---

① 周翔:《虚假诉讼定义辨析》,载《河北法学》2011年第6期。
② 周翔:《虚假诉讼定义辨析》,载《河北法学》2011年第6期。

事法律关系的真实性。① 因此，规制虚假诉讼的当务之急应建立对虚假诉讼案件的审查程序，在诉讼中赋予法院更强的审查权。

在诉讼的不同阶段审查权的适用应有不同的侧重点，采取不同的具体措施：

（一）建立虚假诉讼立案审查、警示制度

虚假诉讼在民间借贷纠纷、欠款纠纷、婚姻家庭纠纷、确权纠纷等领域多发，对此类疑似虚假诉讼案件，法院在立案阶段应具体审查以下内容：（1）诉讼是否是原告的真实意思。立案时，要求原告本人到法院立案，确认授权委托，防止代理人包揽虚假诉讼。（2）确认是否有关联案件。在本院或全院法院案件信息系统中查询原、被告涉案情况，如当事人涉及多起案件，需确定与之相关联是否存在虚假诉讼的情形。（3）当事人之间存在特殊关系的，需要向原告释明、告知虚假诉讼的后果，坚持诉讼的形成笔录随卷一并移送业务庭，告知案件承办人员需审查虚假诉讼。（4）要求提供基础法律关系的证据。如数额巨大的民间借贷纠纷、欠款纠纷，需提交交付凭证、发生欠款的事实证据，如经告知未能提供，告知案件承办人员重点审查。

同时发挥立案窗口的法律宣传功能。张贴有关虚假诉讼的典型案例及具体法律处罚措施，用鲜活的事例和法律责任威慑虚假诉讼行为人；在告知当事人诉讼风险时一并告知虚假诉讼的法律责任，签订诚信诉讼承诺书，打消当事人虚假诉讼的念头，也为处罚虚假诉讼提供便利。②

（二）完善审前准备程序

张贴开庭公告，对有利害关系的第三人进行适当的通报，必要时依法通知其参与诉讼；要求当事人本人必须接受法庭调查或出庭参加诉讼；要求证人必须出庭作证；加强依职权调查取证；依托案件管理信息系统查找关联案件，或者向当事人住所地、经常居住地、营业场所所在地等与其有密切联系的法院发函，提示有关案件已在本院审判的情况，并向该院了解当事人在该院的涉诉情况；完善审前证据交换程序，要求当事人出示原始证据。

（三）加强庭审审查

1. 强化对基础法律关系的审查。如债务纠纷，应严格审查债务发生的时间、地点、原因、用途、支付方式、基础合同及债权人的经济状况，特别对原告提供的债权凭证存在疑点时，要求原告就产生债权凭证的基础法律关系进行举证，证明其来源的合法性，通过与其他证据的印证、对比等方法综合审查债权凭证是否合法。对不能提供基础法律关系的凭证要审慎认定，排除虚假诉讼的可能。

2. 审慎认定自认事实。根据《最高人民法院关于民事诉讼证据的若干规定》第8条的规定，当事人对对方所主张的事实予以认可，可以免除对方的举证责任。如此规定有利于提高诉讼效率，减少当事人的举证成本。但在可能涉及第三人利益的事实方面，即使双方认可，也不能轻易确认，应告知当事人对该自认事实仍负有举证义务。如房屋买卖

---

① 李敏、张兴平：《虚假诉讼"五宗罪"：浙江法院全国首推防范措施》，http://zjnews.zjol.com.cn/05zjnews/system/2008/12/15/015082070.html。

② 吴海燕：《论虚假诉讼的法律规制——江苏省虚假诉讼案件的实证分析》，苏州大学硕士论文，2014年4月24日。

合同纠纷，买受人向法院主张被告协助过户，审理中原、被告均认可买卖房屋承租人明示不购买房屋，该事实仍需双方举证证明，必要时对承租人进行核实。

3. 明确举证责任的分配。对当事人的诉讼存在可疑情节时，应明确告知负有举证义务的当事人提供证据，并说明举证不能可能面临的不利法律后果。代理人不能清楚陈述案件事实的，要求当事人本人出庭陈述纠纷的经过，从其陈述的细节描述甄别纠纷的真伪。

4. 仔细观察当事人临场表现。观察当事人神情是否反常，对法官的询问是否紧张，前后陈述是否一致；当事人之间的配合程度是否默契，诉辩对抗过程是否激烈等。

（四）强化对调解方案合法性的审查

对于双方当事人主动申请的调解，法院应从当事人的态度及双方的配合程度等情况，予以高度重视，不能为了尽早结案，追求调解率，而对当事人的一些异常表现视而不见、置之不理，以免给虚假诉讼行为人有机可乘。在调解时，应查清案件基本事实，对双方提供的证据的审查，不能停留于形式上，应该严格审查证据来源及"三性"（合法性、真实性和关联性），尽可能使案件事实完整呈现。如民间借贷案件，双方申请调解，应先查明借款时间、地点、支付方式、用途、款项来源、去向等关键性内容。还应坚持"能判则判，判调结合"的工作准则，在面对繁重的案件压力下，严格依照民事诉讼"查清事实，分清是非"的调解原则，决不能在当事人未主动申请的情况下，在未了解案件事实的情况下，鼓励当事人调解。若双方均委托代理人进行调解的，调解协议的达成异常顺利，应全面审核案件事实，发现疑点可主动向当事人本人询问案件相关情况，同时加强对证据的全面审查。

三、民事责任规制：建立虚假诉讼侵权损害赔偿制度

虚假诉讼产生并不断增多的另一个深层次的原因在于法律规制力度不够，缺乏相应的民事赔偿责任制度。《民法通则》及其他相关法律、司法解释，均未将虚假诉讼作为侵权行为予以规定，导致受害人缺乏司法救济途径，无法直接提起侵权诉讼以获得赔偿，同时也使得虚假诉讼行为人付出的违法成本太低，助长了虚假诉讼的发生。因此，虚假诉讼民事法律规制的着眼点应在于严格规定虚假诉讼行为人的民事责任。[1]

民事虚假诉讼是在民事诉讼中发生的一种特殊侵权，若要求虚假诉讼行为人承担侵权责任，则有必要在《侵权责任法》中增设虚假诉讼作为特殊的侵权行为，并建立相应的侵权损害赔偿制度，赋予受害人请求损害赔偿的权利，需指出的是，在程序法中明确受害人提起虚假诉讼损害赔偿侵权责任之诉的前置程序是应先撤销行为人通过虚假诉讼所产生的生效裁判或调解的程序。[2]

（一）责任构成

虚假诉讼行为的构成要件为：其一，违法性。虚假诉讼是通过合法诉讼的手段谋求非法目的、利益，严重违背诚实信用原则和权利不得滥用原则，其背后的违法性不言而喻。从民事诉讼的目的看，其设立的初衷是保障权利人得到法律的救济，而虚假诉讼的行为人滥用诉讼权利，完全违背设立民事诉讼制度的目的。其二，主观过错。虚假诉讼

---

[1] 关长征、陈秋实：《民事虚假诉讼研究》，http://court.gmw.cn/html/article/201410/23/166149.html。

[2] 毕慧：《论民事虚假诉讼的法律规制》，载《浙江学刊》2010年第3期。

行为人的目的是侵害第三人的合法权益以获得非法利益。在主观状态上，行为人的故意是一目了然；主观状态上的过失原则上不可能构成虚假诉讼行为。其三，损害事实。虚假诉讼行为人通过诉讼侵害第三人的合法权益，给第三人的民事权益带来不利后果，包括财产损失、人格利益损失等。其四，因果关系。因果关系是指侵权行为与损害后果具有实质联系。虚假诉讼行为虽然是通过法院裁判的形式侵害第三人合法权益，但本质上诉讼行为仍是造成损害结果的直接原因，而不是法院的裁判行为。

（二）责任主体

1. 当事人。民事诉讼当事人是指因与他人发生民事纠纷，而以自己的名义参加民事诉讼并受法院裁判约束的利害关系人，① 而虚假诉讼的行为人主要是当事人。

2. 委托代理人。代理人受当事人的委托尽力为当事人收集证据、进行辩护等，就可能会导致他们突破法律的底线，与当事人恶意串通为谋取不正当利益而提起诉讼。

3. 证人、鉴定人、翻译人员。这类人员在民事诉讼中作了虚假的证人证言、鉴定意见、笔录等侵害他人合法权益，造成后果严重的，可以依据刑法追究其伪证罪。依据《侵权责任法》第4条规定："侵权人因同一行为应当承担行政责任或者刑事责任的，不影响依法承担侵权责任。"还可以要求上述人员承担侵权赔偿责任。

（三）损害赔偿范围

1. 经济损失。因虚假诉讼引发的经济损失包括：（1）因应诉而产生的差旅费、误工费；（2）诉讼费；（3）在诉讼中进行诉讼保全而支出的财产保全费用；（4）因收集证据、调查取证而产生的通信费、鉴定费、咨询费以及因此打印、复印而产生的材料费等；（5）律师费。这些费用是因虚假诉讼行为人恶意提起诉讼而实际发生的、可计算的直接经济损失，根据民法的公平原则，应由侵权行为人承担。如此规定，可以提高当事人主动维护自身合法权益的积极性，不必担心因巨额费用的支出而放弃追究虚假诉讼侵权人的责任，也能提高虚假诉讼行为人的违法成本，有效遏制虚假诉讼行为。

2. 精神损害抚慰金。虚假诉讼行为是一种特殊侵权行为，侵犯了他人人身权益，造成他人严重精神损害的，行为人也应当赔偿受害人精神损害抚慰金。

（四）责任承担方式

1. 一般承担方式。承担责任的方式大致可划分为三类：财产型责任方式，如返还财产、赔偿损失；非财产型责任方式，如消除影响、恢复名誉；综合型责任方式，如停止侵害、消除危险。② 上述方式可以单独适用，也可合并适用。虚假诉讼侵权行为因其特殊性，有可能同时面临民事赔偿、罚款、罚金、没收财产等多项处罚，在虚假诉讼行为人可执行的财产中应首先承担民事赔偿责任，以确保受害人得到及时的救济。

2. 惩罚性赔偿责任。虚假诉讼侵权损害后果严重的，还应承担惩罚性赔偿责任。惩罚性赔偿责任中所判定的损害赔偿金不仅是对受害人的补偿，也是对侵权人的惩罚，是加重赔偿的一种原则，既可以调动受害人维护自身权益的积极性，弥补受害人的损失，又能有力地惩戒虚假诉讼行为人，有效地威慑虚假诉讼、遏制违法行为的发生。

---

① 刘家兴：《民事诉讼法教程》，北京大学出版社2001年版，第85页。
② 张建琴：《恶意诉讼的侵权责任研究》，山东大学硕士学位论文，2013年3月10日。

论行政诉讼的成熟原则

刘菲寒*

近年来,随着法律体系的不断完善,行政诉讼的改革也提上议程,一方面要求扩大行政诉讼受案范围的呼声日益提高,另一方面作为行政诉讼受案范围的标准争议加大。同时,行政成熟原则的案例应用也引起学界的关注,能否借鉴来自西方司法实践的成熟原则?能否在中国的法治土壤播撒成熟原则使其生根发芽?本文试图提出一点粗浅的看法,以期抛砖引玉,推动我国行政诉讼的良性发展。

一、行政诉讼成熟原则之概念与起源

行政成熟原则最早被提出是在美国,是在行政诉讼运行司法实践中提出的,旨在解决在三权分立的法治背景中,行政权与司法权相互独立又相互制约的前提下司法权何时可以介入行政行为的合法性审查。王名扬在其《美国行政法》著作中定义了成熟原则:成熟原则是指行政程序必须发展到适宜由法院处理的阶段,即已经达到成熟的程序,才允许进行司法审查。这一定义具有概括性与前瞻性,为广大学者的行政理论研究与指导采用具体化的成熟标准提供了很好的平台。

除了美国,行政诉讼的成熟原则还明文规定于日本的撤销诉讼之中。在日本,撤销诉讼的要件之一是行为具有行政处分性,而纠纷的成熟性又是行政处分性的要件之一。行政厅的具体行为,如果没有对当事人的权利义务进行最终判定,便不认定具有处分性,即纠纷尚未成熟,法院不予审查。

在我国行政诉讼制度中,虽然目前未明文规定行政诉讼成熟原则,但部分法律法规的设计体现出成熟原则,如在《最高人民法院关于执行〈中华人民共和国行政诉讼法〉若干问题的解释》第1条第2款第6项规定"对公民、法人或其他组织权利义务不产生实际影响的行为"不可诉,体现出成熟原则的标准。在行政诉讼法对受案范围的规定中,处处渗透着成熟原则。随着依法行政的洪流席卷社会生活的各个方面,诉讼领域也不例外,对成熟原则的引用也格外受到青睐。

二、行政诉讼成熟原则的理论基础

成熟原则作为行政诉讼的一个重要原则,不是理论研究的沙上建塔,也非技术设计的权宜之计,而是根植于深厚的文化土壤。三权分立作为西方资本主义国家的基本政治制度,其中心思想是立法权、行政权和司法权相互独立,相互制衡,由此推动国家的良性发展。三权分立最早出现于亚里士多德时代,亚里士多德提出了著名的政体三要素论,

---

* 刘菲寒,厦门市公安局思明分局。

他创设性地把国家的政权划分为议事权、行政权和审判权，并希望以三权相互制约来有效地治理国家。继文化复兴和启蒙运动的理论发展，法国启蒙思想家孟德斯鸠首次完整提出"三权分立"理论，将国家权力分为：立法权、行政权和司法权，即通过法律规定，将权力分别赋予三个独立的国家机关管辖，以达到相互制衡的目的。孟德斯鸠这一思想对西方民主法制的影响很大，尤其对美国的制宪者，美国的总统制成为三权分立思想的忠实践行。正因如此，美国具有孕育行政成熟原则的深厚土壤。行政诉讼成熟原则作为行政诉讼程序的启动环节，是司法权与行政权的连接点，有着深厚的理论基础，所以，借鉴行政诉讼成熟原则就必须深入分析以下三种关系：

（一）国家权力与公民权利的关系

学界已达成共识，公民权利是国家权力的基础，国家权力是公民权利的保障。公民权利不是来自国家通过宪法的授予，而是国家权力存在的土壤。公民权利以利益为基础，自由为前提，主张为取向。而国家权力以国家武力为后盾，国家强制力为支柱，国家权威为最终目标。以致国家权力的存在和行使，应当以公民权利的保障为出发点和归宿。视角转回中国的法制现状，一方面我国宪法发挥两大功能，规定并保障公民权利，授予并控制国家权力；另一方面随着政府职能的转变，权利观念日渐深入人心，权利本位逐渐取代义务本位。保障和实现公民权利以顺应历史潮流成为法治进程的最终归宿。因为，一切国家权力的运行，无论是行政权还是司法权，最终都会回归保障公民权利的原点。而行政诉讼成熟性原则随着法治进程的加快应运而生，为司法与行政的良性互动架起沟通的桥梁，在保障公民权利上发挥无可替代的作用。

（二）司法权与行政权的关系

行政权，是依照法律规定，组织和管理公共事务以及提供公共服务的权力，是国家权力的组成部分之一。行政权的本质，是执行法律法规等具有强制力的法律文书、执行国家行政机关意志的权力，其实施以国家强制力作为最终保障。司法权是指特定的国家机关通过开展依其法定职权和一定程序，由审判的形式将相关法律适用于具体案件的专门化活动而享有的权力。广义上包括检察院在内，但学界通说认为，司法权多指狭义的司法权，即仅指审判权。司法权与行政权的根本目的相同，旨在维护公共利益以促进公民权利的保障与实现。而不同的功能定位，使得行政权与司法权在相互制约的同时，还有必要予以充分的尊重，以促进法治社会的良性运转。因此在对待司法权与行政权的关系上，必须以公民权利与国家权力的关系为出发点，围绕对公民权利的保障来设计司法权与行政权相互制约的制度。在司法审查制度的实现中，一方面要充分发挥司法审查的监控功能，另一方面要充分尊重行政权的正常和有效行使。

（三）成熟原则与穷尽救济原则的关系

穷尽救济原则与成熟原则同样作为美国行政法司法审查适时性原则，有着密切联系，也需进一步联系与区分。穷尽救济原则是指当事人在没有利用一切可能的行政救济途径以前，不能申请法院裁决对他不利的行政决定。这个原则的主要作用在于保障行政机关的自主权与司法机关的有效运行。二者都限制提起诉讼的时间，即法院什么时间才适宜对行政行为进行审查。但成熟原则从行政行为的实质影响角度出发，认为行政诉讼只有达到某个阶段,才能成为法院可以受理的案件。而穷尽救济原则涉及某一行政行为与外在因素的关系,着眼于当事人在请求法院救济以前,在多大程度上必须事先穷尽行政救济。当然,穷尽原则也存在例外,在以下情况不予适用:第一,行政机关不能提供适当的救济;第二,行政决定对行政相对人产生不可弥补的损害;第三,当行政机关无管辖权。

三、行政诉讼成熟原则的必要性

王名扬教授在《美国行政法》中阐述成熟原则存在的理由有两方面:一方面是避免法院过早裁判,陷入抽象的行政政策争论。法院只能对实在的现实的问题进行裁判,在需要裁判的问题出现前,不能预测未来。当事人所攻击的行政行为不能是捉摸不定的没有确定的问题,法院的时间不能消耗于抽象的遥远的问题上。另一方面是保护行政机关在最后决定作出之前,以及行政行为对当事人发生具体影响以前,不受法院干涉。

客观而言,行政诉讼法的目的有三:其一是为了法院及时,正确审理行政案件;其二是为了监督行政机关依法行使职权;其三是保障公民法人,其他组织的合法权益。笔者认为,从实现行政诉讼的目的角度出发,保障行政诉讼发挥应有的作用,确立成熟原则的理由主要有:

(一)有利于行政机关有效使行政权,确保依法行政

行政机关行使行政权应当具有相对的自主性,对其职权范围以内的事项有权作出决定。司法权可以监督行政权的行使,但这种监督是一种事后监督,事外监督,即在行政机关的行政行为实施完毕后,行政相对人合法权益受到侵害,对该行政行为不服,提起诉讼,法院应行政相对人的请求,审理行政案件,解决行政争议,以保护行政相对人的合法权益,并促进行政机关依法行政。行政机关实施一个行政行为,往往要经历许多步骤,在行政机关走完全部过程作出最后决定之前,法院不能介入,以免行政程序不能独立完成。在美国,联邦行政程序法明确规定,只有行政机关最后确定的行为才适宜于法院审查。而我国人民法院受理行政案件,采取的是"不告不理"原则,即使相对人"告"了,是否受理,还要看审查的时机是否成熟。如果审查的时机尚未成熟,应告知相对人等时机成熟以后再提起诉讼。唯有如此,当行政机关实施行政行为的程序已经结束,行政决定最后执行,人民法院再介入到行政行为过程中去,就不会妨碍行政职权的行使,保障行政管理的连续性与稳定性,并有效发挥司法监督的作用。

(二)有利于人民法院正确审理行政案件,提高司法效率

行政程序是行政机关按照一定的方式、步骤、顺序和时限实施行政行为的过程。如果行政程序没有完结,一方面可能出现双方争议对象还不明确或尚在形成中,从而使法院的审查工作无从下手;另一方面可能出现因为相对人的法律权利义务关系还没有最后确定,相关证据文书尚未形成,造成行政行为是否合法难以查证的局面。只有当行政行为的程序结束,行政争议明确,行政争议的焦点清晰,这时候才便于人民法院介入调查,公正判定,依法有效地审理案件,才不会浪费司法成本且劳民伤财,真正做到公正司法。

（三）有利于维护行政相对人的合法权益，降低司法成本

从司法成本的角度，实际生活中存在的行政行为，都包含若干的程序环节和发展阶段，存在一些中间性、程序性的行为。这些中间性、程序性的决定往往由最后的决定所吸收，如果法院对行政机关中间性和程序性决定就予以审查并作出裁判，不仅会妨碍行政行为的有效实行，也会增加办案的难度，着实浪费司法资源。因为行政机关在其中几个中间性行政程序完结后，还会作出最后决定，相对人如对最后决定不服，又得提起行政诉讼，这样既增加了当事人的诉求，又增加了诉讼的成本。对此，可以在行政行为实施过程中，相对人认为程序性、中间性的决定违法，可在最后决定作出以后，和最后决定一起请求司法审查，并将预备性的、中间性的决定违法作为最后决定违法的理由来支持自己的诉讼请求。

四、行政诉讼成熟原则的构成要件

通过行政诉讼成熟原则的必要性的阐述及我国行政诉讼实践的探索，确立行政诉讼的成熟原则是行政诉讼制度发展的重要里程碑，进而明确成熟原则的标准，显得至关重要。美国是行政诉讼成熟原则的主要发源地，回顾成熟原则标准的发展历程，也是随着社会实践的不断发展而进步的。

成熟原则标准的演变大致说来可以分为三个阶段：（1）早期标准。1967年之前，遵循简单的形式主义观点，成熟原则不仅注重行政行为的内容，还注重行政行为的形式，所指控的行政行为必须是正式的。如果行为处于非正式行为阶段，则视为司法审查时机不成熟，不会给当事人产生不可弥补的不利后果，法院会拒绝审查。同时，法院机械地认为，只有行政机关作出具体的决定影响当事人的法律地位时，案件才成熟。对于抽象的行政行为，在行政机关没有作出具体决定开始执行以前，不能审查。很显然，这时的成熟标准是比较机械的、保守的。（2）当代标准。20世纪六七十年代后，成熟原则有放宽趋势，法院的审查标准侧重实质性审查，即是否对当事人造成了实际的不利影响。这个标准也成为当今通用的标准。（3）成熟标准的放宽时期。随着人权主义与法治社会的理念渐入人心，政府行政职能转变，愈发往公共服务领域和公民权利保障领域倾斜，行政与司法之间的界限日趋模糊，甚至有向行政的领地移动的趋势。在美国，通过哥伦比亚广播公司诉美国案，法院把行政机关制定的、尚未实施的、更没有对行政相对人的实际利益造成任何影响的行政法规纳入司法审查的范围。这是成熟原则标准的一大跨越。

总之，从成熟原则标准的发展历程看，成熟原则的标准成放宽之势，洞悉发展演变背后的精神实质，就是在维护行政权与司法权的良性互动，确保公共利益的前提下，尽可能地扩大对相对人的权益救济。最明显的例子，就是今年来我国行政诉讼制度改革中呼声渐高的扩大行政诉讼的受案范围，目的直指更加全面科学地保障当事人的合法权益。

我国主流观点认为，行政行为成熟性标准具体包括：第一，处于预备性的、中间性的决定不能提起行政诉讼；第二，如果当事人认为预备性的、中间性的和程序性的决定或行为违法，可在最终的实体决定作出后，以该实体决定违法起诉，并以中间性的、程序性的行为违法为理由；第三，假如一个最后的行政行为包含一个或多个的实质性行为，就应该在行为全部完成后对最终的行为提起诉讼。综上，笔者认为，成熟原则的标准可分为实质标准与形式标准：

(一)关于实质标准,即行政行为是否对行政相对人产生了实际不利的影响

这是判断行政行为是否成熟的一个重要标准。之所以将对相对人的权利义务产生实际不利影响作为成熟原则的一个实质标准,是因为大到法治的目的就是尽可能地维护公民的合法权益,小至行政诉讼的目的就是消除非法行政行为对相对人权利义务产生的不利影响。如果一行政行为还未对行政相对人产生实质的权利侵害,此时提起行政诉讼等于浪费司法成本,徒增工作量罢了。美国《联邦行政程序法》规定:"任何人由于行政行为而受到不法的侵害,或者在某一有关法律意义内的不利影响或侵害,有权对该行为请求司法审查。"根据我国《行政诉讼法》及其司法解释的规定,与具体行政行为有法律上利害关系的公民、法人或者其他组织对该行为不服的,可以依法提起行政诉讼。这里所指与具体行政行为有法律上的利害关系,就是具体行政行为对相对人的权益造成了实际影响。《解释》第1条第2款第6项进一步明确指出,对公民、法人或者其他组织权利义务不产生实际影响的行为,不能提起行政诉讼。此条解释从反面论证的角度印证了成熟原则的实质标准。所谓给相对人的权利义务产生不利影响,是指因行政行为的执行,导致行政相对人的相关合法权益权利受到侵害,或加重义务等,如行政机关的决定增加了相对人的负担、限制、减少或剥夺了相对人的权利或利益,打破了相对人的法律地位的平衡局面等,均视为对相对人产生了实际不利影响。

(二)关于形式标准,看行政行为的实施是否形成最后决定

尽管"最后决定"作为形式标准受到挑战,但无可厚非,毕竟完美的无懈可击的理论标准不可能存在。把握这一形式标准,必须要结合实际情况灵活变通,加之法官的自由裁量权予以把关。客观情况下,没有一个行政行为是一蹴而就,往往要经历许多步骤、环节。为了保障行政机关有效独立行使行政权,依法执行行政职能,人民法院在行政机关作出最后决定以前,通常不加干涉。然而,因行政决定的程序非常复杂,不可避免地存在多种程序:有正式程序和非正式、暂时性程序,有文件、口头等形式。这就给判断某个决定是否为最后决定带来困扰。根据美国经验,一般用一个指导性的原则作为标准,即当法院的行政审查可能影响行政机关依法作出决定、履行职责,则可以断定行政机关并没有作出最终的行政决定。例如行政机关预备性的决定或中间性的决定,不是最后的决定。当然,仅仅依靠原则来判定纷繁复杂的案情是远远不够的,还要针对现实中的各种情况结合法律规定进行具体分析,这时候需要法官发挥自由裁量权来判定,中国目前的法治环境较为复杂,且法官的素质参差不齐,在对成熟原则形式标准的适用仍需假以时日,但要有信心并有决心朝着这个目标而努力。

同时,回到中国的司法实践中,仍需警惕行政权侵犯司法权的现象。当今社会,"一切为了发展"成为社会建设的方向标,司法权在经济建设中的作用,主要表现在切实地依据有关经济法律进行审判,维护当事人正当的经济权益,维护正常有序的经济发展环境,努力创造安定的社会环境。即起到一种间接的保驾护航的作用,而行政权对经济建设的作用显得更为直接客观,并在屡次的经济危机浪潮中越发受到重视,二者相比较我们能清楚地看到行政权比司法权在经济建设中更能发挥重要作用,二者的作用源自各自固有的性质特征,所以行政权在国家权力结构中相比司法权就凸现出来了。这样的地位作用悬殊决定了行政权具有侵蚀司法的正当性与破坏性。

在现代社会快速发展中，行政权在日益挑战立法权权威，并开始渗入司法权领域，比如对行政争议的裁决进行左右甚至具有主导权，甚至介入理论上应由法院处理的民事案件，以信访名义对一些特定民事案件进行先行处理权或最终裁决。如果法律授予行政相对人在这种条件下提起行政诉讼，则人民法院很难独立自主地行使裁判权，还民公平。这就打破了司法权与行政权的良性循环，行政成熟原则的适用更无从谈起。所以有效保障司法权的独立运行，促进司法权与行政权的良性互动对成熟原则形式标准乃至实质标准的适用至关重要。

五、行政诉讼成熟原则在我国的司法运用

我国的政治体制，决定了我们不能照搬孕育于西方三权分立土壤的行政诉讼成熟原则，但这并不妨碍我国国家权力的运行在人民代表大会居于主导地位的前提下实现平衡与制约。规范权力的运行是行政诉讼成熟原则的根本价值所在。在我国的行政诉讼实践中，同样也面临司法权与行政权界限模糊的问题，通过以下案例或许可以使我们进一步了解成熟原则。

某县城建局为实施城建规划，根据《城市规划法》和国务院颁布的《城市房屋拆迁管理条例》作出对某三户居民住房的拆迁决定，该三户居民接到通知后即向法院起诉。法院受理此案后，产生较大争议，对是否受理该案件存在不同意见，最后达成一致意见是：判定某个行政行为具备可诉性，不仅根据《中华人民共和国行政诉讼法》第11条规定审查是否属于法院的受案范围，还要看该行政行为是否最终完成。如该行政行为尚处于进行之中，则不能对之提起诉讼。案例中的被告某县城建局所作的拆迁决定，其内容只是通知原告在规定的时间来签订拆迁协议。按照《城市房屋拆迁管理条例》第12条规定："在房屋拆迁主管部门公布的规定拆迁期限内，拆迁人应当与被拆迁人依据本条例的规定就补偿、安置等问题签订书面协议。"所以说，被告既然已经通知三原告签订书面协议是履行法定手续的行为，一旦被拆迁人拒绝签订协议或双方谈判破裂不能达成协议，则按《城市房屋拆迁管理条例》第14条规定，"由批准拆迁的房屋主管部门裁决"，"当事人对裁决不服的，可以在接到裁决书之日起十五日内向人民法院起诉"。据此，法院经审查后认为，该行政行为正处于进行当中，尚未最终完成，裁定不予受理。

上述案例中城建局的房屋拆迁通知属于一个"尚未实施终了"的行政行为，即未达到成熟性，法院对此案的分析和结论正符合司法审查成熟原则的考量。

我国目前行政案件起诉审查制度的有关法律规定比较零散，理论上也偏薄弱，从而造成实践中面临纷繁复杂的行政争议，法院在受理审查阶段由于既无法律明文规定，又缺乏理论指导，因而往往无所适从，这既不利于对公民权利的保障，也严重阻碍行政诉讼中国家权力的规范化运行。我国现行行政诉讼起诉审查制度涵盖以下方面：（1）起诉的案件是否由该法院管辖并符合行政诉讼受案范围；（2）是否违反行政行为合法性；（3）诉讼主体适格；（4）是否有具体的诉讼请求和事实根据；（5）是否属于重复诉讼；（6）是否违背行政复议前置；（7）是否在法律规定的起诉期限内。法院决定某一行政起诉是否立案受理，从以上方面进行审查，即包括司法审查范围和审查深度。然而关于司法介入的适时性问题，即何时符合成熟原则，在我国目前的起诉审查制度中并未明确规定。

对于成熟原则，一般理解为可诉的行政行为应是实施终了的行为。应该指出，行政行为的"成熟"和"实施终了"之间不能完全画上等号。在特殊情况下，某些行政行为已

经造成对公民、法人或其他组织造成不可补救的实际侵害，符合成熟原则的时机，法院应适时受理当事人的起诉，而不必等到该行政行为在法定形式上已经实施终了。因此，成熟原则的衡量标准不但参考行政程序终结的外在形式，而且应结合行政行为已经或即将发生的实际影响，即使其形式上尚未终了。前者是形式标准，后者是实质标准。因此笔者认为，判断某一行政行为是否成熟，应该兼采两者。

结　语

随着现代法治文明的进步，行政诉讼制度以限制公权力，保障公民权利为核心逐渐达成共识。行政权"用权受监督"是最直接的证明。行政诉讼成熟性原则的实质是协调司法权与行政权的良性互动，与保障公民权利这一现代法治理念殊途同归，填补这一领域的空白，势必推动我国行政诉讼制度的健康发展。

浅议刑罚变更执行中的受害人权利保护

林晓葳[*]

加强刑事受害人的权利保障体现着一个国家对处于弱势的群体的人权保障，而且对于整个司法程序的公正性、科学性以及社会的稳定性都发挥着不容忽视的重要作用。新刑事诉讼法实施以来，对刑事被告人人权的尊重和保障都不断加强，却对刑事受害人权益的保障却相对忽视，极易造成受害人对刑事执行程序的质疑和不信任。

一、存在问题及原因分析

（一）刑事附带民事赔偿执行缺乏程序激励机制

在刑事案件中，刑事附带民事赔偿部分难以执行到位的现象较为普遍，服刑罪犯不愿执行的情况尤为严重，不仅无法保障受害人的合法权益，更影响到司法机关的执法公信力。在刑事审判阶段，因为把追缴犯罪所得和退赔作为判断认罪态度好恶的一个重要情节来考虑，有一定经济执行能力的被告人都愿意积极履行。相比之下，服刑期间的罪犯由于缺乏监督制约机制和激励机制，很少有人愿意主动履行附带民事赔偿。

刑事附带民事赔偿之所以难以执行，除有部分罪犯确实不具备履行能力外，法律法规缺乏激励导向也是罪犯不积极履行附带民事赔偿重要原因之一。尽管最高人民法院《关于办理减刑、假释案件具体应用法律若干问题的规定》第 2 条规定："罪犯积极执行财产刑和履行附带民事赔偿义务的，可视为有认罪悔罪表现，在减刑、假释时可以从宽掌握；确有执行、履行能力而不执行、不履行的，在减刑、假释时应当从严掌握"，但在实际操作中仍存在种种问题。一是罪犯个体情况的复杂性导致难以把握所有罪犯的偿还能力。每个罪犯的偿还能力不一样，其家庭环境和个人财产也各自不同，对罪犯是否属于不积极履行难以认定。二是对积极执行和取得受害人谅解的罪犯如何从宽缺乏细化规定，难以实施。程序设计上的缺陷导致刑罚执行机关和法院对附带民事赔偿的缴纳没有统一标准，严重挫伤罪犯履行的积极性。

（二）追缴犯罪所得和责令退赔在执行上于法无据

根据我国刑法第 64 条"犯罪分子违法所得的一切财物，应当予以追缴或者责令退赔"之规定，早期不少法院将追缴犯罪分子违法所得或责令退赔作为刑事判决的一项内容。虽然追缴和责令退赔规定在刑法总则编第四章刑罚的具体运用的量刑一节中，但它既不是主刑，也不是附加刑，而是在侦查和审理期间对被告人的违法所得处理的一种措施，

---

[*] 林晓葳，厦门市人民检察院。

并非刑事责任。近年来人民法院将"追缴犯罪所得"和"责令退赔"写入刑事判决的情形逐渐减少,然而对于刑罚执行而言,遗留下来的问题仍有待解决:"追缴"和"责令退赔"如何定位在执行中一直存在争议,相关法律法规并没有将其明确列为限制减刑、假释的情节。

笔者认为,追缴和责令退赔应当视为民事责任在侦查、诉讼阶段的前置表现形式,其起因是行为人违法占有他人财物,实施的目的是要恢复到违法行为实施前的状态,类似于民法上的返还财产功能。简而言之,追缴和责令退赔是在司法机关在侦查和审理阶段基于受害人权利保障,主动干预被告人返还侵占财物的行为;在审理终结后,追缴和责令退赔应视为刑事附带民事赔偿责任的另一形式。

(三)未能遵循"民事责任优先"原则

《最高人民法院关于财产刑执行问题的若干规定》(法释〔2010〕4号)第6条规定"被判处罚金或者没收财产,同时又承担刑事附带民事诉讼赔偿责任的被执行人,应当先履行对被害人的民事赔偿责任"。司法解释的上述规定充分体现了私权优先的人文精神,然而在我市司法实践中,"民事责任优先"原则的执行仍存在缺陷,执行财产时忽视对受害人权利的保护,主要表现在以下三个方面:

一是司法机关在刑罚变更执行时以财产刑(主要为罚金)缴纳情况作为是否从严把握重要判断标准,对受害人权益不甚重视。目前绝大多数罪犯减刑提请被退回的原因多是未积极履行财产刑,未履行附带民事赔偿影响减刑则相对较小。长期以来在服刑罪犯当中形成一种导向,即不履行附带民事赔偿责任则对减刑几乎没有影响,以致许多罪犯主观上不愿意履行附带民事赔偿责任,缴交比例极为低下。有些同时被判处财产刑和附带民事赔偿责任的罪犯,宁愿履行数万元的罚金,也不愿意缴交任何的附带民事赔偿。二是刑罚执行期间民事优先的有关规定形同虚设。根据《最高人民法院关于财产刑执行问题的若干规定》第6条的规定精神,如果罪犯同时被判处财产刑和附带民事赔偿,即使该罪犯缴交了财产刑,也应当转化用于对受害人的民事赔偿责任。在罪犯被交付执行前,多数原审法院会严格按照《刑法》第36条的规定优先赔偿受害人。到了刑罚执行阶段,多数法院收到罚金均直接上缴国库,并没有转化用于对受害人的民事赔偿。三是对于未履行附带民事赔偿的罪犯能否假释没有限制。福建省《关于办理减刑、假释案件的规定(试行)》〔闽高法(2013)186号〕第62条仅规定"经济犯罪中个人非法占有公私财产无法追缴超过10%以上的"不得假释,其他类型犯罪的受害人则难以从对罪犯的处理中获得补偿。

(四)减刑假释中受害人的利益未受到应有重视

现行的有关减刑假释程序的法律规定中对于受害人的权利没有只言片语,受害人在事实上被完全地排除在减刑假释的全过程之外。在许多刑事案件中,被告人尽管被判刑并开始服刑,但受害人其实还一直深陷痛苦之中。如果在对服刑人员减刑、假释时,无视受害人感受,对受害人极不公平。

二、对策及建议

在刑罚执行阶段，对受害人的赔偿虽不能作为判定有悔改表现的唯一标准，但确实应是重要标准之一。意大利法学家加罗法洛认为，赔偿损失最能作为犯罪人悔罪的指标。他认为，个人通常是重视钱财的，尤其重视个人通过自身劳动挣得的那部分。如果一名罪犯甘愿放弃其大部分的个人积蓄来赔偿受害人的损失，这证明其已经意识到了自己的违法行为和有了改过自新的愿望。这种证明比起那些有关良好举止和对过去忏悔的表白更有证明力。[①] 比利时犯罪学家普林斯甚至指出：在一个特定的关押阶段结束后，囚犯可以被有条件地释放。这个条件就是，在特定时间内，囚犯基于赔偿的需要而支付给被害人钱财。基于完成了债务，囚犯的自由就是必需的了。[②] 司法实践中受害人因无法获得补偿导致生活极度艰难，频繁上访甚至走上犯罪道路的情形时有发生。

（一）创新工作机制，在日常改造同时甄别罪犯个体财产执行情况

在刑罚变更执行检察监督中发现，绝大多数罪犯终将获得减刑或假释。目前罪犯减刑、假释的数量十分庞大，每月动辄上百人，期望刑罚执行机关在减刑、假释程序启动后的较短时间内核实罪犯的偿还能力并不合理。据此，应进一步强化刑罚执行机关的作用，将对罪犯财产履行能力的调查工作重心前移，在日常教育改造时即将"积极履行"、"有能力而拒不执行"和"确无履行能力"作出明确等级划分，予以公示并归入罪犯档案中。通过此种方式，刑罚执行机关有较为充裕的时间调查罪犯的偿还能力；也有利于罪犯对于自己的偿还能力提出申辩，能较好地维护罪犯的合法权益。

在坚决督促履行的同时还应注重体现人性化，区别对待不同个体的不同情况，防止矫枉过正，以财产执行作为唯一标准，走向另一个极端。对"已履行""部分履行""有能力履行而拒不履行""确无能力履行"的，在减刑幅度上和假释上有所区别，以此肯定和鼓励积极履行者，教育和警示消极履行、拒绝履行者，以体现宽严相济的刑事政策。此外，也应当注重预防财产执行中可能引致的职务犯罪。

（二）明确追缴犯罪所得和责令退赔的司法定位

我国《刑法》规定的财产刑包含罚金刑和没收财产刑，并不包含追缴犯罪所得和责令退赔。对被告人追缴犯罪所得和责令退赔写入刑事判决主文并无法律依据，受害人也难以依据刑事判决申请法院强制执行，导致一系列的后续问题。笔者认为，除了今后明确刑事判决不应做出追缴或者责令退赔的主文内容外，针对之前的生效判决，建议通过地方执行细则暂时将追缴犯罪所得和责令退赔归类为刑事附带民事赔偿。

（三）强化机制建设，完善司法便民措施

2007年以来的《刑法》、司法解释逐步确立了"民事优先"的司法理念，但不少司法人员观念中仍秉承刑、民绝对分立的观点，只关注国家利益，把受害人获得赔偿视为一般的私人利益，留待民事司法制度来解决。事实上，对加害人的索赔如经过了侦查、审理、刑罚执行等一系列国家有强权得以介入的阶段仍无法得到解决的话，那么期望受害

[①] [意]加罗法洛：《犯罪学》，耿伟、王新译，中国大百科全书出版社1996年版，第381页。
[②] [意]加罗法洛：《犯罪学》，耿伟、王新译，中国大百科全书出版社1996年版，第381页。

人通过正常、合法的渠道单独获得赔偿几乎是不可能的，极可能导致受害人通过报复加害人等极端的途径来实现自己的私利，加剧社会矛盾。笔者认为，应加强不同地区间的沟通机制可以由服刑地法院设立专款专用账户，在收到罪犯缴纳赔偿统一存入该账户，并发函告知原审法院。原审法院则负责查找、通知受害人或其家属，受害人或其家属凭原审裁定书和有效证件自行到服刑地法院领取赔偿。此外，检察机关也应切实履行法律监督的职责，对于未将罚金优先用于民事赔偿的，应及时纠正，以敦促法院切实保障受害人权益。

（四）更新司法理念，提升受害人的司法满意度

一是在减刑假释细化规定中明确对受害人的民事赔偿，特别是对于假释罪犯，应该采取相较减刑罪犯更高的补偿标准，明确规定附带民事赔偿未达一定比例不得假释。二是加大对罪犯的宣传教育力度。如能对相关法律法规和实施细则做进一步改善，应在服刑罪犯中开设专题法制教育课程，并对明显有执行能力而怠于履行的罪犯不予减刑、假释，以起到教育和警示作用。三是视情况按比例扣除罪犯的一部分劳动报酬用于赔偿受害人。这样既有利于实现对受害人的赔偿，实现公平正义，又有利于罪犯深刻认识犯罪行为的危害后果，实现对罪犯的教育改造。

司法体制改革

法官员额制背景下基层法官助理制度探析
——以司法辅助事务精细化分工为视角

肖安定*

法官员额制是新一轮司法改革的破题之作,也是法官专业化、精英化的必由之路。法官员额制实施后,调查取证、庭前证据交换、调解、草拟部分裁判文书等非核心的司法辅助事务将由法官助理等司法辅助人员来完成。以法官助理为代表的司法辅助人员是保障法官专业化、精英化的基础。但从目前上海等地已实施的法官员额制的情况来看,法官助理等司法辅助人员并未受到应有重视。法院人员分类管理只划分了法官、司法辅助人员和司法行政人员的比例,而对于司法辅助人员中法官助理、书记员、司法警察、执行员的比例并未提及。例如上海司法改革方案中只明确法院工作人员的员额中有33%的法官,15%的司法行政人员,其余52%的员额为司法辅助人。而部分新闻材料中认为这52%的法院工作人员都是法官助理的说法[1],不是对法院工作缺乏基本的了解,就是故意回避司法改革中的问题。因为执行人员、司法警察、书记员(速录员)这些都是法院正常运转的必备人员,将这些人员全部称为法官助理不合常理。实际上按现有的司法体制改革模式,改革后的法官助理人数十分有限,短期内很难达到一名法官配备一名法官助理的标准。司法实务中,基层法院受理的50%以上的案件以调解、撤诉结案,另外约有10%的案件系被告缺席审理判决。基层法院释法、取证、告知、调解等辅助性司法事务远远多于坐堂审理裁判等核心司法事务。人数不多的法官助理将面临浩繁的辅助性事务,这对法院司法改革来说无异于杯水车薪。部分法官或即将成为法官的法院工作人员将因法官员额制和法官助理制度而失去法官资格。"孔雀东南飞"、法官助理"助而不理"的现象可能再次出现。如此,法官精英化、专业化的法官员额制的大厦将淹没在辅助性事务运转不畅的流沙之下,让法官集中精力开展案件裁判的司法改革初衷也难以实现。因此,在法官员额制实施的同时对司法辅助性事务进行精细化分工,充分借鉴国外司法辅助人员分工[2],科学安排法官助理和其他司法辅助人员的职责,并进行司法辅助人员的分类管理势在必行。如何防止法官助理成为"司法民工",以发挥其"启发者""批评者""协助者""预备队"的角色,是一个值得探讨的问题。

---

* 肖安定,厦门市湖里区人民法院。
[1] 详见《上海司法改革全市推行 法官收入比普通公务员高43%》,http://news.china.com.cn/2015-04/24/content_35405247.html,访问日期:2015年6月13日。
[2] 据东南大学王禄生老师在《美国司法经典误读之四:美国法官的办案"神话"》一文中披露美国"国家州法院中心"(NCSC)的法院辅助人员的列表多达30余种,此类人员统称为辅助人员,其中,最为常见的是法官助理和书记员。

一、法官助理制度试行成果介绍

自最高院 1999 年制定下发《人民法院五年改革纲要》，要求试点法官助理以来，我国的法官助理制度在理论和实践层面均进行了不懈的探索，但成功经验不多。

（一）第一阶段：1999—2004 年人民法院第一个五年改革期间

最高院 1999 年制定下发《人民法院五年改革纲要》，要求试点法官配备法官助理。2000 年北京市房山区法院开始进行法官助理制度的实践。按法官职业化的要求，将审判组织模式，由原来的"一审一书"发展为"法官＋法官助理＋书记员"的审判组织模式。① 在减少法官数量的同时，把法官工作职责中的辅助性工作分离出来，交由法官助理来完成。由法官助理负责庭前准备工作，法官则主要负责庭审与裁判，书记员专门负责庭审记录。在庭前准备阶段法官助理可根据当事人自愿的原则组织庭前调解，并由法审法官审查确认调解内容。

2002 年 7 月，最高院下发了《最高人民法院关于加强法官队伍职业化建设的若干意见》，明确法官助理是在人民法院从事审判业务辅助工作的公务员，应当具有法律专业知识，但是不必通过国家司法考试。如果通过了司法考试，具备法官的条件，可以参加法官职务的竞争。

2003 年最高院《人民法院法官助理管理办法（征求意见稿）》规定："法官助理在法官指导下履行下列职责：（一）审查诉讼材料，提出诉讼争执要点，归纳、摘录证据；（二）庭前组织交换证据；（三）代表法官主持庭前调解，达成调解协议的，须经法官审核确认；（四）办理承担法律援助义务的律师担任辩护人或者指定法定代理人代为诉讼的有关事宜；（五）接待案件当事人、代理人、辩护人的来访和查阅案卷材料；（六）依法调查、收集、核对有关证据；（七）办理委托鉴定、评估、审计等事宜；（八）协助法官采取诉讼保全措施；（九）准备与案件审理相关的参考性资料；（十）办理案件管理的有关事务；（十一）根据法官的授意草拟法律文书；（十二）完成法官交办的其他与审判业务相关的辅助性工作。"

2004 年 9 月，最高院下发《关于在部分地方人民法院开展法官助理试点工作的意见》，正式确定在北京海淀法院、深圳中院、长春中院、海南高院等 18 个法院试行法官助理制度。文件明确了法官、法官助理和书记员的分工职责，并规定担任法官助理需法律专业本科毕业或其他专业本科毕业具有法律专门知识。

（二）第二阶段：2005-2009 年人民法院第二个五年改革期间

2005 年《人民法院第二个五年改革纲要》规定要推进人民法院工作人员的分类管理，制定法官、法官助理等分类管理办法。

2007 年 12 月，最高院下发了《关于在西部地区部分基层人民法院开展法官助理制度试点、缓解法官短缺问题的意见》和《关于在西部地区部分基层人民法院开展法官助理制度试点的实施方案》决定从 2008 年起在西部 12 省 814 个基层人民法院试行法官助理制度，缓解西部法官短缺问题。

---

① 张仲侠《法官助理制度：中国法官职业化的必由之路》，房山法院网，访问日期：2015 年 6 月 13 日。

(三)第三阶段:2010—2014 年人民法院第三个五年改革期间

2009 年《人民法院第三个五年改革纲要》强调要健全以法官、法官助理、书记员和其他行政人员的绩效和分类管理为主要内容的岗位目标考核管理体系。

2010 年以后,最高院未再出台新的规定,逐渐转变为基层法院自行"多元化"探索为主。由于缺乏实质性、全局性的部署,使各地法院的实践基本处于各自为政的状态,改革的内在动力减弱,没有建立起一套系统科学的评估标准,也缺乏对内在规律的必要总结归纳,至今未形成较为固定的模式及成熟的管理体制。

最高院设立法官助理的设想一是为了确保司法的程序公正。由法官助理负责庭前准备等事务性工作,突出庭前准备的独立性。法官可以专司审判,减少了当事人的直接接触,有利于法官中立、公正地行使审判权。二是缓解法官精英化、专业化给法院人员带来的冲击,让一些不符合法官条件的人员能继续从事司法辅助性工作。但实际操作过程中却发现法官助理成了食之无味、弃之可惜的"鸡肋"。许多试点法院法官助理实质上行使了对一些简单案件的裁判权,法官助理没有法官之名却做了法官的事情,这比案件签发制更加权责不统一。而部分法官也认为在没有对案件材料进行核实、查证的情况下开庭增加了庭审的难度。还有部分法官助理履职不到位,法官、法官助理、书记员在工作中难以找准定位,影响了工作效果。

二、法官助理制度面临的困境

由于目前中央层面尚未正式出台法官助理方面的正式法律规范,法官助理的职业定位、考核晋升、法官与法官助理的关系均未明确,法官助理面临着人员来源不足,激励晋升机制不畅,管理法律依据不足等方面的问题。

(一)队伍人员来源问题

根据各地的法院改革的设想,法官助理的来源主要有两种方式:一是转任,二是新招。转任的法官助理主要有三个方面的人员:一是未入法官员额的审判员、助理审判员;二是已通过初任法官资格考试取得法官资格,但尚未任命为法官或进入法官岗位的人员;三是不符合担任法官的学历条件,但司法经验丰富经经考核合格的在编优秀书记员或岗位调整中进入审判庭的司法行政人员。新招人员就是通过公务员考试或者聘用制公开向社会招聘法官助理人员。但实践中由审判员、助理审判员转任的法官助理工作积极性难以调动。而法官助理单独序列后的职业前景不明,待遇一般,工作定位不清,难以吸引高素质的优秀法律人才。部分法院不得不走"编外助理"的路子,但因为编外助理人员流动性太大,培训成本过高等因素而实际意义有限。

(二)人员激励机制问题

改革初期的法官助理将主要由法院内部已有的法官或即将成为法官的法院正式工作人员组成。如果只是简单地把法官助理定位为审判辅助人员,法官助理将面临着激励机制缺失的问题。管理学认为个人对于所受到的奖励是否满意以及满意的程度如何,取决于受激励者对所获报酬公平性的感觉。个人是否满意以及满意的程度将会反馈到其完成下一个任务的努力过程中。① 有人认为法官助理虽然还不具有法官身份，但其社会地位和经济收入相对于一般公务员而言并不处于下风，而且实行员额制以后，只要法官的社会地位和职业保障能大大高于普通公务员，作为潜在法官的法官助理，其职业前景要好于一般公务员，因此，大面积的审判专业人员的流失应该是可以避免的。② 笔者认为这种说法过于乐观，也不具有普遍性。首先，由于地区差异，法院工作人员待遇并未高于一般公务员，事实上现在的法检系统公务员较同级政府机关公务员工作任务重，晋升慢，待遇差已是公开的秘密。公务员招考时出现公检法职位报考冷门现象③也可以间接说明这一问题。维持一个并不具有吸引力的待遇，剥夺其原本还有的一点点职业尊荣感的法官职称，如此改革，实难调动这些转任法官助理们的积极性。其次，将一些资历较深但专业性不足的老法官以及一些专业水平较高但资历尚浅年青法官转任为法官助理，对法院工作的延续性会产生不利影响。虽然有法院工作人员任职限制条件和辞职内部规定以防止法院人员的大规模流失，但这些"干不好、走不掉、升不上"的法官助理的工作积极性如何调动不是一简单的问题。最后，员额内的法官未必会因法官助理们的遭遇而获得职业尊荣感。且不说那些已入员额内的法官将如何承担其他退出员额的法官的案件和剧烈新增的案件任务，当这些员额内法官看到自己曾经的师傅、同学、同事因司法改革而每况愈下时，他们心里会不产生"唇亡齿寒"的感觉？这一轮改革进了员额，下一轮改革又会怎样？

（三）考核晋升标准问题

目前尚未有明确规定法官助理的职责履行和管理考核标准。2003年最高院《人民法院法官助理管理办法（征求意见稿）》中列举了法官助理在审查诉讼材料、归纳争议焦点、庭前组织证据交换等方面的12项职责。但对于各项职责的完成标准并未有规定，加之法官助理身份不明朗，与法官之间的关系不明确，造成了试点法院在有关法官助理的考核晋升方面无章可依。法官助理只能通过"熬年头"获得晋升机会，不利于调动其积极性和创造性。对于法官助理的考核，目前有两种看法，一是由法官考核法官助理；二是由法院统一考核。笔者认为这两种方案均欠妥。第一种方案由法官考核法官助理将形如虚设。正如前文所述，现阶段法官助理的配备尚难达到1∶1的比例，也就是说一个法官只有一名法官助理。如果这名法官认为自己的法官助理不合格，他将变得没有法官助理，或者其他法官没有法官助理。第二种方案也存在同样的问题，而且法院行政人员对法官助理工作的完成情况也没有法官了解得那么直接。

（四）法律依据缺失问题

现行的《民事诉讼法》和《人民法院组织法》均没有法官助理的相关规定。法官助理对自身的身份性质、法律地位以及待遇方面没有清晰的定位，也无法看到自己长期的发展前景。其职位认同感、工作积极性无法得到充分发挥。

---

① 周三多编写：《管理学原理与方法（第五版）》，复旦大学出版社2009年版，第456页。
② 胡道才：《员额制后，法官该如何选任？》，载《光明日报》2014年9月4日第11版。
③ 《福建公务员考试报名结束　不少法院检察院岗位无人报考》，环球网校，http://www.edu24ol.com/web_news/html/2014-3/201403180905305473.html，访问日期：2015年6月13日。

三、困境原因分析

（一）各地经济发展水平差异较大，难以形成统一司法人才标准

目前，北京、上海等沿海城市基层法院对招考法院工作人员已要求法学研究生学历加法律职业资格证。而广大西部地区却很难有大学毕业生愿意到基层法院去工作。司法考试对西部部分地区放宽考试条件就是一个例证。[①] 最高院2004年9月在北京海淀法院等18个法院试行法官助理制度，与2007年12月决定西部12省814个基层人民法院试行法官助理制度的目的是不同的，前者的目的在于探索法官的专业化、精英化，而后者主要目的是为了缓减西部的"法官荒"。对于经济发达地区，可以招录高素质的法学人才充实到法官助理岗位，但对于经济欠发达的西部地区，如何保障法官助理的素质是一个不小的问题。

（二）律师代理制度未普及，案件材料专业化程度不高

司法产品是全社会法律人的共同产出，而非法官或法院一家所能完成，司法改革不应局限于法院内部的人员调整。在英美法系国家中法官助理待遇一般，任期较短，法官助理实际上是获得一个特殊职业训练的机会。美国联邦最高法院依照法律规定，每个大法官可以有4名法官助理，首席大法官可以雇用5名法官助理与2名行政助手。[②] 大陆法系国家的法官助理作为专门的司法公务员序列进行管理，需要接受严格的专业培训，试用期满成为终身司法公务员，较为优厚的待遇使法官助理队伍保持相对稳定。在德国，承担法官助理职责的是各级法院的司法公务员，如柏林三级法院有司法公务员700名，慕尼黑高级法院有司法公务员285名。司法公务员与法官的比例可以达2∶1。[③] 美国一名法官一年能办理的500件案件背后有20名律师对案件进行粗加工，而非其有1~4名法官助理。德国的法官、律师比例也达1∶2，这与中国勉强1∶1的法官律师比例相差悬殊。而且德国普通法院实行强制律师代理制度，这些都大大减少了法官的工作量。我国基层法院受理的案件律师代理率不高，一些当事人可能根本不知道如何举证、质证，也不知道如何维护自己的法律权益。一旦败诉，反而迁怒于法院和法官，使得法官不得不花费大量时间在释法明理和应付案件法律事务之外的息诉息访工作。

（三）法院内部工作分工不细致，易产生推诿、拖沓

法院内部审判工作也缺乏明确分工，法官必须对案件的全部事项负责。大到案件发改、信访，小到文字差错，一旦出现错漏，办案法官都是第一责任人。增设法官助理后，庭前程序、文书差错、当事人投诉信访等事项责任如何承担？法官助理能否享有其工作职责范围内的自由处分权利？这些都还没有明确规定。一旦出现问题，法官、法官助理、

[①] 2001年12月30日《中华人民共和国司法部公告》："经司法部依照最高人民法院、最高人民检察院、司法部三家分别制定的放宽担任法官、检察官和取得律师资格的学历的原则意见审核确定，适用上述学历确有困难的地方，在一定期限内，可以将报名的学历条件放宽为高等院校法律专业专科学历。"

[②] 江振春：《美国联邦最高法院与法官助理制》，载《南京大学学报》2010年第2期。

[③] 周道鸾：《外国法院组织与法官组织》，人民法院出版社2000年版，第82页。

书记员之间的责任如何划分,将是一个难题。

(四)审判机构设置不合理,司法人员晋升机制不科学

我国实行全国统一的四级两审终审制的司法审判系统,虽然法院内部有民、刑、行政等庭室的分工,但一个法院内的法官可能从民庭调往刑庭,也可能从刑庭调往行政庭。这与国外分工细致的多个法院系统来承担审判工作来说显得粗放而缺乏效率。

四、对策建议

与法官员额制关系最密切的配套措施就是法官助理制度的实施。法官助理制度能否发挥其应有的作用还与法官的业务能力、诉讼案件的受理数量、审判辅助人员的储备情况及诉讼程序的特点息息相关。在我国目前司法人员员额有限的环境下,专业化、分工精细化是提高司法人员效率的有效手段。

(一)开展司法辅助事务规范化工作,提高辅助工作效率

传统师徒制办案模式下,法官均由书记员成长而来。法官就是案件的负责者,送达、调解、开庭、判决每一个环节都由法官手把手地教书记员。法官精英化后,司法辅助事务将不再由法官负责。送达、庭前调解等司法辅助工作可能由专业的辅助人员来专职完成,这是司法精英化的需要,也是"诉讼爆炸"环境下为提高司法效率而进行的必要分工。但庭前程序与案件审判效率息息相关,对司法辅助事务进行规范化、标准化作业是司法辅助事务独立的前提条件。一些条件许可的法院,应当建立辅助事务流程控制系统,让法官及时知道庭前程序的进展情况。否则,如果仍沿用传统手工操作的粗放管理模式,将产生书吏专权和法官职权旁落的风险。

(二)精细化司法辅助事务分工,区分事务型和辅助型司法事务

一般来说可以将司法事务区分为三个层次:第一层次的属于核心司法事务,即高度疑难、低度重复的案件裁判工作,完成这些工作需要法院行使高度的自由裁量权,应当交由员额内法官来承担;第二个层次的事务属于辅助司法事务,即程序性较强,但认定事实和法律仍有一定的疑难程度,需要中度的自由裁量权,应当交由法官助理处理;第三个层次文字司法事务,指简单、高度重复的,无须自由裁量权的要求,可以由书记员来承担。

(三)增加司法辅助人员类别,分担司法辅助事务性工作

我们应当看到现存法院人员管理制度存在人才高消费现象。一些并不需要专业知识的文字校对、档案整理、外出送达等工作占用了大量的法律专业人员的工作时间。不论这些工作由法官本人还是法官助理来完成,都将是对法律人才的浪费。因此,可以借鉴国外对于司法辅助人员精细化分工的制度。对于一些专业要求不高的事项应当交由比法官助理要求低的司法辅助性人员,如法律秘书来完成。人民法院也可以适当提高档案、文印、甚至政策研究等工作社会化服务程度,将一些不涉及审判机密的事务外包给社会组织,以促进法官、法官助理集中精力从事司法审判工作,提高司法人员的专业化水平。

（四）明确法官助理晋升与选拔机制

法官助理能否晋升为法官，晋升的可能性有多少，这是法官助理制度的焦点问题。美国法官助理的工作在某种意义上法律教育的延续，从事法官助理工作只是一个特殊职业训练的机会，几乎不可能直接晋升为法官。而在大陆法系国家，法官助理是法官的主要来源之一。从我国司法实践的现实来看，如果法官助理无法晋升为法官，将使这一职位失去对优秀人才的吸引力，也不利法院工作稳定和优良传统的传承。因此，明确当法官数量出现缺额时，从法官助理中优秀者进行遴选对于吸引优秀法律人才进入法院，对于稳定法官助理队伍，提高工作效率具有重要意义。

总之，法官员额制后法官助理制度的建设将面临人员来源受限、激励缺乏、职责不明等困境。完善法官助理制度不能靠暴风骤雨式的革命思维一蹴而就，而是需要一个较长时期循序渐进的过程，也需要司法实践的检验。只有当我国司法事务分工精细化明确之时，才是法官精英化、法院人员分类管理水到渠成之日。

浅谈我国法官独立与司法公正的实现

李江河*

一、法官独立的意义

司法公正是人类社会法治建设的永恒话题，法官作为司法公正的主要实践者，对司法公正的实现起着决定性的作用。古人云："徒善不足以为政，徒法不足以自行。"西谚曰："如果说法院是社会正义的最后一道防线，那么法官就是这道防线的守门人。"因此，法官就成为社会正义和法律尊严的主要维护者。确认法官审判权的专属性和独立性，防止法官的审判活动受到来自外在的不当干预，使法院的审判工作真正成为公民维护自身利益的最重要武器，也是司法公正的最后一道屏障。

（一）法官独立的必要性

公正对于司法裁判具有极其重要的价值，而不公正的司法对一个法治社会的损害无比严重。为保证具有如此重要价值的司法裁判的公正性，就必然要求行使该权力的机关和个人中立于争执双方，与争执双方及所争执的问题没有任何感情和利益的纠葛，更不能从属于或受制于其中的任何一方。中立并不必然通向裁判正义，但裁判正义必然要求中立。虽然中立与独立不是同一含义，但实现中立要求法官独立。法官不独立，从属于或受制于他人，法官不得不服从权势者施加的种种压力，司法岂能保持中立？裁判者的居中立场一旦被动摇，公正的判决从何而来？我们知道，公正的裁判以裁判者中立为必要条件，裁判者中立又以裁判者独立为必要条件，无法保障裁判者的独立地位就不能保证裁判的公正。为了保持中立，裁决者必须是中立的，只服从裁判的规则（法律），凭自己的理智和良心作出公正的裁决，没有独立就没有公正。法官独立是保障公正的必要前提，如何保障法官独立是事关公正的决定性要件。法官作为审判权的行使者，作为具体案件的承办者，其独立审判直接关系到审判过程与结果的公正性，并进而影响到审判独立原则的最终目的——司法公正的实现。

（二）法官独立于我国的司法现状具有重要的意义

从我国目前的司法状况看，一是由于司法的独立性不强，已严重妨碍了司法的公正。司法公正的前提是法官能够独立的行使审判权，然而，目前司法机关行使职权，仍受到来自各方面的干预。宪法确认的司法独立原则并没有完全实现。有学者指出，"权力的干预与金钱的腐蚀，是构成当今严格执法和司法公正的两大障碍"。这就需要通过司法体制

---

* 李江河，厦门市翔安区马巷镇综治办。

改革，确保法官独立行使审判权。二是司法腐败严重，并严重妨害了司法公正。民众中流传的"打官司就是打关系""头戴大盖帽，吃完原告吃被告""法官肩上有天平，哪边钱多哪边赢"的说法从一定程度上反映了司法腐败的严重性，司法腐败现象不仅对社会正义造成了巨大的损伤，而且严重影响了法律在公众中的神圣地位。导致司法腐败的原因很多，其中最根本的原因是没有建立以法官独立为核心的诸如司法监督机制及法官选拔、晋升和保障、惩罚机制等一系列法官制度，单纯的思想教育和头痛医头、脚痛医脚的单一机制不可能从根本上根除腐败。三是司法的权威性严重缺乏。从1954年宪法到现行宪法都确定了"一府两院"即政府、法院和检察院的国家机构设置，法院与政府在法律上的地位是平行的。然而，人民法院的实际地位却远远没有达到法律规定的地位，尤其是因为司法腐败等原因影响，使广大民众对司法的公正性和权威性不能产生高度的认同，法官在人们心目中应有的地位并没有形成。而由于司法的权威性不够，不仅使法官难以具备足够的抗衡外来的、不正当干预的能力，而且也造成了许多本来是公正的判决而难以执行的现象。在审理行政案件中，司法权尤其显得权威性缺乏。而只有实行法官独立，才能使法官超然地将政府与其他当事人放在同等的位置上，公正执法，制约行政权的滥用，保护公民的合法权益，实现司法公正。

二、我国法官独立现状及原因分析

我国的法官独立，应包括外部独立和内部独立两个方面。所谓外部独立，是指审判权的行使独立于法院以外的所有因素，包括党委、人大、政府及其他组织和个人，也包括新闻媒体。所谓内部独立，是指法官审理案件，独立于司法行政领导、上级法院和其他法官的压力和批示，即不受来自法院系统内部的干涉。具体表现为：法院是通过法官独任或合议的形式行使审判权，在审判案件时，法官互不隶属，法官以其独立见解或以合议庭多数人的见解作出裁判。

（一）独立现状

虽然我国《法官法》第8条规定，法官享有"依法审判案件不受行政机关、社会团体和个人的干涉的权利"，但事实上在我国，传统的观点认为，狭义上的司法独立一般仅指法院的整体独立。法官独立既不现实，也缺乏法律上的依据。因此，法官独立在我国是不存在的，这的确是一个不争的现实。主要体现在：法官在审判过程中，除受制于法院上级领导外，还受各级政府领导的左右，甚至时常受舆论导向的影响，法官在审判过程中并未真正得到独立。

1. 院、庭长批案，审判委员会办案。审而不判，判而不审。法官的独立审判职权时常被架空。不仅如此，具体承办案件的法官、院长、副院长往往还要抱着卷宗到政法委、人大、县（市）委、县（市）政府等部门汇报案件，并且被批示应该这样或不应该那样。

2. 地方以划拨经费和人事安排为借口给法院附加不合理条件。如要求法院安排子女工作或在某些案件中"酌情裁判"，令司法机关的效率和公正大打折扣，法官的独立性更是无从谈起。

3. 法官时常以民意为导向判案。某些案件特别是杀人、抢劫等严重违法的刑事案件的发生经常会被新闻媒体予以报道，并使群众获得了解。这样，群众中就形成一股强大的社会评论,指责犯罪行为,要求对犯罪嫌疑人进行严惩,法官迫于群众的强大舆论压力,无法以自己的意志审理案件,而是不得不考虑群众的意思。

这些司法活动中出现的司法不公、司法腐败、司法缺乏公信力等种种问题,无不与法官制度不健全、法官独立地位的缺乏有着重大的关系。

(二)现实因素

1. 人民法院之外的外部因素。每年一度的法院工作报告的开篇语都这样写道:"今年以来,某院在某地党委的领导下,在某地人大的监督下,在某地政府的大力支持下……"这就形象地说明了各种外部因素对人民法院及至法官的制约。

一是党委对法院工作的领导方式。众所周知,在执政党的各级组织与法院的关系上,我们强调的是"法院必须把自己的全部活动自觉地置于党的领导之下"。一名普通法官从进入法院,到审判职务的任命、级别、职务的提升,无一例外的要经过党委主管的组织部门的批准,这就决定了法官在审理案件时,遇到党委以及掌握他们人生命运的有关部门(当然包括有关部门的所有组成人员)过问案件的情况时,他们总是如履薄冰,在捍卫法律尊严与自己的前途命运之间艰难地选择,尽力地平衡。此种状况之下,法律的天平出现倾斜已不属于意外。至于法院在审理重大、疑难案件时,主动向党委汇报案情、请示方案,则早已不是鲜见之举,法院尚且无法独立司法,法官独立审判更是无从谈起。更何况,不同司法机关之间发生矛盾,常由党的有关部门出面协调;对优秀法官和先进法院的表彰常由党的有关部门来进行,因此,遇有党委过问的案,出现使法律的天平倾斜的现象,似乎也在情理之中。令人担忧的是,目前法院院长(含副院长)的协管体制,决定权掌握在党委,有相当数量的地方党组织的书记走上了各级人民法院院长的领导岗位,在他们脑海中,党委领导是无可争议的铁的纪律,党委的领导就是党的领导,法官独立审判的裁断意见与党委的意见相左是不可能行得通的,这种情况下,司法公正出现服从党委领导的意见的情况也就不足为怪了。有的地方党委政法委在协调政法机关关系的名义下,组织公安、检察、法院、司法机关讨论具体案件,对案件定罪、量刑作出决定;有的地方党委以言代法,以权压法,对法院独立审判横加干涉等等,成了司空见惯的事情。

二是人大的个案监督。各级地方人大是地方的民意机关,经常以维护本地利益为处理问题的方向。法官是由人大任命的,理应受人大监督,法官也应自觉主动接受人大的监督。但是,现在人大对法官的监督直接体现在对具体案件的监督。经常要求法官汇报案件,而人大代表往往不是法律方面的专家。他们对案件的理解通常是从情理或者地方利益的角度来考虑的。法官经常要腾出时间来向人大代表汇报案件,还得解释相关的法律问题,案件的处理结果,也不得不考虑人大代表的意见。人大的这种个案监督严重影响了法官的独立审判。

三是地方政府对法院的干预。从1954年宪法到现行宪法都规定了"一府两院",即政府、法院和检察院的国家机构设置,法院与政府在法律上的地位是平行的,然而,事实并非如此。各级人民法院的财政和人事不独立,受制于地方财政和组织人事部门。如果法院不独立,法官的独立是不可能实现的。人、财、物是人民法院得以运行的基本基础,也是确保法官审判公正与效率的物质保障。然而,除了人的因素由政府人事部门与党委组织部门共同决定外,财、物则更处处受制于政府所属的各个行政部门。因此,地方政府以划拨经费和人事安排为借口给法院附加不合理条件。如要求法院安排子女工作，或在某些案件中"酌情裁判"，令司法机关的效率和公正大打折扣。

四是新闻舆论的不良影响。现代社会，传媒无所不在，大众传播业越来越发达，各种新闻媒体对法院或法官的监督力度有了明显的增强，使得许多司法腐败分子"不怕内部通报，就怕直接见报"。当法官自身没有足够的免疫力来抵制种种腐败因素的侵袭时，大众传媒便可以其广泛的影响力将各类违法、渎职、腐败行为曝光，使腐败者本人身败名裂，并给其他有腐败苗头、正处在违法犯罪边缘的法官以震动和警醒，使其慑于众目睽睽而不敢以身试法。但是，一些新闻媒体对法官正在审理的案件妄加评论，使用一些带有诱导性和倾向性的话语，如将犯罪嫌疑人称为"罪犯"，极力渲染"罪犯"的罪大恶极，激起民愤，有时还直播庭审过程，给法官造成了不得不"听命"于传媒的舆论环境，法官在审理案件时承受巨大的压力，有时不由自主地听命于传媒。对于新闻媒体报道过的案件，法官下手一般会重一些。有点"不杀不足以平民愤"不足以显示自己廉洁的感觉，试想在这种心态下，法官怎能作出合理公正的判决？

2. 影响法官独立的内部因素。司法权的特点决定了法官必须保持较高程度的独立性和中立性，以保证其活动的公正性和合法性。法官只应接受监督而不应接受命令，法官享有的审判权应当是平等的。但由于历史原因，我国现行法官制度对法官的管理实质上实行的是行政化管理。具体表现在两个方面：一是法官等级的行政化。法官之上有院长、副院长、庭长、副庭长，法官与庭长、院长之间存在明显的命令与服从的关系，完全是行政化的管理模式。而现行的法官等级，实际是行政职务加工龄换算出来的数字符号，导致法官把行政职务的升迁作为追求的目标。二是审判管理的行政化。法院内部普遍采取岗位目标责任制等行政手段对法官进行考核，通常规定法官的办案数、结案率等指标，行政色彩很浓。法院内部案件的审批制度也体现了强烈的行政化色彩，我国的各级法院，法官审判案件往往要向院长、庭长请示汇报，甚至改变合议庭的决定，拟定的判决、裁定等法律文书也必经院长、庭长审阅签署以后才发生效力，这实质上是行政首长负责制。法官管理的行政化，直接破坏了法官审判的独立性，最终的结果是，使司法的公正和效率受到影响。

3. 法官制度本身。一是法官素质偏低。我国恢复法院之初，对进入法院队伍的人员素质要求并不是很高，使得目前法官队伍过于庞杂，整体素质偏低。1995年法官法颁布后，明确规定了我国法官的任职资格条件，以规范法官制度，但由于该法没有溯及力，对原有的审判人员并没有触及，只对该法实施以后进入法官序列的人员有效，因而不能改变已有法官素质偏低的状况。选任资格过低导致法官整体素质不高，难以让人们对其独立行使司法权，确保司法公正产生信任。法官作为一种职业，应有其自身的符合司法裁判规律的职业道德，这种职业除了应具备一个良好公民的品德条件外，还必须具有高于一般"良好品行"所特有的准则，才能维护法官的声誉、地位和纯洁，以法官内在的素养保持其独立性，使法官的整体素质符合法官的角色要求。

二是法官的保障制度不健全。从司法制度的演变历史来看，为了防止法官的腐败和封建王朝对法官的任意免职，法官个人独立是通过诸如任职保障、薪金待遇等措施来加以保障的，这些措施直到现在仍在我国起着重要的作用。《中华人民共和国法官法》规定，法官在履行职责时受到职业保障、工资保障、人身保障和其他保障，然而现实中法官的保障不容乐观。在我国现行司法体制下，法官独立的一个重要障碍是经济保障不足。

法官的待遇低，在司法活动中可能获得的非法利益与其合法利益相比诱惑太大，那么司法独立必定会受到损害。其次，法官的身份也无法真正独立。根据我国宪法规定，各级人民法院法官的任免由同级人民代表作出决定，这样一来，法官就有可能、实际上已出现了法官出于维护自身利益，对立法机关介入司法、侵犯司法的行为熟视无睹。种种现象背后隐藏着共同的一点，那就是我国宪法和法律背后并未肯定司法机关在国家基本权力结构中的独立，造成了我国司法机关相对于立法机关并非互相制衡的分权关系而是上位对下位的关系。所以，法官个人的身份独立也就无从谈起。

三、实现我国法官独立的构想

（一）完善党对人民法院的领导方式

前文提到党的一些部门对司法干涉过多，这并不是说法官独立要摆脱党的领导，而是要如何改善党对司法工作的领导方式使党的领导原则在具体实际生活中更加规范运行。使党在行使其权力时，严格按照一定规范和程序来行使，并通过立法对这一权力进行约束。改革开放以来，党中央认真总结过去的经验教训，加强了社会主义法制建设，提出了"有法可依，有法必依，执法必严，违法必究"的依法治国方针，领导全国人民和立法机关制定了一系列的法律、法规，实现了管理国家从主要依靠政策到主要依靠法律的转变。我国的国情决定了党的领导与法官独立审判是一致的，依法独立审判应该服从党的领导。那种把二者对立起来，认为服从党的领导就不能依法独立审判，坚持独立审判就可以不要党的领导的观点是错误的。依法治国，应加强和改善党的领导，在党的领导下坚持依法独立审判。关键是执政党应该依据国情，与时俱进地改善对人民法院工作的领导方式。

1. 从路线、方针政策上加强领导，指导法院工作沿着正确的政治方向发展，使之符合党和国家的战略目标。党的十七大指出"全面落实依法治国方略，加快建设社会主义法治国家"，"深化司法体制改革，优化司法职权配置，规范司法行为，建设公正高效权威的社会主义司法制度，保证审判机关、检察机关依法独立公正地行使审判权、检察权"。各级党委部门应该积极响应十七大的号召，在各自职责与职权范围内指导人民法院进行体制改革与制度完善，监督人民法院的改革沿着党的指导方向前进，真正体现社会主义立法为公，执法为民。

2. 监督人民法官严肃执法，支持人民法官排除干扰，依法独立行使审判权。各级党委应该加强对人民法院法官公正司法、严格执法过程的监督，对于地方政府部门，地方人大、人大代表，地方新闻媒体干涉人民法院独立审判的行为及时提出批评，指令纠正，使人民法院、法官依法独立行使审判权。

3. 监督政府提供开展审判工作所必需的物质保障。由于各级人民法院的财政和人事不独立，受制于地方财政和组织人事部门，所谓"人在屋檐下，哪能不低头"。预算不足使得司法部门永远依赖国家的立法和行政部门，从而滋生了法院工作人员的腐败行为，也使得法院无法吸引高素质的法官和合格的配套人员。因此，人民法院的审判工作经常被这些地方政府部门以各种理由进行干涉。各级党委部门应严格监督地方政府对人民法院财物的给付，保障人民法院开展审判工作无后顾之忧。同时加强对地方政府的监督，杜绝地方政府干预人民法院的独立审判。

4. 加强对法官的思想教育和纪律监督，提高法官的政治素质和品德修养。各级法院党委部门应时常开展对法官的人生观、价值观、世界观、职业行为规范、党风廉政、司法为民等教育，使法官产生对自身职业的神圣感与自豪感，加强责任感，使人民法官牢固树立全心全意为人民服务的思想，树立起"为谁掌权，为谁执法，为谁服务"的思想，使人民法官从思想上、内心里真正树立起自觉守法、公正司法的观念，更好地为审判事业发挥聪明才智。同时，还可以用身边的先进人物激励法官勤政廉政，以及披露某些司法腐败现象使法官有所警醒。

总之，没有党的坚强领导，将不会有安定团结的社会环境，使法院司法活动成为无本之木；而没有法官的独立审判，也就不会有良好的法治情势，依法治国，建设和谐社会也就难以实现。因此，党的领导是提高法院工作的根本保障，也是独立审判的根本保证。

（二）改革我国现行的法官制度

1. 法官人事独立化。地方各级司法机关的人事权隶属于地方这种权力依附关系使得地方司法机关无力抗衡地方政权的干预，导致了司法的地方化，司法独立、法官独立就无从谈起。因为假如司法人员必须依赖政治官员来决定他们未来的前途，那么即使他们在保有职务方面十分安全，也不太愿意去冒犯行政单位，以免妨害日后升迁的机会。所以要制止司法的地方化就要实行法官任免及晋升由最高人民法院和全国人大统一管理以切断司法机关对地方的人事依附，摆脱地方保护主义对司法行为公正性和统一性的破坏。

2. 要改变法院内部行政化的管理体制。最有力的措施就是调整法院内部的机构设置与权限划分：首先，应将法院内部的机构设置简单化，限制审判委员会讨论案件的范围并逐步取消审判委员会；取消业务庭的设置，使法官成为院长之下各自独立处理案件的平等主体。其次，禁止院长过问具体案件。院长只行使一种纯粹行政性的职能，不能对法官的审判业务进行领导。最后，强化上下级法院法官之间的平等关系。上级法院要改变下级法院的判决，必须严格依照法定程序进行。

3. 实行精英化审判。我国的法官制度在观念、制度、经济、技术等层面受到相当多的制约。法官独立需要法官的高素质，只有具备较高的法学理论水平和审判技能的法官才能做到独立审案，公正审案；也只有使法官成为社会上极少数的有高素质的人才能从事的职业，才能提高法官权威和群众对法官的可信力，也只有这样，群众才敢于、愿于将案件提交与法官，由某一法官独立审判。对此，我国学术界和实务界已有充分的认识。国家司法考试正是为适应这种要求而推出的措施。笔者认为，实现法官高素质、精英化不仅要有较高的法学理论水平和审判业务水平，更要有较好的法律职业道德。做到忠于法律，忠于职守，始终保持独立和中立的地位。应当对自身的职业具有崇高的荣誉感，只有对自身的职业道德具有崇高的责任感，才能严格要求自己，从内心上做到不偏不倚实现真正的法官独立。

4. 加强法官职业道德的培养。魏源说："身无道德，虽吐辞为经，不可以信也，主无道德，虽袭法古制，不足以动民。"司法权威在公众心中的树立主要在法院的审判过程中获得，法官在审判过程中的主导地位，决定了法官必须具备高素质。一个不具有良好的职业道德的法官是不可能在民众树立司法权威的。法官良好的职业道德是促成公众确信法官裁判公正的情感导向和内在动力，是维护法官自身独立审判地位的保证。笔者认为，培养法官职业道德,有以下几种方式:第一,开展发扬社会主义新风尚,宣传社会主义荣辱观,时时教育人民法官保持思想上的先进性;第二,用身边的先进人物激励法官勤政廉政,以及披露某些司法腐败现象对法官进行警惕;第三,定时培训,对法官强化职业道德进行再教育。

5. 完善法官任职保障制度。为加强社会主义法制建设,应当尽快建立和完善我国的法官任职保障制度。法官任职保障制度的作用在于:第一,有利于鼓励法官不畏权势,执法不阿。法官的任职有了切实充分的法律保障,能够防止来自各个方面的干涉司法的活动;能够最大限度地减少法官的忧虑,促使他们勇于执法,不必担心由于执法时触犯某些组织或个人利益遭受打击报复。第二,有利于吸引人才,稳定法官队伍。法官职业需要高素质的人才,必须保障法官一定的地位和待遇,才能吸引优秀的法律人才进入这一职业行列。第三,有利于防止法官滥用职权,执法犯法。由于保障是附条件,即法官只要不违反法律规定的禁止性条款,他将受到法律的保障。相反,如果法官滥用职权,徇私枉法,不但不受保障,反而要受到法律的制裁。所以,法官任职保障制度,一方面对法官起到保障作用,另一方面对他们也起到约束作用。特殊情况下,基于法律的规定,也可以对法官予以免职。如大陆法系国家大都规定了命令退休制或免职制,即规定法官因身心障碍不能胜任职务时,采取强制其退休或免职的措施,这些好的做法我国应予以借鉴。当然,建立法官身份保障制度的前提是必须严格规定法官的任职资格,对法官进行严格挑选,一旦按照严格的选任程序选定某个法官,则应对其实行充分的身份保障。"法律的生命从来就是经验,而不是逻辑。"从某种意义上说,司法经验也是衡量法官素质的一个重要标准。因此,对于那些已到退休年龄的德才兼备、经验丰富的资深法官,应当采取自愿退休或适当放宽退休年龄的办法,让其继续参与一些案件的审理。法官的经济保障主要是给法官必要的高于一般公务员的薪水待遇。高薪只是养廉的必要条件,是保证廉洁的因素之一。对法官给予必要的高薪待遇,其意义不仅是为了养廉,还在于凸显法官地位的崇高,有利于吸收优秀人才和稳定法官队伍,同时也使法官的责、权、利统一起来。

法官的职业保障是法官独立的重要保障。为保障法官独立公正地审判案件,需要建立法官的身份保障和经济保障制度。保证法官队伍的稳定,是免除法官独立审判的后顾之忧,不受外界的威胁和干涉。现代法治国家大都采纳了法官身份保障制度,但对法官仍有退休年龄的限制,如美国联邦法官年满70岁可以退休。当然,实行法官身份保障制度并不意味着法官在任期内绝对不得被免职,但建立法官任职保障制度,是保障法官独立的一项有效措施。

(三)完善法官监督机制

法官独立绝不是不受监督。一切有权之人都容易滥用权力,有权之人使用权力一直到有界限的地方才肯休止。法官作为定分止争的最后裁决者,也是拥有权力之人,不可避免也可能滥用职权。因此在保障法官独立审判的同时,也必须加强对法官的监督。只是这种监督必须予以规范,不得干扰法官的正常审判活动。

如前文所说,各级党委可以对法官的政治素质、品德修养及是否遵纪守法予以监督,并提出批评教育。

根据我国宪法规定,最高人民法院应对全国人大及其常委会负责并受其监督,地方各级人民法院对产生它的权力机关负责,并受其监督,权力机关对法院的监督是我国宪法所确认的最高的法律监督,也是保障法官独立公正地行使职权所必须的。但是权力机关对人民法院的监督应当符合宪法规定的原则。宪法所规定的人民法院应向人大负责,绝不是指司法机关在行使职权过程中,应当接受人大的指示。对于人大监督,应强调对法官守法的监督,而不能对具体案件的处理提出建议或作出决议。也就是说,人大可以对办案中违纪违法审判、徇私枉法的现象提出批评建议或作出决议。但是不能直接指令法院如何处理案件或直接接手案件的审判。

对于舆论监督,针对当前出现的一方面舆论媒体监督权利得不到保障,而另一方面监督形式不规范、不合法甚至出现影响法官公正审判的现象,应通过制定如《新闻舆论监督法》《新闻单位采访庭审的若干规定》等相关法律,加强对新闻媒体监督权的保护,同时也加强对舆论监督程序、监督范围的规范,把舆论监督纳入法制化的轨道。确立"禁止对正在庭审的案件进行评论"的规则。要充分发挥舆论监督对司法审判的监督作用,又要克服舆论媒体对法官的不当影响。

最后,根据《中华人民共和国法官法》第7条第7款的规定,法官必须接受人民群众的监督。人民群众可以对法官是否公正审判,严格执法予以监督,对于违法乱纪、执法不公、司法腐败的法官,可以向有关部门举报。

结　语

法院改革任重而道远,不可能一蹴而就,应当遵循法院的审判规律和我们现有的国情在党的领导下循序渐进地展开,法院改革不是否定党的领导,而是要在党的领导下来实现社会的公正与和谐,其最终目的是探索在新的历史条件下如何加强和完善党对法院的领导。而法官独立则是党对法院领导的具体表现形式,因为法官独立的依据恰恰正是代表人民最根本利益的党的意志上升为国家意志的法律,所以从这个意义上说我们国家的法官独立不是绝对的,而是以上升国家意志的党的意志为根据的,是以广大人民最根本利益为追求的,并且是受到法律规定的监督方式制约的。

案管视角下检察管理体制改革初探

郑焱燕[*]

随着案管职能的确立和统一业务运用系统正式上线运行，检察机关的案件管理工作迈上了一个新台阶。而当前引人关注的检察办案组织、检察人员分类管理等改革举措，则是深入推进司法体制改革，建立结构合理、权责明确、配合制约、高效运行的检察人员管理体制和业务工作运行机制的重要举措。无论是案件管理机制改革，还是检察办案组织和检察人员分类管理改革，都是为了进一步推进检察改革进程，逐步形成科学、完备的检察管理体系，从而提升检察工作水平，维护司法公正。

当前已粗具规模的案件管理工作机制在一定程度上促进了检察权的优化配置，强化了内部监督。但由于这一新机制是在当前大检察管理体制不变的情况下运行的，不可避免地难以摆脱这一体制原生的行政化模式带来的不良影响。随着司法体制改革的深入，必然要对当前的检察管理体制进行根本性的变革，由于案件管理工作机制本身是应优化案件管理需求产生的，因此案件管理工作在当前体制下运作的情况，能够从一定层面折射现有体制中阻碍案件科学、有效管理的问题，进一步挖掘阻碍检察工作科学发展的具体原因。本文将从案件管理工作机制改革的目的出发，简要分析案件管理机制建立后对完善检察管理体系产生的积极影响，以及在当前大检察管理体制框架未变的情况下运行的案件管理工作机制在实践中遇到的问题，进而提出对当前检察管理体制改革中一些具体制度设计的构想。

一、案件管理工作机制改革对当前检察管理体制产生的影响

2011年11月1日，最高人民检察院成立了案件管理办公室，随后，全国各级检察机关先后设立了专门的案件管理机构。2012年，最高人民检察院提出了案件管理工作的整体思路：以促进公正廉洁执法为核心，以提高办案质量和效率为目标，以检察信息化为手段，以健全组织机构、选优配强队伍、健全规章制度、建立信息平台为切入点，以统一受案、全程管理、动态监督、案后评查、综合考评为机制；坚持管理与服务并举、监督与配合并重，统筹兼顾、突出重点、积极稳健、注重实效，全面推进案件管理工作的集约化、信息化、规范化、科学化，促进检察工作科学发展。2013年新修订的刑事诉讼规则，增设了"案件受理"、"案件管理"两章，在其他相关章节中也相应增加了案件管理的有关内容，明确了案件管理的法律地位，对案件集中管理工作进行了"顶层设计"，这是检察机关为切实提高案件质量，在总结检察改革实践的基础上，对强化自身监督机制作出的积极应对。

案件集中管理模式与传统的管理模式有着根本上的不同，即由办案与管理、监督不

---

[*] 郑焱燕，厦门市人民检察院。

分变为适当分离，由业务条线管理变为纵向管理与横向管理相结合，由分散、粗放式管理变为集约式、精细化管理，由偏重结果到过程与结果并重，由相对封闭到相对开放。案管部门通过办案流程监控机制、预警机制、案后评查与考评机制等监管手段，促进检察权运行规范化、制度化，不断提高执法水平，保障司法公正的实现。案件管理工作机制建立后，对优化当前检察管理体系产生的积极影响，主要表现在以下几个方面：

（一）案件集中管理制度建立，实现"办理"与"管理"相分离，强化了对办案活动的专门监督

在传统管理模式下质量管理工作都是在业务条线纵向的监控下，陷入"谁来监督监督者"的难题，导致管理监督程式化。检察业务集中管理职责，由案件管理部门司职，破除各业务条线的分散、多头管理，从第三方的视角出发，具体承担办案质量的管理、监督，直接对检察长和检察委员会负责，通过日常化监督确保内部监督效能具有稳定性和持续性，通过全局信息把控，促进监督的客观性和完整性，实现了案件管理和案件办理的相对分离。案件集中管理，不是分解、削弱或者替代业务部门的执法办案权，也不是取代办案部门的条线管理，而是科学的统筹、整合关系，形成优势互补、齐抓共管的工作格局。

（二）案件管理工作机制的建立，实现了流程监控权与实体审查权相分离，强化了对办案程序的过程监管

在现代诉讼中，流程监控权已上升为与实体审查权同一层次的权力。案件管理部门通过统一案件的入口、出口，建立"第三只眼"对检察机关办理的所有案件进行全程动态监控，对案件的受理、流转、办理、结案等程序节点以及执行工作制度等方面进行实时跟踪，把监督触角深入到每一起案件、每一个办案环节里面，及时发现、督促和纠正办案中存在的违规违法情形，如对案件办理期限的预警管理，有效遏制了超期办案行为，办案质量的事前预警、事中矫正等系统性监管手段能够有效落实到位，有效预防办案过程中不规范执法行为的发生，避免了事后因程序不可逆而无法补救的问题，有效地实现了对办案全流程的过程监控。案件流程控制权从部门、办案人员手中剥离出来，流程监控权与实体审查权分权制约，形成一个独立运行的新机制，程序的重要价值通过这一机制的建立得以全面实现。

（三）全国检察机关统一业务应用系统的正式上线运行，实现案件质量管理信息化，强化了信息的实时和"纵横"共享

通过信息化，实现执法流程网上管理、执法活动网上监督、执法质量网上预警，切实发挥其即时性好、辐射面广和交互性强的特点，解决传统管理方式管不了、管不好、管不到的问题，给案件质量监督管理安上了"立交桥"、装上了"显微镜"。通过统一业务应用系统，全面、动态、实时掌握各个诉讼环节的办案基础数据、办案质量数据、办案效率数据，掌握办案进度、执行办案制度等情况，可以充分发挥系统内业务信息及时、准确、全面的优势，深度挖掘系统内共享的信息资源，从数据库中提取隐含的、潜在有用的案件质量管理信息，对质量数据进行分类、分时段、分地区进行关联分析、规律分析和专题分析，积极跟踪、掌握执法办案质量的运行状况，及时发现案件质量存在的苗

头性、倾向性、深层次问题，积极提出加强和改进工作的对策建议，服务于领导决策和办案一线。①

（四）案件流程监控和案件质量评价制度的建立，实现了案件监督管理与绩效考核相结合，强化了内部监督实效

合理运用案件监督管理结果，一方面可以促进办案质量、效率和执法规范水平的提升，另一方面也可以为全面评价业务部门工作，对业务部门进行绩效考核提供重要依据。结合检察工作实际完善绩效考核办法，将案件管理中经常出现的问题分解为不同等级的差错和若干类瑕疵，根据差错、瑕疵的不同程度分别制定相应的法则，这些差错和瑕疵选项应包括各业务部门可能出现的各类具体情形，基本涵盖案件管理所涉及的各个方面，与案件管理事项形成自然的对应关系，为案件管理工作提供基本的目标设置参考，使案件管理中发现相应问题时，可以直接计入绩效考核结果中，从而形成案件监督管理与绩效考核的良性互动。

二、在当前大检察管理体制框架不变的情况下，案件管理工作机制遇到的问题及原因

长期以来，检察权是以检察机关内设机构下面的处、科、组为基本单元运转的，检察权的运转又融合在案件办理中，也就是，"处、科、组"成了检察机关最基本的办案单位，表现出较强的行政化色彩。因此，在这一体制下建立的案件管理工作机制的运行不可避免地会遇上同样的问题，从而导致案件管理工作的各项职能难以全面、有效地落到实处。

（一）当前的检察管理体制下，检察官作为办案活动主体的地位被淡化，使案件管理工作的精细化难以有效实现

案件管理工作机制的建立，意在使案件的分配、办理，无论在数量上，还是类型上都能更趋于合理化、专业化，使不同难度的案件能够有针对性地繁简分流，不断提高办案质量和效率。而在当前的检察管理体制下，案件办理仍沿用"三级审批制"，检察官作为办案活动主体的地位未能得到体现，案件管理工作中的案件初次分配后的类型"专业化"、繁简分流、上下协同、指令规范、合理量化等目的均难以实现。

虽然我国检察官设置了首席大检察官、大检察官、高级检察官、检察官等十二级的检察官等级，但对于检察官的管理模式仍然采取行政模式，而非专业化的检察官模式，而检察官等级，基本上是行政职务加工龄换算出来的数字符号，并不具有实质的意义。从检察业务与人员构成角度来看，检察岗位的人员与其他岗位人员的配备比例明显不合理。有的检察官从事非检察业务或行政管理工作，业务骨干因承担过多的行政管理事务而难以在办案上投入更多的精力，有的地方因综合、后勤部门占据了相当比例的检察员额，加之案多人少的压力，甚至出现刚参加工作的书记员直接进入办案一线的情况不在少数。这种检察管理体制是直接套用行政机关管理模式对检察人员进行管理，淡化了检察官的检察官属性，忽视了检察机关固有的司法属性和检察职能运作的特殊性，模糊了

---

① 杨洪广：《案件集中管理模式下构建案件质量管理体系刍议》，载《中国检察官》2014年第1期。

检察机关内部不同性质和不同种类工作岗位的界限，甚至使部分检察人员产生了过于追求行政职级、在检察活动中盲目从上的心理倾向，而且这种"能上不能下"的行政化的单向流动机制也影响了检察人才的培养，导致一些优秀的检察人才被埋没，没有发展空间，最终导致检察人员良莠不齐，专业化水平不高、业务能力不精，影响了检察机关法律监督职能的发挥。

此外，行政化的人事管理要求也不利于检察官的专业化培养，如在级别晋升上，套用行政系统的升迁规则，必须在不同岗位有两年以上的任职经历才能升迁，而检察官职业岗位的培养走的是专业化、精英化的道路，行政体系的人才培养路径与检察职业体系是完全不同的方向。此外，对于办案活动至为重要的亲历案件事实和涉案证据的要求，却因行政管理要求的差异性，而在检察办案决策中的作用却没有受到应有的重视，磨损了检察人员锻造和提升自身办案能力的自觉性。

在法治化水平不断提升、现代管理不断精细化的社会背景下，如果继续沿用行政化的管理模式对检察人员进行管理，会扭曲检察官作为检察官的社会形象，增加检察职业活动的成本损耗，浪费检察人力资源，影响检察队伍的健康发展，阻碍检察工作的科学发展。

（二）当前检察管理体制下的内设机构功能定位和整体结构不合理，导致案件管理的科学化有所欠缺

案件管理科学化，意在通过合理设计、有效配置，而使办案活动在保证案件质量的同时能充分体现效率。但实践中，案件管理平台本来可以高效运转的以类型、承办数量及难易程度等不同情况合理分配案件的功能，在当前检察管理体制行政化的背景下，基本没有太大的发挥空间。因为我国现有的检察官制度本身不完善，检察官待遇难以落实，导致内设机构担负了太多的解决检察官职级待遇的负担，甚至增设内设机构成为解决干部职级待遇的主渠道，内设机构本应体现的检察职能的功能定位则无法得到充分体现，其行政化色彩还导致其内部工作机制的科学性不足，如在案件分配上，不重视人员和案件的分类对口办理，而是平均分案，统一由部门领导管理；①有的简化审案件还要报部门领导、分管检察长层层审批；甚至业务骨干提拔成为部门领导之后，行政事务、审批工作过多，只审批不出庭，或者放弃已熟悉的专业而去其他岗位担任领导，重新熟悉新的岗位，导致业务骨干断层，检察业务人才资源浪费等等。

此外，内设机构的整体结构重点不突出，综合管理类机构在其中所占比例过大，如政工、办公、行政装备等非业务机构在各级检察院占1/3甚至一半以上，且由于掌握人事、财政等资源，这些部门的人员晋升甚至比业务部门的办案人员更快，相应的业务部门的人员和资源配置不能适应工作量的要求，影响工作效率和工作积极性，甚至存在有的检察官不愿意去公诉、批捕等业务量大、"进步慢"的部门工作的现象。②

如前所述，从案件管理工作的角度来看，检察职能的履行应当体现为专业化，检察业务工作量应当考虑承办人员的承受能力，才能促进办案质量和效率的提升，充分发挥法律监督的职能。而当前，在检察官的员额确定采用行政编制的计算方式进行定员的情况下，内设机构成为解决职数的主要渠道，综合后勤部门又分离了检察官的职数，最终导致在实践中，在一定区域之内，对检察官职数配备与业务工作量的整体情况缺乏科学

---

①② 徐鹤鸣、张步洪：《检察机关内设机构设置改革与立法完善》，载《西南政法学报》2007年第1期。

的统计和测算标准，检察官职数配备和业务工作量之间出现严重的不匹配的情况，出现在同一区域或同一部门，不同承办人之间的年均办案数差异性相当大的情况。这种没有按照案件数量和案件类型来设立机构、定岗设员，造成部门、区域间忙闲不均，既影响案件质量，又浪费司法资源。

案件管理工作机制建立后，在统一受案的基础上，虽然设置了案管部门可以通过统一应用系统自动轮案，但由于前述的办案人员素质良莠不齐、专业化分工不到位、案件难易程度不同等因素，案管部门难以在受案同时科学、有效地实现合理分案，因此案件流转到业务部门后，仍由部门领导仍按传统的分案方式分派案件，即实行由部门负责人分发主诉（主办）、主诉（主办）再分发给所在办案组的承办人的"转包制"，再通过统一应用系统手动分案，使最初设置案管部门把控案件进口、避免人为因素干扰派案进而影响案件处理的问题仍未能杜绝，使原有内部科层制的复杂化一如既往，事务分配上"因人而异"的非随机性，检察官间忙闲不均、"能者多劳"等传统弊病也仍然存在。

此外，囿于体制之限，新上线运行的统一业务应用系统也无法避免前述的自上而下的"三级审批制"，导致案件量大的基层检察院的分管检察长疲于应付各类案件的审批申请，难以集中精力应对疑难案件的处理，系统运行本身期望的管理的科学化未能实现，效率的追求也背道而驰。

（三）当前检察管理体制下的行政审批制，使案件管理工作内蕴的监督机制的独立性与客观性难以落到实处

案件管理工作机制的建立，意在强化检察机关的内部监督机制，但由于"三级审批制"的存在，办案活动出现"审而不定、定而不审"的情况，以致案管部门的监管在面对行政层级式的审批决定存在不当时立场尴尬：如何监督？权责如何区分？监督结果如何落实？

长期以来，检察机关执法办案实践中实行的是"案件承办人—业务部门负责人—分管检察长、检察长或检委会"三级审批制，在刑事诉讼法修改前对保证案件质量发挥了积极作用。但这种行政化的检察权运行模式，决定了案件质量管理难以避免层级式管理方式带来的各种弊病。因为三级审批制是建立在"下级服从上级"的行政科层制权威基础上，上级作为审批主体在实际上直接干涉影响办案的具体过程，主导并决定案件的最终处理结果，成为最终的责任主体，案件承办人可以将责任转嫁审批层或集体承担。案管部门受案后，仍由部门负责人根据工作量、难易程度，检察官素质的不同指定分配到具体承办人审查经办。之后，承办人根据法律规定和事实证据情况草拟好法律文书，层报部门负责人、分管检察长乃至检委会研究决定。而部门负责人、分管检察长、检察长乃至检委会对案件的审查把关只能是一种文本性审查。这种模式下，检察职能混同于检察机关部门的司法行政管理职能，其直接结果是造成了承办人对上级领导的依赖，办案质量的高低取决于行政模式的层层把关，取决于部门负责人的业务素质和重视程度，具有明显的主观随意性和人治色彩。这种"审而不定，定而不审"的办案机制，不符合司法活动直接性和亲历性的要求，难以保证诉讼决定和诉讼行为的正确性，因而造成司法属性的减弱，行政属性的增强，办案责任不明确。此外，在这种行政职级大小决定权力大小，同时也能够左右检察官职业晋升的制度空间内，检察官独立办案难免会受到来自同僚的不同程度的干扰，这其中既有逐级审批制这种正式的制度安排，也有非正式的人情社会

和官阶压制的因素，导致司法权异化。

案件管理工作在这种行政审批制背景下进行，很难实现独立的"第三方"的话语权。办案组织模式行政化，导致对检察官职业能力的评价无法进行，而分管检察长、部门领导、检察院、助理检察员甚至书记员参与同一案件的不同办案环节，实际上却权责不清，而案管部门即使能对案件本身质量作出评价，却难以实现对参与不同环节的人员的办案能力进行合理评价，同时这种权责不明的办案模式也不利于错案责任追究，使现有的案管工作机制意图实现的"从事到人"的评价考核机制难以有效运行。

此外，案件质量评查工作有待于业务部门的配合与工作衔接，而当前现状中的部门分割和行政化的绩效考核方式，使业务部门不能正确对待案件质量评查结果，耗费大量的时间和精力在集体对抗评查工作会导致的"不利后果"，或者对评查结果置之不理，你评你的，我办我的，评查结果也无法有效地运用到办案实践中。

三、对检察管理体制改革中一些具体制度设计的构想

从案件管理工作的角度观察当前检察管理体制对案件管理工作乃至整个检察机关办案活动产生的不利影响，涉及的仅是检察管理体制改革的一部分内容。但基于案管工作机制改革和检察管理体制改革的目标在根本上具有同构性的考虑，且由于案件管理工作本身对检察机关各项法律监督职能均有不同程度涉足，因此，从这一角度观察，并结合对前述案管工作机制在实践中碰到的问题及原因的分析，对检察管理体制改革中涉及的契合案件管理工作需求的具体制度设计提出一些构想，即要引入"以事为中心"的理念，淡化内设机构色彩，提高检察官的准入门槛，根据检察职能需要和不同岗位专业特点，对检察人员实行分类管理，强化检察官的专业化培养，灵活配置检察官资源，建立检察官遴选、弹劾、惩戒机制，完善检察官职业身份保障制度。

（一）建立检察人员分类管理制度，突出对检察官专业性和职业化的要求，确保检察官作为办案的主体具有独立办案的职责和能力

纵观世界各国的检察官制度，无不是围绕检察权进行的以职位为基础的分类管理。两大法系国家均对检察官规定了很高的选任标准。"大陆法系要求检察官和法官适用相同的选任标准，法官和检察官在选任和升职过程中可以互调。英美法系国家则依据普通法要求'精英'人物投身法律工作，除了要求检察官必须是通过律师资格考试的法学院毕业生之外，还要求检察官必须有律师从业资格，担任检察长或者首席检察官的律师对实务经验要求很高。"[①]

而我国，由于长期以来对检察人员普遍实行的是品位分类，即"以人为中心"划分职务等级，忽视其职位要求的差别，难以实现检察队伍的高素质和专业化。因此，我国现阶段的检察人员分类改革，应突出各类检察人员履行职责的本质属性和各类检察职位的区别，要依据职位分类的原理，按照各类不同属性的检察人员在检察工作中的地位和作用，对检察人员进行分类管理。因此，要切实提高检察官的准入资格，高度重视对检察官岗位的专业化分类，并对专业化岗位保持一定的稳定性，确保检察官在其擅长领域能够得以深入钻研，确保检察官具有独立的办案能力，并同时给予其与地位相匹配的待遇，

---

① 蔡巍：《检察官办案责任制比较研究》，载《人民检察》2013年第14期。

避免业务骨干从检察职业岗位上流失。

在检察官岗位专业化精细分类的基础上,在开展案件管理工作中,也要相应地对案件进行类型化的分配,"繁其当繁、简其当简",如就公诉案件而言,对于轻微刑事案件的开庭集中交付检察官助手处理,集中消化案件,应对简易程序出庭人手不足的问题等,这样就能在专业化分组的基础上进一步细化类型分工,提高案件分流、处理的质量和效率,让检察官集中精力办理疑难复杂案件,并做好对检察官助理的"传、帮、带"工作,优化配置司法资源,同时也便于科学开展对检察官办案活动的评价工作。

(二)建立以检察官为中心的组织模式和办案模式,合理配置检察官员额,并灵活配置检察官资源

建立检察长领导下的主任检察官办案责任制,即在检察机关内部依照检察职能分类设立若干相应主任检察官办公室,每名主任检察官配备一定数量的检察官助手,同时配备相应的书记员(同一职能的主任检察官办公室,考虑案件类型的不同,可以进行二次划分,使主任检察官办公室走专业化发展道路)。"主任检察官的职责是,带领所辖检察官助手办理重大疑难复杂案件;负责分派属于本办公室办理的其他案件,并对本办公室检察官助手办理的案件进行审核把关;负责签发本办公室办理案件所要适用的法律文书。"[①]各部门的行政管理事务由专门的行政管理人员负责,主任检察官不负责行政事务管理。如此,就能形成由检察长领导的、专业化分工的,由主任检察官审核把关的检察官办案组织,既能确保检察官独立办案,又能加强内部的监督制约,还能较好地克服行政化的办案模式,并能通过办案组织彰显检察官的检察官属性。检察官的"权"、"责"关系得以明晰,检察官对所办案件承担责任,符合司法活动亲历性、直接性和独立性的司法规律,从而彻底改变过去"集体负责等于无人负责"的混乱局面,真正实现"谁办案谁负责",检察官执法办案的公正性也将得到切实加强,在此基础上,案件管理工作也能更具有针对性,更好地服务于检察工作全局。

"我国检察工作乃至整个司法工作中,始终缺乏一个科学的案件量统计体系,仅人均办案量都没有一个统一的标准",[②]行政化的条块分割,使区域差异和忙闲不均的问题未能引起足够的重视,对办案活动的评价也欠缺科学和公平。因此,有必要充分发挥统一业务应用系统的统计功能,在全国范围内对检察业务工作量进行测定,再以此为基础制定详细、可行的人员编制配备标准,做好检察官员额配备和办案组织设置的合理规划,实现检察机关编制和人员的动态管理。在此基础上建立检察官分类分组办案模式,实行以案件类型为标准的主任检察官办公室,综合某一地区的案件数量和案件类型分布情况,确定合理的工作量比例,配备相应的检察官及检察官助手,使主任检察官办公室承办的案件在案件类型上走专业化道路,在工作量上不会超出合理限度,避免因承担过重的案件工作量而影响案件质量。在进行制度设计过程中,尤其要注意淡化内设机构色彩,强化以检察官为核心的办案组织的主体地位。这一设计意在与检察人员分类管理机制相衔接,弱化内设机构的业务职能,突出检察官的主体性,推动检察官相对独立行使检察权。

增强检察官与案件的匹配性,除了做好前述的专业化分工和基本工作量分配外,还要注意在案件数量发生变化时及时调整检察官的员额,特别是对于案件量过多的地方,

---

① 向泽选:《新时期检察改革的进路》,载《中国法学》2013年第5期。
② 徐鹤鸣、张步洪:《检察机关内设机构设置改革与立法完善》,载《西南政法学报》2007年第1期。

可以依照法定程序，在全国范围内进行合理调配，避免区域间的忙闲不均。同时，设置一部分检察官的职位并不固定在具体的检察院，而是根据工作需要随时派遣到案件激增的地区，以满足某些区域办案人手不够的不时之需，也可以缓解案多人少的矛盾，解决办案资源不均衡的问题。特别要在全国统一、严格检察官的准入标准，而不能搞个别地区降低门槛的特殊照顾政策，因为案件的难易程度并不因地域不同而有变化。必要时，可以配套采取经济和职位刺激的手段，激励优秀的检察官自愿到司法资源欠缺的地区任职。当然加强检察官的流动性，就需要赋予检察官在同级检察院之间流动的身份资格，规定相应的条件和程序，解决特定情况下检察官迅速流动的合法性。①

（三）完善检察官职业身份保障制度，建立检察官遴选和弹劾、惩戒机制

司法工作是一项实践性、社会性的活动，对检察官的职业能力提升而言，职业经验占据了相当大的比重。司法活动的实践性和专业性也决定了检察官的难以替代性。一般而言，检察官的培养周期要长于其他类型的公务人员。因此，许多国家实行检察官的终身制和员额制，检察官的晋升也只是在司法职业岗位上流动，而不是交换到其他行政机构的领导岗位，②而"各国对于检察官应受惩戒的行为基本包括两个方面的内容：违法职责义务的行为、违背道德风范，影响职业荣誉和尊严的行为"。③当前我国的检察改革有必要借鉴国外司法资格取得的职业培训制度，改革我国现有的司法职业准入制度，提高检察官的职业准入门槛，实现检察官的终身制和员额制，确保检察岗位人才不流失，建设一支职业化、精英化的检察官队伍，更好地履行法律监督职责。"要从制度上明确，只有当检察官触犯国家法律、违法职业纪律和职业伦理道德时，才能启动弹劾、惩戒机制，否则不能够随意将检察官调离检察岗位，更不能轻易免除检察官身份"。④同时，应当考虑增加对检察官不道德行为的惩戒，要求检察官无论在行使检察权的过程中，还是在日常行为中，应当始终保持良好的品行。对检察官不道德行为进行惩戒，能促使检察官注重其所获得的荣誉，爱护名节，保持操守，提升检察官职业公信力的社会认同感。

对检察官进行分类管理、设置单独的职务序列，确保其在办案活动中的主体地位，不能仅"赋权"，还要进一步"明责"；不能仅增强独立性，还要不断提高检察官的职业素养，加大对检察官的监督力度。就强化对检察官的监督机制而言，一方面，在分工细化的基础上，案管部门通过信息化平台和案管工作机制，能够实现对办案流程的精细化管理与监控、对办案失范行为的及时预警、对案件质量的有效评估，对检察官办案活动进行更为全面、精准的评价，并将这一结果作为对检察官履职考核的重要依据。另一方面，为了增强对检察官职业表现评价的独立性和公允性，可以设立专门的检察官惩戒委员会，根据检察官的品行素养、"职业操守和专业素质、办案能力、从业经历"⑤等多种因素，公平公正的选任检察官，确立检察官的等级，对检察官进行独立的考核评价，不断完善对检察官履职能力的评价体系。

---

① 江必新：《域外案件管理改革的借鉴与启示》，载《比较法研究》2013年第4期。
② 王守安：《司法官职务序列改革的体制突破与司法价值》，载《当代法学》2014年第1期。
③ 章群：《检察官惩戒机制研究》，载《前沿》2011年第20期。
④ 向泽选：《新时期检察改革的进路》，载《中国法学》2013年第5期。
⑤ 《坚持顶层设计与实践探索相结合，积极稳妥推进司法体制改革试点工作——访中央司法体制改革领导小组办公室负责人》，新华网，2014年6月15日。

法官员额制度的冷思考：数量限制手段与精英化目标的背离
——基层法院实施法官员额的制约条件及过渡性措施

张占甫[*]

我国现有法官编制的人数约为 20 万人，既包括一线承担审判任务的法官，也包括从事审判管理、司法调研、审判辅助、后期保障以及执行工作等具有法官编制的人员。相对于西方法治发达国家而言，我国法官人均办案数明显偏少，2014 年我国地方各级法院共审结、执结案件 1379.7 万件[①]，算上执行案件每位法官的办案量不足 70 件。而反观国外，美国纽约州法院共有 1199 名法官，全年共结案 3535079 件，人均结案约 2948 件[②]；日本各级裁判所有法官 2900 人，年平均审结 440~556 万件，人均结案 1517~1917 件；英国高等法院的大法官法庭，由副司法大臣和 13 名法官组成，全年审判 4.2 万件案件，每年人均审案 3000 件；德国慕尼黑初级法院有民事和刑事法官 117 名，一年审理 8.38 万件案件，平均每个法官审理 716 件案件。[③]虽然国外法院审理的案件中包含一些治安、速裁等简易案件，但我国法官编制数量过于庞大也是一个不争的实施。基于选任精英法官、提高案件质量的考虑，最高人民法院《人民法院第四个五年改革纲要（2014—2018）》提出要结合经济社会发展状况、人口数量、案件数量等基础数据进行员额管理。

一、法官员额制实施的现实基础

近来，上海、海南、青海、广东、湖北等地也陆续出台了一些法官员额改革方案。但是这些方案仅仅公布了法官、审判辅助人员、行政人员的比例，对于法官的员额如何与法官工作量结合起来、法官员额过程中如何实现法官精英化的实际问题均没有涉及，改革手段与改革目标如何结合起来是一个需要迫切解决的现实问题。作为减少法官数量为主要手段的改革方式能否取得预期效果，必须要结合我国现有的审判实际及社会经济发展状况，法官员额制的实施必须要具备一定的现实基础。

（一）法官、审判辅助人员、司法行政人员分类的制度化

我国人民法院组织法规定的法院工作人员包括：院长、副院长、庭长、副庭长等法院行政领导，审判员、执行员、书记员等日常审判执行工作人员，以及审判委员会委员、人民陪审员、司法警察、法医等。而审判辅助人员、司法行政人员在法律上并没有明确

---

[*] 张占甫，厦门市湖里区人民法院。
[①] 最高人民法院院长周强 2015 年最高人民法院工作报告，http://legal.people.com.cn/n/2015/0313/c42510-26688031.html，访问日期：2015 年 5 月 25 日。
[②] 黄长营：《美国法院的审判效率》，载《人民法院报》2002 年 8 月 1 日。
[③] 周道鸾主编：《外国法院组织与法官制度》，人民法院出版社 2000 年版，第 86、133、270 页。

的地位，作为审判辅助人员的重要角色法官助理的定位问题也没有相关的法律予以明确。

人民法院《四五》改革纲要仅仅是一个大纲性文件，对于法官与法官助理的关系，以及未进入法官员额的法官的法律地位都没有相对明确的规定。因为法官、各类审判辅助人员、司法行政人员从事工作的复杂程度、工作量均不尽相同，他们之间的经济待遇也必须做出合理的区分，才能调动不同岗位人员工作的积极性。法官员额制实施后，法官数量减少而近年来法院受理的案件一直在增加，法官原先要从事的部分审判事务必须剥离出去才能使法官的工作量控制在一个合理的范围之内，这就必须要明确法官与审判辅助人员的职责分工问题。国内有学者将审判工作区分为核心审判工作与辅助审判工作，核心审判工作是体现审判权作为判断权决策权性质的部分，必须由法官来负责完成，其他事务均可由审判辅助人员来完成。[①] 法官主要从事审判工作中具有决策权性质的事务以及对法律专业技术知识要求较高的事务。审判辅助人员中法官助理、书记员的工作职责也必须要明确，法官助理主要从事辅助法官进行审判方面具有一定专业知识性的工作，书记员则主要承担专业知识要求较低的事务性工作。只有法官与审判辅助人员之间的职责分工明确化、制度化，并建立起合理的考评机制，才能使他们各司其职，避免工作上的相互推诿情况，保证审理案件的效率。

（二）法院人事制度与财政制度去行政化

当前各级法院的人事制度还完全是旧有的行政化模式，法官、审判辅助人员的任免、考核、奖惩等仍然取决于法院的各级行政领导。如果在人事制度不变的情况下，选任入额法官的过程必然按照旧有的行政化人事任免方法，以论资排辈为基础由法院领导最终决定那些法官能够入额。就会造成许多老资格办案能力差的法官入额，而另一些真正办案能力强、专业素质高的年轻法官无法进入法官员额。无论是入额的员额法官、还是没有入额的法官以及法官助理、书记员等审判辅助人员，如果没有合理的晋升机制，仍然按照原有的行政化晋升模式，很难调动这些办案人员的工作积极性，最终也很难在案件质量提高上有积极的效果。改革后即使建立起省一级的法官考评、遴选机构，这些机构如果不是独立于法院之外的中立机构，仅仅是省级法院的下属机构，也很难客观公正地遴选、考评法官。

当前法官身份属于公务员序列，薪资待遇完全按照公务员的模式来管理。法官工资的高低完全取决于行政职级的高低，由于法院内部特别是基层法院行政职务比例相对较少，法官的薪资待遇水平在所有公务员队伍中处在一个偏低的水平，与其从事的工作的专业技术水平不相适应，这也是我国当前精英化高素质法官相对缺乏的原因之一。虽然当前已经提出了法官员额制的目标，但是法官的薪水到底能提高多少，到底有谁来支付却还没有明确。我国各地的经济发展水平差异较大，各地财政收入水平和负担法官工资的能力差异也很大，如果将来由省级法院统一管理法官的工资收入，就必须明确这些工资由省级财政或者地方财产来负担或者各自要负担的比例。否则地方与省级财政相互推诿，很难实现法官实际待遇的提升。

[①] 王静、李学尧、夏志阳：《如何编制法官员额——基于民事案件工作量的分类与测量》，载《法制与社会发展》2015年第2期。

(三)法官工作量测定的合理化

我国各地法官员额改革的试点中,大部分是按照具有政法编制的人员乘以固定的比例算出法官员额比例。例如上海市在法官员额制改革中各类司法人员的比例为:法官33%,司法辅助人员52%,行政管理人员15%。① 但是各个法院原有的政法编制是由国家编制管理机构在原有行政管理的模式下计算出来的,并不是根据各个法院案件受理的数量计算出来的。所以形成了有些法院一年只有100多件案件,而有些法院一个法官一年就要承办四五百件案件的情况。如果单纯按照现有政法编制人员的比例确定员额,必然会造成有些法院法官过于清闲,而有些法院的法官则无法承受巨大的办案压力。为了合理分配法官的人力资源,同时也为在各个法官之间寻求工作量上的公平,提高办案的质量和效率,必须在确定法官员额时考虑法官的工作量的问题。

案件数量是法官工作量的重要参考标准之一,但是在审判实际中,不同类型的案件甚至是同种类型的不同案件在工作量上也会存在很大的差异。法官在办理案件中承担职责范围内的工作量如何测算,是确定法官员额必须要考虑的问题,如果法官的工作量过少,会造成法官人力资源的浪费,反之如果法官的办案中工作量过大,就会影响到案件审理的质量和效率。美国联邦法院在确定法官辅助人员的配置时就从审判事务的可分解性及分解后的工作时耗为出发点,通过10年时间研究开发出一套人员配置公式。② 我国在确定法官工作量时也可以借鉴美国的经验将法官工作分解后并计算出相应的时耗,确定出各个类型案件的平均时耗,来计算每年法官可以办理该类型案件的数量。另外,每个法官管辖地区的案件增长速度也不尽相同,确定法官员额也必须考虑到当地的经济发展状况、人口数量、案件数量增长情况等因素,在法官工作量与法官员额不匹配时作出相应的调整。

(四)法官选任制度的科学化

我国《法官法》对法官任职资格要求偏低,年满23周岁具有法律本科或者非法律本科具有法律专业知识的,均可被任命为法官,对法官选任的具体操作也没有相应的规定。当前我国的法官选任制度存在许多不科学之处:(1)任职资格不明确。没有明确规定在选任法官前应从事满一定年限的法律事务工作,造成很多没有法律实践经验的人员进入法官队伍。(2)选任机制不科学。对候选人的考核主要由本院党委和人事部门掌握,缺乏独立的专门考核机构及科学的考核标准对候选人进行全面综合审核,使得法官选任中的考核程序流于形式。(3)选任程序不明确。对于初任法官如何进入法官队伍没有明确的程序性规定。③ 法官选任机制不明确,必然导致在实施法官员额时选择入额法官的随意性增大,同时也不利于其他法院外部的优秀人才进入法官队伍。

当前各省法官员额改革试点中,入额法官的选任基本上都是采取考核+考试的模式,例如海南省法院采取先量化考核然后考试的模式。考核与考试采取计分制总分100分,其中考核计分占60分,主要由院领导测评分、工作实绩考核分、任职资历量化分构成,

---

① 徐昕、黄艳好、卢荣荣:《中国司法改革年度报告(2014)》,载《政法论坛》2015年5月第33卷第3期。
② 乔宪志主编:《中国法官助理制度研究》,法律出版社2002年版,第221、222页。
③ 李立新:《我国法官选任制度的问题与改革》,载《湖南大学学报(社会科学版)》,2010年第7期。

考试为笔试，成绩占40分。① 考试内容如何才能测量出法官的真实办案能力，考核内容如何才能避免人为不公正因素，都是入额选任法官中亟待解决的现实问题。以海南法院为例，在院领导测评、工作实绩考核、任职资历量化三项指标中，院领导测评、工作实绩考核均由法院行政领导决定，任职资历高低是否与办案能力有必然关联也很难确定，这样的法官选任方式能否选出高素质的法官还有很大疑问，至于一些法院简单按论资排辈的方式选任法官更是无法选任出优秀的法官。

二、基层法院法官员额制实施的现实制约条件

基层法院承担着整个法院审判的主要任务，其他上级法院承担的一审、二审案件在整个案件总量中仅仅占较小的比例。基层法院法官员额制改革也必然是改革中关键的一环。基层法院相对来说存在着法官整体素质不高、待遇偏低、法官管理制度不规范、案件审判任务重等现实问题，更制约着法官员额制改革的进程。

（一）法官、审判辅助人员待遇较低、工作环境较差、办案任务重

与上级法院相比，基层法院行政级别低，法官、审判辅助人员在行政职务上升迁空间小，而且很多基层法院所在地区经济发展程度低，工资收入相对也比较低，甚至低于当地的正常的普通公务员的工资水平。内地许多经济不发达地区基层法院因为财政问题，办公条件也比较差，很难吸引高素质的法律专业人才，虽然人均办案量相对较少，但对这些法官而言也显得并不轻松。而沿海发达地区的基层法院法官、司法辅助人员待遇相对于内地法院较高，但在当地公务员水平中却处于相对较低的水平，而法院受理的案件数量极大，平均每位法官要审结几百件案件，加班加点也司空见惯。在这种情况下，如果实施法官员额减少法院数量，必然会加剧案多人少的矛盾。

（二）专业化、精英化的高素质法官数量不足

虽然基层法院具有法官职称的人员很多，但是真正的专业化、精英化法官却相对缺乏。一方面是因为基层法院法官选任模式中，初任法官的门槛太低，只要通过司法考试，在法院工作一定年限便可以成为法官。很多法官甚至在被任命前根本没有任何的审判实践经验，也没有足够的审判辅助工作的实际经验。另一方面基层法院对于初任法官的培训、培养不够重视，任命法官单纯就是为了增加办案人手，绝大多数法院都没有系统的初任法官培养模式。由于基层法院的非审判部门如立案、执行、后勤等部门也存在大量具有法官编制的人员，这些法官长期离开审判业务部门，也会造成他们对审判事务的生疏，这些人员也很难成为高素质的专业精英法官。因此，基层法院中存在很大比例的具有很长的法官从业年限但是长时间离开审判一线的人员，他们的法官级别很高，法官员额制改革中又很难将其从法官员额中予以排除，即使排除后让他们从事审判辅助性工作效果也很难得到保证。

---

① 刘麦：《海南司法改革过渡期五年实行法官选任 选任过程全公开》，http://www.hinews.cn/news/system/2015/01/22/017271043.html，访问日期：2015年6月5日。

(三）司法辅助人员严重不足、法官从事过多的事务性工作

基层法院因为工作待遇低、条件差，为了留住人才，安抚工作情绪，不得不任命大量的法官，有些虽然具有法官职称，却没有办案经验。例如江西省瑞昌市人民法院有中央政法编制65人，具有审判职称的法官53人，占中央政法编制在编人数的81.5%。[①] 即使沿海发达地区的基层法院，具有审判职称的法官也占中央政法编制的50%左右。在这种情况下，审判辅助人员的数量相对很少，很多基层法院实现一个审判法官配备一名书记员都很困难，甚至许多内地不发达地区的基层法院一个书记员要同时为三四个法官做庭审记录。基层法院的法官连书记员的辅助都无法保证，更不可能实现一个法官配备一个法官助理的目标，审判法官不得不花费大量的精力从事审判辅助性工作，有些法院甚至连送达、归档等庭审记录以外的所有审判辅助事务都要由法官来完成，在书记员人手不足时，助理审判员也经常兼任书记员的职责。在这种情况下，一旦实施法官员额，法院办案法官人数减少，但是法官却没有相应的审判辅助人员，必然无法实现法官专业化、精英化的目标，反而会继续增加员额法官的办案压力。

（四）办案主力多为年轻法官

基层法院中，具有较长工作年限的中老年法官，如果办案能力强，一部分被任命为法院的行政领导，也有一部分被遴选到上级法院做法官，还有一部分审判能力不高的已经不在审判一线从事办案工作。而法院被提任的年轻法官基本上都在接受过高等学府的法律专业教育，在具有一定年限的审判实践工作经验后，理所当然地成为办案的主力军，这些年轻法官在通常情况下办案能力反而会高于疏于办案的老法官。但是法官员额制改革中，年轻法官由于行政职务级别低、法官等级低，很大一部分将被排除在法官员额之外。没有入额的年轻法官因此而被剥夺了独立的审判权，必然导致审判资源的浪费，加大基层法院的办案压力。

（五）行政化管理模式下行政事务要花费过多的人力资源

基层法院现今还处于行政化的管理模式当中，院领导、庭室领导还要履行日常的行政管理职能，而没有行政职务的普通法官也要在日常工作中接受行政领导的工作安排。基层法院与上级法院虽然在名义上是监督关系，但实际上上级法院要对下级法院的各项工作进行检查甚至考评，同时也要求基层法院以视频的形式参加上级法院的各种会议，基层法院不得不抽出大量的人力资源来应付上级法院的检查、考评工作和会议，很多基层法院后勤部门人手已经有些紧缺，法官员额制实施后降低后勤部门的人员比例与基层法院现有的工作情况很难适应。院领导、庭室领导在员额制改革中一般都会成为员额法官，但是他们又不得不承担行政领导事务，很难保证审理案件达到普通法官的数量，也会造成法官员额名不副实的状况。

三、法官数量简单限制与法官精英化及司法公正化目标的背离

法官员额制表面上看是在做法官数量的加减法，很多人想当然认为法官数量减少了，

---

① 王义树：《基层法院法官员额制度的考量与构建——以瑞昌市人民法院法官队伍现状为视角》，http://www.jxzfw.gov.cn/Html/dcyj/2014/10/4755420141028080500.html，访问日期：2015年6月5日。

剩下办案能力强的高素质法官就可以实现法官的精英化，提高法院办案的公正性和质量。但是，如果不考虑到我国法院的现实状况，草率地减少法官数量，有可能事与愿违，造成很多负面效应，甚至会距离法官精英化、司法公正化的目标越来越远。

（一）年轻高素质法官的人员流失现象加剧

法官流失现象虽然对于整个法官队伍而言是个别现象，但是却能反映出很大一部分法官对法官职业的不满意程度。例如近5年来，上海流失法官300多名，仅去年一年就流失74名。北京辞职法官数量更大，达到500多人，并且还有增加趋势。[①] 2014年，上海法院系统共有105人离职，其中86人为法官，法官流失人数较2013年同比上升91.1%。流失的法官呈现"高学历、年轻化"倾向，且多为审判一线部门的业务骨干。这86名法官中，有17个审判长，43人拥有硕士以上学历，63人是年富力强的70后中青年法官。[②] 法官特别是基层法官一线办案法官，工作条件差、压力大、待遇低，无论是内地法官还是沿海法官，其工作强度都通常高于同龄的律师而收入却低于这些律师，法官职业荣誉感太低。

很多年轻办案骨干法官学历高、办案能力强，只是入职法院相对比较晚。一旦进行员额制改革，这些人员将可能会首先成为改革中各方利益的牺牲品。因为老法官资历老、人脉广，各个法院一般都要首先照顾他们的利益。很多年轻的法官看到入额希望渺茫时，就产生辞职的想法，因为自身法律专业素质比较高，可能到律师事务所、大企业有更高的薪资待遇和更好的发展前景。同样，如果没有科学选任法官的方式，进入员额的法官可能很多办案能力还不如未入额的法官，会使很多未入额的年轻法官在心理上失衡，认为法院内部都无法实现公平，更无法向整个社会输送公平。一旦法院外部有更好的职业选择，很多年轻法官就会选择辞去法官职务。

（二）案多人少的矛盾进一步加剧，法官工作压力进度增加，无力参加业务培训学习

"案多人少"表面上看并不是一个平均应该有的问题，我国的法官队伍有20万人左右，法院工作人员也有30多万人，每位法官办案数不足70件。但是事实上却并不是每个具有法官职称的人都会去办案，判案法官比例偏低、审判岗位一线办案的法官比例更低、审判岗位的领导职位办案数偏少是各个法院内部的普遍现象。[③] 事实上，扣除法院中非审判部门的法官，各个法院民事审判庭、刑事审判庭、行政审判庭的人数的比例相对于整个法院的法官的比例是很低的，所以正常情况下在审判辅助人员匮乏的情况下，一个内地基层审判一线审判法官一年才会办案达到100多件，沿海发达地区基层一线审判法官办案达到300多件。另外，办案法官整体素质不高、审判辅助人员匮乏也是案多人少的重要原因。很多办案能力强的法官因为法院内部人员调动问题，经常会被轮岗到非审判岗位，而非审判岗位的法官也会被轮岗到审判岗位，通常几年轮换一次，法官的办案能力很难得到保证。审判辅助人员匮乏导致法官从事过多的事务性工作，虽然案件办

[①] 赵刚：《代表委员聚焦法官流失问题——让法官职业"高大上"起来》，http://www.chinacourt.org/article/detail/2015/03/id/1567257.html，访问日期：2015年6月7日。

[②] 王烨捷：《拿什么"挽救"日益严峻的青年法官流失问题》，http://www.chinacourt.org/article/detail/2015/04/id/1598077.html，访问日期：2015年6月7日。

[③] 刘练军：《法院科层化的多米诺效应》，载《法律科学》2015年第3期。

案数量不是特别多,但是工作量却非常大。

法官员额制改革会导致很多处在办案一线的年轻法官无法入额,而他们又通常是法官办理案件的主力军。如果这些法官被剥夺了相应的审理案件的资格,法院当前情况下后勤及行政管理部门的事务又没有明显减少,必然导致办案法官减少,每个审判法官人均办案量增加,更加剧案多人少的矛盾。在许多沿海法院,每年审理几百件案件的法官,通常晚上、周末休息日都需要加班完成结案任务,如果审判一线法官继续减少,法官工作压力将进一步提升。办案法官不得不整天埋头于审结案件及各种审判辅助性事务,没有空暇时间来进行业务素质上的培训和提高,往往是单纯为了结案而办案,很难在业务素质上取得提升。

(三)法官精英化目标难以实现、案件质量和效率无法得到提升

法官员额制度设置的初衷在于通过减少法官数量的方式提高法官的整体素质,实现法官的专业化、精英化。但是当前却很难对法官素质有一个科学合理的评价标准和体系,通过书面考试的形式考查法律知识、审判知识虽然有一定的合理性,但也不能完全反应法官的办案能力。各个法院在实施法官员额制时如果没有明确的入额标准,必然会造成选任入额法官的随意性和人为性,很难选拔出高素质的入额法官。在行政管理体制之下,法院选择入额法官不免沿袭旧有的人员选拔模式,通过论资排辈的方式,致使大量专业素质强、学历高的年轻办案骨干法官无法入额,法院员额后甚至法官整体素质还会有降低的可能。

年轻法官流失及无法入额,必然减少法院的办案力量,这样必然加剧法院特别是基层法院案多人少的矛盾,即使法院内部不得不从内部非审判岗位抽调法官到一线办案,也很难保证办案质量。办案法官人数减少,法官工作量将会继续增加,在法官自身素质没有增加的情况下,超负荷的工作只能是案件审理的质量和效率大幅下降。这与我国当前司法改革的目标是背离的,当然也是与现代法治精神背离的。2015年5月1日开始实施的立案登记制以及提高中级法院受理案件的标的额的改革措施,都会使基层法院案件大幅度攀升,在现有审判人员不足的情况下实施法官员额改革,实在很难保证案件审判的质量和效率,很可能会造成更多的司法不公正现象的产生。

四、基层实施法官员额制过程中的过渡性措施

从上文的分析可以看出,受我国当前法院各种现实条件的制约,对法官数量的单纯限制并不能实现法官精英化的目标,法官员额制改革必须要结合司法制度其他方面一并实施。在实施法官员额制特别是基层法院法官员额制改革的过程中,必须要采取一些必要过渡性的措施,保证法官员额制改革的最终目的的实现。

(一)在员额化前公布法官待遇提升的标准并制度化,吸引优秀的人才进入法官队伍

当前许多法官出于自身经济待遇或者职业发展前景的考虑,一旦有合适的机会就会选择流入到行政机关或者律师行业。法官自身职业荣誉感不强的主要原因在于法官待遇偏低,基层法院一线法官办案数量多,业务能力强,但收入却远不及比自己法律专业知识差的律师,必然有很多审判一线法官萌生辞职做律师的想法。行政机关相对于法院职

务提升快，而法院的工资标准也与行政机关不一样，基本上依据的是行政级别而不是法官等级，所以法官工资一般也低于同级党政机关公务员的工资，致使很多法院工作人员流向党政机关。因此，在法官实施员额制之前，必须首先确定员额法官的薪资待遇水平，并且在一个合理化范围内，能够使法官过上相对优裕的物质生活，如果像许多地方改革中，每月工资仅增加几百元或者一千多元，根本无法体现法官职业的优越性。如果没有事先确定法官的待遇标准，而匆忙进行员额制改革，只能事与愿违，许多优秀的法律专业人才仍然不能被吸纳入法官队伍中来。

（二）建立科学的选任制度，选任出高素质精英化的法官

只有建立科学的法院选任制度，才能使高素质的法律人才进入法官队伍，才能实现法官的精英化。选择员额法官也必须遵循科学的选任方式，否则只能使法官员额制成为简单的法官数量限制。美、德、法、日等法治发达国家，法官一般均由总统或者地方行政首脑提名，议会表决通过的方式选任，法官被选任后根据业绩可以逐级向上级法院晋升。[1]这些国家的法官选任模式，可以使法官避免受到过多的地方干预，实现司法的独立性。而我国初任的法官的选任模式为院长从具有公务员资格中的书记员中任命，而助理审判员晋升为审判员也主要是院长来提名，选任标准和程序都过于随意。[2]我国必须建立起合理科学的法官任职资格制度及入额法官选任程序，才能选任出高素质的法官，满足社会公众对法治公正的诉求。任职资格主要包括法院任职前必须从事一定期限的法律事务工作，必须有受过相应层次的法律专业知识教育等，选任程序主要包括设立国家级或省级的法官遴选委员会，制定统一合理的标准对法官的素质进行考核，法官遴选委员会必须是独立于法院内部的中立性机构。

（三）建立科学的审判辅助人员制度，增加审判辅助人员的数量

审判辅助人员主要包括法官助理、文字助理、书记员等辅助法官审理案件的人员。这些人员的法律地位、薪资待遇、职责分工、业绩考核都需要专门的制度予以明确，这样才能使审判辅助人员各司其职，并具有工作上的积极性。特别是法官助理制度的改革必须要进一步加快，明确法官助理的职责分工、晋升机制、考核奖惩机制等，从优秀的书记员或者社会上具有一定法律实践经验的人员中聘任法官助理，使法官助理队伍具有初步的规模，为法官员额的实现提供必要的人员基础。当前法院审判工作中审判辅助人员不足的情况很突出，传统的行政化人事制度中法院没有招录审判辅助人员的自主权，公务员性质的书记员需要国家的专门政法编制，聘用制的书记员也需要当地政府编制部门的审批。这种管理模式下法院自身很难根据实际需要增加审判辅助性人员。事实上，审判辅助人员在法律地位上不属于法官，也不必须要具备公务员的身份，完全可以从社会中根据法院审判工作的实际需要聘用。当然也可以以法院向社会购买劳动服务的方式，由法院将固定的审判辅助性工作承包给具有相应资质的公司或社会机构来完成。审判辅助人员充足，才能保证法院员额制实施后案件及时得到审结，避免法官因从事过多的事务性工作而压力过大。

---

[1] 全亮：《美德法日四国法官选任程序之比较》，载《人民论坛》2013年第9期。
[2] 潘培伟：《浅析我国法官选任制度的现状及完善》，载《黑河学刊》2012年第12期。

（四）建立合理的助理法官或初任法官制度

为避免年轻的未入额的法官流失的现象，减少法官员额带来的负面影响，可以仿效法治发达国家，建立助理法院或初任法官的辅助法官制度。例如美国1968年通过《联邦低级初审法官法案》，在联邦地区法院增设了联邦低级初审法官的职位，1976年、1979年、1990年又三次扩大了低级初审法官的权限，在当事人同意的情况下，低级初审法官甚至可以就案件行使与地区法官完全相同的审判权。[1] 日本则实行助理法官制度，初任法官首先被任命为助理法官，通过参加合议庭向前辈法官学习，满两年可调往简易法庭锻炼，满五年则可以被指定独立办案，满十年才有机会被任命为正式法官。[2] 在法官员额制改革中，未入额的助理审判员如果也简单地编入审判辅助人员的范畴，一方面会大大降低这些人员的工作积极性，另一方面也会造成审判人力资源的极大浪费。因此应仿效国外仍应保留未入额助理审判员的法官资格，承办相对简易的案件或者辅助法官从事审判事务，待员额出现空缺时经考核进入员额法官队伍。

结　语

法官员额制改革看似一个单纯的数量限制，事实上其本身与其他司法制度甚至是社会制度改革紧密联系，改革的过程中难免会出现各种阻力，也可能会出现一定的负面效应。但只要处理好法官员额与其他制度改革之间的关系，结合我国法院现有实际状况，法官精英化的目标最终仍然可以实现，案件审理的质量和效率也可以得到大幅度提高。

---

[1] 最高人民法院司法改革小组编、韩苏琳编译：《美英德法四国司法制度概况》，人民法院出版社2002年版，第236~240页。

[2] 周道鸾主编：《外国法院组织与法官制度》，人民法院出版社2000年版，第271~284页。

人民检察院人员分类管理改革探讨

刘胜男[*]

在我国宪法确定的以人民代表大会制度为根本政治制度的"一府两院"框架下，人民检察院作为国家的法律监督机关，肩负着依法独立公正行使检察权的重要职责和维护社会公平正义的神圣使命，在国家权力架构和经济社会生活中地位特殊、职能重要。相较于其他党政机关工作，司法工作既具有政治性、人民性等共性，又具有中立性、独立性等个性，这决定了司法工作在管理、运行和职能发挥等方面具有不同于其他党政机关的独有特点和固有规律。综观中外厉行法治的历史，只有尊重司法的固有规律和工作特点，才能确保发挥好司法在维护公正、打击犯罪、弘扬法治、促进和谐中的特殊作用，完成好宪法和法律赋予的特殊使命。在我国，人民检察院长期按照党政机关科层化的单一模式进行管理，检察工作运行和队伍人员管理都带有浓重的行政化色彩，由于不符合司法权力运行的普遍规律和特殊要求，这种管理模式已经越来越不能适应我国经济社会发展对司法工作的要求。

党的十五大以来，最高人民检察院先后启动实施了书记员、检察官助理、司法警察等一系列改革，很多地方检察院也积极探索实践。但由于此项改革本身的复杂性，以及囿于体制机制、改革实际、理论准备及政策法律等多重因素，改革并未取得实质性突破。本文拟以相关理论研究和实证分析为基础，探讨设计一套符合司法规律和检察院科学发展要求的改革方案，以期为这项改革的顺利推进尽一份微薄之力。

一、检察院现行人员管理体制的特点及问题

（一）检察院现行人员管理体制的特点

检察院工作虽然依职责分工划分为多个类别，但由于历史及体制原因，长期以来对各类人员实行混同管理，行政化特征明显。

1. 按行政机关模式设置内设机构。除设公诉、侦监、反贪、反渎、民行、监所等业务部门外，通常还设政工、纪检、办公室、法警队等众多综合行政后勤部门和直属单位，部分检察院还设后勤保障、检察官学院等事业单位。检察院各类工作人员分属相应的内设机构，由内设机构进行日常管理。检察院内设机构的设立程序、规格与同级政府部门的内设机构基本相同。

2. 按综合类公务员模式管理检察官。检察官除了在任职条件方面（如要求通过司法考试、年龄满23周岁）以外，在人员进出、晋升提拔、考核评比等方面均与其他公务员相同。检察官的地位、待遇主要由行政级别决定，而行政级别与所在检察院规格密切相关。

---

[*] 刘胜男，厦门市海沧区人民检察院。

3. 按行政权模式运行检察权。集体负责、首长负责、下级服从上级等行政权运行方式均适用到检察权上。在上下级检察院之间,上级检察院可以提前介入下级检察院对具体案件的审查,下级检察院经常就具体案件的审查向上级检察院进行请示;在同一检察院内部,形成了从案件承办检察官、科长、检察长到检察委员会这种检察权逐级递增的案件审批体系,案件承办检察官上面有数级领导管理和制约着检察权的行使。

(二)检察院现行人员管理体制存在的问题

1. 检察官任命没有员额限制。检察院只有总的人员编制限制,没有检察官员额限制,只要是检察院正式在编公务员并符合相关任职条件的均可任命为检察官,形成了检察官多、辅助人员少的结构失衡状况。检察官职责任务庞杂,除了审查案件、制作法律文书等核心工作外,还要兼顾诸如联系接待当事人、资料整理录入等大量事务性工作。

2. 检察官职业化程度不高。检察官任职条件与其他公务员没有太大区别,主要是增加了通过司法考试和年满23周岁等条件,检察官行政职级的提升主要与机关规格、干部职数、任职年限有关,没有充分体现法律素养和从业经验对检察官职业的重要性。这一方面存在部分检察官法律知识不扎实、检察经验欠缺的问题;另一方面也存在检察官不太注重专业知识和技能学习,不愿在专业道路上走下去,而宁愿到党政机关或检察院行政后勤部门任职的问题。此外,检察官的培训、考核、监督机制脱离检察官职业特点,检察官待遇得不到较好保障,检察官职业尊荣感难以形成。近些年来检察官流失的问题愈演愈烈,检察官队伍职业化长期在低水平徘徊。

3. 依法独立行使检察权易受干扰。从检察院内部看,一方面,采取领导审批案件的方式造成检察权独立行使受到干扰;另一方面,检察官的"仕途"取决于行政职级,能否提拔晋升取决于上级领导,致使检察官在审查案件过程中难以抵制来自领导或同事的干预。从检察院外部看,检察院人员编制、职数以及经费保障与政府机关同等对待,受制于地方政府,也为个别党政领导干预司法活动提供了条件和便利。

4. 办案人力资源浪费严重。各级检察院内设机构普遍存在机构庞杂、分工过细、职能分散的问题,管理成本增加,管理效能低下。检察长、科长等具有行政职务的检察官,既要抓检察业务,又要抓队伍建设,还要处理大量行政事务,较少独立办理案件,这部分检察官不能把主要精力放在办案上,造成检察人力资源的极大浪费。此外,有相当部分检察官被调整到非业务部门从事纪检、政工、行政综合等岗位工作,即使是业务部门的检察官,也有相当部分专职从事法律政策研究工作。

5. 检察辅助队伍长期不稳定。由于人员混同管理,其他工作人员从个人发展考虑,很难长期安心于检察院的非中心工作,难以形成一个稳定的、专业化的检察辅助和后勤保障团队。特别是书记员、检察官助理都希望尽快转任检察官,造成检察辅助岗位长期面临人员流动性过大、人手紧缺的状况。许多检察院不得不招录聘任制书记员、法警,或者使用编外人员担任检察官助理、书记员、法警,但是由于待遇低、无上升空间,只好降低招录条件,影响队伍专业素质。以上这些弊端和问题,对于发挥检察院的检察职能作用、维护社会公平正义、实现司法公正和提高司法公信力都是极为不利的。

二、检察院人员分类管理改革的历史回顾及当前改革面临的困境

（一）既往检察院人员分类管理改革的回顾与反思

1995年《检察官法》的颁布实施使检察官的职业特点得以凸显。最高人民检察院随后开始酝酿推进人员分类管理改革，在"一五""二五""三五"改革期间先后启动了检察官员额制、检察官单独职务序列、检察官助理制度、书记员单独序列、司法警察等相关改革，各地检察院也自主进行了一些探索。《检察官法》从形式上将检察官从公务员队伍中分离出来，并实现了检察官任职条件、招录程序、检察官等级以及相关制度的法定化。

上述改革所积累的经验具有重要意义，也在检察官专业化、职业化层面上达成了相当的共识。然而，上述改革仅局限于检察院系统内部，缺乏外部配套政策支持，具体效果并不理想，没有取得实质突破，社会认可度不高，检察院内部人员也缺乏积极性。这其中存在一些普遍性问题：一是理论准备不充分。一方面，理论界缺乏相关研究，导致改革缺乏理论指导，改革措施系统性不强，甚至相互矛盾。另一方面，由于理论界呼吁不够，改革的必要性、紧迫性没有引起决策层重视，影响了决策层顶层设计改革的决心。二是改革方案不成熟。一些检察院在设计改革方案时，缺乏与外部制度的衔接，内部有阻力，外部也有困难。三是保障激励不足。检察院相关制度改革依赖党委、人大、政府及组织、编制、财政等职能部门的支持，相关物质投入和资源配置也主要依赖地方政府支持，具有不确定性。

（二）当前检察院人员分类管理改革面临的困境

1. 对改革的认识存在明显分歧。受历史传统等因素影响，整个社会对检察院、检察官职业的特殊性难以认同，认识分歧较大。一是党政机关支持力度难以普遍提高。部分党政领导没有认识到司法权在国家权力架构运行中的独特性和检察官在公务员体系中的特殊性，容易对提高检察官待遇等制度设计产生误解。地方党政机关容易认为检察院搞改革是在为自身争取特殊利益，公务员之间、政法机关之间、党政机关之间的利益难以平衡，难以下决心单独支持检察院搞改革。二是社会公众认同度不够。在传统思维模式下，社会公众将检察官等同于一般公务员，当事人只关心结果对自己是否有利，很少有人愿意对检察官进行深入了解。近年来，由于贫富差距拉大、各类腐败现象突出，整个社会对于检察官、司法的不信任感加剧，给予检察官特殊保障容易被误认为是加强"特权"，不符合社会公平期待。三是检察院内部拥护度不高。改革必然会牵涉到利益再调整，利益受损者的抵触情绪较大。从书记员到助理检察员、副科长、科长的检察官培养和成长方式在我国运行多年，在一定程度上适应了司法工作需要，很多"老检察官"认为这是一套基本符合国情的管理制度，没有必要再搞改革。普通检察官则担忧改革加重了责任，而待遇保障却不相匹配，也不愿意进行改革。

2. 法律制度支撑不够。一是《公务员法》第3条以及第14条虽然对推进检察院人员分类管理改革留有空间，但没有及时抓住机遇推进相关制度的规定，尤其是对这些规定的宣传不够。二是检察官员额规定不明。《人民检察院组织法》《检察官法》对检察官员额没有做出规定。三是检察官助理改革始终停留在试点阶段，没有相关法律依据。《人民检察院组织法》《检察官法》都没有做出规定，"一五""三五"改革纲要和最高人民检察

院一些内部文件的相关规定虽为检察官助理改革提供了一定依据,但内部文件的弱效力无法为改革提供有力支撑。

3. 体制机制上有制约。在人事管理体制上,检察院人员实行属地管理;在财政管理体制上,检察院经费保障主要由地方财政负担,这种人事、财政过度依赖地方的管理体制无法适应改革的要求。

4. 改革本身的复杂性。最高人民检察院有关文件对检察官员额的规定不一致,且都规定得过于原则,许多操作性问题未提及,导致检察官员额难确定。哪些人应该保留检察官资格、哪些人不能保留、如何制定选拔标准、落选检察官如何过渡等问题都比较棘手。此外,检察官、检察官助理、书记员的职责也难以定位。

三、推进检察院人员分类管理改革的构想

改革既要遵循司法规律,批判借鉴国外的经验做法,又要从我国国情出发,坚持党管干部原则,注意与现行政治体制和法律相衔接。根据我国国情、法律制度和检察院实际,建议检察院人员分类管理改革分三个步骤循序渐进开展:第一步是现有条件下可以实施的人员分类管理改革,重点是在检察院内部人事管理制度上把检察官和其他工作人员初步区分开来,旨在改变目前检察院人员非序列化管理的现状,为下一步检察官职业化改革做好准备。第二步是通过创造条件可以实施的人员分类管理改革,重点是以员额制为突破口,旨在突出检察官队伍在检察权形式上的中心地位,基本实现检察官职业化。第三步是通过深化体制改革才能实施的人员分类管理改革,即深化司法体制改革,重点是构建完全符合司法规律的检察院和检察官制度,旨在全面实现检察院各类人员的分类管理。

第一步:实现检察院各类人员的序列化管理

1. 划分检察院人员类别和职责。明确将检察院人员分为检察官、检察辅助人员和司法行政人员三类。其中检察官包括各级检察院检察长、副检察长、检察委员会委员、科长、副科长、检察员;检察辅助人员包括检察官助理、书记员、司法警察、司法技术人员;司法行政人员则是在检察院从事行政管理事务的工作人员。明确检察官的职责是行使检察权,检察辅助人员的职责是帮助检察官从事检察辅助性工作,司法行政人员则是为检察工作提供必要的政务性和事务性保障工作。其中应重点规范检察官的职责、职权范围,明确划分检察官和检察辅助人员之间的职责界限。宏观上,还应通过完善级别制度,分别确定不同层级检察院的功能,以此为依据确定不同层级检察院检察官的职责。

2. 初步实现各类人员序列化管理。明确对检察官、检察官助理、书记员、司法警察、司法技术人员等检察院各类人员进行单独序列化管理,根据不同类别人员的工作职责和成长规律,研究制定具体管理办法。对于检察官的管理,建议将检察官作为一类新的职位类别增加到《公务员法》第14条规定的公务员种类中,实行单独职务序列管理;检察官职务层次依照有关规定按等级设置,检察官等级对应相应的行政级别。为解决检察官职务类别与其他检察院人员职务类别如何对应的问题,改革第一步要重点做好检察官等级的套改工作,对列入检察官员额内的检察官,尽快完成检察官职务序列的套改,为下一步推进检察官职业化工作奠定基础。

3. 建立各类人员之间的交流机制。检察官、检察辅助人员、司法行政人员原则上在本类职位中转任。因工作需要跨类别转任的，应当办理任免手续。检察辅助人员、司法行政人员转任检察官的，还必须要求检察官员额有空缺，并通过一定的选拔方式进行。检察辅助人员、司法行政人员转任检察官，或者检察官转任检察辅助人员、司法行政人员，应当办理职务套改手续。今后对检察官序列领导职位和其他序列领导职位分序列进行选拔，过渡期间可以跨序列选拔，但检察官担任其他序列领导职位的，必须免去检察官职务，仅保留检察官资格。

4. 过渡阶段的检察官管理工作。对现有的具备检察官资格的检察院人员实行"老人老办法、新人新政策"过渡，原则上保留其检察官资格，检察官不经选拔直接任命或以行政级别决定检察官任命的方式要暂停。开展新任命检察官工作，应当符合检察官员额出现空缺和按照检察官任命程序进行选任这两个条件。对于超出员额比例的现有检察官，可采取两种方式解决：一是逐步取消行政后勤部门干部的检察官职务，按照尊重个人意愿和采取竞争上岗相结合的办法，或分流到业务部门担任检察官或检察官助理，或取消检察职务继续在行政后勤部门工作。二是对不能胜任检察官工作的人员进行分流，根据其个人意愿转任为检察官助理，或调整到行政后勤等非业务岗位。

第二步：实现检察官职业化

1. 建立检察官员额制。（1）检察官员额的确定。以"以案配人"为基本原则，根据检察院整体案件数量和检察官合理工作量计算出检察官员额。（2）检察辅助人员、司法行政人员员额的确定。检察官员额确定之后，再依照检察官总数与检察辅助人员之间的检察官合理工作数量计算得出所需检察辅助人员员额，编制内剩余员额即为司法行政人员员额。（3）建立两级检察官员额管理体制。最高人民检察院设立全国检察官配置工作委员会，省级检察院设立省级检察官配置工作委员会，分别负责全国和各省检察院检察官员额的规划和审批等。检察官员额一经确定，对各级检察院具有较强的约束力。

2. 实行检察官公开遴选。严格检察官任职、晋升条件。遵循以内选为主、外选为辅的原则，初任检察官原则上在基层检察院产生，市级检察院、省级检察院、最高人民检察院既可以直接公开选拔检察官，亦可以从下一级检察院检察官中遴选。同时建立面向全社会的、竞争性选拔的检察官选任方式。

3. 取消助理检察员制度。修改《检察官法》，逐步废除助理检察员可以代理检察员的规定，助理检察员不再是检察官的一类。明确检察官助理的任职条件，规范检察官助理的来源。检察官助理从以下四个渠道中选任：一是检察官员额确定后员额范围外的检察员、助理检察员可以转为检察官助理；二是现有书记员中已通过初任检察官资格考试的；三是没有通过初任检察官资格考试，但能胜任检察官助理工作的，经过所在省级检察院考核，可以任命为检察官助理；四是今后从社会招收的检察官助理，一般应当通过国家司法考试。

4. 建立检察官职业保障。在建立检察官单独职务序列的前提下，以检察官等级套行政职级，实行独立的检察官等级和以此为标准的检察官待遇制度。制定下发检察官等级直接对应行政职级的政策文件，检察官的工资、津贴等根据检察官等级确定。建立完善的检察官职业保障制度，强化职业权利保障，明确职业地位保障，完善检察官人格尊严和人身安全保护机制，提高检察官职业待遇，健全检察官工伤保险制度，建立符合检察官职业特点的退休制度。

5. 建立检察官考核、监督机制。一是确立检察官办案责任制。按照权责利相统一的原则，明确检察官办案责任制。建立一套科学的评判刑事案件被改判、发回重审是否应当追究责任的制度和机制，使故意违法办案的人员受到追究。二是建立检察官职业考评制度。确定符合检察官职业特点的考评标准，成立由本院领导、资深检察官、同级人大专门委员会委员、上级检察院的检察官组成的考评委员会。探索设立检察官廉政保证金制度，进一步建立健全检察官职业监督和职业激励的长效机制。三是完善检察官惩戒制度。成立检察官惩戒委员会，设置科学、规范、高效的监督和惩戒程序。

6. 健全检察辅助人员和司法行政人员的管理机制。一是规范和健全"两类人员"的管理。检察官助理的职责根据不同层级检察业务的不同情况分别设定。由最高人民检察院向中央公务员主管部门申请使用专门的检察官助理职务层次名称，对应巡视员至办事员八个非领导职务层次，分别设一至八级检察官助理。成立一支专职书记员队伍，确立书记员等级评定制度，分别设一至六级书记员，保障队伍的相对稳定和专业化。书记员的任用可通过两种途径：其一，少数书记员职位属于向检察官过渡的性质，可从高校优秀人才中选拔；其二，更多的书记员职位固定，按书记员工作的特点，从大中专院校或者社会上进行招聘。加强司法警察管理，除符合公务员任职资格条件外，应当具备警察专业或军队从业背景。强化司法技术管理人员管理，配备在专门部门统一调配使用。司法行政人员按照综合管理类公务员进行管理，逐步转为使用地方编制，减少使用政法编制。二是加强"两类人员"的职业保障。争取扩大审判津贴发放范围，将检察官助理、书记员等检察辅助人员纳入其中。

第三步：构建完全符合司法工作规律的检察官制度

1. 深化检察院管理体制改革。近中期可实施省级以下检察院人财物管理制度改革，由省一级统一掌握对下级检察院检察官的调整、考评、晋升、奖励以及对违纪检察官的处分权；由省一级决定省级以下检察院的工资、报酬以及经费的预算。远期目标应实行中央一级人财物管理制度，即由最高人民检察院统一管理到基层检察院。

2. 改革检察官管理制度。改变地方政府可控制本地检察官任命和调离的做法。如检察院能实行省级统一管理，则下级检察院的检察长和其他检察官的人选由上级检察院提名推荐，并按规定程序报人大选举或人大常委会任免。只有这样才可能使各级检察院的检察官摆脱地方行政干预，从而减少和消除地方保护主义的影响，检察院也才能享有对检察官的选择权，把住检察官质量这一关。

3. 构建以检察官为中心的检察院治理结构。在保持现行的四级检察院设置，并且以普通检察院为主、专门检察院为辅的检察院体系的前提下，构建以检察官为中心的检察院治理结构。首先是要坚持检察院依法独立行使检察权的宪法原则，其次是要围绕这一宪法原则的落实和深化，去除原有检察院治理结构中的行政化、官僚化倾向，建立有别于一般公务员的、符合检察权运行规律的检察官选任、履职和管理体制。

4. 从"以案定员"发展至"以案定院"。所谓"以案定员"，是指检察官员额原则上应根据所在检察院的层级及其辖区内受理案件数的情况来确定，以达到合理配置司法资源的效果。更长远地看，如果把"以案定员"贯彻到底，将来则有可能实行"以案定院"，不再根据行政区划，而是根据一定的案件数量来设置检察院，将案件数量过少的基层检察院甚至市级检察院实行合并。

5. 建立符合检察官职业特性的等级序列。在检察院内部建立区别于其他公务员的检察官职业管理制度，检察官等级不再直接与行政职级挂钩，从而为检察官职业发展赢得更广阔的空间。制定检察官职务、德才表现、业务能力、审判实绩、工作年限等检察官等级评定标准，严格检察官等级的晋升条件。检察官等级设置和条件规定应向基层倾斜，缩短基层检察官的晋级年限，提高基层检察官等级的上限。明确、细化各级检察院中不同法律职务的检察官等级设置，缩短不同级别检察院中统一法律职务的检察官等级幅度，以及统一检察院不同法律职务的检察官等级幅度，特别要提高一些不享有行政级别但担任一定法律职务的检察官等级设置；增加检察官法律职务晋升而行政级别未提升的晋升方式。同时，设立等级晋级考试制度。要明确不同层级检察院检察官不同的等级，检察官要晋升至超过本级检察院检察官等级职务的，必须遴选至上一级检察院才能获得。各级检察院均应确定一定数额的本院高等级检察官，作为本院大检察官。

6. 建立完善的检察官培养机制。检察官的职业化必然要求建立更加完善的检察官培养机制，建议在全日制法律教育和全国统一司法考试制度的基础上，加强和完善对检察官的后续培养。考虑到检察官尤其是基层检察院检察官日常办案的压力非常大，对法律、司法解释的发展往往不能及时了解，应当加强检察官的培训制度建设，切实提高检察官的素质。

7. 建立检察官职务豁免制和保障机制。在立法层面上，确认检察官履行职务时的言论和行为不受法律追究的一般原则，即建立检察官职务豁免制。检察官对于自己在司法审查过程中依法实施的行为、发表的言论和判决的结果，享有不受质控或法律追究的权利，以确保检察官的独立性，使检察官能够自主履行检察职能。豁免范围包括民事豁免、行政豁免和刑事豁免。民事豁免是指检察官由于职务行为使当事人的利益受损害的，不负赔偿责任；行政豁免是指检察官不能因为其依法履行职务的行为而受到内部行政处分；刑事豁免是指检察官不能因为其依法履行职务的行为而受到刑事追究，且未经任免机关同意，不得对检察官采取拘留、逮捕和其他限制人身自由的措施。同时，建立检察官终身任职制度，将首席检察官和资深检察官的职位确定为终身职位。在检察官待遇方面，逐步提高检察官整体薪金水平，实行高薪制；建立退休保障制度，以确保检察官退休后仍然能够享受很高的物质待遇；等等。

8. 设立专门的检察院行政管理机构。由专门的检察院行政管理机构对检察院的司法行政事务进行统筹安排，将司法行政事务从检察院独立出来，使检察院回归专业的检察职能。该机构负责人由检察院检察长兼任，以保证检察院对司法行政事务的主导权。将司法警察划出检察院。检察院司法警察、法院司法警察和劳改、劳教、监狱等单位的司法警察进行整合，成立司法警察局。中央成立司法警察总局，地方设立各级司法警察局。检察院的警务工作由司法警察局派驻执勤支队负责。

目标与路径：如何构建以审判为中心的刑事诉讼制度

——以台湾地区刑事诉讼制度改革为镜鉴

黄鸣鹤[*]

引 言

从侦查中心到审判中心是刑事诉讼制度改革的必然趋势。长期以来，中国大陆的刑事诉讼制度具有以侦查为中心的特点，也正是这种价值取向，导致"庭审虚化"、"诉辩双方地位的不均衡"、"犯罪嫌疑人、被告人权利防护不足"等现象的发生。党的十八届四中全会通过的《中共中央关于全面推进依法治国若干重大问题的决定》中提出，要推进以"审判为中心的刑事诉讼制度改革"。这一目标的实现，除观念转变外，制度设计更是重中之重。

2015年6月5日，"台湾高等法院"检察署张熙怀[①]检察官应厦门大学台湾研究院邀请，莅临厦门大学作《台湾刑事诉讼改革再造的三枝箭》的专题报告，介绍了1999年至今台湾地区刑事诉讼制度改革的总体蓝图、面临问题、改革路径等，笔者聆听讲座，并与张检察官针对刑事诉讼制度改革进行交流。深感他山之石，可以攻玉，遂结合大陆目前正在进行的刑事诉讼制度改革，写成此文。

一、台湾刑事诉讼制度改革的总体情况

（一）台湾刑事诉讼改革的动因

1. "台湾高等法院"法官集体贪污引发司法信任危机。2013年10月17日，轰动台湾的"台湾高等法院"法官集体贪污案三审定谳，五名法官，一名检察官，两名转行担任律师的前检察官被判罪名成立，"台湾高等法院"法官蔡光治被判二十年有期徒刑。[b]法官、检察官通过民意代表及律师的牵线搭桥，以贿赂污染司法的公正性，窝案发生后，民意哗然，其间又曝光法官买春在校女生，舆论更是移面司法。公权及司法为自证壮士断腕之决绝，以决意改革回应社会。

---

[*] 黄鸣鹤，厦门市中级人民法院，厦门大学法学院兼职硕士生导师。
[①] 张熙怀，曾在宜兰、基隆、台北多个地方法院检察署担任检察官，担任过轰动台湾的要案的公诉检察官，有台湾"公诉之神"的美誉，经常往来大陆进行司法交流。
[②] 《台湾司法史上最大丑闻，法官集体贪污被定罪》，中国新闻网新闻中心台湾新闻，http://www.chinanews.com/tw/2013/10-18/5394735.shtml，访问日期：2015年7月13日。

2. 女童性侵犯判决激发"白玫瑰运动"。台湾司法官之生成，与英美法系从资深律师中遴选或提名不同，在于通过司法资格考试者，再参加司法官考试，经过司法官研习所培训，即担当法官或检察官。司法资格考试及司法官考试，虽是高淘汰率考试，但毕竟考试只是纸面测试，许多司法官在履职时，年纪尚轻，无其他从业经验，阅历欠缺，不免有"不知人间疾苦"之嫌。

2010年，台湾社会爆发反对司法不公的"白玫瑰运动"，[①]在林姓男子性侵女童案中，检方以加重强制性交罪起诉，法官判决中却认为女童并未抵抗呼叫，故性交并未违受意人意愿为由，变更罪名为"与未满14岁男女性交罪"定罪量刑。社会舆论哗然，六岁女童，并不知性为何物，如何反抗？法官弃日常经验于不顾，形同恐龙，故"恐龙法官"一词，应时而生，有释义判案法官生活在中生代，与现代社会隔离，也有寓意恐龙身形庞大，脑容量小，低智商且反应迟钝，无法理解民之痛与民瘼。

3. 冤案的频发引起社会反思。此外，多起冤假错案的被披露，也引起台湾地区民众对刑事诉讼体制的反思。特别是军中江国庆案，重查案件中发现新的犯罪嫌疑人。案件重审中证明已被军法枪决的江国庆系被冤枉。而冤案之所以酿成，一在于军方情报部门取代警察成为侦查主体；二在于侦讯人员采取长达37小时的密集讯问，变相刑讯逼供取得人犯口供；三在于检察官对江国庆的自白及辩解未加详查；四在于法官对被告人法庭上的辩白被刑讯而不得不自诬的情形，未加审酌，即草率认定侦讯过程合法；五在于行刑过速，被告人枪决后，参与侦讯、公诉、审判的人员即使心存疑虑，顾虑前程，也采取"宁可信其有"的鸵鸟心态。

江案洗冤后，公众意识到以侦查为中心的刑事诉讼制度，以被告人口供为主线[②]的侦查手段，是冤案频发的诱因，强烈要求推进司法改革，防患冤案之发生。[③]

（二）从职权进行主义向改良式当事人主义的转向

1. 九九台湾司法改革大会所形成的共识。为建构公平正义之刑事诉讼制度，切合时代潮流及社会之现实需求，1999年，台湾召开司法改革会议，警察、检察官、法官、律师、学界、社会贤达聚集共同商讨刑事诉讼制度改革。形成的共识包括：必须采取严格的证据法则，排除非法证据的采信；必须确保控辩双方在刑事诉讼过程中的实质平等；

[①] 2010年2月，一林姓男子在高雄甲仙乡图书馆边性侵一6岁女童，被警方以现行犯逮捕，检方以最低本刑七年以上的加重强制性交罪起诉，求刑七年十个月，高雄地方法院在一审判决时，依被告自白中并未使用暴力，且证人指证女童并未抵抗呼叫，认定林犯之行为，"并未违女童意愿"，变更罪名以"与未满14岁男女性交罪"，判处被告人有期徒刑三年二个月。于是，判决宣告后，群舆哗然，民众走上街头聚会游行，手挥白玫瑰，抗议司法不公、法官恐龙，要求立即改革司法。

[②] 对此，刑事证据学专家李昌钰博士认为，早期的破案，都是先确定嫌疑人，再找人证，针对人犯逼供，写完自白就算破案了，这种破案方式必然造成许多冤案及错误；正确的侦查方式，应该是先找证据，让证据说话，再通过证据找线索，再由线索找嫌疑人，最后由嫌疑人找到动机，这样可以尽量避免冤案的发生。

[③] 应该值得提出的是，江国庆案件在2011年重新启动调查后，当时与江国庆同在空军司令部服役的许荣洲被检方以故意杀人罪起诉，一审被判18年有期徒刑，二审法官认为，仅凭在案发现场发现的一枚掌纹及嫌犯的自白，只能认定许荣洲曾经到过案发现场，却不足以证明他就是凶手，本着疑罪从无的刑法原则，二审判决无罪。此案最终成为悬案，但台湾民众及被害人家属却能坦然接受，认为在证据不足时，宁可放纵凶手也切不可使无罪的人受刑，方为刑法倡导上之公正。民众心态之成熟，亦是社会发展之指标。

强调证人出庭作证,接受控辩双方的交互诘问;对犯罪嫌疑人侦查期间的讯问限制及录像存证;落实刑事审判集中审理制度;区分事实认定与理刑程序;扩大简易程序之适用等。

2. 诉讼模式转向时面临的问题。蓝图框定,台湾的法律人也希冀能朝向共同的愿景发力,但很快发现理想丰满现实却骨感:

一是台湾地区刑事诉讼案件中律师代理率并不高,2007 年的统计中,被告人有律师代理辩护的仅占全部刑事诉讼案件的 14.50%,在有证人出庭的案件中,律师代理率也仅有 58.45%,[①] 也就是说,在控辩审的三角关系中,面对着拥有公权和公共资源的侦查机关、公诉人,刑事诉讼中,当事人的诉讼能力并不均衡,这也意味着诉讼并不是一场公正平等的游戏。

二是制度性因素也使得被告人即使委托律师也难以发挥实际作用。台湾刑诉法虽然规定检察官在讯问犯罪嫌疑人时,委托律师有权在场,但只能在旁陈述意见,不得与人犯直接对话,这使得律师成为讯问的旁观者,成为旁观者和见证人,而无法成为程序上的对抗者。

三是台湾的刑事诉讼制度虽然引入英美法系的法庭交互诘问(大陆也译为交叉询问),但由于对证人的交互诘问,使得庭审拖沓沉冗,在调查中,相当部分的台湾法官并不认同交互诘问对发现真相的实用功效。

(三)三枝箭:台湾地区刑事诉讼制度改革的突破路径

1. 第一枝箭:以人民观审制度为突破口。美国世纪审判时的辛普森杀妻案,当陪审团裁定杀人罪名不成立时,美国社会表现了极大的容忍度。该案主审法官在审判结束时,对媒体发表的唯一言论是"即使全世界的人都认为被告手上沾满鲜血,可法律也不能认定他就是凶手"。美国前总统克林顿在接受记者采访时表示:"我个人认为,陪审团已经旁听了审判作出判决,我们必须尊重陪审团的判决,正如尊重我们国家的司法制度。"可见,在制度设计上,让人民参与司法的过程,在某种意义上,有利于打破司法神秘主义,重建人民对司法的信任。

在这一点上,台湾社会对于是否应允许人民参与司法,如何参与,存在较大的意见分歧。律师团体主张引入英美法系的陪审制,学术界建议参照德国的陪审制度,但司法系统却提出具有台湾特色的"人民观审制度"。

与英美的陪审制度相比,台湾的观审团,虽从选名名单中随机抽号组成观审团,旁听庭审的过程、合议庭法官的评议,并可针对案件的事实认定和法律适用提出意见,但意见仅有建议作用,并无任何强制力,只表意,不表决。民众表示不解渴,但相较之下,司法部门亦认为人民参审制度无实际意义,反而增加法院的工作负荷,制度推进整体缓慢。

2. 第二枝箭:一审特别程序设计与上诉制度改造。司法资源的有限性与案件的增长永远是对无法化解的矛盾。为有效解决案件增长的情况,台湾刑事诉讼改革也采取了繁简分流的思路,以效率为导向,设计了四种减轻诉讼负荷的特别程序,包括简易程序、简式程序、协商程序和缓起诉程。[②]

[①] 引自台湾张熙怀检察官在授课时提供的数据。

[②] 台湾的缓起诉程序,决定权在检察机关。对最高本刑为三年以下有期徒刑者,检察官得在命令被告人向被害人道歉、立悔过书、支付损害赔偿、公益捐赠、社区公益劳动、完成强制治疗、心理辅导等处遇措施后,决定缓起诉处分。

针对审级的功能定位及效率问题,台湾刑事诉讼制度改革,重新定位不同的审级功能,夯实一审作为事实审的基础功能,二审定位为"事后审兼采续审制",第三审采取"严格的法律审兼采取许可上诉制",希望建成形如金字塔的刑事诉讼架构。

3. 第三枝箭:起诉状一本主义。起诉状一本主义避免的是法官通过对移送卷宗的阅读,形成先入为主的观点,未审先定,其意义在于保证庭审的中立客观。但为确保庭审效率,必须同时配套审前证据开示制度、庭前准备程序、非法证据排除制度。台湾刑事诉讼制度改革虽将起诉状一本主义作为改革的突破口,但对配套措施需要耗费多少人力物力成本,准备及审判时间将拖延多久,仍在影响评估作用中。

二、人民参与司法:如何重新设计人民陪审制度

大陆刑事诉讼改革的动因,主要来自于顶层设计,刑事诉讼法的修订,相关司法解释文件的出台,均是司法权运行与社会经济文化发展的与时俱进,同时也是对人民群众司法需求的回应。诚然,突发偶发之司法公共事件所形成的舆情漩涡,施政者的政策调整,[①] 亦成为制度变革[②] 的诱因及催化剂。民众的刑事司法理念也在逐渐理性与成熟中。[③]

大陆目前正在推进的人民陪审制度改革中,其指导思路是拓展人民陪审员的范围,从法院地符合条件的选民或常住居民中通过电脑随机选取,人员必须兼顾社会各阶层的结构比例,在福建省法院发布的指导意见中,工人、农民、社区居民等普通群众代表比例不得少于 2/3;在参审案件职权上,指导意见是陪审员主要参与事实认定问题,将技术性更强,需要长期专业训练和经验积累的法律适用问题,留给法官。

台湾将观审作为人民参与司法的平台,律师群体与民权组织认为观审只是让旁听席上的公民更深入更近距离地了解司法权的运行,并作出聆听民意的姿态,与英美的陪审团的公民参与审判分享司法权仍有着质的区别。

厦门海沧法院是全国人大授权进行人民陪审制度改革的全国 50 个法院之一,除按照最高人民法院人民陪审改革指导意见进行的常规动作外,海沧法院同步参照改良版台湾人民观审制度,设计符合本地实际的参审制度。从改革试点的运行效果看,笔者形成几个观点:

一是人民参与审判特别是参加到刑事诉讼中,是社会发展的必然趋势。法谚有云:蝙蝠总是在黑夜中翩翩起舞。人民参与司法,可以解除司法神秘主义,保障民众对司法权运行的知情权与参与权。公众对司法运行的过程知晓得越多,对司法的信任和对法律

[①] 比如孙志刚案件引发公众对城市收容遣送制度的口诛笔伐,8名学者上书全国人大,要求对收容遣送制度作违宪审查,随即国务院出台《城市生活无着人着的流浪乞讨人员救助管理办法》,变强制收容遣送为自愿救助,宣告了收容遣送制度的终结。

[②] 与台湾刑事诉讼改革的路径相似,陈年冤案浮出水面,引起公众的关注,案件的复查和对冤假错案形成原因的反思,直击以侦查为中心,被告人口供为王的刑事诉讼制度本身,从而导致大陆诉讼制度若干改革措施的推进,如侦查过程中的全程录音录像、侦查过程中律师对嫌疑人法律帮助限制的放松、刑事非法证据排除程序设置等。

[③] 许多观念的转变从宏观上也说明民公众对于现代法治理念的接纳,比如死刑废除的观念为越来越多的人所接受和倡导,因为人们逐渐认识到死刑的局限性和刑罚的目的。同样,在福建念斌案件,在并未发现新的犯罪嫌疑人的情况下,宣判宣告被告人无罪。受害人家属从一开始的闹访到最后接受司法裁判结果,当地民众接受"无论真相如何,法律只能用证据说话"的理念,这一转变,实属不易。

的信仰就会越强烈。司法公开是司法公正的修正器,司法公开是对抗司法专横与擅断的利器。

二是法庭是民众法律意识养成、信仰塑造、理念传播的实体讲堂。在司法资源严重不足法官工作量超负荷时,将陪审、观审或参审视为多增加的工作量,是一种直观的判断。人民参与司法,更有一份收益是人民对司法的信任①与理解②,民众智慧的众筹③等。

三是人民陪审制度改革,必须有目标,分阶段。人民参与司法,意义双重:一在于通过民众参与了解司法,防止司法过度精英主义的倾向;二在于通过参与提升民众法律素养。但制度设计必须考虑国情、风俗、历史、文化、经济发展水平、社会心理,"非此即彼、一刀切、一盘棋"的思路都是狭隘与偏颇的,不可行,无出路。目标明确,缓行渐进,方可大成。

三、轻轻重重:刑罚体系的重构与衔接

(一)劳动教养制度取消后与起刑门槛下调的社会副作用

刑事诉讼中,被告人作完全的无罪抗辩,属小比例事件,大部分抗辩侧重于罪名认定、否认部分指控,答辩是否存在法定或酌定从轻、减轻情节等。能够保证刑事诉讼中陪审团制度进行的关键,并不是国家在刑事诉讼领域公共资源的无限投入,恰恰是"辩诉交易"制度的存在,分流和消化了绝大部分的刑事诉讼,使得陪审团审判即使旷日持久,④也不致刑事诉讼体系的崩溃。

因此,刑事诉讼改革,繁简分流成为必然走向。大陆 2011 年 2 月 25 日《中华人民共和国刑法修正案(八)》施行后,醉驾入刑与扒窃入刑,导致刑事案件急剧增加,同时引发了诸多社会学问题。

一是严重背离了"刑法谦抑"原则,造成刑罚的"通货膨胀":为了严厉打击某一类违法行为而刻意加大惩罚的力度,犹如经济学上的通货膨胀导致购买者在取得同样货物时支付成本增加;就立法科学而言,扰乱了刑法设计中"轻轻重重,罪刑相当"的均衡配置;就法社会学而言,既是"泛刑罚主义"(指的是立法者及社会公众普遍心态中,对于

---

① 在德国,一份社会调查表明,每年大约有 4 万名普通民众成为荣誉职法官,90% 的陪审员会向其家人讲述担任陪审员的过程,以一名陪审员 5 名听众的比例计算,等于一年有约 20 万人参与到司法活动中。

② 2007 年,韩国国会通过了《公民参与司法审判法》,推行试点咨询性质的陪审团制度,从选民中随机抽取陪审员。在陪审制度施行 3 年后,一份调查表明情况有很大的改观,虽然担任过陪审员的民众每年不足 0.1%,但担任过陪审员的民众中,96% 改善了对司法机关的观感。同时,调查证明,同德国民众一样,参加陪审的大部分韩国民众会向周边的人陈述自己陪审的感受,其效果,缓慢传递却逐渐修复公众对司法的信心。

③ 与台湾刑事诉讼改革的路径相似,陈年冤案浮出水面,引起公众的关注,案件的复查和对冤假错案形成原因的反思,直击以侦查为中心,被告人口供为王的刑事诉讼制度本身,从而导致大陆诉讼制度若干改革措施的推进,如侦查过程中的全程录音录像、侦查过程中律师对嫌疑人法律帮助限制的放松,刑事非法证据排除程序设置等。

④ 以美国的世纪审判辛普森杀妻案为例,在长达 16 个月的审判中(1994 年 6 月起诉,1995 年 10 月陪审团作出无罪裁决),辛普森"梦之队"的辩护团体费用高达 1000 万美元,检方、法庭及陪审团费用也高达 800 万美元。

社会矛盾的解决，在心理上过度相信刑罚的威吓功能，寄希望于某类问题能通过"入刑"短平快或立竿见影解决，而不优先考虑采用其他温和、柔性的社会管控手段）和重刑主义的政策体现，是"严打思维"的延伸，也是施政者和公众心理在社会转型期间浮躁情绪的折射。

二是过多的轻微违法行为被规定为犯罪，导致有过犯罪亡灵人群数量急剧增加。目前大陆的刑事犯罪事实上受的是双重惩罚，除刑法上规定的主刑与附加刑外，受刑人在刑罚执行完毕，还必须面临的隐性处罚包括因刑罚记录而受到的资格限制、行为受限和对其他家庭成员的不利影响。

其中，资格限制主要包括：公务员考试资格的丧失；部队征兵不接受有犯罪记录的兵源；不能参加司法资格考试；从事执业医师、会计师等多种行业的资格限制。

行为受限包括：（1）办理出国签证时，有过犯罪记录者被拒签的概率较大；（2）服刑人在服刑期间及刑满释放后的3年内，不能担任公司法人或董事长。

对其他家庭成员的影响主要有：子女在参军及报考公务员过程中，家庭成员（特别是父母）情况也是政审的内容之一。

（二）出路：建立保安处分—轻罪—重罪相衔接的惩罚体系

因此，大陆刑事诉讼改革的核心在于根据违法行为的社会危害性，重构刑事惩罚体系，建立除罪化的保安处分制度，建立多元化的轻罪处罚体系，建立重罪审判机制，具体为：

1. 建立保安处分制度作为缓冲区。违法行为矫治既不能定位于行政处罚，更不能定位于刑罚处罚，而是一种性质独立的、与国外类似但又有我国特色的保安处分。

从目前我国的法律体系看，治安管理处罚所针对的是妨害社会管理、不够追究刑事责任的行为人。违法行为矫治则以行为人人身危险性、再犯可能性为基础，是有效地矫治不良心理、改造不良违法分子，进而达到预防犯罪目的的一种手段——这与当代保安处分制度的要求相一致。刑罚是以罪责为基础的，追究犯罪人的刑事责任，实现刑罚的一般预防和特殊预防的手段。这三者有机联系在一起，构成我国处置违法、犯罪的"三级制裁体系"，共同完成惩罚和威慑违法犯罪，同时教育改造违法者和犯罪人、防卫社会的任务。

保安处分决定权属人民法院裁判权的一部分，应当在各基层法院建立治安法庭，负责保安处分的决定（宣告）。对于一些在行政法律中规定的保安性措施，如果属于限制或剥夺人身自由的，原则上也应由法院裁决。

2. 建立多元化的轻罪处罚体系。一是建立缓起诉制度。实行起诉法定主义与起诉便宜主义相结合，赋予检察官一定的自由裁量权，增添缓起诉制度，将缓起诉的处分权同赋予检察机关。

对可能判处有期徒刑三年以下、管制、拘役之罪行，过失犯罪、未成年人非严重犯罪等社会危害性不大的犯罪，行为人在一定期间内履行向被害人道歉、赔偿人身财产损失、具结同意在一定期间内完成一定有公益活动或捐赠的，具有不良行为的犯罪嫌疑人同意完成检察机关指定的要求其接受强制戒瘾治疗、精神治疗、心理辅导或其他处遇措施的前提下，检察官得以经一定内部程序，①决定可以暂缓起诉。

缓起诉制度目前在世界许多国家的刑诉法中均有设置，英美法系如美国、荷兰，大陆法系如德国、日本。在日本，暂缓起诉案件占到刑案总数的25%~30%，德国的缓起诉案件也占到刑案总数的10%。②从各国的施行情况看，缓起诉制度可以减轻刑事司法制度的负担，违法人员在缓起诉期间所做的公益捐赠、社区服务、请求被害人谅解、不良习性的矫治等，起到恢复性司法功能，重新犯罪的比例也远低于缓刑和刑满释放人员。

二是建立辩诉交易制度。笔者所在市的S区法院是全国人大常委会授权的刑事速裁程序试点法院之一。从试点的经验看，速裁程序中，庭审已经高度简化：由审判员一人独任审判；庭审过程简化，庭审准备阶段法官不再核实信息，仅仅明确是否同意适用速裁程序和是否申请回避，不再进行法庭调查和法庭辩论，询问控辩双方有无补充陈述和辩论意见，而后转入最后陈述阶段；集中开庭，对同一法官主审的多个适用刑事速裁程序的案件同庭审理，集中查明情况，集中听取被告人最后陈述，集中宣判并告知上诉权利。

试点以来，S区法院已审结的183件速裁案件，平均审理周期为5.72个工作日，其中庭审时间平均不超过5分钟，庭审已然简化到虚化甚至空洞化的程度，检察官在庭上一言不发，无实质性作用，以至S区法院试点报告中建议检察官无须出庭，节约司法资源。但同时也发现，审限过短也导致缓刑宣告所应当完成的审前社会调查来不及完成，缓刑宣告比例反而有所下降。

笔者认为，从试点经验看，在轻罪领域，与其推行刑事速裁程序，不如引入辩诉交易制度，即被告人自愿认罪，若检辩双方达成认罪及服刑协议，则法官在庭审时简单询问被告人是否自愿认罪、协议内容是否合法、是否侵害被害人合法权益等简单问题，并宣告协议内容合法生效。

三是重罪审判中适度引入陪审团制度。在刑事诉讼制度的设计中，将主要的刑事审判司法资源用于重罪审判。

何为"重罪"？笔者认为，重罪与轻罪的划分，不应当以最低起刑为基准点，而应结合罪过、主观恶性、人身危险性、社会危害性、累犯等多因素综合考虑，并以轻轻重重为原则，规定重罪审判的特殊制度。

首先是羁押场所，重罪的犯罪嫌疑人或被告人被采取审前羁押措施的，应羁押于高警戒等级的看守所。

其次是审限应当合理延长。当前的刑事诉讼法第202条规定："人民法院审理公诉案件，应当在受理后二个月以内宣判，至迟不得超过三个月。对于可能判处死刑的案件或者附带民事诉讼的案件，以及有本法第156条规定情形之一的，经上一级人民法院批准，可以延长三个月；因特殊情况还需要延长的，报请最高人民法院批准。"相比之下，台湾刑事诉讼法仅在第331条规定"宣示判决，应自辩论终结之日起十四日内为之"。仅规定在辩论终结后应及时作出判决，但庭审必须在多少时日内完成，却无强制性规定。

---

① 日本、德国、葡萄牙等国普遍规定缓起诉制度（也有称起诉犹豫），担心若缓起诉决定由检察官个体决定，裁量权过大可能导致权利滥用，故一般规定必要的内部审批流程，即主办检察官在审查案件后，认为适合缓起诉条件的，提交检察院内部由若干检察官组成的专门委员会，以集体讨论、评议的方式，决定是否缓起诉。考虑到中国大陆当前的司法生态，缓起诉决定权也不宜由检察官个人决定，应经程序的由一定方式的集体讨论决定为宜。

② 宋聚荣、浦爱华：《暂缓起诉制度研究》，载《中国司法》2006年第11期。

大陆刑事诉讼法规定较短的审限，是因为大陆刑事诉讼的被告人，大比例在审前被采取强制羁押措施，在轻罪与重罪未分流的情况下，审判时间过长，可能导致超期羁押现象的大量出现，故严格限制审限有其现实需要。轻罪与重罪案件审理程序分离后，轻罪案件通过缓起诉、辩诉交易、速裁程序、简易程序，得以快速审理，刑事审判资源得以解放并集中于重罪案件的审理。

考虑到重罪案件判处的自由刑一般远长于审前羁押的刑期折抵，建议将重罪案件的审限规定为"应当在受理后六个月以内宣判。对于可能判处死刑的案件，以及有本法第156条规定情形之一的，经上一级人民法院批准，可以延长六个月"。让审判从容进行。

另外，可以有计划地在重罪案件的审理中试行陪审团审判，特别是在一定被告人辩称无罪或蒙冤的案件，将定罪权交给陪审团，法官负责庭审程序主持及量刑。

四、庭审中心主义视野下的犯罪嫌疑人、被告人权利保障

建立以审判为中心的刑事诉讼制度，在犯罪嫌疑人、被告人权利保障方面，笔者认为应当在以下几个领域进行制度设计：

（一）审前羁押措施与法官保留原则

台湾地区"刑事诉讼法"规定：现行犯与准现行犯，不论何人得径行逮捕之。同时，规定即时讯问制度，即犯罪嫌疑人因拘提或现场逮捕者，应在24小时内，声请该管法院羁押之。也就是说，台湾地区的刑事诉讼制度，涉及人身自由之审前羁押权，应由法官决定，并核发押票予以羁押，符合《世界刑法学协会第十五届代表大会关于刑事诉讼法中的人权问题的决议》第8条宣称："影响被告人基本权利的任何政府措施，包括警察所采取的措施，必须有法官授权，并且可受司法审查。"即法官保留原则。

法官保留原则的主要内容包括：未经正当的法律程序，任何人不受逮捕、拘禁或放逐。侦查机关需要采取逮捕、拘留等限制人身自由的强制侦查行为，必须取得法院授权。

另外，基于正当法律程序，警察要对公民实施逮捕、搜查、扣押、监听等强制侦查措施，应首先向法官提出申请，证明犯罪行为的发生存在"合理根据"，并说明采取相关的侦查措施是必须的。法官经审查，认为符合法律规定的条件，才签发相关的许可令。

大陆刑事诉讼制度设计中，羁押性强制措施包括拘留和逮捕，刑事拘留决定权被赋予侦查部门，最长可达37日，批准逮捕权则由检察机关负责，其他如搜查、扣押、监听、通缉等权限，则经由侦查机关负责人批准即可实施。这是典型的侦查中心主义的制度设计，要完成审判中心主义的制度转向，涉及公民人身自由、财产强制的侦查强制措施的采取，应逐步转向由法官批准。

（二）强化以庭审为中心的诉讼制度

刑事诉讼三角结构中，法官居中裁判，公诉人和被告人诉讼地位平等，律师作为"在野法曹"、"被告人权利的防护盾"，加入被告人一方对抗控方，以防止司法迫害的可能发生。实际上，控辩双方的诉讼地位平等只是一种理论设计。实践中，检方与侦查部门动用的是国家司法资源，可采取包括搜查、扣押、监听在内的诸多措施，取证能力远在辩方之上。故在世界各国的刑事司法制度中，犯罪嫌疑人或被告人无须自证无罪（当然，巨

额财产来源不明罪除外),举证责任归于检方。在法庭辩论时,只需于庭辩时指摘或挑剔检方证据瑕疵、质疑检方证人的可信度,动摇检方证据的证明力,形成合理怀疑即可。

1. 证人出庭率的问题。证人出庭率低是困扰大陆刑事诉讼的老大难问题。英美法系国家,由于强调法庭上对证人的交叉询问,所以证人只有在经作证宣誓后,在法庭上的陈词方能作为证人证言采信。对于不利于己方的证人,控辩双方一般通过品格证据,质疑证人的可信度。

与证人出庭制度相配套的是证人出庭补助、证人保护、被告人转污点证人的辩诉协议等,特别是证人保护,以美国为例,美国司法部执法官局证人保护计划(WITSEC)自1971年启动以来,超过18000个人被纳入保护计划中,超过3500名联邦雇员服务于这个计划。可见,如果证人保护的配套措施未能完善,证人基于对人身安全的担忧,拒绝出庭作证也是人之常理。目前施行的秘密作证室虽然部分解决证人的保护问题,却不是根本策略。

2. 非法证据排除。非法证据排除制度源于"毒树之果"理论,即"如果一棵苹果树是毒的,那么,这棵树上结出来的苹果也必然是毒的,注定无法食用"。同样,如果刑事诉讼中的证据,是通过违法程序取得的,那么,哪怕证据是真实的,是指控犯罪的关键证据,也不能在法庭上作为定罪证据。

2010年,最高人民法院、最高人民检察院等五机关联合颁布了《关于办理刑事案件排除非法证据若干问题的规定》,初步形成了非法证据排除规则程序。2012年全国人大五次会议通过了《关于修改〈中华人民共和国刑事诉讼法〉的决定》,修正后的《刑事诉讼法》明确规定了非法证据排除审判程序。

非法证据排除制度,可以有效地防止侦查过程中警察权力的滥用。在著名的美国辛普森杀妻案中,在现场发现的血迹虽然被证明带有被告人的DNA,却因为采集过程的程序不规范,被视为非法证据予以排除。关键证人警官福尔曼因被发现有严重的种族歧视而人格信用破产。

在实践中,大陆刑事诉讼中的非法证据排除程序施行中,仍存在着启动难(被告人及辩护人必须举证证明存在违法、非法情形才能启动非法证据排除程序)、查证难(对于被告人主张在侦查阶段存在刑讯逼供或变相刑讯逼供,在司法实践中往往难以查证,只能不了了之)、时间紧(非法证据排除程序并未扣除审限)诸多问题,在司法实践中,仍有待完善和制度配套。

五、结语

建立以审判为中心的刑事诉讼制度,是中国大陆刑事诉讼制度变革的一个重要指针。冰冻三尺,非一日之寒,中国大陆数十年践行以侦查为中心的刑事诉讼制度设计,如同齿轮咬合,层层相扣,多年积弊,根深蒂固,非简单的华丽转身即可一蹴而就。制度变革,若以打补丁式施行,则容易造成新安装软件与原操作系统的冲突,低效运行或程序冲突。故整体设计、分步实施、逐步调整、配套到位,方是成功改革的不二法门。

深化检察官管理体制改革的若干思考

洪文海[*]

2013年党的十八届三中全会通过的《中共中央关于全面深化改革若干重大问题的决定》，对深化司法体制改革，加快建设公正高效权威的社会主义司法制度，作了全方位的谋划部署；2014年中央全面深化司法改革领导小组第三次会议通过的《关于司法体制改革试点若干问题的框架意见》和《上海市司法改革试点工作方案》，对若干重点难点问题确定了政策导向。要求进行司法改革的呼声在法学界和司法实务界达到空前高度，而检察官管理制度的改革问题也成为关注的焦点之一。比较法学家埃尔曼指出：一项制度的功能如何，须取决于操作者的素质。[①] 司法改革的核心任务和基础工程正是通过法律职业制度的改革，促生一个现代的法律职业共同体。"如果我们不能造就一大批尊重规则、追求正义的法律家，并且使这样的法律家来操作法律的程序，那么制定再完备的法律规范，设置再合理的司法制度，最终的结果将是徒劳无益的"。[②] 司法改革于检察系统而言，如何实现检察官专业化、精英化和检察机关内部的和谐统一，使检察官管理制度更加公正合理，是亟须探讨的课题。

一、当前检察官管理中存在的主要问题

现行的检察人员管理体制虽然较《检察官法》出台前有了一些变化，但没有质的变化，仍然是行政色彩过浓，与专业化、精英化要求还有比较大的差距。

（一）检察人员管理模式行政化

检察职业的特殊性使得检察官不应等同于行政官员。虽然《人民检察院组织法》规定检察机关设检察长、检察员、助理检察员、书记员等法律职称；《检察官法》在此基础上将检察官划分为四等十二级，并明确检察官的任职条件、晋升、奖惩、培训、权利义务等方面内容。但是，几十年来我们一直把检察官等同于行政机关干部，完全套用行政管理模式进行管理，主要表现为每个检察机关工作人员都要有行政职级、级别、福利、工资等待遇都取决于这个行政职级，就连检察人员法律职务的任用也要以达到一定的行政级别为前提条件。"这种单一模式的管理体制，行政色彩浓厚，不符合检察官的养成规律，容易助长官本位的思想，不利于检察队伍的专业化建设"，[③] 也导致"检察机关内部的

---

[*] 洪文海，厦门市翔安区人民检察院。
[①] [美]埃尔曼：《比较法律文化》，三联书店1994年版，第6页。
[②] 贺卫方：《司法理念与制度》，中国政法大学出版社1998年版，第297页。
[③] 张建国：《检察人员职位分类改革问题研究》，载张智辉、谢鹏程主编：《中国检察（第3卷）》，中国检察出版社2003年版，第643页。

行政管理职能和法律监督职能在大程度上交叉,行政管理职能代替了检察司法职能,造成检察制度的行政化"。①这种行政管理模式不符合检察官的培养规律,不利于检察队伍的专业化建设,无法适应检察机关履行国家法律监督职能的需要。"一方面,检察人员的人事命运与行政化的人事管理制度的实际运作息息相关,不管这样的管理制度是否符合司法规律和检察工作的需要,基于自身利益的需要,检察人员在心理上都不可能完全忽视。相反,实践中行政化认识管理机制所孕育的,更多的是行政化的工作态度,而不是司法化的职业意识。另一方面,行政管理化方式导致检察人员不可避免地出现'一来'的思维惯性,一旦碰到实际问题和困难,向上级上交矛盾以推卸责任和压力成为条件反射式的自然心理反应。这种思维惯性,往往使检察人员的职业意识在相当程度只停留在口头上。"②

(二)现行检察官资格取得的弊病

尽管检察官法已颁布 10 年有余,但现实中有关检察官的选拔、任用还存在以下问题:

1. 检察机关上下级之间的领导关系,在检察人员选拔、任用中没有很好地体现。在检察人员管理方面,目前党内实行的是"双重管理,以地方党委为主"的体制,但上级检察院难以有效地对下级检察的领导干部进行管理。1999 年《中共中央关于进一步加强政法干部队伍建设的决定》规定"地方党委决定任免政法部门的领导干部,要征得上一级政法部门党组(党委)同意",实践中没有完全落实。一些地方党委在调整检察机关领导干部时,事先不协商,不尊重上级检察院的意见,将不符合检察官任职资格的领导干部安排为检察院的领导干部,少数地方党委甚至凭借干部管理权干预检察机关依法办案。具体来说,一是检察机关的人受制于地方,在一定程度上导致检察权地方化,严重影响了检察机关依法独立行使检察权;二是管人与管事相脱节,使检察机关的上下级领导关系受到削弱,领导体制的作用得不到有效发挥;三是影响高素质专业化检察官队伍的建立,一些地方想要的法律专业人才进不来,违法任命检察官的现象屡有发生,不适合检察官职业的人,却出不去。

2. 现行检察官产生的方式,基本上按照一般选拔,因而决定了检察官的专业化程度较低,具有大众化的特点。检察官的选拔、任用,大体上与国家公务员的用人制度和方式相同,特别是职级问题上,检察官基本走的是行政序列,并与其行政职级大体相当。换言之,一个人要成为一个检察官首先取决于他的行政级别,而检察官等级制度还没有真正落实。这无疑助长了检察人员追求行政职务的官本位思想。

3. 由于检察机关的千军万马都要挤检察官这个"独木桥",使从事行政、管理工作的检察员、助理检察员,占去了大量检察官的编制。特别是在从事行政、管理工作的年龄较大的检察官中,有的连一件案件也没办过,有的人甚至没有法律专业大专以上学历,从而致使办案部门的检察人员即使符合条件,也不能升任检察官。

4. 检察机关在选拔、任用检察人员问题上,还存在"进口把不住,出口难疏通"的问题。由于检察机关在用人上受制于地方,而为了照顾行政级别或完成"政治任务",使得一些年龄偏大、法律知识欠缺又无一技之长的不适合从事检察工作的人进入或无法清理出检察机关。

---

① 吴汝延:《检察机关人力资源分类管理的基本构想》,载《人民检察》2007 年第 7 期。
② 农中校:《检察人事管理制度的反思及职业化重构》,载《学术论坛》2008 年第 2 期。

5. 检察官选任问题上的先天缺陷，在一定意义上导致了检察人员分类及分工的不合理，使相当一部分非法律专业人员和非从事业务工作的人员占据了检察官的员额，也使检察官整体素质偏低，有损于检察官的形象和威信。

（三）检察官主体作用不突出

检察机关履行国家法律监督职能的主体是具有检察官职务资格的各种检察官。现行检察人员管理体制下，检察官的主体地位不明显，主导作用不突出，专业化程度不高。一个主诉检察官或者一个业务处长可能明天就会到非业务部门任职，这就很能说明问题。一方面表明有些检察官是靠资历、年头"熬"上来的，属于"万金油"型，什么都能通，什么都不精。另一方面也说明我们培养的检察官成本太低，检察官自身业务含量也不高，专家型、学者型、复合型检察官太少，因此不惜浪费人才。检察官主体作用不突出还表现为检察机关的编制中非业务人员过多，一般要占 1/2 左右。这表明检察官在检察队伍中人数上也未占主流地位。当然，这也是我国党政机关的一个通病，即人浮于事，效率低下。

二、外国检察官专业化的准入制度

为了解决上述问题，不如借鉴下其他国家的先进制度。在研究其他国家检察官管理制度时，我们不难发现检察官选拔制度是一大亮点。以德国为例，仅司法考试制度就有 150 多年的历史，而他们的检察官、法官的选拔制度更是程序严谨，要求严格。改革开放以来，我国对于检察官选拔制度也是相当重视的。检察机关担负着保障国家法律统一实施的职责，要切实履行好宪法赋予的这一职责，就必须建立一套科学、优化、完善的检察官选任职度，确保将高素质的人才"输送"到检察队伍中来，为检察机关正确履行法律监督职能提供优良的人力资源保障。因此，笔者认为要学习借鉴其他国家检察官管理制度中的有益经验并以此提出建议予以完善。

（一）英美法系国家的检察官遴选制度

英、美作为普通法系国家的代表，其检察官的遴选制度更注重选任者的司法经验。所以，英美法系国家的法官和检察官都是从律师中选任的。以英国为例，英国的检察官从律师中选任后，即是出庭律师或者控方律师。每一个司法区约有数十名政府雇佣的律师，即检察官，为检察署服务。检察官一般都有很好的收入，很讲职业诚信和职业道德。虽然他们本身也是律师，但受雇于政府成为检察官后，便不会再受理其他刑事案件。英国检察官在审查决定案件是否起诉上，有很大的独立性，不受政府和公众的干涉。检察官起诉案件的标准，第一是证据是否充分，能否排除合理怀疑；第二就要考虑是否侵犯公众利益。同时，英国检察官也是相对自由的，可以辞去检察官职务，专任律师，但必须提前 3 个月向总检察长报告。

（二）大陆法系国家的检察官遴选制度

相较于英美法系国家，大陆法系国家更注重检察官专业知识的训练，即更注重选任者的认证资格考试。以德国为例，德国实行的是司法专业化的检察官遴选制度，要求实行法律职业一体化，无论法律从业者打算成为法官、州检察官、私人开业律师、受雇于州的文职官员，还是企业中人事或法律部门的法律专家，都要经过相同的法律培训。在德国，检察官是终身职务，法学院毕业生通过两次国家统一司法考试才具备检察官的选任资格，15%的司法考试成绩优秀者作为检察官、法官人选被指派实习，通常只有5%的实习检察官被任命为检察官。所以，在德国，要想成为一名检察官（或者法官）要走的路相当漫长：首先应当是接受完全的司法教育（约3至4年），司法专业毕业并通过闭卷考试合格，毕业后要通过国家一级司法考试。之后到司法部登记申请实习，经过3~5年的实习期（实习期间开始半年内要接受司法部组织的3个月的职业培训，并按照司法部的安排在法院、检察院或者司法部实习，1年后可自由选择实习机构和部门），认为自己具备条件的，可以申请报名参加国家二级司法考试（从事检察官、法官职业的考试与从事律师职业的考试不同）。考试前需要参加司法部组织的培训，参加8门闭卷考试之后，6个月内接受进一步培训，培训中还有可能申请到另一司法机构或国外实习；8门考试通过后参加一门面试，全部通过后，其职业教育培训即宣告结束，被称为"司法专家"，可以选择具体职业和工作地点。如果选择成为一名检察官，需要提出申请并参加岗位竞争，经过司法部、法院、检察院的代表三方考核，共同决定是否录用，录用后就被任命为检察官，但还需要有3年左右试用期，需要至少在三个不同的工作岗位工作。根据试用期的表现才能最终决定是否录用和在什么工作岗位。正是由于司法部门、检察机构和法院都从相同的渠道选任人员，在司法部、检察院和法院之间的人员流动也比较方便和频繁。

三、对检察官管理体制改革的几点建议

由于法学渊源和历史传统的不同，英美法系国家的检察官或法官的推荐、遴选和任用升迁较具弹性，缺乏一定的标准，其制度不一定能对我国现行检察官管理制度的完善起多大的参考作用。不过，其中对于司法经验的重视以及关于检察官待遇的规定也是值得我们学习的。而德国司法制度中关于检察官遴选制度的规定，不仅程序严谨、公正合理，同时也有利于维护司法公正、保障司法权威，有利于全面提升检察官在全民认知中的专业性。针对我国检察人员管理体制存在的问题，建议对检察人员管理体制作如下改革：

（一）建立检察官逐级遴选制度

实行检察官遴选制度，是各国选拔司法官员的普遍做法，也符合司法官员的成长规律。我国目前尚未建立起这样一种制度，上级检察院的检察官基本上产生自本院现有人员，而本院现有人员又大都直接出自校门或其他来源，很少从下一级检察院的优秀检察中进行遴选。这一状况不仅直接影响了上级检察院检察官队伍素质和质量，也在一定程度上压抑了下级检察院检察官的工作积极性。因此，有必要建立符合检察官队伍成长规律的逐级遴选制度，即上一级人民检察院的检察官缺额时，要逐步实现从下级检察院优秀检察官中遴选的制度。这主要是为了保证上级人民检察院的检察官具有较高的政治、业务素质，并具有丰富的检察实务经验。在目前情况下，具体的选拔程序可以这样设计：高检院普通检察官的遴选，由高检院负责；地方各级检察院普通检察官的遴选，由省级检察官统一负责。这样做的理由是：（1）有利于较好地体现检察一体化的原则，在干部管理体制方面理顺上下级检察机关之间的领导关系，强化上级检察院对下级检察院的组织领导；（2）有利于根据检察业务工作需要和下级检察官的政治、业务素质情况，选拔优

秀检察官到上级检察院工作，提高检察官队伍的整体素质；（3）有利于体现党管干部和依法管理检察官的双重要求。高检院和省级检察院按照法定程序和要求遴选检察官，其中涉及党内程序的，仍然要根据干部管理权限审批。

（二）建立检察官分类管理制度，科学规范检察官职位

《关于司法体制改革试点若干问题的框架意见》和《上海市司法改革试点工作方案》的出台明确了检察人员分类管理在几个省开始试点，但是目前为止相关方案细节并未出台，显然仍掩着神秘的面纱，笔者这里就做初步探讨。为实现司法资源的有效配置和利用，必须根据司法管辖的人口数量和业务量科学设置检察官人数。对于在一个地域范围内需要多少司法官，从国外情况看，一般是严格控制的。一个法院只有几名法官，一个检察院的检察官更少。在我国一个基层检察院一般几十人多则上百人。根据我国检察机关所负的职责，检察官的人数不能与国外相比。但是检察官的人数也不能过于庞大。检察官人数过度膨胀，不仅增大国家的司法经费投入，也难以提高检察官的地位和待遇。要改变检察院人事编制中仅有总数而没有明确检察官职数规定的现状，为避免检察院职数设置的随意性，可以通过立法对各级检察院的检察官数量作出明确规定。并且只有在现任的检察官退休、辞职、辞退或被免职时，才能相应予以补充。

合理确定和控制检察官的数量，应建立检察官的分类管理制度。检察官的分类管理是检察官中检察权司法属性和行政属性分化的必然要求。实现检察监督职能和管理职能的分化，是检察机关的机构科学设置和人员科学分类管理的一个前提。根据行使检察权的主体不同，可将监察机关的人员分为检察、检察辅助人员、法警。检察官能独立行使检察权，司法性较突出。因此，对从事职务犯罪的侦查、审查逮捕、出庭公诉以及民事行政检察、监所检察等部门的主要检察人员授予检察官外，一般的辅助官员和技术人员可划为检察辅助人员。要改变把书记员当做检察辅助人员后备军的管理制度，设立独立的检察书记员系列。书记员在检察工作中服从检察官的指挥。将检察机关的行政管理人员、政工人员完全纳入公务员系列，将法警纳入警官系列。这样分类管理之后，检察官的数量就能有效控制，实现少而优的"精英化"，为提高检察官的物质待遇和保障提供条件。

（三）加强检察官的职业考核、职业监督和职业保障

1.加强职业考核机制。无疑，检察官职业考核机制，是确保检察队伍德才兼备的重要内容。而考核应针对检察官职业特点，考核检察官的整体素质，包括道德素养和业务能力。而业务能力包括办案质量、效率、职业技能、庭审表现以及实际掌握和运用法律、具体分析与判断案件、辨别和取舍证据，制作检察文书、调研能力等。因此，考核不能满足于对某些概念、名词解释的卷面考试，也不能满足于每年的一两次个人总结，而应将德、能、勤、纪、廉具体化、经常化。第一，在对检察官的职业道德进行考核时，要注意：一是无论个人品质还是职业道德都是非常抽象的，具体操作中有一定的难度，既不能上纲上线，也不能放任自流。二是随时注意检察官思想动态，防微杜渐。三是职业道德准则不是一成不变的，应不断完善和提高。第二，在考核检察官的业务能力时，应体现在对其工作效率、公正执法技能、调查研究能力、检察文书制作水平等方面考虑。第三，改革考核体制。以上一级院考评为主，被评检察官所在单位协助考评。地市级以上检察院设立考评委员会，实行日常办公。上级院考评委员会不能取代本院考核领导小

组的工作,但可以兼管本院日常考核工作。第四,改革考核办法:一是改革现行被考核单位的检察官所在单位一家说了算的做法。年终考评总分值由以下几个方面组成,经考评委员会审核汇总确定最后分值:考评领导小组评分,占总分值40%;上级对口业务部门评分,占总分值的40%;同级人大评议或地方行风评议分占总分值20%。二是实行考评委员会根据年初目标方案进行月度督查,被考核检察官季度自评、半年小结的日常考评机制。第五,重视考核结果使用。要改变当前只晋升工资未作为晋职晋级使用依据的现状,将考核结果作为检察官奖惩、培训、免职、辞退以及调整等级和工资的依据。

2. 要完善检察官监督制约机制。一要加强对检察官执法办案活动的监督。二要加强对检察官本人的监督,包括8小时以外的监督。三要充分发挥检察机关各部门的作用,加强对检察工作各个环节的制约。四要拓宽接受对外监督的渠道,检务公开,增强检察工作的透明度,健全检察机关接受人大、政协和社会各界、人民群众、新闻舆论监督的制度。五要加大查处检察官违法违纪案件的力度,对检察官违法违纪案件发现一起,查处一起,一查到底,绝不能姑息迁就。

3. 完善检察官职业保障制度。一要保障检察官依法独立行使检察权,坚决排除各种干扰,包括行政机关、社会团体和个人对案件办理的干预,保障主诉、主办、主侦检察官依法享有的特殊职权。二要保障检察官的职业地位,检察官一经任用,除正常工作变动以外,非因法定事由,经法定程序,不得被免职、降职、辞退或处分。三要完善检察官等级制度,逐步实现检察官福利待遇、工资与检察官等级相配套。同时,上级检察机关要和地方财政协调,保障检察机关的办案经费和物质装备,批准后的财政预算,建议由中央财政和地方财政按比例划拨。四要在检察官人身和财产安全保障方面,应为检察官办理人身和财产保险,设立检察官伤害基金、检察官殉职抚恤金及一次性补贴等。

深化司法改革背景下检察听证制度的实践操作及完善建议

陈城辉[*]

在西方法治成熟的国家,听证制度存在于立法、行政、司法领域,但是我国由于听证大多涉及阶梯水电费、燃气价格调整、铁路票价提价等一系列关乎民生的领域,使得行政听证一度成为民众心中听证的标签。在司法范畴内,检察听证指检察机关在执法办案和法律监督工作中,召开听证会听取有关机关、案件当事人及其辩护人、法定代理人以及其他有关单位、人员意见的开放式办案渠道。在此,笔者以司法改革的全面推进为背景,分析当前基层检察院实施检察听证的依据、现状及存在的问题,并就如何推进检察听证制度提出对策建议。

一、推进检察听证的应然价值分析

(一)检察听证的法律渊源

《刑事诉讼法》《人民检察院刑事诉讼规则(试行)》增加的刑事和解制度、未成年人案件附条件不起诉制度、羁押必要性审查等制度,《人民检察院民事诉讼监督规则(试行)》《人民检察院刑事申诉案件公开审查程序规定》提出将公开听证作为重要的办案方式。上述法律规定均以法律的形式要求各级检察院转变执法观念和办案方式,把人权保障、程序公正放在更加突出的位置。法律的生命力在于实施,法律的权威也在于实施,检察机关创新工作形式,借鉴行政听证,通过公开听证的方式使社会第三方群体参与到检察工作中,不仅有利于落实上述的相关规定,也有利于进一步深化检务公开,提升执法公信力和亲和力。

(二)司法公开、司法民主的社会回应

党的十八届四中全会通过了《中共中央关于全面推进依法治国若干重大问题的决定》,并提出了要提高司法公信力,加强对司法活动的监督,保障人民群众参与司法,在司法调解、司法听证、涉诉信访等司法活动中保障人民群众参与的重大决定,最高检关于贯彻落实上述决定的意见中提出了强化对检察权运行的管理监督,提高司法公信力,保障人民群众参与司法的改革目标。而司法实践中,检务公开要求检察机关在行使职权时,除涉及特殊案件外,应将涉及人民群众利益的工作制度、工作程序以及当事人的权利向社会及诉讼参与人公开,使当事人了解诉讼过程,保障其合法权益,从而更好地接受社

---

[*] 陈城辉,厦门市翔安区人民检察院。

会监督,全面推进司法改革的社会期待倒逼进入深水区的司法改革,检察听证与社会对于司法工作走进寻常百姓家成为新常态的期待不谋而合,有针对性地回应了人民群众呼声和社会关切。

(三)司法专业化和社会化结合的有效渠道

司法是维护社会公平正义的最后一道防线,而法律的权威源自人民的内心拥护和真诚信仰。完善司法管理体制和司法权力运行机制,规范司法行为,加强对司法活动的监督,是当前司法改革的重大命题。司法实践中,公开听证会作为深化检务公开的一种载体,使听证双方依法、合理地表达诉求,使案情更加清晰透明,程序更加公开公正,为化解矛盾既提供了前提条件,又拓宽了解决涉检上访的途径,进一步丰富了检务公开的形式和内容,有利于构建开放、动态、阳光、便民的检务公开工作机制,切实保障案件当事人合法权益,直接、全面听取诉讼各方及社会意见,准确把握案件审查条件,完善审查方式,强化了审查工作的司法属性,推进了群众有序参与司法活动,确实使人民群众在每一个司法案件中感受到公平正义,是实现司法专业化和社会化结合的有效渠道。

二、翔安区检察院开展检察听证会的探索

(一)翔安检察院检察听证会的试行情况

1. 初步探索和社会效果。2014年翔安区检察院与区公安分局正式启动侦查阶段羁押必要性审查机制。同年该院就一起故意伤害案犯罪嫌疑人捕后是否变更强制措施进行全省首例公开听证会。公安机关办案人员、犯罪嫌疑人及被害人近亲属到会参加听证,合议小组由该院相关人员组成外,还邀请市、区人大代表、人民监督员和政协委员加入。在首次听证会上,参会各方分别发表意见并展开充分讨论。合议组在认真听取并考量各方意见,闭门磋商合议后,当场公布合议意见,一致认为该案事实清楚,证据充分,鉴于案件系由被害人对妻子实施(家庭)暴力引发,存在重大过错,犯罪嫌疑人出于义愤而将被害人捅成重伤,但案后认罪态度好且捕后得到被害人谅解,具备监管条件,采取取保候审不致发生社会危险性,会后遂向公安机关发出《羁押必要性审查建议书》,提出变更逮捕为取保候审的建议。公安机关在收到建议书后依法对嫌犯变更强制措施为取保候审。参会群众与合议代表对该院采用公开听证的办案方式予以赞许,认为此举既体现了阳光检察,又从参与刑事诉讼和聆听检察官的释法说理中得到了一次直观、深刻的法治教育。

2. 进一步探索。在首次举行公开听证会取得良好的法律效果和社会效果后,翔安检察院以巡回检察工作和社区检察室工作为平台,深入相关办案单位、司法行政机关、镇街及社区展开走访调研以征求意见,并根据征求的意见,不断完善工作方式,进一步推进该项工作的开展和完善。

(1)完善工作机制,推进听证会规范化运行。经反复调研和征求意见,翔安检察院与区人大常委会、区公安分局、区司法局联合会签《厦门市翔安区人民检察院检察制度实施办法(施行)》,该办法详细地规定了检察听证制度的总则、适用范围、启动程序、听证程序及附则,现已进入检察机关规章制度的审批阶段。进一步促进听证会规范化运行,

对听证会进行同步录音录像，告知与会人员的权利与义务，全程对会议进行记录并由与会人员签字确认，会上同步公布合议小组的合议结果。

（2）逐步拓宽听证案件范围，建立包容性听证制度。拓宽听证案件范围，将侦查机关移送提请逮捕的案件和捕后开展和解工作并达成和解的案件纳入听证会的案件范围，2014以来，已先后举行十余场羁押必要性审查听证会。扩大公众参与度，邀请市区人大代表、政协委员、人民监督员、巡回检察联络员、社区代表、院检委会委员、控申部门代表共同组成合议小组，广纳各方意见，接受群众监督。

（3）注重工作衔接，确保听证会的综合成效。在举行听证会前积极听取侦查机关及相关社区代表的意见，审慎评估听证会的必要性及变更强制措施的可能性，在已举行的听证会所作出的变更措施建议均得到侦查机关的采纳和配合，未出现双方当事人信访和异议的情况，并启动捕诉衔接机制，保障后续公诉、审判程序的顺利进行。

（二）翔安区检察院试行听证会目前存在的问题

1. 法律法规不健全影响实践操作。《人民检察院民事诉讼监督规则（试行）》《人民检察院刑事申诉案件公开审查程序规定》虽然提出将公开听证作为重要的办案方式，但是仅提出弹性要求，并无硬性要求和实施细则。目前该院检察听证业务部门实施范围单一，仅有侦查监督部门，且限于侦查监督业务中的不捕和捕后羁押必要性审查两方面，无硬性要求和考评指标，缺乏主动探索动力，其他有需要、有可能实施的部门如公诉、民行、控申部门尚未举行，特别是民行部门有举行听证会的强烈意愿和现实需要，但是由于没有相关的制度执行，无法具体开展。

2. 公众和新闻媒体参与度仍显不足。虽然在已举行的十余场听证会中该院已经着力提升听证会的公众参与度，将市区人大代表、政协委员、人民监督员、巡回检察联络员、社区代表、院检委会委员、控申部门等代表纳入到合议组的范畴，但是基层的群众代表特别是镇（街）的人大代表、社区网格员、群众组织、基层调解组织成员尚未参与进来，新闻媒体尚未介入到听证会的举行中，导致检务公开的社会影响力和公开性没有充分体现出来。

3. 后勤保障配套不齐全。目前举行听证会的地点主要是集中在检察机关的办公会议室和办公室，没有专门的听证会场所和合议室，导致听证会的场所存在随意性，听证会每次基本上要邀请3名的合议组成员，没有专门的餐费和路费补贴，与会人员的经济负担一定程度上会影响其参与听证会的积极性。

4. 听证会的启动存在着偶然性。当前侦查监督科主要是针对典型的审查批捕案件中有无逮捕必要性和捕后羁押必要性审查的案件举行听证会，在启动方面，大部分案件系该院侦查监督部门的干警积极主动对接公安机关了解捕后羁押必要性的相关情况而启动听证会，有的案件捕后社会危险性消失或大大降低或双方矛盾得到化解，但是犯罪嫌疑人家属或辩护人并不知晓《人民检察院民事诉讼监督规则（试行）》《人民检察院复查刑事申诉案件规定》《人民检察院刑事申诉案件公开审查程序规定》增加的监督渠道，没有主动申请启动该程序，公安机关又疏于向检察机关反馈羁押必要性及捕后社会危险性的实际情况，难于维护相关当事人的合法权益且浪费了司法资源。

三、在基层检察院全面推行听证会制度的建议

（一）扩大听证范围，主动顺应司法改革的社会期待

检察听证可应用于检察工作的各个环节，对于提高检察执法的公开性、透明性、规范性有着积极的引领和示范作用。在检察机关的各种检察业务中，不同检察职能中的检察听证又有所不同，在基层检察院的工作中，有如下几个阶段的工作可以推行检察听证：

1. 公诉阶段听证。近几年来随着基层检察院不起诉案件的激增，将不起诉案件纳入听证会的范畴，有利于不诉工作的规范化和常态化。新刑诉法第271条规定："对于未成年人涉嫌刑法分则第4章、第5章、第6章规定的犯罪，……人民检察院在作出附条件不起诉的决定以前，应当听取公安机关、被害人的意见。"上述规定是实行未成年人附条件不起诉听证的依据，由于案件涉及未成年人，附条件不起诉听证可不公开举行。

2. 民事检察案件听证。新颁布的民诉法第14条规定"人民检察院有权对民事诉讼实行法律监督"，最高检于2013年11月18日颁布施行的《人民检察院民事诉讼监督规则（施行）》在第5章的审查中引入了听证制度，规定人民检察院审查民事诉讼监督案件，认为确有必要的，可以组织当事人听证，基层检察院可以把提请抗诉案件、当事人对拟审查决定不服的案件及双方当事人有可能和解的案件列为可以进行听证的案件。

3. 控告申诉阶段听证。由于控告申诉内容的多样性，需要举行检察听证的案件类型也较多，根据2012年最高检下发《人民检察院刑事申诉案件公开审查程序规定》，公开听证是公开审查刑事申诉案件的形式之一。基层检察院可将控告申诉类案件的听证包括不服检察机关处理决定的刑事申诉案件、涉检信访案件、控告公检法及其工作人员阻碍私权主体依法行使诉讼权等案件。

（二）完善听证程序，维护各方权益

1. 优化办案资源，推行集中听证。由于检察职能的分工不同，各办案部门都存在需要召开听证的情况，易导致各部门分头举行听证会，听证会如不统筹举行，可能延误既定听证。而统筹听证能有效避免此种情况的发生，应科学合理整合检察资源，便于社会第三方人士参与。以翔安区检察院为例，采用集中听证后，各部门的听证会集中安排在每周三、五进行。各部门将需要听证的案件应于上周五上午前报院案管部门，由案管部门统一安排场所。公开听证需社会人员出席的，应同时报办公室，由办公室负责通知。侦查机关办案人员、案件当事人及其辩护人、法定代理人的通知由案件承办部门负责。

2. 规范听证顺序，统一听证议程。司法实践中，各地对检察听证的程序并没有统一的规定，导致听证过程混乱，各方未能很好地表达各自意见，导致听证效果不理想。现行听证程序的完善与规范避免了上述弊端。翔安检察院捕后羁押必要性具有一定的参考价值，在该院的工作中，听证程序共有八个步骤组成：一是承办检察官主持会议，并明确听证会程序和议题；二是宣布听证人员和其他参与人名单、询问回避事项和宣布听证会纪律；三是主持人介绍案件基本情况；四是侦查机关、当事人及其辩护人、法定代理人分别阐述各自主张及理由；五是主持人确定焦点问题，参加听证人员对焦点进行答辩；六是合议组退席，举行闭门磋商；七是主持人对合议情况进行现场公布并进行释法说理；八是主持人宣布听证结束，参与听证人员对听证记录签名确认后退场。

3.变革绩效考评体系。变革现行的基层检察院考评和绩效考核体系,引导检察机关及办案人员积极举行检察听证。在实务实践中,基层检察院考评和绩效考核指标具有较强的导向和引领作用。因此,为了提高检察机关和承办人员检察听证工作的积极性,应该对基层检察院考评和绩效考核指标进行顶层设计,在现有的评价体系中,将检察听证纳入检察机关和个人的考核评比的范围,以督促办案人员将符合听证案件范畴的案件纳入听证,使检察听证工作常态化和规范化。

(三)加强检察听证的软硬件建设,扩大社会公众参与度

1.建立司法办案区固定听证场所与动态检察相结合。建立司法办案区固定听证场所,在形式上保证每个案件听证环境的公正,在检务公开、检察权司法化的背景下,建立集执法办案、检务公开、司法便民为一体的司法办案区是大势所趋。具体而言,一是立足诉讼公开、文明、公正在司法办案区固定检察听证场所,现场悬挂国徽,检察官席位居中,分别设置被害人及其诉讼代理人、犯罪嫌疑人及其辩护人、案件侦查人员等席位确保听证的严肃性;二是结合各地的工作特色,对于一些舆论和人民群众较为关切的案件,将听证会的场所前移至镇街、社区、学校、企业、农场、林场等。

2.建立听证人员库,规范合议人员组成。检务公开要求多方参与检察听证,使得公众能够了解检察机关办案,做到办案公开、透明、公平、公正。因此保障除案件当事人及办案人员外的第三方人员介入听证并发表意见,对于落实检务公开有着重要的意义,听证会亦要求常态化听证中第三方的介入。听证制度可借鉴法院人民陪审员的选任制度,在检察听证中也建立听证人员名单,分为市、区、镇街人大代表、政协委员、区司法局指派的法援律师或者工作人员、人民监督员、巡回检察联络员等不同类别,根据实际案件情况抽取2~5名参加公开听证,对案件处理发表意见。

社会治理创新

从立法视野试探流动摊贩的社会治理

丁贤志[*]

　　流动摊贩是指无固定经营场所摊贩。不论喜欢与否，它都在城市的大街小巷中存在着。曾因无经营场所且未领取营业执照，被认定为无照商贩，[①] 按照国务院《无照经营查处取缔办法》规定对此应当采取查封、扣押等措施予以取缔。近年来，城管与流动摊贩之间的冲突愈演愈烈，成为公众关注的焦点，流动摊贩的管理陷入了困境，强制取缔的认识及做法不得不作调整。2011年4月16日，国务院令第596号发布《个体工商户条例》（自2011年11月1日起施行），其中第29条规定："无固定经营场所摊贩的管理办法，由省、自治区、直辖市人民政府根据当地实际情况规定。"据此，流动摊贩，不再强制纳入个体工商户登记管理，换言之也就不能简单地视流动摊贩为无照商贩，法律上赋予了流动摊贩存在的空间。但是，地方尚未完全适应转变，有的仍延续着"管理"的老思路，也未调整管理策略，就目前大多数城市对流动摊贩管理的情况来看，可以概括为"无法"导致"无序"。其主要表现在：一是缺乏"身份认定"的规范。无固定经营场所摊贩的管理办法迟迟没有出台，没有明确赋予流动摊贩合法地位，也不能仍将流动摊贩按照"无照商贩"的老观点定位其违法。二是缺乏"场所管理"的规范。对流动摊贩的经营场所管理缺乏配套制度，有的采取禁止的措施，导致流动摊贩因占用城市公共场所（占道）而违法。如《厦门市市容环境卫生管理条例》第21条第2款规定："任何单位和个人不得擅自占用城镇地区道路、广场、海滩等公共场所。"不得擅自占用公共场所（本文以下称"占道"），说明经批准就是合法的，但不出台批准的规范，结果是只"堵"不"疏"。三是缺乏"管理规范"的规范。因对流动摊贩采取"一禁了之"态度，也就没有出台其合法经营的规范，除"取缔"之外并无规范管理的余地。四是缺乏"执法手段"的规范。《个体工商户条例》出台之前按照无照商贩对其可以实施查封、扣押等强制措施，但目前只能按照其占道经营行为依法处以相应罚款，行政执法中已缺乏相应的强制措施权。综上，由于无法可依或者有法也难以执行，对流动摊贩的管理处于无序状态，城管执法陷入了越管越乱的困境。

　　解铃还需系铃人，流动摊贩的治理还是要从完善相应立法或者有关制度着手。当然也要认识到，城市生活中，各个阶层人群对流动摊贩的认同不一，有时还存在利益的直接冲突，难以满足各方利益诉求，相关制度的出台存在一定的难度。有的地方尝试"疏堵结合"出台了一些文件，但不够全面、权威。运用法治思维和法治方式化解矛盾，是依法治国方略的具体体现。笔者认为有必要抓紧开展流动摊贩的立法，越是利益多元交织的立法，越是有其必要性。笔者从立法的视野，就针对流动摊贩治理的立法思想、制度

---

[*] 丁贤志，厦门市法制局。
[①] 《国家工商管理总局关于无照商贩界定问题的答复》（工商法字〔2002〕第89号）："无照商贩是指挤街占道、无固定门店、在街道或者居民区随意见摆摊设点或者走街串巷流动经营，未依法向工商行政管理部门登记注册并领取营业执照而擅自从事经营活动的经营者。"

设计、执法手段等方面进一步分析有关问题:

一、由"单纯管理"向"依法治理"转变,树立以人为本的立法理念

以权利为本位是法治的本质要求。流动摊贩的存在,涉及一个人、一个家庭的就业等公民基本权利;政府负有促进和保障公民就业的职责。法不禁止即自由。在法律、法规并未禁止摊贩的情况下,认为摊贩占道行为违法而"一禁了之",是对有关流动摊贩权利的漠视。转变观念,正视摊贩合法权利,赋予其合法地位,规范其经营行为,是就流动摊贩治理立法的指导思想。

社会治理是流动摊贩立法的必然要求。越来越多的法律并不直接、具体地进行利害调整,而是仅仅提供利益调整的平台,将实际利害调整任务委任给行政过程。[①] 有关摊贩的治理,不能简单一禁了之,也不宜全面放开。如何让其准入、如何规范、如何管理等,要听取包括摊贩业主在内的各方利益主体的意见,兼顾多方利益,制度设计上应是开放的,既要有一般的强制性规范,又要有体现不同行业、不同区域治理摊贩灵活性的任意性规范,着重从搭建平台入手,强调从工作机制上引导有关各方共同参与的治理途径与措施。

开门立法是流动摊贩立法的重要途径。流动摊贩的治理,涉及各个阶层的利益,关系城市管理的形象。有关流动摊贩的立法及其配套制度制定过程中,需要组织听证、论证等活动,从程序上保障各方能够充分反映诉求,进行必要的辩论,求得利益最大公约数,以平衡各方利益,追求立法的公平正义。

二、由"单向管理"向"多元治理"转变,构造疏堵结合的主要制度

城管一味"堵"的单一执法,面临困境。要改变这一困境,就要按照疏堵结合的方针设计相关主要制度:

(一)以正名入手,让摊贩"流动"变"固定"

厦门早餐工程管理的经验值得推广,早餐工程承办单位负责对早餐销售人员的日常管理,实行销售车统一款式、销售人员持证(健康证和占道经营许可证)上岗、限时销售等制度,[②] 早餐工程销售车遍布大街小巷,形象良好。早餐工程销售就是一种摊贩经营,有关规定较好地理顺了各方利益关系。当然,摊贩名目繁多,情况各异,难以建立统一的摊贩准入制度。可以区分行业管理与社区等区域管理,分类确定行业主管(可由协会或业主为主)、社区自治等模式予以确认摊贩准入,以解决摆摊地点及摆摊经营时间的问题。作为摊贩准入证明,可以发放一定期限的上岗证或其他登记证,注明摊位摆放时间与地点。作为摊贩摆放地点,既要考虑市民生活需要、摊贩经营需要,又要考虑城市管理需要。因而相关制度设计上就要体现:一是立法明确规定或者赋予规划明确划定有关禁设区域、限设区域和适设区域,禁设区域一律不得摆摊设点,限设区域经批准允许摆摊地点,适设区域放开准入;二是明确设定摊位准入主体,按照分类分别由行业组织和社区自治组织予以核定摊贩的准入登记;三是明确摊贩经营规范,如经营时间、经营准

[①] 陈峰:《政社互动:创新社会管理背景下的行政法新模式》,载《北方法学》2013年第6期。
[②] 《厦门市早餐工程管理规定》,厦门市政府于1999年出台,2002年修订。

则、环境卫生管理要求等。通过上述制度设计,赋予摊贩合法身份,解决其经营场所等基本问题,从而将其纳入规范管理。

(二)从扶持做起,让摊贩"弱势"变"平等"

在"美丽厦门、共同缔造"战略规划实施中,要将流动摊贩管理纳入社会治理的重要项目,推行项目负责制,实行"以奖代补"政策。改变收费管理的老思路,以免费准入或补贴管理费用等方式扶持摊贩正当经营,以解决摊贩摆得起的问题,让摊贩融入城市管理和城市生活之中。城市治理关系城市市民的整体利益,将流动摊贩纳入城市治理体系之中,对其利益进行一定的约束和规范,同时也给予相应扶持和补偿,符合现代法治的公平正义精神。

(三)从善待出发,让摊贩"旁门"变"正规"

政府职能部门要根据流动摊贩的特点加强管理,对流动摊贩要宽进善管。所谓善管,一是善于引导,让一些没有纳入规范的流动摊贩,规劝、督促其编入社区、行业管理的轨道。流动商贩"各自为战",缺乏规范,其合法权益也得不到有效的保障。将他们组织起来,由"游击队"编入"正规军",十分必要。二是善于自律,让摊贩作为主体参与管理。组织制定有关摊贩管理规约和自治规范,由管理主体与摊贩签订合同,突出行业协会与自治组织的自律管理。三是善于规范,让诚信作为摊贩管理的主旋律。实行"违规记分制"管理和诚信奖励机制,奖罚分明,增强管理的针对性和有效性。

三、由"单一执法"向"综合治理"转变,将摊贩管理纳入法治轨道

(一)明确底线

对摊贩禁设区域、禁设时间及禁止的经营行为,确立一般的强制性规范,规定相应的违法责任。有必要通过制定地方性法规,对在禁设区域等摆摊设点行为赋予行政机关的查封、扣押强制措施权,设定没收财产、罚款等行政处罚。城管执法的重点是对突破底线的流动摊贩的严重违法行为,予以严肃查处,树立法制的权威。

(二)柔性执法

对流动摊贩经营的日常管理,要大力运用行政指导、行政合同、行政规划、行政调解、行政资助等方式,建立依法行政与社会自我管理互动的合作机制,将行政执法查处作为管理的最后一道防线。区别不同的违法情形,设定不同的法律责任;对其经营中违法行为,纠正选择性执法,少搞运动式执法,坚持处罚与教育相结合的原则,注重执法效果。

(三)综合治理

成立城管委员会,协调交通、工商、质量、城管等各方管理力量,齐抓共管;按照行业和社区准入管理分类,实行相应考评机制,兑现奖惩。只有让流动摊贩融入城市生活之中,让城市各方参与治理,才可以走上人民城市人民建的正道。

关于无证旅馆管理的调查与分析

林少强[*]

近年来，思明区作为海峡西岸经济区重要的消费购物中心、商务营运中心和游客集散中心，国内外嘉宾、游客吞吐量与日俱增。在经济突飞猛进的过程中，辖区旅馆业发挥了巨大的正能量。但是，众多无证经营旅馆的存在也带来了一些负面因素。对此，思明公安分局近两年来加大力度持续开展打击整治工作，从整治中摸索防控工作经验、建立长效管理机制，并就如何规范和加强家庭式旅馆业管理、破解无证旅馆整治难题提出对策。

一、无证旅馆整治工作的重要性和迫切性

思明辖区的无证旅馆主要分布在旅游景区、车站码头和商贸中心周边高层楼宇、城郊接合部、"城中村"等部位，大多是小规模、个体经营，技防、消防设施及安保力量不符合规定，涉及旅店及旅客的盗窃、涉黄涉赌、打架斗殴、诈骗等案件时有发生，甚至成为绑架、非法拘禁等恶性案件落脚点和各类逃犯的藏身地，给辖区治安管控带来被动。据统计，2012年发生在无证旅馆的涉黄、涉赌、涉毒案件就有28起；因为没有落实旅客信息登记制度，致使无证旅馆成为绑架、非法拘禁案件落脚点的有9起；逃犯未能及时抓获的有2个。2012年7月12日，思明刑侦、治安大队及属地派出所在串并侦查因发放黄卡引发的伤害案件时，对京华公寓12楼、华天花园C栋1403室等两处无证旅馆卖淫窝点进行同步冲击，当场抓获24名涉嫌组织卖淫、聚众斗殴、卖淫嫖娼人员，缴获砍刀15把，黄卡近3万张。同年7月27、28日，嘉莲派出所在新景世纪城15号1005室、13号1902室等两处无证旅馆连续抓获6名吸食冰毒违法人员。此外，这些无证旅馆防范设施、措施难以到位，投资较少、装修简单、业主防范意识差，致使入住旅客物品被盗、被抢案件时有发生；无证旅馆特别是酒店式公寓、"月租"及群租式公寓等居住人员密集复杂，流动性较大，私拉电气线路、违章用火用电等现象普遍存在，且房屋装修用材多为可燃易燃材料，加之消防疏散不畅，灭火器材缺失，安全、消防隐患凸显。无证旅馆的整治已成为当前治安管理工作的一项重要内容，不容忽视。

二、思明区无证旅馆整治工作经验回顾

2013年以来，思明公安分局针对辖区无证经营旅馆量多面广、管理混乱，逐渐成为社会治安热点问题等情况，综合采取有效措施，打防并举、疏堵结合，有效遏制了辖内无证旅馆肆意蔓延、泛滥成灾的被动局面。

---

[*] 林少强，厦门思明公安分局。

（一）打——持续打击整治，挤压生存空间

2013年至今，分局持续部署开展无证旅馆整治专项工作，形成"年头打到年尾"的高压打击态势。一年多来，全区共查处取缔无证旅馆538家（次），拘留528人，收缴违法经营物品（家具、电脑、电器等）520件（套），拆除广告牌175个，打击整治力度前所未有，取缔的家数和拘留的人数远超过前五年之总数。通过持续高压打击，近一年来辖区基本杜绝了无证旅馆涉黄、涉赌、涉毒问题被上级和相关部门倒查通报的现象，盗窃、非法拘禁等案件在无证旅馆部位仅发生2起，同比2012年下降了71.43%。

（二）疏——积极引导办证，减少社会矛盾

在对无证旅馆依法严厉打击取缔的同时，对符合办证条件的无证旅馆和因为房屋产权性质、安全鉴定等历史遗留问题导致无法申报审批的旅馆，分局均采取积极引导和帮助经营者通过规范办理相关手续以取得特行许可证等做法，引导这部分具备办证条件的经营业主走合法经营的渠道，取得良好社会反响。2013年以来，共引导23家无证旅馆经营者通过规范装修、配置设施、办理房屋安全鉴定、消防合格许可等手续后，成功取得特种行业许可证，成为合法经营旅馆。同时，分局经多方协调反映，最终推动市、区两级政府授权旅游行政主管部门牵头拟定《鼓浪屿家庭旅馆管理办法（试行）》，目前已发各部门征求意见，近期即能出台，鼓浪屿岛上近130家家庭旅馆一旦通过管委会、街道等部门初审以及取得房屋安全鉴定合格证、消防安全检查合格证等，即可申请办理《特种行业经营许可证》，正式纳入公安机关治安管理。曾厝垵文创休闲渔村也存在类似问题，在分局的大力推动下，目前政府有关部门也已拟制包括家庭旅馆管理在内《曾厝垵文创休闲渔村管理办法》，对通过整改符合办证条件的无证旅馆积极引导办证，对不符合办证的则引导纳入私房出租户管理。上述两《办法》一旦启动实施，将能最大限度解决困扰已久的特殊部位无证旅馆治安热点问题，也能有效化解积存已久的社会矛盾。

（三）管——采取防控手段，破解管理难题

2013年以来，针对隐藏在辖区高层楼宇中的酒店式公寓数量多、打击管控难度大等问题，思明分局在嘉莲新景数码港的区域治乱工作中创新尝试，将"二代证智能访客系统"应用引入小区治安管理，通过二代证实名登记、指纹识别等科技手段，加上小区物业保安的监督管理，人技并进，有效实现对小区住户、暂住人员及来访客人的实名管控，限制了小区原有无证旅馆租住人员、送餐等各种闲杂人员的进入，有效"屏蔽"了违法犯罪人员进入的可能。3个月后小区内8家无证旅馆纷纷关停、转行、退租，首次出现"零发案"。这一举措在思明辖区火车站周边官邸、世贸、裕发广场以及中山路商圈名汇广场等高楼、小区推广运用后，"屏蔽"了一批成片扎堆混杂于小区内的无证旅馆，成效非常明显。目前辖内51个已安装投用二代证智能访客系统的小区（楼宇）中，41个小区实现零发案、9个小区刑事警情大幅下降。火车站周边的官邸系我市首家酒店式公寓楼盘，散住在该小区A、B栋两边80%以上是出租户，在该小区推广建设"二代证智能房客系统"后5个月，12家无证旅馆自行消失，小区刑事类警情同比下降87.5%。

（四）建——建立长效机制，巩固整治成果

针对办案单位对无证旅馆违法行为存在的对象不明确、查处不及时、处罚不到位，导致违法成本较低、违法行为屡禁不止等情况，分局组织法制部门从执法依据、执法规范、法律效果等方面深入探讨，研究下发了《关于查处"未获公安机关许可擅自经营（旅馆）"案件的执法提示》《无证旅馆查处存在的执法问题及针对措施》等内部规范性文件，进一步明确了无证旅馆的处罚对象和证据规格，大大提高了违法成本，对违法经营者的拘留处罚率提升至94.7%，既进一步规范了执法活动，也震慑了无证经营违法犯罪的嚣张气焰。与此同时，针对基层派出所在执行收缴违法经营物品寄存难、保管难的问题，分局专门腾出一间仓库作为全局统一收缴物品扣押寄存点，并指定专门民警负责管理，确保执法符合规范，物品保管安全有序。思明分局还以文件的形式建立查处取缔无证旅馆长效整治工作机制并纳入绩效考评，同时建立重点部位挂牌整治、定期通报讲评、责任倒查问责等工作机制，推动整治工作形成常态。

三、思明区无证旅馆现状及存在问题

虽然近两年思明分局持续加大整治取缔无证经营旅馆力度，但由于经济的飞速发展及多条动车的陆续开通，来厦游客剧增，鼓浪屿、曾厝垵文创村等重点景区及轮渡码头、火车站周边旅客住宿需求巨大，给无证旅馆生存提供了巨大的市场空间；而且无证经营旅馆违法成本较低，公安机关虽反复查处取缔，并对经营者、从业人员依法予以治安拘留，但仍无法完全杜绝无证旅馆"死灰复燃"、"此消彼长"的现象。目前思明辖区无证经营旅馆状况主要反映在以下三个方面：

（一）类型多样，生存灵活

据摸底统计，目前思明辖区隐匿着的无证旅馆数量仍过百家，多数是曾被公安机关整治取缔过又改旗易帜重新开张或藏匿较深与公安机关玩"猫鼠游戏"的，其主要存在形式有：一是家庭旅馆式，如鼓浪屿、曾厝垵、滨海等辖区景点、文创村内无证旅馆，相对规模较大、装修较规范且有一定特色，入住对象以来厦游客为主；二是酒店式公寓，主要分布在梧村、嘉莲、筼筜辖区火车站、各大商圈周边商住楼内，入住对象较为复杂，既有来厦游客，也有来厦商务、求职人员；三是打着"月租"、公寓幌子，实际从事日租、时租等形式的旅馆接待活动的无证旅馆，在外来人口聚集区如城中村、旧城区街巷等部位较多；四是部分餐饮（含咖啡）、月子中心、婚纱摄影、移动房车基地等场所以为客人提供房间留宿为幌子从事无证旅馆经营的，2013年来开元、碧山、鼓浪屿、滨海等派出所均有发现，或打击过该类无证经营旅馆。

（二）宣传多维，屡禁不止

多数无证旅馆都是通过客房预订网站进行广告宣传招揽生意，造成很多旅客在不知情的情况下入住。对此，公安机关在对各网站关于无证公寓式酒店的广告宣传管控方面缺乏法律支撑，无证旅馆网络宣传目前暂无有效途径予以杜绝。

（三）原因多样，存在阻力

由于历史、现实等各方面原因，思明区鼓浪屿、曾厝垵等区域家庭旅馆数量较多且分布集中，由于在一定程度上已逐渐融入当地民俗文化氛围，甚至得到相关政府部门的认可，对这些部位，公安机关若集中进行整治，查处牵涉面广，整治工作势必面临极大阻力，也容易引发群体性事件。

（四）衍生形态，存在盲区

面对巨大的市场利润和无证旅馆的无序竞争，一些持证的正规旅馆、酒店也试图剑走偏锋，通过"超间数经营"的模式扩大经营范围以谋取不法利润。如我局已发现，少数的正规酒店未经核准、将经营地址内原作他用的其他楼层甚至是附属楼擅自装修并投入经营，存在"长高"、"长胖"的现象。对此类行为是否属于《治安管理处罚法》第54条所规定的"未获公安机关许可擅自经营"违法行为，仍存争议。有的认为该行为应属于《福建省特种行业和公共场所治安管理办法》第16条所规定的"变更经营范围未向公安机关报备"的行为并主张予以处罚，有的则认为目前法律法规中所谓"经营范围"应指种类而非数量。因此对于这种新出现的"衍生"的违法形态，目前仍存在法律适用盲区。

四、加强无证旅馆整治管理的对策建议

加强无证经营旅馆整治、加大旅客人员管控力度是强化基层基础工作、预防和打击违法犯罪活动的有效途径，要抓好该项工作，建议采取以下对策：

（一）零容忍——持续高压打击不放松

无证旅馆整治工作要纳入年度重点工作常抓不懈，对所有不具备办证条件的酒店式公寓、民房小家店、群租公寓以及曾被查处取缔后又重复经营的无证旅馆，公安机关一定要"零容忍"，按照"严查严打"思路坚决予以打击取缔，不给予任何生存空间；对餐饮、商务会所、婚纱摄影以及未办理特行许可的按摩场所提供客房留宿的，也应坚决予以取缔，并函告工商等政府职能部门对其超范围经营行为进行处罚，以防各相关行业竞相仿效变相从事无证经营旅馆活动。为切实提高整治工作实效，建议综治牵头，政府相关部门积极配合，与公安机关形成合力，共同打击整治经营无证旅馆违法行为。

（二）严查处——追究房屋出租人法律责任

要严格管控曾经被公安机关整治取缔过又重复经营的无证旅馆，紧紧抓住房东这个重要的管理要素是有效途径。根据《福建省厦门市房屋租赁管理规定》第15条第3款规定"出租人发现承租人利用出租房屋进行违法犯罪活动的，应当及时向公安机关报告"和第42条规定"违反本规定第十五条第三款规定，出租人发现承租人利用租赁房屋进行违法犯罪活动而不向公安机关报告的，由公安机关予以警告，并可处以一千元以上五千元以下的罚款"，办案单位在查处无证旅馆案件时，要注意对房东是否存在明知承租人无证经营旅馆而不报告的违法行为进行调查取证，并依法处理。取缔无证旅馆后，应当及时知会该旅馆的房屋出租人，并将处罚决定书复印件送交房屋出租人，明确告知其要加强房屋安全管理，不得再将房屋租赁给他人违法经营无证旅馆，否则应承担相应法律责任，

力争从源头上杜绝无证旅馆重复经营现象的发生。

(三)强管控——加大日常管理工作力度

对无证旅馆采取单纯的打击处理只能治标不能治本,疏治并举才是根本。一是宣传要强化。警力有限,民力无穷,要杜绝重复经营的和藏匿较深与公安机关玩"猫鼠游戏"的无证旅馆,民众力量是关键。公安机关在依法取缔无证旅馆后,除将取缔决定书向无许可证经营的旅馆负责人送达外,还应将取缔原因、营业场所所在地、法律依据等向社会公告,可采用将取缔公告张贴在营业场所入门处、小区门口等方式告知社会公众,同时公布举报电话,利用居民群众的视线管控帮助公安机关监督无证旅馆的违法行为;同时督促物业做好宣传发动和摸底汇总工作,可以组织重点小区物业管理部门签订隐患防控责任制,预防违规经营旅馆行为和以旅馆为藏匿窝点从事传销活动的行为,实现执法部门与物业服务部门之间信息共享。二是排查要拉网。严格落实网格巡查责任,对旅游景区、车站码头和商贸中心周边高层楼宇、城郊接合部、"城中村"等部位进行"拉网式"源头排查,及时发现新开家庭旅馆;可以组织业委会及物业成立专职巡逻队,对整栋楼定时、定点进行巡逻防控,提高发现率,确保排查无遗漏。三是疏治要并举。目前,有很多小旅馆是符合条件的,应尽快解决消防审批问题,使符合条件的小旅馆取得特种行业许可证合法经营。建议推行分类划级监管制度,区别对待不同性质的无证旅馆,查处与规范并举,针对不同的违法违规程度予以取缔或规范引导。对符合办证条件的无证旅馆要积极指导业主整改,指导其办理相关证照,及时纳入发证管理,做到宽进严管。尤其对具备一定规模,基本具备消防和卫生设施的家庭旅馆要引导其走规模发展之路,健全硬件设施和内部管理制度,争取社会效应和法律效应的统一。

(四)抓防范——采取技防手段遏制生存空间

实践证明,将"二代证智能访客系统"应用引入小区治安管理,对遏制商住楼内的无证经营旅馆有着显著的效应。因此,今年以来,思明分局已将推进"二代证智能访客系统"的投建使用确定为全局"大基础、大防控"建设的重要抓手,提出了2014年要完成全区有物业的小区、高层楼宇30%安装应用任务的目标。推进过程中始终坚持"全局统筹、所队落实、部门参与、物业管理"的工作方式,并不断敦促开发公司完善系统技术支撑、引进经营商家的服务竞争、主动邀请运营商提前介入对接后台数据管理。同时,推动区政府已将"推广建设二代证智能访客系统"和"无物业小区居民自治管理"纳入"美丽厦门共同缔造"行动区级项目,分别落实建设总经费的40%和60%资金实行"以奖代补",并将这两项工作纳入综治考评内容,构建"综合治理、齐抓共推"的局面,大大减少了推广应用过程中的阻力,为进一步推动科技创安,更大范围、更大力度织密"科技防控网"起到了良好功效。

(五)重调控——从行政角度宏观调控、综合执法

无证旅馆的形成,从理论上讲是市场经济发展的产物。对于无证旅馆的打击和管控,单靠公安一家是很难完成的,必须有政府各部门的协作配合,才能从根本上有效遏制这一行业的生存空间。一方面监管要到位。要积极建立相关部门之间的协调、沟通、监管制度,在旅馆的筹备阶段政府各个职能部门就应该介入管理,依据各自职责对家庭旅馆

行业依法做好事前各项检查、审核工作。另一方面政策要调控。建议政府可以出台对应政策，对小旅馆（也包括合法的小旅馆）的数量采取增加税收来调控，使其经营成本增加、利润降低；对大、中型旅馆给予宽松政策，使其经营成本降低、宿费下降，特别是100张床左右的中型旅馆，若房价下降到目前小旅店的水平，就能吸引旅客，从而使部分小旅馆失去生存条件，自然退出市场。此外，对于"衍生"的违法形态，由于目前仍存在法律适用盲区，建议立法部门深入调研并进一步完善相关法律法规，建议上级公安机关进一步明确执法规范并指导实践。

浅谈对"资本运作"式传销的综合治理

白世伟[*]

自 2012 年以来，所谓以"资本运作"为名实施传销违法犯罪活动，在广西北海等地遭受重创后逐渐开始向全国各地渗透。厦门市海沧区以优良的投资环境、便利的交通环境、优美的生活环境和文明的执法环境成为一些传销团伙眼中理想的"再生"之地。据统计，在高峰时期，海沧区曾聚集近万传销人员，一度成为海沧区一"治安毒瘤"。2012 年以来，海沧公安分局坚持"打团伙、摧网络，打苗头、捣窝点，打中坚、破小案"的思路，严厉打击传销违法犯罪行为；同时，积极争取区委区政府的大力支持，采取"政府主导、综合治理，打防结合、以点破面"的有力措施，取得了良好成效。笔者结合近年来海沧区开展传销打击整治工作的经验教训，对落实综合治理有效打击整治"资本运作"式传销工作做一些有益探索。

一、近年海沧区传销活动的现状和犯罪手法

海沧区传销活动主要是以"资本运作"为掩体，以"自愿连锁经营"、"1040 工程"为载体，以"五级三晋制"为模式，并兼具收取入门费、拉人头和团队计酬型传销的基本特征的一种新型传销方式。资本运作又称资本经营，是指利用市场法则，通过资本本身的技巧性运作或资本的科学运动，实现价值增值、效益增长的一种经营方式。而"资本运作"式传销，以资本运作为幌子，以虚构的所谓"中央支持"的"以政府为背景的民间资本运作项目"为诱饵，吸收高额加盟费获取加盟和发展下线资格，并以发展人员多少、购买份额多少作为提取报酬标准的一种新型传销形式。它与合法资本运作的区别关键在于投资者的资本所有权是否转移，是否有实质性的资本运作项目。

（一）"资本运作"式传销的运作模式

"资本运作"式传销的核心仍然是"五级三晋制""金字塔"式运作模式。据被公安机关打击的传销人员交代，该传销组织以份额区分级别，入伙时每人需缴纳 6.98 万元，申购 21 份没有任何产品的"份额"后才能获得加盟和发展下线的资格，其中第一份 3800 元，其余 20 份各 3300 元；入伙次月，"组织"会退回 19000 元，实际出资额即为 50800 元。入伙后，成员的主要任务就是发展下线，吸收下线购买的"份额"并从中分得提成和奖金。传销组织将成员分为五个级别：发展 1~2 份为实习业务员（E 级），发展 3~9 份为业务组长（D 级），发展 10~64 份为业务主任（C 级），发展 65~599 份为业务经理（B 级），发展 600 份以上为高级业务员（A 级）。当下线累积至 29 人的时候，即可以升级为"老总"，每月固定领取"工资"，直至拿满 1040 万元后，就从"组织"出局，最终完成"资本运作"。

---

[*] 白世伟，厦门市司法局。

（二）"资本运作"式传销的提成方式

传销人员的提成主要有两方面。一是直接提成。以第一份3800元为例，如你是一名实习业务员，销售一份产品（份额），你将拿到3800元的直接提成15%即570元，业务组长销售一份产品（份额）将拿到3800元的20%的直接提成760元，业务主任销售一份产品（份额）将拿到3800元的30%的直接提成1140元，业务经理销售一份产品（份额）将拿到3800元的42%的直接提成1596元，高级业务员销售一份产品（份额）时将拿到3800元的直接提成52%，即1976元。二是间接提成。间接提成只产生于不同级别之间，如果级别相同就没有间接提成可拿。比如说：你是实习业务员，销售一份产品（份额），你拿的3800元的15%的直接提成570元外，你的业务组长将拿到3800元的5%的间接提成190元；你的业务主任将拿到3800元的10%的间接提成380元，你的业务经理将拿到3800元的12%间接提成456元，你的高级业务员将拿到3800元的10%的间接提成380元。

（三）"资本运作"式传销的"洗脑"方式

从邀约上门和最后的"学成出师"，传销组织有着一套规范化、制度化的操作流程。传销人员首先以厦门特色海鲜生意、水果生意、物流生意等入手，描绘出海沧前景美好的投资环境，邀请亲友到厦门做生意，有些还会从邀约对象从事的行业等入手进行个性化的邀约，目的就是先把邀约对象骗到厦门来，再进行"洗脑"教育。新人来到海沧后，均会受到异乎寻常的热情接待，邀约人对其所有行程、住宿负责，并陪同游览厦门美丽风光，给新人灌输一种"厦门是生活家的乐园，是投资者的天堂"的意识。而后，新人们就会被带去参观海沧大道沿线的正在开发建设的项目、石雕等，拿着通过石雕的造型自导自编的海沧远景规范作为起行骗的政策支撑，再配以各种描述资本运作与海沧经济发展的理念来进行"洗脑"式宣传。新人申购入伙后，随即开展传销式教育，一周内必须完成老经（学习生活经营管理20条及对其看法）、老晨（学习并读懂羊皮卷并讲感受感悟）；第二周后要学习副班资料（学习启动、复制、邀约、开心门等）；第三周需要开始报考正班并上岗给新人朋友讲解行业工作。同时传销人员每天还有必修课就是拜访（拜访2到4班不等），7:00-8:00为打电话拜访的时间段，每周要参加两次以上经管晨会，每周六每人必须上交周表给能力组长，家庭会议每月两次不定时。经过系统的"洗脑"流程，新人逐渐从被骗者"成长"为一名"业务员"正式加入传销大军。曾经一名传销人员在日记中写到"我知道我是被骗来的，我现在认为，今天骗人说谎是今后走向成功的开始"。

（四）"资本运作"式传销的管理方式

传统的传销组织者，往往以"特别能吃苦，特别能战斗"的精神为幌子，多选择城市的城乡接合部等相对偏僻的市郊作为聚集地，要求组织成员同吃同住，并组织专人看管、点名，实施军事化管理，限制人身自由。若遇到醒悟的人员想退出组织的，就会采用恐吓、打骂、体罚，发动其他传销人员集体斥责等发生进行惩罚，极具暴力性。而"资本运作"式传销等新型传销，相对于传统传销，强调所谓的"自由""自愿"，在人身方面的控制也不太明显，不控制手机证件，相对来去较自由。新型传销组织通过一系列的"洗脑"教育，以提升自律意识为借口，逐步形成较为严密、分工明确的管理制度，并制订了约束下线成员的《生活经营管理20条》和《房间制度》等规章，实行"家庭式"管理。每个家庭八九名成员不等，家庭由一名家长进行管理监控，内部人员之间按上下线实行单线联系，日常活动以"家庭"为单位，不得打听本"家庭"之外其他成员的情况，外出需请假等，甚至规定不得看电视，不得打牌、饮酒，严禁在公司内外谈情说爱及其他不自律行为等等，违反规定的轻则罚款，重则开除出"组织"。

二、"资本运作"式传销的特点和高发原因

相对于传统的货物式传销，"资本运作"式传销更具欺骗性、诱惑性、针对性和危害性。虽然国家已经明令禁止各种传销违法犯罪活动，但不法分子编造了各种堂而皇之的谎言，使用流行时兴的词汇，掩盖其违法犯罪事实。笔者在打击整治传销活动中，通过深入调研、分析、总结，认为当前在海沧辖区出现的"资本运作"式传销具有以下几个特点，这些特点导致该传销模式在海沧迅速蔓延。

（一）使用合法的外衣层层包装，极具欺骗性

"资本运作"式传销使用"金融投资"、"融资项目"、"资本运作"等大量新兴词汇，使用非专业人士很难弄清的经济学原理，使用似是而非的理论偷换合法资本运作的概念，并通过大众难以求证的所谓的"内部机密"来造势，宣称他们的项目是"国家暗中特许的"，是合法的传销。传销组织还利用一些无关事项宣传造势，把一些政府部门、企事业单位提供的优惠政策、便民措施，说成是政府、企事业单位"默许"和"支持"；如申购后，以厦门华夏经济联合会的名义申办联通集团电话卡，把集团内部通讯免费业务，宣称系电信部门对项目的"特许"。传销组织者甚至把公安机关对传销组织打击后对未构成组织领导传销罪的一般传销人员刑拘后释放的行为，宣扬称他们是合法经营行为，公安机关无法进行处理才释放；把公安机关打击组织领导传销的首要分子，宣传称系政府部门进行"负调控"，提出不良分子，确保"资本运作"的健康发展。

（二）使用高额的回报夸大宣传，极具诱惑性

传销人员鼓吹：只要投入69800元，再邀约3个亲朋好友加入，就能赚到1040万元。而在其宣扬的体系中，只要赚到1040万元的就必须出局，就保证了赚钱的位子大家可以轮流坐，并用极少数的"老总"级的成员做典型宣传。同时，传销提成方式采用直接提成和间接提成相结合的方式，一方面，不同等级销售不同"份额"提成的比例不同，从实习业务员的15%到高级业务员52%，等级越高提成比例也越高；另一方面，下线销售一份"份额"，上线相应的给予提成。一些传销人员"以小博大""赌一次"的赌徒心理，在高回报的宣扬中暴露无遗，一些传销人员不惜"重金"为自己布下线，有的传销人员为此投入数十万，甚至倾家荡产。

（三）选择"合适"的区域因情施策，极具针对性

为提升传销拓展的成功率，传销组织者往往精心选择"经营地"。海沧公安机关的打击整治传销中，发现传销团伙选择海沧作为"经营地"，不仅因为海沧有类似"广西北海"的"发展环境"，还独具"海西建设"发展的"优势项目"。一是空置房多，容易立足。近

年，海沧经济建设全面提速、迅猛发展，处处高楼林立，中高档住宅小区比比皆是，其中有大量的空置房屋出租，这就为传销组织蔓延提供了条件。二是交通便利，便于互访。传销组织的发展实质就是不断拉新人入伙，层层瓜分新人所缴纳的资金。拉新人加入时要到多个"家庭""拜访"，且其内部各种学习、会议很多，这就需要传销成员居住地较为集中，交通便利。海沧今年打掉的这伙传销分子就集中租住在兴港路沿线小区，且多路公交路线直通，十分便捷。三是外地人多，掩人耳目。海沧区新建高档住宅小区多为外地来厦务工人员购买，海沧新城区聚居了大量外地人。传销分子也为外地人，这样一来，他们租住在外地人聚居的小区就不会引人注意，能达到掩人耳目的目的。四是环境优美，欺骗性强。传销分子自我标榜为"21世纪有素质的商人"，强调"商人就要有商人的形象"。环境优美整洁的小区为塑造他们所谓的"形象"起到了一定的烘托作用，让人尤其是新人误认为传销人员是高素质的，所从事的行业无疑也是高素质的。

（四）选择"高危"的对象重点发展，极具危害性

从近年来，海沧区打击整治传销情况看，参与"资本运作"式传销的人员相较于传统传销，年龄结构上更为年轻化，文化水平更是打破了以往只有初高中以下文化的群众参与的格局，而是有越来越多的大学生，甚至研究生参与其中，难以自拔。一方面，由于传销人员获利的多少取决于发展下线、销售"份额"，一旦没有新成员加入，所有投入将血本无归，这就迫使他们突破道德和法律的约束，向自己的亲朋好友下手，倾家荡产、亲友反目的现象时有发生。传销组织所画的"泡沫"一旦破灭，低层参与者极易以老乡、亲友身份聚集引发群体性事件，存在不稳定因素。另一方面，传销人员大量散布在居民区，且为逃避打击经常变更地点，人员流动频繁，严重影响周边居民正常生活，群众不堪其扰。个别传销人员被骗后，失去生活来源，易引发盗窃、抢夺、抢劫等侵财类犯罪，造成社会治安隐患。

三、打击传销活动遇到的困难和制约因素

2012—2013年间，海沧公安分局针对传销突出问题，在区委区政府的领导和厦门市公安局经侦支队的支持帮助下，精心组织采取多种有效措施，集中开展专项打击，打掉了2个特大传销团伙，取得了较大成果。但在打击整治中仍然遇到不少困难和制约因素，影响整体打击成效。

（一）调查取证处理难，影响打击效果

海沧公安机关虽然打掉了2个特大传销团伙，刑拘209人，但真正起诉判刑的仅34人。"四难"问题制约着公安机关的打击成效。一是组织结构梳理难，定性不易。组织、领导传销活动犯罪的追诉条件是必须达到"3层30人"。传销组织结构错综复杂，人员组成貌似一个整体，但体系内部却自成一体，等级森严，即使抓获一定级别的总管级人员，也无法锁定老总。"资本运作"式传销甚至限定发展人数，下线发展至29人时跳出发展体系，升级为"老总"，试图逃避处罚。二是犯罪对象抓捕难，铲除不易。一些传销团伙体系庞大，成员众多，老总级等上游骨干成员分散居在高档社区，远离普通成员居住区，有的首要分子甚至在外省市遥控指挥。抓捕工作必须多省、市联合行动，统一抓捕工作

困难。传销组织被抓获人员多是中下游对象，上线等高级人员难以抓获，这为传销链的代管、重生留下隐患，彻底铲除不易。三是侦破工作调查难，取证不易。很多到案后的中下游涉案人员均将责任推到在逃上线身上。在被害人无法复核，上线又在逃的情况下，案件的证据收集、定性困难极大。同时，传销骨干成员为逃避打击，将培训资料等证据隐藏，执法机关难以获取。一部分初入组织的人对组织情况不清楚，很难提供有力证据。一部分则被组织深度蒙蔽，根本就不指证传销活动组织者。有的明知被欺骗遭受了损失，仍想通过传销手段继续蒙骗他人挽回损失，对调查不予配合。四是犯罪资金查控难，追赃不易。传销资金交易分析工作难，严重制约了案件的侦办。传销人员开设银行账户少则一个，多则十几个。传销资金在组织内部通过现金、转账等方式流动频繁，金额巨大。由于侦查业务能手缺乏，每个侦查员需要分析的账户非常多，而传销资金交易分析工作进展不易。侦查员在分析研判的时候，传销组织账户实际已经变更或者层级关系已经变化，侦查员不得不重新查询。传销分子为规避打击，在资金往来中往往避开具有传销活动分发返利提成特征性的金额，还不时用现金交易增加查账难度。侦查员要及时摸清资金的难度增大，严重制约案件侦办的快速、有力展开。侦查员要查清资金流向非常困难，要认定犯罪所要求的资金锁链获取不易。

（二）保障机制落实难，影响整治效果

传销活动集中出现、不断回潮，仅靠公安机关单方面的打击取缔是远远不够的。在打击体制上，没有形成政府主导牵头，多部门共同参与的综合整治局面，各部门各自为战，甚至单靠公安机关打击，成效不甚理想。同时，就公安机关内部而言，各部门协作配合机制也存在不够密切问题，难以形成合力，如宣传部门的舆论宣传引导、户政部门的出租房屋管理等等。同时，海沧公安机关作为打击传销专业队的海沧公安分局经侦大队，现警力只有5人，全局警力（包括机关、交警等部门）也仅240余人，面对数千人的传销团体，警力明显不足。

（三）受害思想根治难，影响转化效果

经过传销组织的"洗脑"，部分被骗参与传销活动的受害者中毒颇深，一些先入传销骗局的虽已经了解内部，还试图挽回损失。一名被公安机关打击的传销人员坦言："我知道被骗了，但钱交了，只好再去骗别人，把钱赚回来。"他们对政府部门采取的取缔行为不理解，不配合，拒绝教育，对抗调查，有的甚至围堵公安机关妨碍执行公务，扰乱办公秩序。因此，一些传销团伙虽然被打击捣毁，但往往"打而不死、驱而不散"，迅速聚集回潮、死灰复燃。

四、传销违法犯罪活动的打击和综合治理

2014年，海沧公安分局认真总结2年多来打击整治传销工作的经验教训，深入分析打防控传销工作现状，学习借鉴各地打传销的工作做法，提出了"打团伙、摧网络，打苗头、捣窝点，打中坚、破小案"和"打防结合、综合治理、以点破面"的综合治理工作思路，取得了良好成效。2014年上半年，我区共成功破获组织、领导传销活动案9起，涉案金额5000余万元，冻结资金70余万元，抓获人员38人，刑拘38人，逮捕9人，捣毁窝点17个；另移交工商部门处罚39起39人，罚款79万元，有力整治了辖区传销违

法犯罪活动。结合我区传销打击整治实践，笔者就打击和综合治理工作提出几点看法：

（一）坚持政府主导，成立工作专班

打击整治传销违法犯罪活动，是一项涉及面广、工作量大、政策性强的工作，地方党委政府应当切实担责，组织协调职能部门和单位，真正形成"党委政府统一领导、综治部门牵头、多部门齐抓共管、全社会共同参与"的打防传销格局。工商、公安、检察院、法院等部门应建立打击传销犯罪预警机制、综合防范机制和办案协作机制，共商决策，密切配合，通力协作。要成立工作专班，抽调工商、公安及街道、社区力量开展综合整治工作，对发现的传销活动，立即查证落实，坚持露头就打。2014年元月，在区委区政府的领导下，海沧区成立了由区委常委、区政法委书记任组长，副区长、政法委副书记、海沧公安分局局长和工商局局长担任领导小组副组长的整治传销行动领导小组及其办公室，为打传销工作提供的组织保障。同时，成立数个由公安、工商、城管、街道、综治30人组成的专班人员对辖区传销进行专门整治，不断加大整治力度，成为打传销工作主力军。2014年上半年，工作专班共组织开展统一清查28次，清查涉嫌传销人员2798人，排查涉嫌传销出租屋1151户，签订《出租屋治安管理责任书》1020份，签订《拒绝传销责任书》1298份，发放《告居民一封信》9728份，驱离涉嫌传销人员682人，处罚流动人口407人。

（二）依法从重处罚，强化整治效果

打击传销违法犯罪活动，工商、公安是主力。国务院2005年颁布的《禁止传销条例》要求工商行政管理部门、公安机关应在各自的职责范围内查处传销行为，并规定了传销行为的种类和查处的措施、程序。国家工商行政管理总局、公安部2007年下发的《工商行政管理机关和公安机关打击传销执法协作规定》也规定了工商机关和公安机关依法查处的传销行为。2013年11月最高人民法院、最高人民检察院、公安部也联合发文就办理组织领导传销活动刑事案件适用法律若干问题进行了解释。2014年，海沧工商部门加大对传销违法行为的打击力度，依法对传销人员予以行政处罚，打破了两年来公安机关单打独斗的尴尬局面，取得了显著成效。公安机关要坚持"一露头就打"的原则，对发现的传销违法犯罪分子及时予以打击，对构成组织、领导传销罪的依法刑拘并提请公诉；对尚不构成犯罪的，依法移交工商部门行政处罚，有效解决了对传销人员拘（刑拘）而不处（处罚）的问题。2014年上半年，海沧公安分局共移交工商部门处罚39起39人，罚款79万元。同时，工商部门和公安机关根据相关规定，进一步强化出租房屋的管理，有效挤压传销人员的生存空间。

（三）打击重点案件，有效震慑犯罪

海沧公安分局始终注重发挥打击在整治传销犯罪中的作用，加强案件经营，全面梳理群众报警求助、信访投诉，广泛摸排线索，深挖扩线，追踪溯源，主动协调相关警种积极参加，同步上案，迅速摸清传销组织核心、骨干成员以及活动规律，尽快掌握传销团伙聚集窝点和活动范围，准确锁定传销高层人物，迅速侦办一批传销犯罪案件，严厉惩处组织领导传销犯罪分子。2014年4月15日，分局出动警力50余名，成功捣毁"2014.3.6"特大传销团伙，冲击传销窝点6处，抓获涉嫌传销人员18名，刑拘"骨干"

传销嫌疑人18名，缴获大量用于传销活动的授课材料、笔记本、传销人员名单、手机、电脑、银行卡等物证、书证，冻结银行账户13个，涉案金额达5000余万元人民币。5月20日，艾恒林等9名犯罪嫌疑人被海沧区人民检察院依法批捕。7月16日，本案侦查终结依法移送起诉。

（四）拓展宣传方式，营造浓厚氛围

传销之所以能像滚雪球似的快速蔓延拓展，关键在于一些人被其合法的外表所迷惑，被其宣传的高返利所诱惑。为此，公安、工商、宣传部门要密切配合，充分利用电视、报纸、网络等宣传媒体，采取现场宣传、举办讲座、现身说法、散发资料等形式，多渠道、多层次、大声势地开展宣传工作；要针对传销活动的欺骗性，重点针对资本运作与传销的区别、直销和传销的界定，传销违法犯罪的实质等内容开展宣传，让广大群众清晰地认识到，凡是被我国归类为传销的活动和组织都是非法的，没有合法传销一说，只有传销非法。2014年5月，海沧公安分局开展了以"打击防范经济犯罪，护航改革保障民生"为主题的宣传活动，期间共组织新闻发布会1场，开展大型宣传活动1场，还专门录制了"传销老总现身说法"的传销案例短片，吸引了众多居民群众参与。同时，协调银行、社区每天在营业厅、住宅楼宇电视播放打击传销宣传教育片，现场发放宣传材料，并对来银行办理业务的拟从事传销人员进行劝导，收到了良好效果。

（五）开展创建活动，铲除传销土壤

"资本运作"式传销组织往往选择辖区环境较好的中高档小区居住。2014年，海沧区率先提出了创建"无传销社区"思路，由政府牵头，整合相关职能部门，依托镇街、村居、工商所、派出所等基层组织，通过开展"无传销社区"创建工作，与传销组织抢占阵地，一个社区一个社区肃清传销分子，建立健全基层传销防控体系，从根本上铲除传销活动的生存土壤。同时，由政府与相关职能部门、镇街、村居、房产中介、物业公司层层签订《禁止传销目标责任书》，将责任落实到具体单位和人员，做到横向到边、纵向到底，一级抓一级，一级促一级。海沧分局还探索把"无传销社区"创建工作融入社区网格化管理，通过建立"疑似传销人员"信息管理系统，建立传销人员基础档案，将疑似传销人员列为重点人员管理或重点帮教对象。2014年，海沧公安分局联合工商、行政执法局、社区等部门，成立社区整治传销专班工作小组，按照"一查（检查）、一签（签保证书）、一停（停水停电）、一赶（赶跑）"的原则，对备案在册的疑似传销人员进行清理，取缔公开或隐蔽的传销宣传和传销聚集活动。另外，严格规范流动人口的暂住证办理工作，对确非从事传销的人员才开具证明办理暂住证。

结　语

"资本运作"式传销活动，是我国市场经济发展过程中滋生一个毒瘤，极具诱惑性、传染性和危害性。打击整治传销工作事关经济发展、社会稳定大局，案件涉及面管、人员复杂、政策性强，是一项涉及政府部门的综合性工作，如果没有党委、政府的支持、协调和统一领导，单靠工商、公安部门的力量，难以取得实质性成效。只有坚持政府主导、综合治理，才能有效铲除传销滋生的土壤，根治传销毒瘤。

公证参与社会治理路径研究

刘 莹[*]

党的十八大强调，注重发挥法治在国家治理和社会管理中的重要作用，而坚持以维护社会公平正义为基本点、以预防为宗旨的公证制度，具有预防和化解社会矛盾纠纷、促进社会公平正义的鲜明特征。在"小政府，大社会"的社会多元化治理格局下，充分发挥公证职能作用，端正公证价值追求，提升公证服务水平对提升社会治理的法治化水平意义重大。本文对公证参与社会治理的优势做简要分析，并就如何进一步发挥职能优势，提高社会治理法治化水平进行探讨。

一、找准公证参与社会治理的定位

公证机构作为专业的法律服务机构，承担着预防纠纷的法定职能，在推进社会治理体系与社会治理能力现代化的事业中理当发挥更为重要的作用。因此，公证行业应当明确自身在社会治理体系中的定位，发挥自身专业优势，不断追求公证法律服务的优化与创新，为推动社会治理创新提供可靠支撑。

公证行业要在推进国家治理体系和治理能力现代化的进程中发挥更大作用，当务之急是实现公证职业理念的革新，这很大程度上是由公证制度在司法制度中的结构性定位所决定的。从公证制度的司法职能上看，公证属于民事司法中的预防机制；从公证人的职业性质开来看，公证人乃社会法律服务行业的从业人员。公证作为社会组织通过提供专业的法律服务以预防民事主体间的法律纠纷，从而促进社会关系的公正、和谐与法治秩序的建立，推动着国家治理现代化的进程。因此，公证制度具有的预防纠纷的职能决定了公证活动所具有的公益性，而公证人作为专业法律服务提供者的身份又确立了公证人在身份上的专业性、社会性以及公证活动的服务性，故公证参与社会治理应当始终紧扣公证的这一结构性定位，积极优化公共服务，切实担负好推进社会治理的重要职责。

二、发挥公证参与社会治理的优势

公证制度作为由国家设立的用于普法引导、纠纷预防、监督保障、沟通媒介、促进经济发展和维护社会稳定的法律制度，其本身蕴含和谐理念、体现法治精神，在维护公平正义、社会诚信和提升社会治理法治化水平等方面具有独特优势。

（一）预防性

有别于其他政府机构和社会组织的矛盾化解机制，公证制度是一项以预防为理念的

---

* 刘莹，厦门市公证处。

制度设计，通过依法介入民商事法律行为，最大限度过滤违法或消极因素，确保意思表达真实、合法，保障民商事活动有序进行，将社会矛盾化解于事前、消灭在萌芽状态。因而它是一种独立的矛盾纠纷事前预防机制，可极大地节约社会治理成本，将社会治理法治化阵地前移至非诉领域。

（二）权威性

公证制度是国家司法制度的重要组成部分，公证体系是依法治国、建设法治社会的重要基础体系，公证机构实践着对社会公平正义的价值追求，具有法律赋予的公信力和权威性，能够有效敦促当事人各方自觉维护社会经济秩序的运行，对于保护公民、法人或其他组织的合法权益，维护社会的稳定，有其独特优势。公证书被赋予具备完全意义的证据效力，是司法机关裁判纠纷的重要依据，在民事诉讼中无须再行审查即可直接采信，契合当事人减轻诉讼压力、降低解决纠纷成本需求，是人民法院和行政机关化解矛盾的有效辅助手段。

（三）中立性

建设法治国家，需要进一步转变政府职能，运用法律手段创新社会治理，公证对社会生活的服务、监督、平衡作用，正好顺应了社会治理创新的要求。公证机构扎根于群众之中，介于司法行政机关与广大群众之间，与民众有更多、更广、更直接的交流，具有居中协调作用。公证机构和公证人员在办证过程中保持中立，并执行严格的回避制度，站在法律公平的立场上，维护国家、自然人和法人的合法权益，公平公正地引导矛盾双方平等设置权利义务。

（四）专业性

公证调解在民事纠纷调处中有着法律知识、业务技巧、谈话艺术、法律程序、法律效力等方面的优势，可就涉及纠纷的法律问题向当事人提供全方面、多角度的法律咨询服务，便于当事人了解法律法规，预测行为结果及减少法律风险，对纠纷合理迅速解决起到良好的指导和促进作用。

三、丰富公证参与社会治理的方式

社会治理创新的主要任务是保障和改善民生，通过对社会利益关系的协调、社会行为的规范以及社会矛盾的解决，来增强社会发展活力，促进社会和谐稳定。公证机构要不断探索参与社会治理的方式方法，实现系统治理、依法治理、综合治理的统一。

一要全力服务经济社会发展。强化大局意识，认真履行职责，认真办理涉及经济社会发展的公证业务，积极为各类市场主体的市场行为提供公证服务。要适应群众的公证需求，及时办理公证事项，最大限度预防、化解社会矛盾。认真办理涉外公证事项，努力服务对外开放。主动联系并深入企业，担任企业法律顾问，争当拥有国际知名品牌和核心竞争力的大企业的决策参谋，为中小微企业转型升级提供法律支持。

二要全力服务城乡统筹建设。随着我市"美丽厦门"格局的缔造和"岛内外一体化"进程的深入，涉及城市规划、招投标、征地拆迁、土地、融资、产权、人员流转、经济民事合同、房地产、公共服务的法律问题大量涌现，公证要高屋建瓴，预先介入，及早与相关部门协作联动，提供高水平、高效率的公证法律服务。要在城乡规划、产业布局、环境保护、基础设施建设、公共服务一体化、农村和农民融入城镇等事务中，有效运用合同、招投标、保全证据、公司章程、财产分割等公证形式，服务社会法治建设。

三要全力服务保障改善民生。创新社会治理，必须着眼于维护最广大人民群众的根本利益，不断密切公证工作与人民群众日常生活的联系，寓治理于服务之中，积极做好涉及公民人身关系、财产关系、家庭关系的公证服务，认真办理婚姻、收养、遗嘱、继承、抚养、赡养、监护、财产分割等公证业务。要贴近人民群众就业就学、医疗养老、住房保障等民生利益诉求，主动介入社会公共资源分配，提供及时、便捷、高效的公证服务，维护社会公平正义。

四要全力服务法治政府建设。在当前政府职能转型的趋势下，公证机构要研究加强对公证法律服务工作者参政议政和政府法律顾问工作的指导措施，探索建立完善参与信访接待、矛盾化解、突发事件处置和重大决策社会稳定风险评估的长效机制，要充分发挥智囊团、顾问团、参谋团的作用，通过公证法律咨询、规划论证、现场监督、代写法律文书等起到政府的法律参谋助手作用，创造一个连接政府与群众沟通的中间层与缓冲地带，提高法治政府决策的科学性和准确性，提升全社会的法治水平。

五要全力维护社会治理成果。强化公信意识，把提高公证质量、增强公证公信力作为公证工作的永恒主题来抓，大力加强公证执业监管，建立健全诚信执业制度，完善执业状况评价、监督机制等，加强公证质量检查，不断提高公证质量。妥善处理公证复查及投诉案件，维护和提高公证的社会公信力。加强公证行业信用体系的建设和应用，完成系统平台的开发，研究建立信用评价等制度，充分发挥其规范行业行为、维护公平诚信的重要作用。注重提升公证服务，为社会治理方式的创新发展、维护社会大局的稳定贡献应有的力量。

四、拓展公证参与社会治理的途径

社会治理创新的实质是一场政府职能改革，推进社会治理体系和治理能力的现代化，必须改变过去一元的公权力管理模式。公证参与社会治理重在体制创新和制度建设。

（一）推行合作治理，融入多元调解格局

以"人民调解、行政调解、司法调解"三级联动的"大调解"工作机制有效整合行政资源，完善法律服务，拓宽服务领域，提高服务质量，顺应多元化、多途径的社会治理体系。公证调解机制在矛盾纠纷化解中发挥了补强的功能优势，是"大调解"机制的重要力量。公证机构主动融入"大调解"工作机制，有效突破公证业务领域矛盾纠纷化解工作局面，通过介入信访调解对接工作，建立信访结案公证制度，为信访部门提供法律意见，对调解协议进行公证，以非诉讼方式对矛盾纠纷进行终结性处理，在各种非诉讼纠纷解决方式之间发挥了纽带作用，有效减轻信访及有关部门的工作压力，维护了政府的公信力，推动形成依法信访、文明信访的良好氛围。此外，要正确处理好公证在参与社会治理中与政府部门的关系，促进政府职能转变，推广政府对公证服务的购买和运用，形成以政府为主导、市场进行调节、公证主动参与的多元社会治理模式。

（二）坚持依法治理，善用法治思维方式

将社会矛盾预防化解纳入法治轨道，无疑是实现社会安定有序、和谐活力的长效机制。公证机构作为公共法律服务的重要力量，要坚持以法治理念统领工作，指导公正参与社会

治理活动的开展。一是树立依法执业理念。不断增强公证服务者的法治观念，牢固确立宪法至上、法律权威的意识，认真贯彻实施《公证法》及其配套规章，严格履行法定的公证职责，依照法律法规办理公证事务，遵守执业规范和标准，自觉维护宪法和法律的权威。二是规范服务行为秩序。加强标准化建设，细化办证标准，严格把好受理、审查、核实和出证关，坚决杜绝假证、防止错证，探索确保公证公信力的长效机制。三是提升治理社会效益。切实把依法维护当事人合法权益、维护社会和谐稳定作为公证工作的出发点和落脚点，将"为党分忧、为民解难"作为崇高的社会责任，在化解社会矛盾时，既坚持以法治为基本保障与支撑，又注重道德教化、心理干预、矛盾调处等机制和方式的适用，切实把发展这个要务、稳定第一责任和依法办事第一要求有机统一起来，让公证制度真正成为与利益协调、诉求表达、矛盾调处和权益保障机制，实现公证服务社会和谐稳定成效的最大化。

（三）强化系统治理，重视发挥职能优势

针对公证参与化解社会矛盾纠纷的基本形态，继续研究公证调解的规律、特点、作用，探索与矛盾纠纷多元化化解机制相对接的工作机制。进一步强化公证调解在民事纠纷化解实践中的地位，营造规范、和谐、柔性的纠纷化解机制，体现中立、公正的公共价值。一是强化引导，前置预防纠纷。在公证申请受理前期，公证人员发现事项存在矛盾纠纷，向当事人明确权利义务，分析潜在矛盾根源，对利益相关方存在的分歧、冲突加以调节和妥善处理，防止矛盾隐患流向社会，升级恶化。二是严格审查，加强证中沟通。公证机构要严格办证程序，加强对公证文书合法性、证明材料真实性审查，通过公证谈话把握当事人真实意思表达，坚持以沟通方式开展矛盾纠纷化解工作。三是完善配套，落实证后回访。在出具公证书之后，加强对公证事项的监督，做好后续服务工作，畅通公证争议投诉处理渠道，预防、化解可能发生的矛盾纠纷，巩固公证服务社会治理的成果。

（四）注重创新治理，推进公证行业发展

随着国家治理体系向多元治理模式的转变，作为参与社会治理新型主体的公证机构，必须探索适应我国法制体系的公证行业发展模式，做到统筹兼顾，合理定位，不断创新。深化公证工作改革，健全和完善理念先进、符合实际、制度科学、管理规范、运行高效的公证工作体制和机制，健全决策、执行和监督机制，提高公证机构自我管理、自我发展的能力。尤其要重视构建与治理主体制度、公开制度、社会协商制度和责任制度等相契合的公证治理模式，围绕社会矛盾化解、社会管理创新、公正文明执业，推动提升社会治理法治化水平。

结　语

当前，推进国家治理体系和治理能力现代化，对公证工作提出更高的要求，也给公证行业带来前所未有的机遇，为发挥公证职能提供了广阔空间。公证行业应当顺势而为，把握机遇，拿出勇气和胆量，凝聚共识和智慧，积极探索自身在社会治理多元机制中的合理定位，尽快推进公证体制改革的顶层设计和参与社会治理的总体规划，充分发挥公证行业在实现社会多元治理方面的独特作用，为维护社会和谐稳定贡献力量。

公众参与社会治理调查分析

厦门市思明区委政法委课题组

当前，国家治理体系和治理能力现代化的提出使公众参与成了行政活动中不可或缺的一部分。十八届四中全会提出"健全依法决策机制"，"把公众参与确定为重大行政决策法定程序"，赋予了公众参与社会治理的重要地位和政治意义。然而，在当前社会治理过程中，公众参与既有旺盛的需求，也是最为薄弱和需要加强的环节。思明区近年来积极落实"美丽厦门共同缔造"，推动公众参与社会治理，取得了显著成效，也存在一些问题，需要我们从制度、技术、平台等各个层面来加以研究和解决。

一、推动公众参与社会治理的探索与实践

本文收集了思明区10余个社会治理创新案例，这些案例涉及不同层次的公众参与。从分类看，我区公众参与治理方式可分为：信息分享类、服务输送类和组织协作类（表1）。

表1 思明区公众参与案例分类

类型	实例
信息分享类	街道政情通报会、意见征求会、美丽心愿箱、街道官方微博、微信平台
服务输送类	邻里守望机制、平安"细胞工程"、治安联防队、老民警社区服务队、老人治安宣传队、"爱心妈妈"禁毒帮教、家长导护队
组织协作类	公共议事理事会、无物业居民自治小组、贤达人士沙龙队伍、爱车自管小组、群众安全防范工作促进会、见义勇为促进会

（一）信息分享类

信息分享是构建公众与政府互动关系的起点。信息分享是双向的，一方面，政府通过信息公开传达开放性治理的良好意愿，通过信息收集了解居民偏好；另一方面，公众运用信息表达需求，参与社会治理。我区推动信息分享的形式主要有两种：

一是推动协商对话。协商对话强调公众是平等的合作者，可以发挥公众主体性作用。滨海街道曾厝垵文创村就"五街十八巷"项目进行的意见征集会就体现了协商对话、共谋共议的特点。曾厝垵文创村原有道路及水电等配套设施已无法满足发展需求，居民反应强烈，街道和社区召开数十场各类群体的意见征求会，广泛征求意见、协商讨论、修改完善，形成"五街十八巷"提升改造方案，并在向群众公示后最终确定提升工作方案。此案例中，公众不仅进行了意见表达，还参与了决策方案的制定过程，方案的最终确定也

由公众参与，实现了公共政策方案制定、决策阶段的共同治理。

二是广泛应用新媒体。随着科学技术的发展，信息的传播和交流变得更加便捷，政务平台、BBS论坛、微博、微信等新媒体平台的出现不仅使公众能够及时了解公共部门相关信息，而且能直接参与到公共服务的供给过程。如我区通过搭建区、街、社区三级网格化信息平台，不断提升社会治理的信息化和科学化水平，进一步推动群众了解政务、参与政务。中华、鼓浪屿等街道开设了微博、微信平台，发布街道美丽厦门建设、爱心品牌建设等工作新做法、服务新举措，对居民反映的问题及时化解处理。鼓浪屿建立微信动态治安巡防网络，居民可以通过微信平台将犯罪嫌疑人特征、涉案物品等情况进行通报，便于联防巡防队伍有的放矢开展治安防范，有效降低治安事件的发生率。

（二）服务供给类

服务供给类的公众参与是指公众通过自愿提供服务的形式，与公共部门合作提供公共服务。

公众参与服务供给最直接的例子就是公众参与社区的群防群治，鹭江、筼筜、梧村、莲前、鼓浪屿等街道都将群防群治运用到社区治安管理当中。例如，梧村街道溪东社区组建了一支由社区工作者、居民、出租屋房东、派出所协警和驻军部队组成的巡查队，分时段对辖区重点部位、易发案部位、校园周边进行巡查与防控，形成军、警、民联防格局，近年来发案呈现逐年下降的良好态势。鹭江街道整合相邻小区、住户安防资源，推行"邻里守望"，构建起"相互支持、相互提示、相互照应"的小区协防机制。

各街道因地制宜发挥不同群体的作用，湖光社区成立"老民警志愿者社区服务队"，这群"退而不休"的老人发挥自己数十年积累的专业经验，投身社区平安建设，协助清查流动人口、入户核对辖区人数、掌握治安信息、督促居民做好防火防事故措施，维护了社区治安秩序。筼筜街道一里社区地处老城区，在册吸毒人员26人，社区成立由居民、老党员组成的"爱心妈妈"禁毒帮教组，实行分片包人制，进行随时跟踪，发现异常情况马上报告社区工作人员，与社区民警合作，对异常对象及时采取有效防范措施，并建立定期谈话制度，每月不少于两次上门谈心，教育、感化、挽救吸毒人员，帮助他们从心理上摆脱毒瘾，提高自我控制和抗拒毒品诱惑的能力。

我区积极发动群众参与社区的其他服务活动，如鹭江街道小学路片区注重发动居民参与营造社区文化，辖区内的大同小学学生在华侨大学学生的帮助下，将原来的老旧石头墙修整粉刷，绘制成一组"丰子恺"风格的"中国梦美德墙"，使社区呈现新风貌。其他多个社区积极开展"社区园圃"行动，发动公众共同寻找空地、共同商议品种、共同栽种幼苗，由公众认养认管，开展评选"最美园圃"、"最美庭院"、"最美街巷"等活动，既美化了居住环境，又增进了公众参与。

（三）组织协作类

组织协作类的公众参与是指通过成立相关组织、团体，将社会参与常态化、体系化，这是公众参与意识发展到较为成熟的阶段出现的产物。我区公众参与的组织形式主要有两种。

第一种：邻里组织。邻里组织是指以社区为基础，以解决社区公共事务为目的，由社区居民组成的居民自治组织，是社区治理过程中共同参与的重要载体。各社区中的无物业居民自治小组、公共议事理事会、贤达人士沙龙队伍和爱车自管小组等组织都具有邻里组织的特性。

在"美丽厦门，共同缔造"中，邻里组织的作用得到了真正发挥。厦港街道巡司顶社区地处老城区，目前尚有38个楼院的住房权属错综复杂，许多楼院的权属单位混乱且均无物业公司管理，卫生环境差、公共防盗门破损、入室盗窃案件频发等问题影响居民的幸福指数。为了解决上述问题，在"以奖代补"政策的鼓励下，楼院业主通过投票推选，成立居民自治小组，发动居民共同出谋献策改造楼院生活环境，先后完成永福宫4号围墙修筑，楼院防盗门、监控设施改造。滨海街道曾厝垵文创村的公共议事理事会制定了文创村自治公约、公共议事理事会议事规则和议事流程，涉及文创村的管理、发展等重大事项均需通过公共议事理事会的决议决定。鹭江街道小学社区140号无物业小区制订《居民自治公约》，通过民主协商自筹资金设立小区电动门禁，聘请下岗失业人员担任管理员，并建立起值班管理、停车收费、卫生保洁等自治机制，通过"身边人管身边事"，实现小区有序管理，其经验模式在央视《新闻联播》播出等等。居民通过充分表达意见、讨论设计治理方案、投票进行决策、参与方案的具体执行等途径，以邻里组织为载体实现治理社区公共事务全过程的共同参与。

第二种：基金会。在公民社会发展成熟前，一定的激励是推动公众参与社会治理的必要方式，而激励的提供并不局限于公共部门。我区由街道、企业、商会等共同发起的基金会形式的社会团体，为公众参与社会治理提供了有效激励。嘉莲街道经区民政局审批，成立了"厦门市思明区嘉莲街道群众安全防范工作促进会"，是全市首个协助政府、公安部门开展治安防控和平安建设的社会团体，通过会员单位捐赠，建立常态化、长效化保障机制，奖励和表彰为平安建设做出突出贡献的集体和个人，鼓励更多的人积极参与综治和平安建设；梧村街道与梧村商会、辖区企业共同发起的"社会治安综合治理暨见义勇为基金"，有效地调动了公众参与群防群治、社区公共服务等治安活动的积极性和主动性。

二、公众参与社会治理现状的调查

为了解掌握公众参与社会治理的现状，我们于2014年底对10个街道、20个社区开展了一次问卷调查，共发放问卷1000份，回收有效问卷990份，问卷有效率为99.0%。

（一）公众参与程度

在"您会主动参与本区涉及社区公共利益的基层公共事务"这一问题中，15.1%的公众经常参与，36.7%的公众有时会参与，33.4%的公众比较少参与，从来没有参与社区公共事务的公众占14.8%。可以看出，公众主动参与社区公共事务的比率较低。这说明，社区公众主动参与社区公共事务的意识还有待提高（图1）。

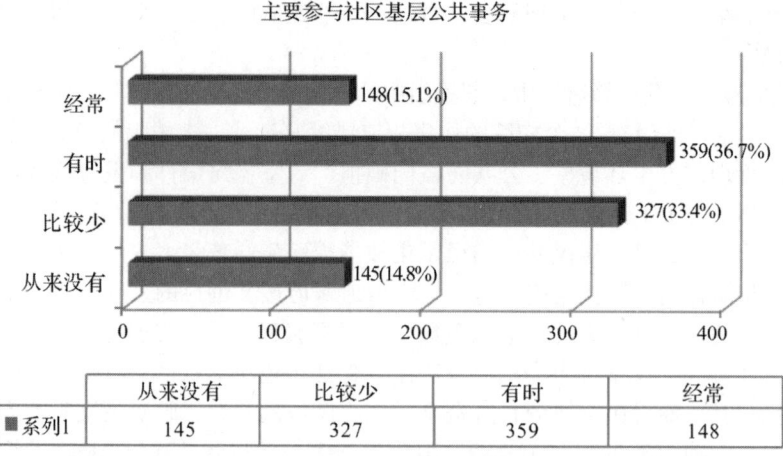

图1　公众参与社区治理的程度

在对公众参与社区公共事务的主要动机的调查中，18.7%主要是个人兴趣，11.4%仅仅是为了凑热闹，53.1%是为了获取相关信息，仅有13.9%是为了影响社区决策而参与社区公共事务，其他动机则占10.0%。主要动机是为了获取相关信息，突显了对公众参与动机引导的重要性（图2）。

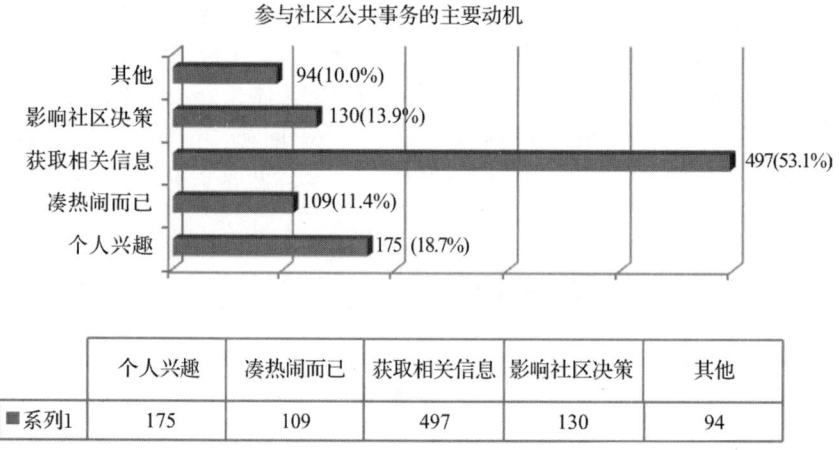

图2　公众参与社区治理的主要动机

（二）公众参与领域

在问卷所列出的七项社区活动中，52.8%的公众参与文体娱乐活动，68.3%参与志愿者服务活动，36.9%参与卫生绿化活动，22.8%参与治安保卫活动，53.7%参与选举活动，11.6%参与社区管理和决策，27.1%参与社区的代表大会或代表会议。换言之，志愿者服务活动、文体娱乐活动、选举活动是公众参与率比较高的活动领域（图3）。

社会治理创新

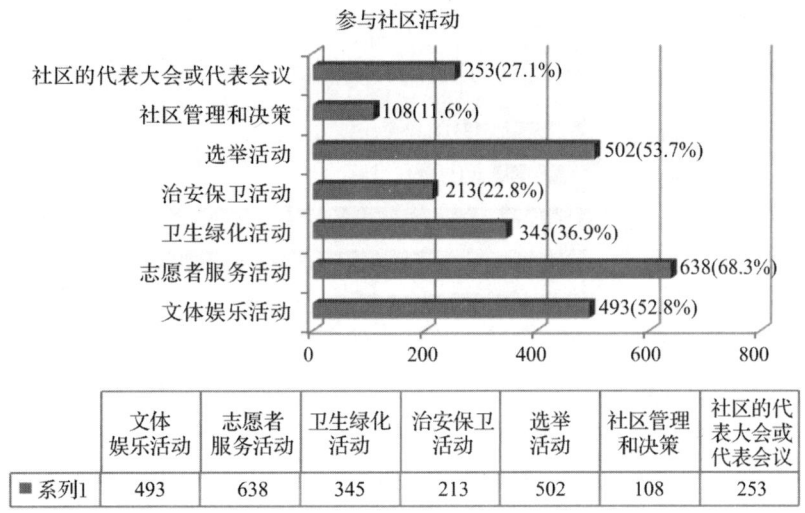

图3　公众参与的主要领域

当前，网络参与逐渐成为公众参与的主要方式，在对公众网络参与公共事务方式的调查中，公众参与网络投票的占76.5%，居于首位，参与网络听证占14.1%，参与网络质询的占23.2%，参与网络征询建议的占37.0%。可以看出，公众在网络参与社会公共事务的活动中，参与的领域主要集中在网络投票和网络征询建议两个方面，而对于网络质询和网络听证活动则参与较少（图4）。

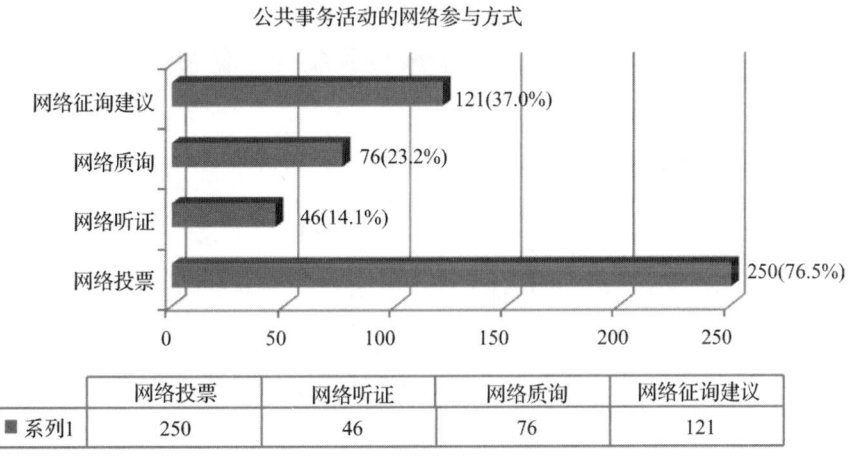

图4　公众网上参与的主要领域

（三）公众参与模式

从问卷对公众通过何种方式参与社区事务管理的调查中可见，在四种参与方式中，参与社区居民会议占51.9%，参与投票占45.8%，拨打热线占12.6%，网络问政占9.7%。一方面在参与社区事务管理的过程中，大部分公众会直接参与，这说明公众的公共意识在不断加强。但是，另一方面也说明，公众参与社区公共事务的管理在方式上还比较落后，主要是一些传统的社区居民会议和投票，公众参与公共事务的方式有待进一步改进

（图5）。

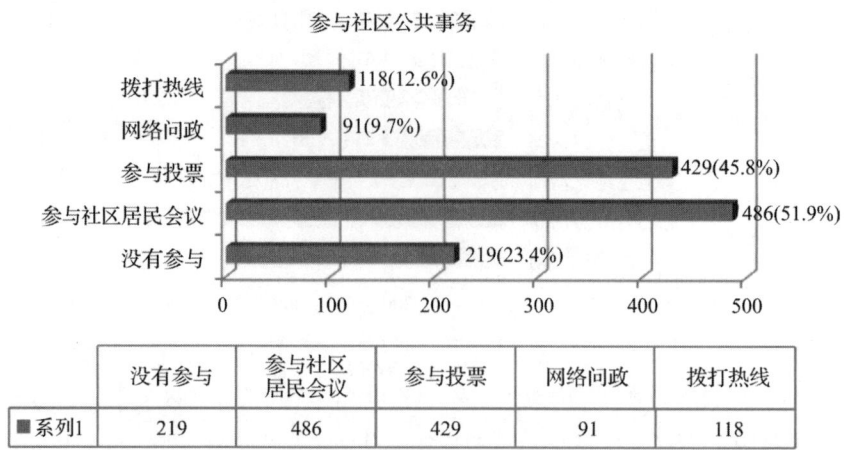

图5　公众参与的主要方式

在对于公众参与渠道是否畅通的调查中，41.1%认为公众一般，32.1%认为基本畅通，10.0%认为畅通，10.6%认为较不畅通，6.2%认为很不畅通（图6）。

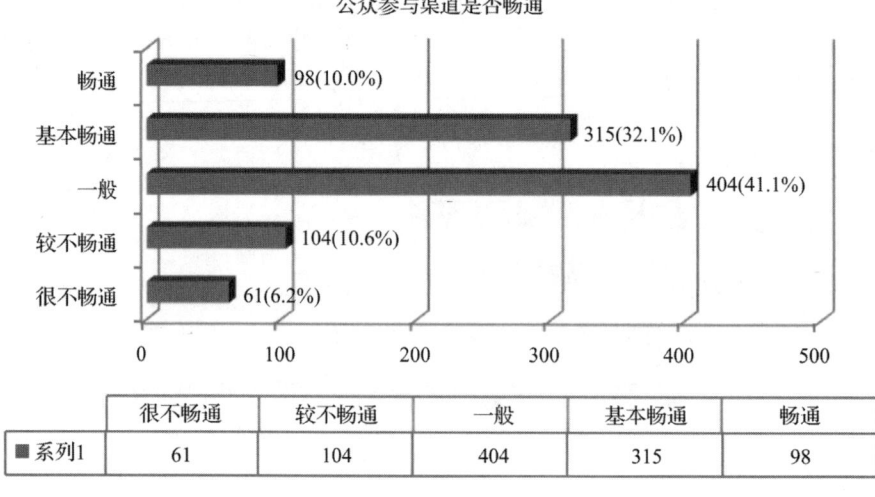

图6　公众认为所在社区的公共参与渠道畅通程度

（四）公众参与效果

在"您对政府部门决策提意见有无作用"调查中，16.5%认为不起作用，20.6%认为作用较小，40.5%认为作用一般，17.3%认为作用较大，只有5.1%认为作用很大。这说明，在社区公共事务管理过程中，公众对自己所提意见在社区管理中起到多大作用尚存疑虑（图7）。

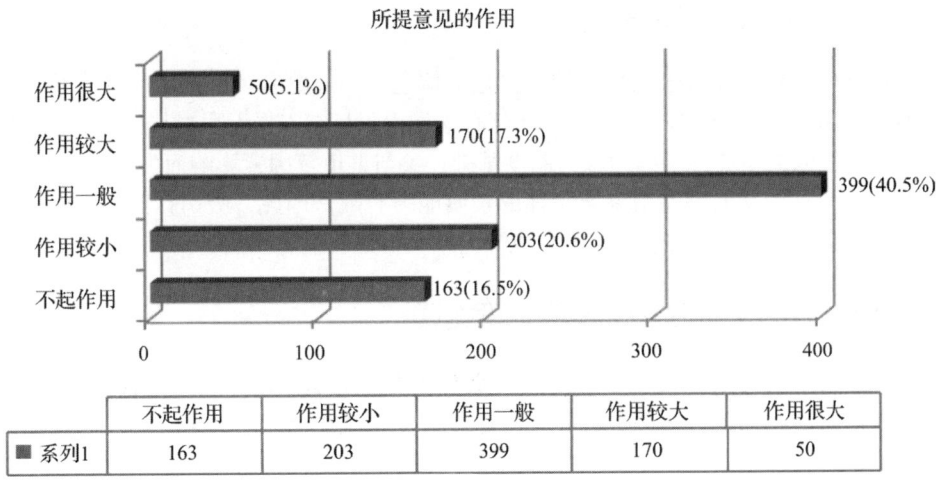

图7　公众参与的效果

三、社会治理中公众参与的制约因素

（一）公众参与的制度较少

在"美丽厦门，共同缔造"中，通过创新公众参与的方式与渠道，群众智慧被有效激发。但在公众参与实践中，我区的制度基础仍需夯实，主要体现三个方面：一是参与机制尚未完善。现阶段，公众参与的制度保障主要体现为居民代表大会制度和党员代表大会制度，较少有其他固定形式的参与制度。二是监督机制尚未完善。监督组织和监督流程尚不明确，如果公众对自己所参与的公共事项能够通过一定方式实施监督，其参与积极性可被进一步激发，参与效果更能得到充分显现。三是激励机制尚未完善。目前仍以政府主导为主，如何发动社会力量，建立社会化的激励机制，还需要进一步探索。

（二）公众参与的动力不足

公众参与社会管理的动力是否充足以及是否有效，是衡量参与程度的重要因素。目前我区大多数公众参与的动机较不明确，参与动力较为不足，主要原因：一是公众的社会参与意识不强，观念并未完全转变，认为社会管理只是政府的事，从而丧失了有效的参与动机；二是公众参与模式仍然是"政府主导，被动参与"，公众对自己的参与在社区管理中起到多大作用尚存疑虑，从而未能充分调动公众参与的积极性。

（三）公众参与的渠道单一

公众参与渠道的多样性对于公众参与的广度和深度有着促进作用，我区公众参与的渠道方式较其他典范城市仍有差距，主要表现在：一方面，公众参与渠道基本畅通，但仍有较大提升空间，特别是原有渠道的规范化、长效化机制尚未完善；另一方面，各社区公众参与公共事务治理的途径仍较单一，主要是恳谈会、理事会与社区志愿者等形式，公众参与渠道不够宽，制约了公众参与的积极性。

（四）公众参与的素质有限

调查发现，热心社区公共事务的主要是退休老人、志愿者和社区工作者，共计占参与主体的67.6%。这种情形一方面是由于年轻人受累于日常工作无暇参与公共事务，另一方面是由于社区的精英分子因为参与制度基础、参与渠道等因素影响而失去参与的动机。参与者的单一性与狭隘性造成参与主体的素质能力有限。因此，吸引社区各方面优秀分子参与到公众事务的管理之中，提升公众参与水平，是我们努力的方向。

四、加强社会治理中公众参与的对策建议

公众参与程度是衡量社会治理水平的重要标准。要积极培养公众的社会参与意识，增强公众的主体参与动力，拓宽各种参与途径，使公众在社区公共事务中发挥更加积极的影响。

（一）制度创新，夯实公众参与社会治理基础

公众参与社会治理，不是杂乱无章、漫无目的的，应当规范、有序。制度创新要充分发挥现有公众参与途径和参与形式的作用，将一些行之有效的做法固定下来，使之成为可反复使用的行为规范。要在制度层面上对公众参与的程序、参与代表的遴选、参与代表的意见对决策过程的影响等因素进行明确的说明和界定。探索建立基层"民主议事日"制度，畅通政府与公众的常效性交流渠道，提高公众参与度。调动潜在的社会资源，扩大参与覆盖面，实现较深程度的公众参与。完善专家咨询、民意调查、社情舆情表达、政务公开、听证会等制度，落实重要政策和重大工程项目的决策风险评估，促进决策民主化、科学化。

（二）民生优先，激发公众参与社会治理热情

社会治理的核心是切实解决关系群众利益的民生问题。要提升公众参与社会治理的积极性，增强群众参与的动机，一定要树立民生优先的理念，凝聚公众力量，解决公众最关心最紧迫的民生问题，让公众享受参与社会治理带来的红利，从而调动社会力量参与各种民生项目。公众参与要求政府的角色不再是"为民做主"，而是"由民做主"，要求政府扩大公众参与的范围，以通俗易懂、简单易办、群众喜闻乐见的形式，在贴近公众生活、与公众直接利益相关的社会治理领域开放公众参与的渠道，吸引公众参与其中，激发更多的群众智慧，更好地开展社会治理活动。此外，要积极培育具有社区概念、社区热情、参与素养的社区居民，使之带动社区自主运作，唤起更多社区居民对社区工作的支持和参与。

（三）合作治理，搭建公众参与社会治理平台

单靠政府难以解决所有的公共问题，政府需要更多地和企业、非营利组织或公民个人合作，共享公共权力，共同管理公共事务。党的十八届四中全会提出"建立健全社会组织参与社会事务的机制和制度化渠道"，进一步肯定了社会组织等主体在社会治理中的重要性。要拓宽群众参与渠道，建立为民办实事公众参与平台，吸纳有社会责任感的企业、公益机构乃至个人参与进来，搭建政府与社会的合作平台。一方面，通过购买社会服务

的方式，吸引社会组织和公众参与社会治理；另一方面，主动搭建政府与社会组织互助互动的合作平台（如综合服务中心等），通过平台让社会组织接受政府委托，面向社会为公众提供更多、更新的公共服务和公益支持。

（四）技术支撑，提升公众参与社会治理效率

公众参与社会治理既需要制度保障，也需要技术支撑，运用信息化技术，有利于拓宽参与渠道，提升参与便捷性，让群众能够以简单便利的方式参与社会治理。要依托区、街、居三级网格化信息平台，搭建更加常态化、机制化的公众参与渠道，如通过推送平台向公众短信推送近期公众参与的资讯，通过电子论坛增加政府与民众之间的直接性互动等。结合智慧城市建设，一方面应用大数据技术收集公众参与数据信息，建立公众参与数据库和分析中心，及时了解民意；另一方面，将自下而上的公众参与嵌入到智慧城市建设过程中，整合现代化技术资源，积极运用社交网络、大数据、物联网、移动互联网等新技术，形成公众互动式参与的新局面。

破解城管执法"塔西佗陷阱"的对策研究

王慧婷[*]

城管,在我国城市综合管理中负责行政执法工作,主要职责为贯彻实施国家、省、市等有关城市管理方面的法律法规及规章,治理和维护城市管理秩序。在转型时期的中国,城市管理行政执法工作发挥着重要作用,也因此成为众矢之的。城管这一行业在当今中国社会发展转型时期有其必要性和必然性。但也因其工作对象涉及社会各个阶层,范围涵盖社会管理各个方面,成为当前社会管理的矛盾集中地。关于城管与群众冲突的新闻屡见不鲜,城管执法已陷入"塔西佗陷阱"中。如何破解城管执法的"塔西佗陷阱",成为当前城管执法改革的重要课题。

一、城管执法陷入"塔西佗陷阱"的综合表现

"塔西佗陷阱"来源于古罗马时代的历史学家塔西佗,指当公权力遭遇公信力危机时,部门失去公信力,无论发表什么言论,颁布什么政策,都会被社会予以负面评价,拒绝信任和配合,最终导致公权力无法顺利运行。城管执法陷入"塔西佗陷阱",综合表现主要有以下几方面:

(一)执法行为被曲解和误读

凡是在城管执法过程中发生冲突时,经常在某些别有用心的利益相关人的引导下,社会公众一面倒批判城管执法行为是暴力执法,不合法、不合规,给城管执法造成极大的压力。当今网络上关于城管的负面言论已占据大半壁江山,极大程度上损害了城管执法行为的公信力,妨碍了正常执法行为的有序开展。

(二)政策措施被抵触和扭曲

城管执法在保护大部分公众利益的同时,必然会损害部分行政相对人的利益,这是难以避开的"两难"状态。随着社会的发展,公众对于自我利益保护的诉求日趋强烈,同时也对城市综合管理水平的要求日益提高,进一步将城管的政策措施推向被推敲、被考究、被批判的风口浪尖。行政相对人常企图通过否定政策措施的方法阻止城管执法。

(三)队伍作风被抹黑和批判

早期管理内容少、范围小的时候,城管执法的行为较为简单、低效,缺乏科学性和系统性。当今社会转型时期,执法环境发生了翻天覆地的变化,城管执法难的问题日益

---

[*] 王慧婷,厦门市同安区城市管理行政执法局。

凸显。社会公众对于城管的评价变成了作风懒散、效率低下等，否定城管队伍的作风，甚至出现将城管定义为"合法打手"、"公职蛀虫"的现象。

二、城管执法陷入"塔西佗陷阱"的原因分析

城管执法陷入"塔西佗陷阱"，主要有历史根源、现实要求、执法人员和执法环境四个方面的原因。

（一）历史根源

城管这一职业，是我国城市化进程的必然产物，其最早的法律依据是1996年10月1日生效的《中华人民共和国行政处罚法》，第16条规定："国务院或者经国务院授权的省、自治区、直辖市人民政府可以决定一个行政机关行使有关行政机关的行政处罚权，但限制人身自由的行政处罚权只能由公安机关行使。"其中对"相对集中行政处罚权"做了有关规定，将原本归属于多个部门的"行政处罚权"相对集中于一个机构，以起到履行城市综合管理的职责。

随着经济社会的快速发展，对城市管理行政执法的要求愈来愈高，各城市也开始出台对符合本地区实际情况的城管执法工作规范。以厦门市为例，2004年出台的《厦门经济特区城市管理相对集中行使行政处罚权规定》，严格规范城管执法的职责、程序等。各区也相继成立行政执法局承担相对处罚权实施工作。城管仅作为城市管理的综合执法组织，未能真正意义上享有国家法律规定的职权，执法活动的具体规范多来源于地方性法规、行政规章，这些法规和规章相较于宪法和法律来说，位阶较低，范围较小，应用较少，规范不足，且法规和规章的语言缺乏足够的逻辑性、严谨性和前瞻性，对于处于基层一线开展执法工作的队伍来说，执法依据远没有足够的说服力和强制性，在自由裁量权的合理使用上也出现诸多问题。各地区城管组织也依据实际各自分设，鲜有明确的由上至下的组织系统，造成"上没爹娘，下无儿女"的尴尬境地，也使群众对城管执法的合法性、合理性产生质疑。

（二）现实要求

城管执法陷入"塔西佗陷阱"的矛盾当中，与社会的发展对城管提出的要求密不可分。以厦门市城管执法工作为例，市委市政府提出"美丽厦门共同缔造"发展战略，为保障城市管理的有序发展，现城管执法部门共承担452项工作职责，以"两违"综合管理专项整治和市容管理工作为主，涉及渣土管理、非机动车管理、噪音污染、油烟污染等方面，被群众戏称为"上管天，下管地，中间管空气"。由于执法内容的扩展、执法范围的扩大和执法职能的延伸，与群众接触时间长、机会多，造成更大的矛盾和误解。

城管的执法对象大多是小摊小贩、外来务工人员、失地农民、无房户等社会弱势群体，更容易获取社会公众的同情心和包容心。虽然其占道摆摊、无证经营、违法建设等行为触犯国家法律法规，属于城管执法范围，但一旦开展执法工作，弱势群体往往会展现出其弱势的一面，采取哭闹、推搡等行为阻碍执法。若城管队员采取强制手段，往往会被"社会弱势群体利益保护"的舆论压力压倒，致使合理的行为被妖魔化，失去群众的认同，执法对象对城管执法行为也普遍抱有怨言和抵触情绪，致使城管执法的公信力不

断下降，社会评价日益下降。

（三）执法人员

当前城管执法陷入"塔西佗陷阱"，也与城管执法队员身份地位有关。以厦门市为例，城管执法队伍经过几轮改革。2004年在厦门市城市管理行政执法局的指导下，各区成立各自的行政执法队伍，人员编制为行政公务员。2010年，各区执法局各自成立城市管理行政执法大队，人员为参照公务员管理的事业单位编制。2015年，根据福建省事业单位分类改革办法，各行政执法大队被归入"公益一类"事业单位范畴，承担基本公共服务并为机关行使职能提供支持保障工作，在今后执法过程中，必将面临执法权受到质疑的尴尬境地。同时，因执法人员严重不足，各执法队伍均依靠大量非在编执法协查员协助工作开展，这部分人员无行政执法证和执法权力，执法行为难以得到群众的认同和服从，极大降低了城管执法的公信力，导致群众的抵触情绪，逐渐循环进入"塔西佗陷阱"。

以厦门市为例，现执法队伍的构成较为复杂。正式执法队员由过去的国土监察、土地纠察等人员分流而来，人员的纳新也主要从军队转业干部中选取，只有在近三年才较大规模开展公务员考录工作，执法人员的层次参差不齐，且有大量协查人员掺杂其中，造成执法队伍整体素质不高的状况。部分执法队员对法律的理解和执行不够彻底和到位，执法过程中出现言行不当和侵犯当事人合法权益的状况，有的还与群众产生肢体冲突，造成恶劣影响，导致群众愈发反感执法工作。

（四）执法环境

我国处于社会主义初级阶段，社会转型期矛盾凸显，执法工作面临更为艰难、复杂的环境。大量失地农民、外来务工人员等涌入主城区，无证摊贩、流动摊贩越来越多，执法任务越来越艰巨。随着城市化进程的加快，城乡规划和改造的持续推进，部分心存侥幸的群众非法占地违法建设谋取私利，导致违法建设整治工作愈发困难。

随着互联网络、移动客户端的普及，城管执法也毫无保留地接受社会大众的监督。由于信息传播的"不对称"，社会公众对于城管执法存在严重的误解。现在网络上关于"城管暴力执法"的信息铺天盖地，社会舆论对于城管执法一向处于偏颇状态，一旦有关于"城管执法"的信息发布，公众多是一面倒对城管进行批判和指责，而较少理性和客观地去看待事件，使城管执法陷入舆论怪圈，极大挫伤了执法人员的积极性，阻碍了执法工作的有序开展。

三、城管执法陷入"塔西佗陷阱"的破解方法

党的十八大提出"科学立法、严格执法、公正司法、全民守法"的依法治国"新十六字方针"，不仅为法治中国的发展指明了道路，也为破解城管执法"塔西佗陷阱"的困境提出了新思路。

（一）加快立法，保障执法权威

随着城市管理的要求越来越高，城管执法的法律权威也引起社会的广泛重视。2014年，全国"两会"上，江苏省代表提出了完善法律、建立"国家城管局"的议案。虽

然该项工作仍未正式提上日程，但表现了当前亟须设立一部全国性的城市管理法、明确全国城管执法的主管部门的需求。一方面，要加快关于相对集中行政处罚权的高层立法工作。通过高层立法，设计一套符合现实要求、统一规范的城管执法体系，制定一部全国性的城管执法法律，细化法律法规条文，增加城管执法工作的可操作性，使城管工作在国家层面上有法律支持，增强执法权威性。另一方面，加快"量体裁衣"的地方立法工作。从地区发展客观实际出发，在保证法制统一的前提下，充分发挥地方立法的积极性。以厦门市为例，我市于2004年通过《厦门经济特区城市管理相对集中行使行政处罚权规定》，并于2012年进行第二次修正，有效保障了我市城市管理行政执法工作的有序推进。但是我市经济社会迅猛发展，对城管执法的要求不断提高，仍需根据我市的"十三五计划"，结合为期3年的"两违"综合治理专项整治行动和城市综合改革试点工作，进一步细化和完善对相对集中行使行政处罚权的规定，更好保障城管执法工作的与时俱进。

（二）严格执法，确保规范有序

对于城管执法工作来说，严格执法是执法队员工作的首要原则。城管执法承担着城市管理的重要职能，所有的行政执法行为都是代表政府行为，体现政府意志。因此，要破解被社会公众所不信任的"塔西佗陷阱"，要从执法行为上进行严格的规范。一方面，要严格准入制度。对拥有执法权的正式执法队员和辅助执法的协查员，对其进行"双线管理"。以厦门市为例，通过严格把关，对新进正式执法队员进行执法技能培训和法制培训，考试合格者才予以颁发"行政执法证"，并定期以抽检形式考核执法能力，确保执法人员拥有必需的职业技能和法律素养。对辅助执法的协查员同样进行培训和考核，颁发"协查证"，作为其有权参与辅助执法的依据。同时，应在条件许可下，适时提高执法人员的身份，作为执法者，应属行政编制公务员，而非事业单位人员，只有明确提高城管队员的编制身份，才能够进一步加强执法的权威性。另一方面，要规范队伍管理。城管执法的初衷是通过执法维护城市秩序，根本宗旨是为人民服务。执法队员应明确这一宗旨，采取多样化的执法手段达到执法目的，避免单一的"以暴制暴"或"以恶对恶"行为出现。要加强执法队伍法制教育，强化其熟练运用各项法律、法规的能力，做到依法执法，严格执法，从社会公众的利益出发解决问题；要规范执法队伍执法行为，健全监督考核机制和责任追究制度，对暴力执法、以权谋私、权力寻租等违法行为进行严惩不贷，维护执法队伍的形象；要培养执法队伍公关意识，引导其注重言行举止、社交礼仪和情绪控制，减少在日常执法过程中的交际阻力，在发生冲突的第一时间能够妥善处理和解决。

（三）公正司法，促进干群和谐

司法程序是对城管执法的一种手段，同时也是对城管执法的监督防线。公正的司法活动不仅能够保障城管执法符合法律法规要求，增强其合法性和合理性，更能够有效调解城管执法与行政相对人之间的矛盾和误解，从而达到拉近干群关系，有效推动城管执法工作更加顺利开展的目的。一方面，要加快司法介入的速度和效率。在城管执法案件的立案查处过程中，经常遇到行政相对人不配合的状况。以厦门市为例，城管执法的相关法律规定，当行政强制执行通知书和催告书到期之后，当事人依然逾期不履行，可向法院申请强制执行。依据相对集中行政处罚权规定，一个案件从立案到申请法院强制执行，最快需要半年时间。这对于快速解决城市重难点问题造成极大阻碍。司法的快速介入应成为下一步城管执法改革的趋势，法院应依据实际情况，量身定做提高城管执法诉讼案件效率的工作程序，公正、公开、高效地进行案件判决，推动城管执法工作进一步得到落实。另一方面，公正判决化解执法矛盾。许多行政相对人因对法律法规不了解，对城管执法工作存在误解，不仅不配合城管执法工作，还在被执法过后向法院状告城管执法工作。法院通过立案调查，最终做出判决，行政相对人经常会有"官官相护"的误解。为转变行政相对人对城管执法和司法工作的误解，应公开司法审判，以明确、公正的判决获取行政相对人的认同，从而逐步转变执法不公、司法不公的形象。若遇到城管执法工作违背合法性、合理性原则的，法院也应依法审判，维护行政相对人的合法权益，确保司法的公正。

（四）强化互动，建立新型关系

全面建设法治中国，与社会公众息息相关。对于城市管理的行政执法工作，也需要全体市民共同参与。建设良好的公共关系，能够极大提升城管执法的支持度、认同感以及公众的民主参与度，有利于塑造执法队伍良好的形象，更好地履行执法职责。一方面，要密切与社会公众的联系。城管执法"塔西佗陷阱"的一个重要原因就是信息不对称，公众的不信任严重阻碍执法工作的开展。因此，密切公众联系是城管执法走出"塔西佗陷阱"的必经之路。要重视新媒体的传播作用。现代媒体对公共权力的运行起着监督和制约的作用，充分利用新媒体传播广、速度快、覆盖率高的特点，能有效将城管执法的信息定期传送给社会公众，让公众共享城市改革发展的成果；要强化公共关系危机应对能力，当城管执法遭遇舆论"围攻"时，应坚持不避不让不逃的"三不"原则，正面应对公共危机，妥善解决和处理；要快速反应，在最短的时间内还原事件真相，客观公正地公之于众，交由公众评判。对错误行为要有改正的决心，对于误解情况要有辩驳的能力。另一方面，要推动社会公众参与共建。全民共建是城管执法一直以来追求的目标，社会公众的支持，是城管执法的保障，只有全民都参与到城市管理中来，才能推动城市有序发展。要充分了解社情民意，选取社会公众喜闻乐见的宣传方式，结合群众的切身利益来加强法制宣传，让群众知法、懂法、守法、用法，将违法行为扼杀在萌芽之中。要建立健全公众参与机制，鼓励公众以监督员的身份参与城管执法的过程，让社会公众更多理解和认同城管执法工作，同时通过参与者的扩散效应，更大范围获取社会公众的信任和支持。

加强涉毒问题综合治理工作的调查与分析

刘为华[*]

当前,国际国内毒潮加速泛滥、涉毒因素增多,毒品形势日益严峻复杂,禁毒工作刻不容缓。毒品是滋生抢劫、盗窃、卖淫等违法犯罪的温床,"枪毒同源"日益成为影响社会治安稳定的重要因素。党中央、国务院高度重视禁毒工作,2014年6月25日印发了《关于加强禁毒工作的意见》,这是我国第一次以党中央、国务院名义印发关于禁毒工作的意见,将禁毒工作提升到了"国家安全战略和平安中国、法治中国建设"的新高度。笔者在调查研究的基础上,拟就提高我市禁毒工作综合治理水平进行一些分析并提出对策思路。

一、当前我市毒情问题及危害

从我市情况看,毒情形势不容乐观,不仅人数多,而且危害大,每年因毒品造成的直接损失高达数亿元人民币。

(一)吸毒人数逐年攀升

目前,全市在册吸毒人员数已超过5300人,根据世界通行的显隐比例,实际可能超过2万人。每年查处的吸毒人数上千人,戒断巩固难、复吸率居高不下。俗话说:"一朝吸毒,十年戒毒,终生想毒。"大多数吸毒人员戒毒后出现复吸现象。

(二)涉毒因素危害治安

因吸毒次生"两抢一盗"、伤害、滋事、"毒驾"等违法犯罪案事件多发,毒枪交织等特征明显。据不完全统计,我市30%以上的抢劫、盗窃案件系涉毒人员所为,80%以上的吸毒女从事卖淫活动,由滥用毒品致幻而杀人、纵火、劫持人质等恶性案(事)件也时有发生。

(三)合成毒品蔓延迅速

吸食、贩卖冰毒、氯胺酮(K粉)等合成毒品违法犯罪活动滋长,特别是在一些娱乐场所兜售合成毒品,并且吸食人员以青少年为主,社会危害极大。由于吸食合成毒品绝大多数是结伙、集体吸食,使吸食人群不断向周边人群扩散,参与人员越来越多,吸食合成毒品的场所也由娱乐场所向宾馆、茶楼、日租公寓等蔓延。

---

[*] 刘为华,厦门市公安局。

（四）零包贩毒活动活跃

零包贩毒约占贩毒案件总数的80%。近年来，零包贩毒出现团伙化的发展趋势，将大宗毒品化整为零，针对吸毒人群销售，团伙组织相对松散，成员多为本地"以贩养吸"人员，特别是残疾人、传染病人、绝症病人等带有"特殊护照"的人员较多，不好收押处理，抓了放，放了抓，抓了又放，使其更加肆无忌惮从事零包贩毒活动。

（五）涉台毒案屡打不止

台湾籍毒贩大多以厦门作为聚集地和活动点，组织策划毒品交易，开辟毒品地下通道，从广东等地进货，以航空快递、行李夹藏、人体藏毒或雇用沿海台轮、小渔船等方式伺机将毒品走私贩运到台湾。一些犯罪分子在网上传授制毒方法、兜售毒品、聚众吸毒，犯罪手段更加隐蔽等等。

二、毒情严峻复杂特点与原因

（一）吸食合成毒品人员多

目前，人们对毒品特别是海洛因的成瘾性和危害性的认识不断深刻，但仍有不少人对冰毒等合成毒品危害性的认识存在偏差，认为其"成瘾难，戒断易"，受好奇心和虚荣心驱使，开始吸食冰毒等。合成毒品的原料易得、成本低，在一定程度上助长了合成毒品快速蔓延，滥用冰毒人数增多，我市目前吸食合成毒品人数超过吸食海洛因人数，涉案地点也由原先单一的歌舞娱乐场所扩散到宾馆、酒店式公寓和住宅等。

（二）消除毒品依赖难度高

毒品成瘾亦称毒品依赖，包括身体依赖和心理依赖，人吸毒成瘾后，无一幸免的对毒品产生双重依赖。当毒品被停用后，就会发生撤药综合症状，出现生理功能紊乱，其痛苦令人难以忍受，此现象被称为"身体依赖"；吸毒使吸毒者产生快感，诱导吸毒者产生再次吸毒的强烈愿望，以满足快感而避免难以忍受的痛苦，此现象被称为"心理依赖"。毒品的成瘾性是身体和心理依赖两方面的相互作用的结果，不能简单地归于毒品本身，因此，戒毒难度大。

（三）毒品消费市场需求大

市场的需求不仅是商品生存的条件，而且是刺激商品发展的内在活力。毒品的消费与毒品制造、贩卖之间，同样存在这样的互动关系。吸毒人数的剧增，牵动和诱发相关犯罪的增加。据统计，2011年我市登记在册的吸毒人员4000多人，2013年达到5300多人，近三年来，全市吸毒人数每年递增15%以上，而实际吸毒人数更多，每年将耗费数亿元人民币，形成了一个庞大的毒品消费市场。毒贩为了保有和扩大自己的毒品市场份额，利用各种手段诱骗没有防备心理的好奇者，特别是青少年群体，市场越来越大。

(四)高额利润诱惑刺激强

毒品交易的巨额暴利,致使许多人愿意铤而走险,不惜赔上性命,有毒贩曾这样说道:"死了我一个,幸福下一代。"以海洛因为例,一公斤海洛因在"金三角"一带的批发价大约1.6万元人民币;入境运至昆明,每公斤就升至4万~6万元人民币;贩到广州,每公斤批发价就翻到10万元人民币;贩到厦门,每公斤批发价就升至15万元人民币;贩到香港,每公斤批发价升到20余万港元;贩运到美国后,批发价猛增数十倍,每公斤零售价甚至高达100万美元,其价格涨了500倍。全球目前的毒品交易额达8000亿至1万亿美元,高于石油贸易额,仅次于军火交易。

(五)社会防治机制不健全

一方面,打击毒品犯罪力度不够。在侦查方面,缉毒工作过度依赖于以吸抓贩、抓现行犯,特情人员的建立受到限制,"诱惑侦查"的合法性以及如何转化所获证据等法律尚未明确,致使查处毒品犯罪的难度越来越大。随着邮寄快递行业的迅猛发展,不少毒品犯罪分子利用物流寄递这条"高效率、低风险"的运输渠道进行毒品犯罪活动,由于具有流动性、跨区域性和隐蔽性等特性,案件难以侦破。在证据方面,取证难、采证难和定证难已成为打击毒品犯罪的重点问题。由于毒品犯罪在证据收集上的特殊性,毒贩当庭翻供情况较为多见,而法院在证据的要求上比较苛刻,毒品犯罪中毒品交易数量经由捕、诉、判三个环节下来,在数量上锐减的情况非常突出,使得对毒品犯罪的打击效果受到严重影响。另一方面,禁毒宣传教育针对性不强,成效不明显;对吸毒人员的帮教措施没有全面落到实处,吸毒人员的就业安置率不高,无业现象比较普遍,造成复吸率极高。

三、加强禁毒工作的对策与思路

(一)营造全民参与禁毒氛围

各级要建立禁毒宣传教育常态化工作机制,坚持不懈地开展全民禁毒宣传教育,坚持禁毒宣传教育进社区、进农村、进家庭、进学校、进单位、进场所,大张旗鼓地宣传毒品祸国殃民的历史和现状,宣传党和政府禁毒的政策和法律,使禁毒工作家喻户晓、人人皆知。通过打造强大的禁毒舆论攻势,使广大群众普遍形成恐毒、避毒心理,提高抗毒、防毒能力,增强恨毒、除毒觉悟,自觉远离毒品。各级宣传、文化广电新闻出版部门要指导、协调新闻媒体,增加禁毒宣传的播放量、刊载量;禁毒部门应密切与媒体合作,运用传统手段和新兴媒体大力开展宣传活动,力争打造一批地域特色浓、实效性强、社会反响好的毒品预防教育品牌。要广泛动员社会力量参与禁毒宣传工作,最大限度减少新生吸毒人员。实行单位包职工,家长包子女,学校包在校生,街道包居民,乡村包村民,派出所包辖区流动人口,形成全社会参与禁毒的良好态势。禁毒和教育部门要全面落实中小学生毒品预防专题教育,深入开展"不让毒品进校园"等形式多样、健康有益的禁毒教育和课外实践活动,巩固好"校园无毒品,学生不吸毒"的工作成果。

(二）加大毒品犯罪惩治力度

严厉打击毒品犯罪，是公安机关和海关缉私等职能部门应尽的职责。公安机关和海关缉私部门要树立"抓大不放小"的意识，建立由公安禁毒专业队牵头、相关警种部门参与的缉毒破案侦查工作机制，多打合成仗、整体仗，切断毒品来源和渠道。针对现在社会上零星贩毒案件较多的情况，缉毒部门必须整合警力资源，建立"大缉毒"格局，处理好破案的及时性和适时性的辩证关系，既要及时侦破从快打击，又要树立长期经营意识，专案专办，积累有关证据，从看似零星、孤立的涉毒线索中梳理出大案线索、重点对象、地下交易网络，建立专案档案，适时寻找突破口。要加大对吸毒人员的审查力度，查清吸毒人员的毒品来源，积累涉案线索，固定专案证据。公安机关还要加强娱乐场所、日租公寓的管理，推动经营业主增强社会责任感，自觉加强监督、守法经营，将毒品拒之门外。依法惩治毒品犯罪，是人民法院参与禁毒工作的主要方式。人民法院应进一步强化对走私、制造毒品、大宗贩卖毒品和走私、非法买卖制毒物品等源头性毒品犯罪的打击，依法严惩毒枭、职业毒犯、累犯等毒品犯罪分子；更加注重对零包贩卖毒品犯罪和多次贩毒人员的惩治，加大对引诱、教唆、欺骗、强迫、容留他人吸毒等末端毒品犯罪的处罚力度，以遏制毒品供应，减少毒品需求。

(三）强化禁毒工作常态管理

各级政府要进一步加大投入，完善相关政策保障，组织发展各种社会力量，建立完善集生理脱毒、身心康复、融入社会于一体的戒毒康复模式和以就业安置为核心的社区戒毒、社区康复工作体系，想方设法解决好戒毒康复人员的就业、生活问题，使他们病有所医、困有所帮、业有所就。要健全完善社区戒毒、社区康复工作机构，配备必要的专职人员，落实必要的经费保障，形成政府主导、部门协同、多方参与、协调配合的工作格局。要紧密结合社区戒毒、社区康复工作，深入开展"无毒社区"、"无毒村"等创建活动，最大限度地减少毒品的社会危害。各职能部门要切实加强吸毒人员收治查处和强制隔离戒毒工作，及时发现、登记新滋生和隐形吸毒人员并纳入服务管理，健全吸毒人员信息社会化动态管控机制，研究制定吸毒人员分类管控办法，通过经常性地分析涉毒档案台账，及时了解吸毒人员的思想动态，矫正其不良心理倾向。成功挽救一名吸毒人员，就是成功挽救一个家庭、化解一次矛盾、增加一份和谐。要大力宣扬回馈社会、帮扶困难群体的精神，制定完善优惠政策，鼓励、支持更多企业、社会组织和有识之士参与戒毒康复事业，"形成大家一起来做"的良好书面。

(四）完善禁毒工作长效机制

各级党委政府要认真落实中共中央、国务院《关于加强禁毒工作的意见》，建立禁毒工作考评和责任追究制度，将禁毒工作纳入党政领导班子和领导干部政绩考核内容，把抓禁毒工作成效作为衡量各级党政领导班子和领导干部政绩的重要标尺之一，作为选人用人的标准之一。各级禁毒委员会要加强对禁毒工作的组织、协调和指导，抓好责任落实；各成员单位要按照责任分工，将禁毒工作列入整体工作规划。镇（街道）建立由主要负责人为召集人、各村（居）主任参加的禁毒工作协调机构。市、区禁毒部门要尽快完善例会制度，建立禁毒工作长效机制，构建党委政府统一领导，有关部门各负其责，社会力量广泛参与的良好工作格局。公安机关要认真探索和建立两岸禁毒警务交流协作机制，建立在厦台湾籍人员信息库，及时掌握有违法犯罪记录的重点台湾籍人员的动态，充分发挥厦金航线"旅客信息分析系统"，适时发现和严厉打击涉台毒品犯罪，力求在阻断"厦金"毒品走私通道有所作为。公安、铁路、海关、民航、邮政等部门要健全完善区域、部门、警种协同作战机制，经常性组织开展毒品公开查缉联合行动。要建立公安与卫生部门的合作机制，在有条件的医院或公安监管场所设立专门的病区，由公安机关与医院共同管理，专门处理那些疾病严重、无法关押的吸贩毒人员，全力挤压毒品犯罪的生存空间。

做好道路交通排堵保畅工作的几点思考

程章秋[*]

目前,在全市经济生活水平及路网改造建设不断提速的背景因素推动下,湖里区道路交通环境、格局随之发生变化,部分区域和路段交通流量饱和化、交通结构复杂化趋势日益突出,一些妨碍民生交通大局稳定的深层次矛盾和过渡性问题加速显现,成为诱发交通堵情、交通事故的关键症结所在,给城区交通管理工作带来很大压力。为加快破解道路交通难点问题,最大限度确保我区交通形势的持续平稳,提升市民群众交通出行安全感和满意度,我们立足区位交通实际,围绕"路要好走、车要有序、人要守法、点要畅通"这一目标,对湖里区道路交通状况开展调研,并进行分析和思考,就疏堵保畅问题提出几点建议。

一、改善道路通行条件,夯实交通基层基础,保障"路要好走"

(一)加强城区道路发展规划

长期以来,湖里区湖里大道、成功大道、枋钟路、金尚路、东渡路等主要干道交通流量较为饱和,大型货车、私家车辆十分密集,特别是湖里区作为岛内"四桥一隧"接驳区域,进出岛车流均经由辖区各主要干道疏解分流,导致高峰时段路网交通时常处于超负荷运行状态,道路抗压能力极为脆弱,一旦局部区域或易堵路段发生交通事故,极易诱发较大规模交通连锁拥堵事件,在可预期时期内这一问题还将随着机动车保有量的逐步提升愈演愈烈。为使湖里区道路建设与城区长远发展建设相适应,避免出现区域性"车流潮汐"等非正常现象,建议在市里"一张图"的基础上,聘请市城市规划院等专业机构对湖里区城区道路交通系统进行一次中长期规划,明确城区经济、交通发展建设方向及具体思路,尽可能理顺道路资源局限与车辆快速剧增之间的矛盾。

(二)完善新修道路通行条件

随着岛内建设重心向东北部转移,湖里区新建道路、路段不断增多,填补了我区路网覆盖空白。但实际上,该部分道路往往存在未经审批开通或断头路迟迟未贯通等问题,"路与路"之间呈现分段隔离,道路配套设施较不完善,人车混行现象较为突出,容易诱发交通伤亡事故。比如,2015年9月12日,在新修建未移交的枋钟路至环岛路中埔路段,就因为道路不具备通行条件投入使用引发一起一次死亡2人事故。建议进一步规范新建道路审批程序,严格落实省道路建设项目安全设施"三同时"(即同时设计、同时建

---

[*] 程章秋,厦门市公安局湖里分局。

设、同时投入使用)制度,严禁新建道路随意开通使用;建议加快打通辖区内现有的断头路,确保区域性路网发达、局部性交通流的连贯运行。

(三)健全施工道路保障机制

2016年来,受多项市政工程施工建设叠加影响,湖里辖区内SM广场、仙岳路中医院路段等交通枢纽部位相继进入围挡建设阶段,由于施工区域及影响范围"点多面广",在实际建设保障中,施工道路普遍难以实现"占一还一",尤其是煤气、电力、水务等地下管道迁移工程与交通疏解保障不同步,没有进行有效的统一规划安排,导致工程占道时间迁延稽留,反反复复的施工开挖,给交通疏解保障增加了很大压力。比如,华润燃气公司由于地下煤气管道泄漏超过规定上限,临时决定在嘉禾路地铁施工围挡路段应急施工,又给本来就拥堵的路段添堵。为此,建议进一步健全施工道路配套协调保障机制,同步规划煤气、电力、水务等地下管道迁移工程,最大限度挤压占道施工影响时间。有条件的地方,应考虑城市公共管沟的建设,提升城市地下空间的综合使用功能。

(四)加快"城中村"交通设施改善

湖里辖区路网次干道与17个"城中村"衔接区域交通环境落差较大,城区道路交通设施相对完善,而多数"村道"大部分未设置相关交通设施,造成城区道路与"城中村"道路不匹配现象十分突出,社会车辆由城区道路进入"村道"后,极易因为失去交通设施诱导渠化,而与行人、非机动车混流行驶,导致"城中村"区域交通秩序较为混乱,人车刮碰事故时有发生。比如,2015年7月22日,在金山街道高林社区入口区域,一部越野车在进入社区道路时,直接碾压一名在村道上玩耍的两岁儿童致其死亡。事故原因是该区域交通设施不完善、路面人车交织混行严重。建议相关责任单位结合"美丽厦门,共同缔造"部署安排,参照城区道路交通设施标准,为"城中村"道路尤其是城村道路衔接区域建立完善必要的交通安全设施、标志标线,最大限度地改善通行条件。

二、完善源头保障机制,强化重点车辆管控,确保"车要有序"

(一)尽快破解道路资源供需不平衡问题

截至2015年8月份,全市机动车保有量为1152620辆,环比新增15515辆、增长1.36%,同比去年新增155432辆,增长15.59%;全市机动车驾驶人1117572人,环比新增11947人、增长1.08%,同比去年新增138730人、增长14.17%。机动车保有量与驾驶人保有量月均增长数双双"破万",产生这一现象的根本原因在于目前全市尚未建立科学合理的车辆增速控制措施,造成道路资源与交通需求发展不平衡问题日趋严重。采取单双号限行措施可以说明这个问题,比如,每年9月7日、8日"投洽会"单双号限行期间,岛内交通明显畅通,并不需要过多人为管控就可实现平稳有序循环,这一现象说明岛内交通难问题的最大根源就在于经济高速发展背景下机动车保有量的无节制膨胀。厦门是个宜居城市,对外来人口吸引力大,若岛内机动车任其发展,今后拥堵程度还会加剧。建议提请市人大、市政府,组织开展专题调研,在条件成熟时,加快推动"机动车限牌"等车辆增速控制措施的落地实行。

（二）建立行之有效的摩托车惩处办法

摩托车非法上路和营运历来是影响湖里区交通稳定的一大痼疾。自1998年岛内推行限摩政策以来，公安交通管理部门对此极为重视，始终不留余力地对非法上路摩托车进行高压严管，仅2012年"三警合一"后，湖里区摩托车年均查扣量达到1万辆以上，但路面摩托车非法上路现象却长期处于周期性反复回潮状态，并次生了闯红灯、逆向行驶、进入桥隧道路等一系列突出交通违法行为。究其原因，主要是岛内现行摩托车惩处办法由于受到上位法限制（当事人凭合法手续15日后就可以到交警处理），陷于"抓了放、放了抓"的恶性循环怪圈，无法从根本上削减摩托车保有量。建议提请市政府建立更加行之有效的摩托车惩处办法，提高处罚标准，增加摩托车驾驶人违法成本，通过严管重罚，遏制摩托车违法行为屡禁不止的现象。

（三）建立岛内电动车、三轮车限售及统一挂牌制度

目前，湖里区电动车、三轮车引发的交通乱象问题渐趋严重，该部分车辆在早晚高峰时期大量汇聚于主次干道及农贸市场周边，不但给区域交通秩序带来严重影响，也成为辖区交通事故的主要受害对象。据统计，2013年湖里区交通亡人事故受害方58%为电动车、三轮车骑行人员。由于该两类车辆数量多、流动性强、活动范围广，路面执法整治通常仅能选择性查处，难以形成整体严管效力，尤其是电动车源头销售渠道尚未建立配套限售规范，更是导致电动车管理陷入"允许销售却不允许使用、抓得越严却卖得越多"的窘境，时常遭到群众质疑，社会抵触情绪强烈，甚至有部分违法人员以跳楼自杀等方式威胁执法民警放行被扣电动自行车。针对这一问题，湖里区组织相关部门联合开展专项整治，虽然从数量上看成果显著，却没能达到大幅压减该两类非机动车交通违法行为的预期目标，同时引发多起违法人员诉访闹访事件。建议市政府出台源头限售管理办法，重启电动车挂牌制度，将岛内电动车按照"蓝牌—符合国标—允许使用较长时间"、"黄牌—电池超标—允许使用2年"、"红牌—完全不达标或超过使用年限但能提供手续证件—允许使用1年"三个标准进行分类挂牌，为电动车限行工作的全面铺开提供一定缓冲期。挂牌结束后，对路面无牌及超过使用年限未重新挂牌的电动车一经发现即予以查扣处理，逐步解决电动车违规上路行驶问题。

三、固化长效宣教机制，广倡文明交通理念，促使"人要守法"

一方面，全面实行外来务工人员"进城第一课"制度。湖里区是岛内外来人口主要聚居区，已登记办证外来人口超过90万人，占我区总人口80%以上，其中多数人员文化水平普遍不高、守法意识相对淡薄，日常交通行为较为随意，再加上该部分人员居住地点较不固定，难以进行有针对性的跟踪教育，造成辖区涉及外来人口的交通伤亡事故占比长期居高不下。建议利用湖里区即将建成的交通安全教育基地，全面推行外来务工人员"进城第一课"制度，对每名刚来厦务工人员一律进行"首月8小时"交通安全教育，并向每名接受满课时教育人员授予交通安全教育课时证，作为用工单位招聘考核必备条件，尤其是道路运输相关企业一律不得聘用不具备"课时证"的外来务工人员；同时，依托街道办、社区居委会定期开办属地辖区外来务工人员交通安全集中宣传讲座，逐步提升我区外来人口交通公德水平。

另一方面，全面落实中小学生交通安全主题课程制度。目前，湖里区中小学、幼儿园基本建立了交通安全主题课程制度，但实际上交通安全主题课在多数学校时常让位于其他学业课程，存在"应付式、走过场"现象。建议由教育局牵头，进一步加强学校交通安全主题课程的督促开展，确保每名学生每学期接受不少于10小时的交通安全专题教育，尤其是要着重抓好民办学校交通安全主题课程制度的实施落实，重点强化外来人口子女交通安全教育，并在每次长假、寒暑假前夕以《致学生家长一封信》的形式，告知学生家长切实做好学生假期交通安全自我监护。

四、合理优化区域交通，打通路网瓶颈部位，推动"点要畅通"

（一）健全信号灯控系统配时调节机制

当前，辖区路口信号灯控系统主要由市局交警支队委托灯控维护公司统一调节，这一模式造成信号灯控系统配时调节往往滞后于路口实际交通状况，时时需要公安部门指派警力进行驻点手动调控，不但降低了信号灯控系统使用的科学性和实效性，同时也在一定程度上捆绑了高峰时段路面警力投向，造成警力运用陷入被动局面。建议协调市级相关单位，将信号灯控维护调节权限下放至区一级，由区政府牵头选定一家相应机构，根据公安分局日常管理需要，指导其对路口信号灯控进行维护保障和配时调整，减少人力控制，提升我区路网灯控系统的自动化水平。并从我区主干道优先着手，分期分批建设推进，进一步完善湖里大道、疏港路、嘉禾路等交通枢纽点段路口信号灯控。

（二）科学渠化复杂部位道路交通组织

除城区主要道路以外，湖里区部分旧城区道路和"城中村"外围道路交通设施仍然较为薄弱，区域道路未形成有效渠化，造成路面交通组织无序、人车混行现象较为突出。比如，水利大厦周边道路缺乏科学合理的隔离渠化，长期以来行人、车辆高度混行。建议加大该部分区域交通设施建设投入，在通盘统筹局部交通组织的基础上，对需要隔离的路段一律实行物理分隔和诱导绕行，从根本上解决因道路渠化不到位、人车交织混流引起的路面通行效率低下及安全隐患问题。

（三）合理推行区域道路交通单向循环

受限于早年道路规划设计遗留问题，湖里区旧城区道路冗余空间普遍不足，多数进出老旧社区的衔接支路已无法满足居民车辆双向进出需要，在早晚居民出入高峰时段交通拥堵滞留时有发生，并极易因此继发堵情连锁蔓延事件。建议在做好全区道路交通总体组织规划的基础上，参照祥店社区单循环交通设计经验，对交通复杂区域周边道路实行单向循环交通，并视情在辖区合适区域推广实行，理顺复杂区域交通"微循环"，带动全区交通稳定顺畅。

（四）加快完善城区道路"慢行交通"系统

近年来，轨道交通、莲岳隧道等一批重大市政工程投入建设后，湖里区多数主次干道的非机动车辅道因工程建设、道路改造拓宽等诸多原因被大量占用，导致嘉禾路、仙岳路、吕岭路等主要道路上配套非机动车辅道不完善问题渐趋突出。即便设有非机动车辅道的路段也多数为分段式间隔设置，并未实现全线连通，造成该部分道路机非混行现象极为严重，也成为辖区非机动车随意穿行现象的主要诱因之一。特别是高崎海堤建成使用后，作为岛内非机动车进出岛的唯一通道，届时每日将有大量非机动车经由嘉禾路等衔接道路进出，如不及早对区域非机动车辅道进行建设完善，势必陷入"无路可走"的困境，并大量涌入正常机动车道路，形成安全隐患。为此，建议将路网慢行系统纳入城市规划的重要内容，加快改善当前道路非机动车辅道缺乏问题，优先建立高崎海堤周边配套非机动车通道。

（五）持续深化"社区公交"班线建设

2013年"枋湖—安兜"431路社区公交投入使用以来，有效缓解了沿线"城中村"的出行难问题，为社区居民和外来务工人员的出行提供极大便利。殿前街道相继借鉴这一模式，开通了属地社区公交班线。建议根据湖里区公共交通覆盖状况，把社区公交建设纳入城区交通"最后一公里"工程重要内容，持续深化推进，为切实符合班线设立条件的"城中村"区域增设一批社区公交。同时，社区公交建设应通盘考虑路网交通疏堵保畅需求，避免社区公交班线与正常交通组织相互抵触，适得其反，诱发新的交通堵情问题。

五、强化警务执法保障，提升管理服务水平，实现"事要配套"

（一）建立区级交通事故定损分中心

近年来，全市交通警情量与日俱增，日均交通接处警达到800余起，其中，交通事故警情约600起，大多数发生于岛内思明、湖里两区，虽然公安交通管理部门大力提倡"小事故自行前往定损协商"的理念，但实际上由于岛内定损中心设置于高崎机场一带，前往定损需途经多条拥堵路段，导致多数群众宁愿选择原地等待公安民警接警处置，因此引发的"小事故、大拥堵"问题迟迟得不到有效破解。建议协调市级相关单位，在目前拟建设的湖里区执法停车场内设立事故定损分中心，既方便市民群众前往定损，提高群众自主协商积极性，又减少"小事故"接警量，实现警力置换，盘活有限警力。

（二）提高交通视频监控覆盖率

湖里辖区仍有部分路段路口缺乏具有摄像功能的视频监控设备，给区域交通动态监管、交通事故取证带来明显影响。建议继续加大湖里区道路交通视频监控系统建设投入，织密全区视频监控网络，为早晚高峰路网交通视频巡查提供有力支撑。

（三）尽快配齐拖曳车辆专业驾驶员

2016年，市公安局为湖里分局配备了一批施救拖曳车辆，但要求分局自行安排配套驾驶人员，由于这一问题几经协调均未得到有效解决，造成该批施救拖曳车辆迟迟无法投入使用。建议区人劳部门进行统一招聘，面向社会聘请一批具有专业资质的拖曳车辆驾驶员，以保障基层派出所交通执法拖曳车辆的需要。

厦门物流寄递渠道违法犯罪问题的现状、对策与调适路径探析

王学宁[*]

引 言

物流业是在传统运输业和邮寄业务的基础上伴随信息产业发展起来的一个新兴行业。作为一个复合型服务产业，其涵盖仓储、运输、货代、包装、搬运、流通加工、配送、信息处理等多个领域，是国民经济发展的动脉和基础产业，其发展程度成为衡量一国现代化程度和综合国力的重要标志之一。近年来，物流业在各级政府的大力扶持下保持了较为迅猛的发展势头，社会物流总规模不断扩大，物流需求系数持续提高，对国民经济的支持和辐射作用进一步增强。但不容忽视的是：作为新兴行业，由于法律法规滞后、管理缺失等种种原因，在全国范围内，物流业实际上尚处于监管盲区，成为滋生犯罪的"灰色通道"，不但给违法者可乘之机，也给公共安全、信息安全埋下了隐患，更对国家安全和社会稳定构成重大威胁。"南航航班货物燃烧事件"、"杭州快递包裹爆炸"、"广州尸块邮包"等事件，均给社会治安管理敲响了警钟。目前，国内对物流寄递渠道的立法相对滞后，对其规制、管控的研究刚刚起步，加强物流业的综合管控已成为各相关部门，尤其是公安部门亟待破解的突出难点之一。本文试从厦门物流寄递渠道现状进行研究，总结物流寄递渠道各种犯罪的特点，提出相应打击对策，并对物流业自身健康持续发展作路径探析。

一、问题和现状："物流热"背后的冷思考

（一）厦门物流业的蓬勃发展

厦门物流业的发展起步于 20 世纪 90 年代末。作为东南沿海最早实行对外开放的重要中心城市，厦门始终重视物流业的发展。《厦门市国民经济和社会发展"十五"计划纲要》明确将现代物流业列为厦门现代服务业的三大支柱行业之一，并明确提出了建设航运物流中心的战略目标。2010 年出台的《厦门市人民政府关于支持发展现代物流业的若干意见》进一步提出了大力扶持物流企业的十二项规定。目前，全市发展现代服务业每年增投的 1 亿元资金中，半数以上流向了物流业。在各级政府的大力扶持下，厦门物流业取得了长足的进步，各种物流规划应运而生，物流园区遍地开花。在数量上，厦门现有物流寄递及相关企业 2400 多家，从业人员超过 10 万人；在规模上，营业收入千万元以上的共 80 家，营业收入亿元以上的共 30 家，先后有 9 家企业入选"中国物流百强

---

[*] 王学宁，厦门市公安局。

企业",进驻福建的所有物流类央企总部均设在厦门;在总量上,各项业务指标逐年攀升。根据厦门市统计局公布的《厦门市物流业统计分析报告》(2000—2010年)显示:10年来,厦门物流业在社会物流总额、物流业务收入、物流业增加值等三项主要指标均实现了年增幅14%以上,对GDP的贡献率达7%左右。2012年,厦门社会物流总额高达177.3万亿元,充分体现了海西物流业"龙头"的突出作用;在区域辐射上,作为"两岸物流中转地",厦门获批建立东南国际航运中心,跻身全国重点发展的九大物流区和全国性21个一级物流节点城市的行列。作为"第三利润源泉",物流业已成为厦门经济发展的强大引擎,地位举足轻重。

(二)厦门物流业发展中暴露的主要问题和衍生的社会治安隐患

在厦门物流业一片繁荣景象的背后,一些深层次的问题也值得人们冷静地思考。在"物流热"背后,我们必须看到:物流产业在我国仍处于初级发展阶段,桎梏物流业发展的瓶颈问题依然存在。除少数龙头企业外,厦门大多数物流企业粗放经营、规模扩张的传统增长方式并未根本改变,管理混乱、门槛过低的现象普遍存在,且由此衍生了严重的社会治安隐患,突出体现在:

1. 立法滞后

随着物流业的迅猛发展,物流法律法规的滞后与不完善的弊端日益凸显,成为物流业发展乱象丛生的原因之一。现行的有关物流的法律法规体系,由法律、行政法规及中央各部委颁布的部颁规章、地方性法规构成。这些法律法规从内容和行业管理上分散于不同时期、由不同部门针对不同问题制定的部门法以及各部委分别制定的有关规程、意见和管理办法,由于时空差异已出现适用范围有误、规制内容过时、条文"打架"、法律空白等问题,"促进性"法律条文多,从技术上普遍缺乏对物流实践的具体指导和调整作用,宏观调控能力和微观约束能力不足。如近年来多地发生的个别物流企业卷款"跑路"现象,究其原因,就是现有法律法规对于物流寄递企业"代收货款"等打"擦边球"的做法,既没有详细的法律规定,也没有相关的制约、处罚措施,造成监管漏洞。

2. 监管不力

由于现代物流涉及运输、仓储、联运、制造、贸易、信息等行业,涉及邮政部门、铁道部门、交通部门、民航部门、贸易部门等专业部门和发改委、经贸委等综合部门多头管理,这些部门的管理职能、管理方式和制度体系等存在较大不同,存在分工交叉、职责不清、部门分割、协调难度大等突出问题。由于没有一个统一的主管部门进行宏观管理和协调,物流中横向联系被纵向的管理体制隔断,往往导致能管而都不管,都要管而都管不好。在归口管理方面,2009年颁布实施的《中华人民共和国邮政法》第61条,交通部《快递业务经营许可管理办法》中第17条和24条,2012年国家邮政局、公安部、国家安全部等联合下发《关于加强寄递渠道治安管理工作的通知》(国邮发〔2012〕42号)第4条明确了物流快递业管理由邮政主管部门实行许可证和监督管理。而公安机关作为具有强制力的传统管理部门,对物流寄递渠道的监督检查目前尚无高层次授权,只能依照《企业事业单位内部治安保卫条例》执行,无法对物流寄递业采取公开验视、如实登记等行政监管职权,形成较大监管漏洞。近年来,物流寄递渠道出现部分、甚至全面失控。一些敌对势力和不法分子利用寄递渠道监管缺失、简便快捷、人货分离等特点,俨然将寄递渠道作为传递犯罪信息、从事犯罪活动、转移犯罪所得的重要通道,利用寄递渠道夹带毒品时有发生，私匿枪支、弹药大有人在，运输假冒、伪劣产品屡见不鲜。

3. 规范程度不高

据统计：厦门物流公司中，民营企业占80%以上，大型物流企业较少，绝大多数为中小型企业及个体户。从厦门市第二次全国经济普查数据情况看：2008年全市物流业法人企业1426家，其中营业收入上亿元的企业仅49家，占全部物流企业的3.4%，大多数公司仍停留在传统的物流"储运"状态，物流企业入门门槛过低，行业自律极不规范。以治安隐患较为突出的寄递业务为例：目前厦门涉及寄递业务的企业有336家，具有独立许可的非邮寄递企业仅86家，尚有挂靠、下属子公司、加盟商（承包商）100余家。一些资质不够、本无经营权的个人以交纳极少量加盟费或承包费等方式从事物流快递业务，物流快递公司在向其收取费用后，由承包人或加盟者自备交通工具、自主招工经营、自负盈亏，授权其在该区域使用公司名义从事物流快递业务，由此产生大批"一个电话，两条腿"就能跑遍全市的袖珍快递公司，从业人员未接受正规的岗位培训，工作随意性大，安全意识薄弱。一些加盟商为赚差价层层转包，不顾安全和社会责任，他们光有总公司授权，没有法人，没有公司，查不到，罚不了，导致快递市场混乱不堪。更有极少数加盟商为谋取不法利益，甚至私自出卖快递单号，形成信息交易黑色产业链，沦为催生信用卡盗刷、入室抢劫、电话诈骗、垃圾短信等违法犯罪案件的信息中介。

4. 从业人员素质偏低

从2008年厦门市第二次全国经济普查数据情况看：物流企业从业人员中具有研究生以上学历的有450人，占物流业从业人员的比例为0.66%，低于全市全体从业人员1.23%的平均比例；具有高级技术职称561人，占物流从业人员的比例为0.82%，低于全市1.67%的平均比例；物流企业中高级技师仅37人，占物流从业人员的比例为0.05%，低于全市0.31%的平均比例。由于从业人员素质不高、培训不足，导致对寄递人身份查验不到位、不仔细，货物验视不认真，特别是对一些违禁品、危险品不能及时发现，给违法犯罪分子带来了可趁之机。甚至有个别从业人员，为争生意抢客源，抱着侥幸心理，置法律道德于不顾，对承运危险物品和违禁物品"睁一只眼闭一只眼"，使不法分子的作案成本减低、风险减少，转运赃物变得更为方便、更为快捷，也更为隐蔽。

二、透析：物流寄递渠道各种犯罪的特点及打击对策

（一）利用物流寄递渠道进行的各类犯罪特点主要表现为

1. 管理漏洞大

当前，因厦门物流业人力成本普遍较高。国家统计局发布的调查表明：2011年，厦门综合型物流企业人工费在总成本中占比上涨到59%。为降低成本，厦门物流业普遍存在"重效益、轻规范"的倾向，对实名投递意识淡薄，一些犯罪分子往往利用管理上的漏洞，使用虚假姓名、虚假手机号投递、频繁更换收寄件地址等方式逃避监管和打击。2007年广州发生的"尸体邮包"案极具代表性。犯罪嫌疑人杀人后，由于其中一名嫌疑人就职于天河区某物流公司，知道物流公司不验货，亦不核对发货人身份，于是伙同另一名犯罪嫌疑人将尸体肢解成数份，分别放入纸箱密封好，注明是"药材"，并选择了3家较大的物流公司，以"送得远"为化名，注明收件人"自提"，以将装有受害者头颅、

尸块的箱子分别寄往青岛、北京、江阴等地，引起三地警方震动，并引发了社会各界对物流业未实行实名制、各个关键节点未安装监控探头等漏洞的质疑和拷问。

2. 查处难

一滴墨水滴入水杯，尚有迹可循；若是滴进海里，则难觅其踪。厦门物流寄递渠道2012年全年收投件数达到6778.8万件，日均收投235081件。海量的收投件为各种各样的涉案件提供了绝佳的隐匿环境。何况涉案件往往经过伪装、改造、分散、分批处理，查处难度极大。如涉毒件往往通过伪装、夹层藏匿毒品；涉枪件往往分批、分次投递枪支各部分零件，由收件人统一组装，且这些经过伪装、分散的寄递件隐匿在海量的收投件中，若无情报线索，发现、截获难度极大。在我局相关部门发现、破获的"7.23"非法买卖、运输枪支弹药案中，犯罪嫌疑人为逃避打击，分别通过3家物流公司，分期、分批寄出枪支零件，可谓机关算尽。

3. 时效性强

物流寄递服务竞争的突出特点是"快"，且各站点分布极散，收投件达到站点后，在短时间内即要求派送。在电子商务高度发展的今天，大多数物流业快递信息可由寄件人在网上查询，公安机关相关部门若要开展管控工作，时间紧、任务急，极易因影响收投件派发引起与寄递公司不必要的摩擦，甚至发生使侦办中案件打草惊蛇的不利局面。

（二）公安机关嵌入物流寄递渠道的打击管控对策

1. 警企合作，建立协作机制

嵌入物流渠道，并非浮于表面，必须深入全节点、全过程，并取得物流寄递企业的协助。目前，我局相关部门已牵头建立起第一批与EMS、DHL、UPS、顺风、四通一达等厦门30多家规模较大寄递业公司良好的协作机制，并多次参与和组织厦门主要20家寄递业公司负责人召开正式联席会议和"厦门快递万件俱乐部"会议，通报明确警示制度等要求。主要做法：一是签署警企合作协议，二是建立一月一次联席会议机制，三是建立预警工作机制，四是联络员培训和奖励机制等，做到物流寄递数据信息的全面采集有保障、信息反馈及时、预警防范畅通、跟踪取件顺利、保密奖励到位等成熟的警企合作模式，全面形成相互支持和信任的警务合作机制。同时，在较小物流企业及个体户中适时建立特情耳目，及时发现和掌控收寄件人的动态信息，做到"耳聪目明"，延伸侦查触角。今年以来，物流企业及个体户中培养的联络员、物建的耳目发挥了较好的作用，提供涉案线索4条，据此我局相关部门准确查处和打击数起通过物流寄递渠道的违法犯罪行为，最大限度挤压其违法犯罪空间。

2. 信息管控，查找可疑线索

单靠有限警力，要实现对海量收投件的有效管控，难度无异于大海捞针。物流实质上也是一种信息流。只要掌握关键信息，就能实现对寄递物品的有效管控。我局相关部门树立"信息导检"的理念，开发、引进相关数据分析软件，通过信息化技术，将海量的物流寄递数据分解为人员、物品、时间、空间地域、寄递方式、联系方式等行为要素，分析研判寄递行为中出现的反常行为，并由此建立"由信息到物——由物到案——由案到人"的综合管控打击模式。如通过数据信息分析及综合研判，发现3月以来，有人经常在宾馆门口、马路旁向广西、大连、天津、浙江等地投递鸭爪、茶叶、木耳等物品，邮递费用大于投递物品价值，且频繁更换寄件人姓名、手机联系方式，三个月内邮递包裹数量达 80 余个，行为极为可疑。经扩大线索、落地核查，禁毒部门由此成功破获代号"6.3"特大运输、贩卖毒品案，抓获黄善林、李东生等 6 名涉案人员，缴获冰毒 7 公斤、毒资 5 万元、运毒车辆 1 部。

3. 阵地控制，加大打击力度

进攻是最好的防御。2012 年末，我局相关部门按照公安部部署，开辟物流寄递渠道阵地，人力与技术相结合，公开与秘密相结合，至今已发现 150 余个涉及毒品、诈骗、高压气枪等问题包裹。其中查获在馅饼、茶叶、鞋子等物品中隐藏海洛因、冰毒、麻黄碱、麻谷等毒品的包裹 17 个；查获在玩具车、音响等物品内藏匿银行卡、电话卡、VOIP 电子设备、无线接入固定台、自动语音转人工服务台、手机、无线网卡、U 盾、手提电脑一台、身份证、伪基站设备主板等涉嫌诈骗的包裹 30 余个；以铁条、五金配件为名邮寄高压气枪零部件的包裹 100 余个，有力地净化了物流寄递渠道，消除了社会治安隐患。

4. 部门联动，形成监管合力

物流业涉及多部门、多行业，涉及社会生产的方方面面。要做到有效管控，单靠公安机关单打独斗不行。要切实增强行业管控能力，公安机关应联手邮政、工商、交通等部门，探索部门联动长效机制。通过取缔资质不足，未按规定进行申报的企业、整改验视制度、重大事项报告制度等不健全，人防、物防、技防措施不到位，未经专门培训无相应资格证书就上岗作业的企业，进一步完善收寄、分拣、运输、投递等环节各项规章制度，规范邮件、快件数据信息管理，建立健全行业内部信息、控制系统。采取责任倒查制度，依法严惩一批违法犯罪分子和违法违规单位，提升管理质量，净化行业风气。

三、构想：物流业健康发展的途径探析

物流业的管控是一个系统工程，涉及方方面面。在调适路径选择上，行业环境的净化，光靠加强外部管理是远远不够的。必须在整体环境、配套、行业自身方面下大力气，下苦功夫。

1. 健全完善立法

在宏观上，要实现物流业的高效、有序、良性发展，必须要有统一、健全的法律法规体系来加以保障。一是要在现有法律体系框架上，进一步理顺物流法律法规的逻辑脉络。鉴于我国诸多物流问题都已在现有基本法律体系中做出了必要规范，重复立法很可能造成立法资源浪费和法规重复交叉，所以笔者并不赞成单独颁布《物流法》，建议通过汇编修订现有法律和适当补充立法，疏通各单行法律规范之间的承接与递进关系，形成层次分明、结构严谨的物流法律法规框架，促进物流行为规范化和物流运作效率化，从而避免跨部门的物流法律法规体系内部出现重复和矛盾，避免物流产业内部自律以及地方、中央物流管理过程中产生分歧和冲突。二是加强地方物流立法。厦门市作为计划单列市，具有省级经济管理权限及地方立法权，可根据厦门自身基础和发展实际情况，制定符合本地区的物流法规，既为逐步建立全国性的宏观物流法律法规提供依据和经验，也有利于厦门的物流企业根据地区特点加快发展。

2. 产业转型升级

要在整体上提升物流行业规范程度，最大限度减少物流寄递渠道存在的漏洞，必须对行业本身进行转型升级。一是产业结构转型。要重点扶持龙头企业，大力发展第三方物流，大力发展绿色物流，鼓励企业通过市场竞争兼并重组，做强做大规模企业，淘

汰"散兵游勇",改变物流行业良莠不齐、泥龙混杂的复杂局面,减少低水平重复建设造成的价格恶斗、管理混乱、服务底下、无视安全等痼疾,从整体上净化行业环境。二是加快物流行业的信息化建设。运用信息技术是物流业健康可持续发展的关键。要应用国际通行标准和规范,构建全市乃至区域统一的物流公共信息平台,与广泛应用以 EDI、GPS、互联网技术、无线城市网络等为基础的物流信息系统,与公安机关、工商企业、银行、税务、保险、口岸监管等机构无缝对接,减少人工操作存在的随意性大、误差率高、监管难等问题。三是培养高素质人才。要依托高校教育,输送物流人才;依托职业教育,培训造就人才。要建立职业标准和职业规范,尽快建立物流师职业标准与认证制度,从制度上规范物流企业的用人,从整体上提高物流企业人员的素质,保证物流业健康、持续、高速发展。四是要加快信用制度建设,实行企业信用分级制度,特别是要大力推行"黄牌警告"和"黑名单"制度,将那些不讲信用的劣迹斑斑的企业记录在案,公开曝光,逐步静化物流市场,优化物流环境。

结　语

物流寄递渠道的违法犯罪问题已然成为较为突出的社会问题之一,存在着客观的治安隐患。物流业管理作为社会系统工程,要从根本上扭转目前的局面,不可能毕其功于一役,需要在宏观、微观上多层次入手,在外部、内部管控上多部门联动,在打击、防范上多手段施策;亟待顶层设计上的谋划、法律法规的规制,多方面、多部门管理的规范,也需要公安机关、邮政部门在管理、打击上的整体力度的加强,以实现物流行业自身的健康可持续发展与社会治安管理、社会效益的和谐统一。

纠纷多元化解

多元化纠纷解决机制地方立法设计的调查研究

姚新民 黄鸣鹤[*]

2012 年初,最高人民法院制定了《关于扩大诉讼与非诉讼相衔接的矛盾纠纷解决机制改革试点总体方案》,并报中央政法委批准,在全国确定 42 家法院作为试点。厦门两级法院被纳入试点范围。经过两年的试点,厦门两级法院的诉调对接试点工作得到了最高人民法院司法改革办公室的肯定,在顺利通过试点工作的中期评估和终期验收工作之后,2014 年初,最高人民法院司法改革办公室希望厦门能妥善运用特区授权立法的优势,先行推动多元化纠纷解决机制的地方立法,为全国性立法探索并积累经验。

接到这个任务后,厦门市中级人民法院(以下简称厦门中院)院长陈国猛即以市人大代表的身份提出多元化地方立法的建议案,厦门市人大常委会对立法建议十分重视,在经过可行性论证后,市人大常委会决定将多元化地方立法纳入厦门市人大地方立法 2014 年规划中。考虑到多元化纠纷解决体制涉及党委、政府、法院、检察院、人民团体、社会组织等众多国家机构、群团组织,市人大常委会主任会议决定由市人大内务司法委员会牵头负责立法草案的起草,厦门中院、市司法局、市法制局派员组成立法草案起草小组。

一、立法背景

(一)域外 ADR:理念变革与制度设计

域外 ADR 运动起源于 20 世纪六七十年代,经济发展、社会转型,诉讼案件的急剧增多使得诉权行使与有限司法资源之间的矛盾越来越尖锐,域外大部分国家司法系统并未设计审限管理制度或对审限的要求较为宽松,使得诉讼迟延非常严重。在寻求出路的同时,ADR 的兴起进而成为一股"对诉讼功能的反思、对纠纷解决体系的理论及制度构建"的运动。与此同时,接近正义思潮(Access to Justice)掀起第三波浪潮,主流观点包括:"要从理论上将法院视为纠纷解决者转变为它作为一种能够间接控制纠纷(及非纠纷)的全部线索的复杂体。与此相适应,争取正义的问题就将从纠纷当事人诉诸法院的问题变为另一个问题,即在纠纷当事人所处的场合中如何给予正义。这是法院的功能在间接而小范围内的发挥。"[②]

正是在这种思潮影响下,各国的 ADR 运动风起云涌。在英国,沃尔夫勋爵所领导的民事司法改革的指向,就是通过 ADR 减少诉讼的数量,降低纠纷解决的对抗性,优化诉

---

[*] 姚新民,原厦门市中级人民法院副院长,现为厦门市委政法委副书记;
黄鸣鹤,厦门市中级人民法院研究室副主任,厦门大学法学院兼职硕士生导师。

② [意]莫诺·卡佩莱蒂:《福利国家与接近正义》,刘俊祥等译,法律出版社 2000 年版,第 140 页。

讼程序并保障公平与效益的共同实现。2001年，英国民事司法改革的后两年内，诉讼案件总量下降了37%。[①]美国是世界ADR运动的执牛耳者，立法者、社会、行政系统、司法系统都在积极推动ADR的发展。作为一个好讼与"离开律师与汽车社会就无法运行"的国度，美国ADR运动的背景在于社会对司法的过度依赖，由此引起民事诉讼制度的危机，法院面临崩溃或解体的危险。于是，不堪忍受的法律人开展如"租赁退休法官"之类的自救行为，以避免面对复杂、对抗、漫长和昂贵的诉讼程序。

在欧洲，欧盟议会及欧盟理事会于2008年发布《关于民商事调解若干问题的指令》，其目的在于鼓励欧盟各国推广ADR，促进纠纷非诉讼解决，平衡调解与司法间的关系。

（二）中国大陆多元化纠纷解决机制兴起的现实背景

随着中国大陆改革开放的深入，社会主义市场经济体系逐渐建立，经济总量发展，城市化进程加快，人口结构从熟人乡土社会向城市陌生人社会转变。社会变革转型的同时意味着纠纷的增多。纠纷能否解决、矛盾能否得到及时化解成为中国社会发展进程中的一道难题。稍有不慎，中国就会有"拉美化"的危险。简言之，纠纷能否解决，决定了中国社会的稳定，而稳定则是经济发展的基石。没有稳定，所有的繁华被幻化为泡沫。

长期的计划经济思维和中央一统的治理模式，束缚了决策者的思维，无论是国家还是公民，都将纠纷解决视为一种理应由国家提供的公共产品。但诉讼作为一种程序繁冗、成本昂贵的纠纷解决模式，其被动性、过于强调程序制约、功能局限性，再加上执行难的困局始终无法得到有效破解，诉讼作为纠纷解决的首选显然是不合适的。但普法宣传中"有纠纷找法院"的惯性思维，使得许多纠纷当事人在法律的迷宫中左突右冲，一审、二审、再审，程序的次第运行却始终解不开矛盾的根源症结。一方面，司法机器疲劳运转；另一方面，当事人以结果论英雄，对司法失去了信心。

人民调解是具有中国特色的纠纷非诉解决机制。但在20世纪90年代，人民调解进入一个衰微的时代。原因是多方面的：一是人民调解主要建立在社区自治组织基础上，对于相邻纠纷、家事纠纷有其及时就地化解矛盾的优势，但在社会分工细化、人口流动提速的时代，许多纠纷超越社区。二是调解必须依当事人申请，许多纠纷发生时，当事人更愿意直接向派出所、法院这些更具威权的部门寻求纠纷解决。三是对于解决一些法律关系专业复杂、专业性强的纠纷，主要由社区工作者担任的调解员无法胜任。

值得肯定的是，正如中国的改革一样，大部分解决问题的办法并不是来自理论或源于他国成功的经验，而是来源于实践。纵观厦门地区多元化成功经验的出现，无论是交通事故纠纷一站式调处平台、医患纠纷调解机制、立案预登记制度，还是优秀调解员的发掘、涌现，都如来自地下的自涌泉水，其出现的时机，取决于足够的压力和突然出现的空隙，水源一直在那里，只是没被发现而已。

当然，市场的牵引力也是一种巨大的营建力，利之所在，无坚不摧，商事纠纷调解的发展就体现了这种生成路径。

（三）"三步走"战略：地方立法在其中的阶段性功能

对多元化纠纷解决体系的推动工作，最高人民法院司法改革办公室拟定了一个三步走的战略设想。

[①] 蒋惠岭主编：《域外ADR：制度·规则·技能》，中国法制出版社2012年版，第432页。

1. 2007年底,最高人民法院司改办牵头成立"多元化纠纷解决机制课题组",这是由国务院法制局、司法部、人力资源和社会保障部等十几部委参加的课题组,其目标为:在对多元化纠纷解决机制的中国实践作系统理论研究的同时,第一步通过发布一个最高人民法院司法政策性文件,解决一些迫切问题。2009年7月,最高人民法院在课题组研究报告的基础上发布了《关于诉讼与非诉讼相衔接的矛盾纠纷解决机制的若干意见》,这一步已经完成。

2. 由中央政法委以党的文件方式发布一个指导性文件,将"建立健全多元化纠纷解决"作为社会综合治理工作的指导性政策。中央社会管理综合治理委员会已牵头16家单位发布了《关于深入推进矛盾纠纷大调解工作的指导意见》。

3. 推动全国人大立法通过《多元化纠纷解决促进法》,现正在积极推动中。在这三步走规划中,地方立法可以说是"二步半"。毕竟,全国性立法周期较长,步与步之间,地方立法既是样本,也是试对、试错的实验室。既可以结合土壤样本培育原创品种,也可以通过制度移植或改造性借鉴,检测外来制度的排异反应,并探索出破解之道。

二、需要通过立法解决的问题——制约中国大陆多元化纠纷解决机制发展的瓶颈问题

(一)诉前强制调解机制的立法缺位

对于建立健全纠纷解决机制,最高人民法院景汉朝副院长曾经打过一个比方:"多元化纠纷解决机制的建立好比修路,人们不仅需要高速公路,也需要国道、省道、村道甚至羊肠小道,每一种道路的存在都有它的合理性,我们要做的,就是要建立起各种纠纷解决的渠道,并保证它的运行。至于应该走哪一条道,应交给当事人去选择。"[①]

当然,尊重当事人的选择并不是绝对的,德国[②]、日本[③]、英国、美国[④]、中国台湾[⑤]均规定了"诉前强制调解"制度,规定若干类案件未经调解到法院起诉时,法院不予受理的制度。学术界多次建议在《民事诉讼法》中引入"诉前调解强制"制度。2012年修订后的《民事诉讼法》第122条规定:"当事人起诉到人民法院的民事纠纷,适宜调解的,先行调解,但当事人拒绝调解的除外。"从字义上理解,这一条款属于倡导性规范,而非强行性规范。

[①] 景汉朝:《在多元化纠纷解决机制国际研讨会上的讲话》,2008年11月13日至14日在北京大饭店举行,会议由最高人民法院司法改革办公室主办,亚洲开发银行合作项目。

[②] 2000年1月1日生效的《德国民事诉讼法实施法》第15条a款规定:"小额诉讼、邻地纠纷、未经媒体广播报道的个人名誉损害纠纷,未经调解起诉到法院的,法院不予受理。"

[③] 日本《家事调停法》规定,除禁治产宣告案件外,所有的人事诉讼或事家纠纷,未经调解不予立案受理。

[④] 与大陆法系国家如德国、日本"法定强制主义"不同的是,英美法系国家如英国、美国的许多州立法将是否适用诉前强制调解的判决权交给法官(裁量型强制),当事人将纠纷起诉到法院时,法官会针对纠纷的复杂性、诉讼成本、诉讼周期进行评估,对适合调解或以其他替代性方式解决纠纷的,法官以"令状"、"命令"、"指示"等方式要求当事人在起诉前必须先行经过调解或仲裁,这种命令是强制性的。

[⑤] 中国台湾地区"民事诉讼法"明确规定包括家事纠纷、相邻权纠纷、共有物分割、雇佣诉讼、小额债权诉讼等九种纠纷适用诉前强制调解。

问题的解决需要一个过程,这个过程有时很漫长。一个很好的例证是"司法确认"制度的确立过程。2009年之前,在实践中,人民调解制度发展的瓶颈障碍在于调解协议达成后,却未能自动或依申请赋予司法的强制执行力,若一方当事人反悔,仍只能通过诉讼解决纠纷,造成讼累,执行力问题成为人民调解的瓶颈。一直到2002年9月最高人民法院发布的《关于审理涉及人民调解协议的民事案件的若干规定》中,才明确当事人在基层人民调解组织主持下所达成的调解协议具有民事合同性质,法律及当事人都应当本着尊重契约的精神,在无可撤销的情形下,判决应予以充分的尊重和认可。2009年7月,"司法确认"制度首先由最高人民法院《关于建立健全诉讼与非诉讼相衔接的矛盾纠纷解决机制的若干意见》这一政策性文件所规定,2010年为《人民调解法》所吸纳。2012年修订《民事诉讼法》时,"司法确认制度"作为"特别程序"的一种正式制度终于成形。制约人民调解制度发展的这一瓶颈才得以最终突破。①

(二)诉讼收费杠杆功能的失调

2006年12月由国务院发布的《诉讼费用交纳办法》在施行过程中颇受诉病。争议焦点一是程序问题,部分学者认为诉讼费用缴交属于程序法问题,应上升到法律层级,在《民事诉讼法》中专章或专节规定。另外一个问题是,比起旧版的《人民法院诉讼费管理办法》(2003年12月26日由财政部和最高人民法院联合制定),为了实现让"穷人打得起官司,让公平正义比太阳还光辉"的理念,诉讼收费整体下降,特别是在一些涉及民生、劳工权利的领域,实行的是"象征性收费"的政策。②但新收费办法"好心却办了坏事",撒下龙种却产出跳蚤。

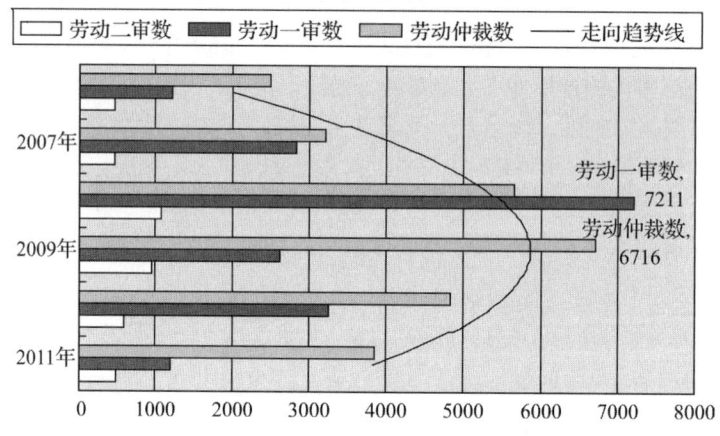

上图为厦门市两级法院在诉讼费收费办法改革前后劳动争议的受理情况。从趋势图中可以看出,诉讼费改革后,劳动争议案件审理数量急剧增多。

持续攀升的是上诉率和与其他类型案件相比较低的调解撤诉率,说明一审服判息诉

---

① 在此之前,甘肃定西、福建莆田的法院就开始"司法确认"的试点工作,实践中效果极佳,由于无法可依,有"越法改革"之嫌。

② 《诉讼费用交纳办法》第13条第1款第4项规定:劳动争议案件每件交纳10元。调解、撤诉、适用简易程序减半收取。

的比例较低，无论判决结果如何，劳动者或用人单位都会不服一审判决，提出上诉。①

由此可以得出如下判断：劳动争议案件受理的低收费，刺激了争议双方无节制地滥用诉权，特别是用人单位，即使从内心判断中明白自己理亏和在诉讼中不占优势，也会选择穷尽诉讼程序。原因一在于诉讼成本极低；二在于希望通过增大劳动者维权的成本，以成本消耗和拖延所产生的精神折磨，变相惩罚勇于维权的劳动者，告诫在岗雇员。

原本为降低劳动者诉讼门槛所做的制度设计，反而增加了劳动者的讼累。从劳动者的胜诉率来看，若以劳动者的全部诉求得到支持的比例计算胜诉率的话，2008年以来，劳动者的胜诉率总体呈现下降趋势，从原来的80%降到了现在的50%左右，说明随着诉讼成本的降低，诉权也一定程度上被劳动者滥用，案件调解难度加大。

低收费导致劳动争议案件调解难度增加。改革前，劳动争议案件收费与诉讼标的额挂钩，调解案件受理费减半收取，对于选择调解结案的当事人如同奖励。低收费直接导致案件受理费金额被当事人忽略，当事人对于纠纷解决，态度趋于坚决，特别是败诉一方，自然将二审作为可能改变或至少拖延的对抗策略。②

相比之下，域外将诉讼费用作为引导当事人选择替代性纠纷解决机制的杠杆性工具。英国法律赋予法官对诉讼费分担的裁量权：一方当事人拒绝另一方的调解方案，坚持诉讼，若法官的判决结果与调解方案接近。则法官可以判定诉讼可以避免，由于拒绝调解一方的坚持而不得不进行，那么，在裁定诉讼费分担时，即使该当事人属胜诉一方，法官仍可裁定由其负担该案的案件受理费，如另一方当事人主张，法官也可判令胜诉一方承担另一方在诉讼中的律师委托费。这种诉讼收费的理念，与《诉讼费用交纳办法》由败诉方负担诉讼费的原则完全背离。就经济理性而言，符合"司法资源属公共资源，滥用诉权不必要地消费公共资源，则应当承担付费的义务"这一价值逻辑。实践证明，这一设计对将纠纷引导至非诉讼纠纷解决领域，有着导流闸的功能。

我国台湾地区在诉讼费用制度也考虑到了收费对当事人选择诉讼的意愿导向作用。③

我国《诉讼费用交纳办法》"让老百姓打得起官司"的理念导致诉讼费的大幅下调。根据设计者的理解，正义就是降低法院诉讼的门槛，最大限度地保障公民的裁判请求权。实际上，在司法资源有限的背景下，诉讼快速增长与司法资源供给不足的矛盾日益凸显，诉讼成本未被真实表现在诉讼费用的收取上时，"滥讼""缠讼"成为一种合理选项。当事人特别是诉讼能力较弱方当事人陷入诉讼的泥淖中，权利的司法救济成为一场漫长的司法对抗赛。在当事人的成本上，时间、精力、金钱、心境的列支项目不断增加，司法所提供的"正义运送""权利修复"却迟迟无法到位，所谓"让老百姓打得起官司"变成对当事人心灵的二次伤害，同时出现赤字的还有司法公信力。

---

① 从发回重审及二审改判率看，劳动争议案件低于同期平均值，说明大部分案件被二审维持原判，也说明上诉只是当事人一种拖延诉讼的策略而不是对裁判结果真正不满。

② 事实上，如果既要照顾劳动争议中较为弱势的劳动者一方又不至于产生上述的负面效应，制度设计并不麻烦：目前我们采用的是诉讼费预收制度，提出诉讼的原告应预交诉讼费，只需在缴费制度中设计"免预交案件受理费"一节即可。规定由劳动者提出诉讼的案件，免于预交案件受理费，法院判决后，由法官根据当事人诉讼情况裁定由败诉方或提出虚高诉求一方实际承担，对劳动者与用人单位可能滥用诉权的行为，均有制约作用。

③ 我国台湾地区"民事诉讼法"第82条规定："当事人不于适当时期提出攻击或防御方法，或迟误日期或期间，或因其他应归责于己之事由导致诉讼延滞者，虽该当事人胜诉，其因延滞而生之费用，法院得命其负担全部或一部。"这一规定可以有效地防止当事人不正当地利用程序权利延滞诉讼。

(三)公权的高度垄断妨碍了非诉讼纠纷解决产品市场的发育

ADR 能否有效起到缓解诉讼压力的作用,关键在于 ADR 市场的产品供给程度,ADR 产品应该包括但不限于:有相当数量的有经验、有工作热情且值得尊重信赖的调解员被列入名册,以供当事人自由选择;调解产品种类丰富、多元,可以满足当事人不同的需求;法院尊重和认可 ADR 的功效并将之视为共同解决纠纷的战略性盟友,积极向当事人推荐 ADR,在 ADR 与诉讼之间建立快捷连接方式,赋予调解协议予强制执行力;诉讼程序主动吸收 ADR 的营养成分,并将之整合融入司法制度(如法院附设 ADR 制度);一些施行有效的程序性规则(如第三方中立评估制度①)或调解组织架构(如一站式纠纷调处平台②)被创设,其经验被推广。

调解产品的供给是多方位的,在英国,ADR 体系主要由市场化运营、制度化设计、公益化供给、政府采购服务几方面组成。

市场化运营。市场化的调解产品主要由经过调解员职业培训的专业人士提供。笔者曾参观过伦敦的一家律师事务所。其由拥有调解员资格的律师组成,调解员提供服务以小时计费。③

制度化设计。制度化设计最好的例证就是申诉专员制度。我们访问了伦敦房屋申诉专员服务处。英国的房屋租赁法律规定,房东在出租房屋时,必须同时缴纳一项约占房屋租金 1% 的费用,这笔费用转入房屋纠纷解决专项基金并由董事局④负责营运,主要用于聘用专业人员担任申诉专员⑤,解决因房屋租赁而产生的纠纷。

公益性调解。对于一些涉及残障人士权益保护、劳资纠纷、妇女儿童权益保护领域的纠纷,许多维权组织下设的调解机构也提供免费调解服务,其调解员的薪资主要由公益性基金会承担。

政府采购服务。在英国司法部的年度预算中,ADR 产品的采购被列为政府采购服务的固定项目,采购主要用于填补 ADR 体系中的不足部分。采购公开进行,符合资质的 ADR 机构均可参与招投标,中标后与政府签订服务合同,年终时由政府委托评估机构对

---

① 第三方中立评估,指的是在调解过程中,由中立的第三方(一般是具有专业知识或相关经验的专业人士)对纠纷中涉及的专业知识、诉讼可能的结果作客观的评估,供当事人决策参考的制度。

② 一站式纠纷解决平台是指整合各类资源,为促使当事人达成纠纷解决提供各种便利性服务的平台。比如厦门法院的道路交通事故一站式调处平台,可以提供诉讼保全申请、行政调解、人民调解、法律援助、司法确认、保险定损鉴估、司法确认等各项纠纷解决的配套性服务,使得当事人在同一平台即可完成纠纷解决的流程性作业,免受辗转奔波之苦。

③ 在我们的观念中,调解一直以免费为特征吸引当事人,当事人也习惯接受"免费的午餐"。在考察中,我怀疑英国的当事人是否愿意为调解付费。英国司法部官员介绍的数据表明:2009年,英国依法成立的与 ADR 有关的机构就有200多家,其中160多家是商业性机构。这些机构创造了大约2000个就业机会,并且是纳税主体。对于当事人是否乐意付费这一问题,一位调解员这样回答:我们的服务物超所值。这位调解员曾经拥有律师资格,他调解的收费是每小时250英镑,超过先前他从事诉讼服务时的收入。

④ 董事局人员由政府官员、社会贤达、房东房客代表组成,负责申诉专员招募、基金管理、机构运行绩效评估等管理性事务,不介入个案调解。

⑤ 申诉专员不是公务员,也不是社区工作者,其设计职能融纠纷调查员、调解员和仲裁员于一体。纠纷发生时,申诉专员可以到实地调查,主持调解,在双方无法达成调解协议时,申诉专员可以作出一个类似仲裁的裁决,除当事人在规定的期间内向法院提起诉讼,否则该裁决自动具有法律的强制执行力。当被问及申诉专员的裁决权从何而来时,英国司法部接待官员回答:立法赋权。

服务绩效进行第三方中立评估，作为是否续约的依据。

（四）调解员管理及培训的不足导致调解市场无法持续提供优质服务

好的制度要靠人来实现。ADR 制度的关键，在于调解市场的培育和调解人才的培养。在英美国家，ADR 市场形成了"市场化供给、政府采购公共服务、公益性调解"等多层次的产品供应体系，供当事人在"调解超市"中自由选定服务。在美国，司法部门制定调解员的准入门槛（对学历和专业并无太高要求，但要求调解员在取得资格前必须经过一定学时的岗前培训）。在德国，许多大学的法学院将调解课题列入法学院学生的必修课。这样做的目的有二：一是在法学院教育阶段增进学生对 ADR 的了解；二是多一门职业训练为毕业生的就业多一分机会。许多国家成立了调解员协会，制定调解员执业伦理和行业自律机制。

三、多元化地方立法能解决些什么问题

（一）多元化纠纷解决体系的厦门实践

在多元纠纷体系的理论研究和地方立法推进方面，厦门一直走在全国前列。在理论研究方面，厦门大学的齐树洁教授在 ADR 理论研究方面一直走在前列。[①] 2005 年，ADR 研究被列入福建省社会科学研究"十五规划"项目（批准号：2003B198），并成为厦门大学人文社会科学横向课题"多元化纠纷解决机制立法研究"（项目编号：K82031）。课题组根据厦门市的实际情况形成了报告，这些研究也成为 2005 年 10 月厦门市人大常委会《关于完善多元化纠纷解决机制的决定》地方立法性文件出台的理论基础。这是中国大陆第一部关于多元化纠纷解决的地方立法，也是到目前为止唯一的一部地方性立法。

正是在这部地方性立法的推动下，厦门市的多元化纠纷解决机制在实践中逐步建立健全，并涌出如"无讼社区创建""交通事故一站式调解平台""医患纠纷中的专家调解及中立第三方评估"等具有地方特色的 ADR 产品。

（二）地方立法权的局限性

如何通过政策的制定促进多元化纠纷解决机制的建立健全，这是《厦门经济特区多元化纠纷解决机制促进条例》（以下简称《促进条例》）的宗旨所在。结合上述分析，我们发现，诉前强制调解属于民事程序法的范畴。《中华人民共和国立法法》第 7 条规定："全国人民代表大会和全国人民代表大会常务委员会行使国家立法权。全国人民代表大会制定和修改刑事、民事、国家机构的和其他的基本法律。全国人民代表大会常务委员会制定和修改除应当由全国人民代表大会制定的法律以外的其他法律；在全国人民代表大会闭会期间，对全国人民代表大会制定的法律进行部分补充和修改，但是不得同该法律的基本原则相抵触。"民事程序法属于国家基本法律，不是地方立法权所能涉及的。正是基于这个原因，厦门两级法院在 2013 年探索"立案预登记制度"（事实上就是诉前纠纷非诉解决引导机制），将当事人到法院起诉，法官经审查后认为适合调解的案件引导到诉调对接

[①] 由于齐树洁教授与中国人民大学范愉教授在中国 ADR 研究领域的学科带头人作用，法学界一直有"北范南齐"的美誉。

中心由特邀调解员先行调解。其前提条件是向起诉当事人推荐非诉讼纠纷解决机制,并说明不会因此影响当事人的诉讼时效,征得当事人同意方可转为立案预登记。因此,诉前强制调解不可能在《促进条例》或未来的《中华人民共和国多元化纠纷解决促进法》①中出现,只能在《民事诉讼法》再次修订时完成。

诉讼费杠杆。目前施行的《诉讼费用交纳办法》在2006年以国务院令的形式发布,此举颇受学界诟病。理论界认为,诉讼费用的收取,属于司法制度的一部分,应在诉讼法中予以规定。我国《民事诉讼法》第11章虽规定了"诉讼费用",但只有第118条单一条款②,事实上将交纳办法交由行政机关拟定。如何巧妙地运用诉讼收费的杠杆,引导、促使当事人选择ADR体系解决纠纷,也不是厦门地方立法权所能设计的。

(三)地方立法的功能定位与现实意义

多元化纠纷解决促进立法的宗旨是建立健全多元化纠纷解决机制,应当遵循"政府负责、社会协同、公众参与、法治保障"的原则,实现"纠纷非诉解决、矛盾源头化解、基层自治能力提升"的社会管理综合治理的目标。

因此,《促进条例》应当有"推动、培育、整合、规范、引导"五大功能。

一为"推动",即形成合力。推动者,在于施以向前或向上的力,使物体运动。体现在ADR促进领域,则体现为执政党的施政理念、政府的行政作为、非政府组织的介入、公众的积极参与、司法机关的专业保障等,各种力道形成"合力",推动事物向前发展。

二为"培育",即环境培育。小小种子何以成参天大树?生命基因是内在因素,土壤、温度、水是外部决定性因素。ADR体系已经被世界各国的实践证明是成功的,ADR运动所形成的思潮促进法律人重新思考"正义"的概念和实现的方式,认识到司法的功能局限性,承认ADR也是正义实现的很好的方式,不仅便捷、低成本,仅就其结果而言,许多时候,甚至比诉讼还更接近正义。

ADR有其自身的生命力,环境培育在于"减少管制,加大扶持",在于行业规范的建立、调解员的职业培训、各种平台的建立等。

三为"整合",即资源重整。ADR资源散落在各个行业,通过平台创建和机制建设,将各类资源整合成一个高效协作的纠纷解决团队。比如厦门的道路交通事故一站式纠纷调处平台,设在交警大队的交通事故处理中心,人民调解、行政调解、法律援助、保险公估定损、巡回法庭,来自不同单位、行业的力量在一个平台中各司其职,有序对接,形成一个松散但高效协同的作业团队,为当事人提供优质的纠纷解决服务。

四为"规范",即建章立制。无规矩不成方圆,ADR调解人员来自不同单位、不同领域,如同一支作战部队,有职业军人、有退役军人、有民间义勇军,聚集在一起为"纠纷解决"的目标作战。在人员管理上,需要"特邀调解组织名册"、"特邀调解员名册"让当事人自由选择,同时防止无资质人员自行揽案。在行业自律上,需要成立调解员协会作为

---

① 前面已述及,诉前调解强制属民事程序法的组成内容,而民事程序法属国家基本法律,只能由全国人民代表大会通过,全国人大常委会无此权限,而设计中的《多元化纠纷解决促进法》作为非基本法律,一般由全国人大常委会表决通过即可。

② 相较之下,台湾地区"民事诉讼法"关于诉讼费用的规定多达57条(从第77条之一至115条),具体规定了诉讼费承担的原则、裁定、计算、费用担保、费用救助(暂免、免除)等方方面面的原则。德、日等国均采用在诉讼法中规定诉讼费收取的原则,而计算的基准比率则交由行政权根据社会经济发展水平核定。

自我管理和自律的组织。在工作能力培训上，调解员需要交流的平台和定时培训的机制。

五为"引导"，即理念传送。世界各国的 ADR 运动以 20 世纪七八十年代诉讼爆炸为背景，这项运动最终形成一股思潮，重新审视诉讼在纠纷解决体系中的功能。越来越多的法学家接受这样一种价值判断：没有司法万万不能，司法却不是万能的。无论从资源配置还是制度设计本身，仅靠法院单打独斗是无法有效快捷解决纠纷的，必须建立一个多元的纠纷解决体系，大力推动诉讼外纠纷解决模式的发展。

ADR 的理念进入中国后，迅速为理论界和实务界所接受，几乎不存在排异反应。原因有二：一是中国有着"和为贵""无讼是求"的传统和合文化，人民调解被称为"东方经验"并有着数十年的基层基础。二是与中国经济发展增幅同步的诉讼增长，造成极大的工作负荷，人民法院有着借助 ADR 缓解压力的积极诉求。三是社会转型时期各种社会矛盾激化，ADR 的理念与工作模式，与各级党委政法委开展社会管理和综合治理的传统模式相契合，加上执政党力量整合的政治动员力，在许多区域，党委成为多元化纠纷解决机制的主要推动力量。

需要普及和引导的是公众对于多元化纠纷解决机制的知晓率和认同度，因为所有的 ADR 制度设计，进入场域的就是普通民众，因此，理念传播、绩效评估并保障项目的社会参与性，也是《促进条例》的一项重要功能。

四、《促进条例》的体例设计

在《促进条例》草拟过程中，我们对篇章结构设计如下：第一章"总则"；第二章"纠纷解决途径"；第三章"纠纷解决程序"；第四章"纠纷解决程序衔接"；第五章"纠纷解决组织建设"；第六章"保障措施"；第七章"考核监督"；第八章"附则"。

"总则"主要解决的是"法源"、"立法目的和目标"、"纠纷解决的原则"、"责任主体"等几个纲要性问题。

总则部分争议比较大的条款在于多元化纠纷解决机制的促进需要一个总协调部门，从现实而言，最好的"带头大哥"当属综治委，但综治委毕竟不是一个行政部门，带有党委机构的色彩，将职能归属于党委议事协调机构并写入地方立法，是否妥当？在征求意见及第一次审议中，反对或质疑的声音群起。即便是在起草小组向全国人大内司委和福建省人大请示得到"可以写进去"的肯定答复后，质疑的声音仍未消失。

第二章"纠纷解决程序"专章主要罗列 ADR 的种类及当事人解决纠纷的路径，简洁定义每一种纠纷解决模式。

第三章"纠纷解决程序"规定了协商、调解的启动、期限、终止、调解协议的制作、调解协议的司法确认等程序性事项，及调解员的中立地位、利害关系披露义务、保密义务等调解员履职所必须遵守的伦理，并规定了早期中立评估、中立性事实调查、无争议事实记载、无异议调解方案认可等创新性工作机制。

在这一章节中，行政解决纠纷（包括行政调解、行政指导、行政斡旋、行政裁决）如何规范占了较大比例的篇幅，这并不是起草小组对行政解决纠纷的偏爱，而是人民调解、仲裁等诉讼外纠纷解决机制法律、司法解释已予以较详细的规范，地方立法自然无须赘述，而行政机关纠纷解决机制，目前散见于部门规章和地方政府规章，本着"哪块不足补哪块"的原则，地方立法在这一模块下了重墨。

第四章"纠纷解决程序"衔接中，重点在于如何建立各种纠纷解决机制间的"无缝对接",形如建立快速轨道,联结多元化纠纷解决体系的各个点或不同模式,使纠纷在不同的解决模式间能有序流转,快速找到最适宜的解决模式。或各个节点形成接力协作(如调解成功后,当事人就调解协议申请司法确认,调解是一种非讼产品,而司法确认却是一种司法产品,司法确认程序解决了调解协议在当事人不自动履行时强制执行力的问题,同时也赋予司法权对调解协议内容是否存在法律禁止性规定的内容进行审查,既是司法保障又是合法性审查)。或根据纠纷的特性设计复合式纠纷解决平台(如道路交通事故一站式调处平台),在这个平台中,调解、保险公估理赔、法律援助、司法权中的诉讼保全申请、调解协议司法确认、审判,都被组合设计在一个平台中,纠纷当事人可以通过纠纷解决流程图的指引、平台工作人员的辅导自主完成纠纷的解决。与以往平台建立前当事人必须奔波于不同的机构、不同程序之间松散、信息阻隔导致效率低下相比,一站式纠纷解决平台就是一种"以纠纷当事人的体验为中心,以纠纷解决的效率为目标"的设计,不仅节约了当事人解决纠纷所必须承受的时间、金钱成本,也降低了纠纷解决的公共成本,促进纠纷的快速解决,同时降低了社会痛苦指数。

第五章"纠纷解决的组织建设"中,首先对调解组织进行分类。长期以来,理论界对调解组织的分类存在争议,但经过实践的沉淀与检验,基本上形成了社会调解(也有人称民间调解)、行政调解、司法调解几大板块,主要依其主管部门或调解主体的属性区分。

社会调解中,人民调解属于基层群众自治性组织调解,以《人民调解法》作为其规范。目前,人民调解基本覆盖村(居)民自治组织,许多大型厂矿、国企、行业协会也相继建立人民调解组织,但人民调解组织被界定为公益性质的组织,不得收取调解费用,人民调解组织及人民调解员开展工作所需经费,主要源自政府拨款。但人民调解毕竟不能涵盖全部的社会调解,将全部的社会调解"人民调解化"也是一种容易导致格式化的简单想法,其直接的结果将是导致原本可以"百花齐放"的社会调解单一化。

在《促进条例》中,我们给行业调解组织、收费性商业调解组织预留了发展的空间。

第六章"保障措施"规范的主要是经费保障、非诉讼法律援助、调解员管理与培训、纠纷解决理论研究、鼓励社区自治、绩效评估、表彰奖励等制度,提出"政府购买调解服务产品"等新概念。

第七章"考核监督"涉及的是责任落实、调解员名册管理、调解员职业伦理等。

第八章为附则,规定政府、法院、检察院必须制定实施办法及条例施行时间。在第二次提交审议时,有人大代表提出地方条例规定法院、检察院等司法部门的义务有所不妥,故相关条款删除。

结　语

厦门作为中国大陆第一个为多元化纠纷解决机制地方立法的城市,2005年10月公布的《厦门市人大常委会关于完善多元化纠纷解决机制的决定》虽然只有16个条款,2204个字,但在之后几年中,它已经成为厦门地区推进多元化纠纷解决机制建立健全的指导性文件。2015年4月1日,厦门市第十四届人民代表大会常务委员会第25次会议通过了《厦门经济特区多元化纠纷解决机制促进条例》。该条例已于2015年5月1日起施行。目前,全国人大已经将《多元化纠纷解决促进法》纳入中长期立法规划。上海、山东、浙江、四川、安徽等省市都在积极调研地方立法的可能性。

建设区域性法律服务与纠纷解决中心构想

黄鸣鹤[*]

2015年4月,全国法院多元化纠纷解决改革试点推进会在四川眉山市举行。会上,最高人民法院周强院长在发言中提到,中国的ADR发展,已经到了向世界输出中国经验的时候。纠纷解决是一个很有潜力的行业,英国伦敦仲裁院、瑞典斯德哥尔摩仲裁院,有很长的历史,有很高的公信力。但随着世界经济格局的变化,现在中国香港、新加坡都将建设区域性国际商事纠纷解决中心作为自己城市的发展目标。建设区域性国际商事纠纷解决中心,对提升城市的竞争力,扩大城市的影响力,促进社会经济的发展,都有巨大的推动作用。中国大陆已经具备建设区域性国际商事纠纷解决中心条件的城市,应发挥区位优势和人才优势,加快建设步伐。同时,可以考虑法律服务、商事调解、仲裁、诉讼相互衔接,打造国际商事纠纷的多元化纠纷解决平台。

一、背景:全球法律服务及纠纷解决产业发展趋势

周强院长建议中国大陆具备条件的城市,北京、上海还有福建厦门,可以将建设区域性国际商事纠纷解决中心作为城市发展的目标,其背景包括全球经济重心从欧美为中心转为多极中心、亚太崛起、美国对中国和平崛起的围堵遏制及中国"一带一路"的走出去反围堵战略。

(一)法律服务与纠纷解决是一项可持续发展的绿色产业

有人类活动的地方就有纠纷,纠纷发生后就需要解决。法律制定得越多,规则越繁细,纠纷的数量并不会因此而减少。相反地,商事主体从事民商活动,需要包括律师、会计师在内的各类专业人才提供的服务。所以,法律服务与纠纷解决是一项可持续发展产业,市场多年未见萎缩。法律服务与纠纷解决是一项牵引力较强的绿色产业。2013年,韩国国际仲裁中心成立时,评估报告预计,"每进行一件国际仲裁,就能够吸引30余名外国法律学家和企业家入境","算上国际企业高管与仲裁人等的航空、住宿和仲裁人报酬等费用,我们有信心,未来五年间将创造5000亿韩元的巨大经济效果"。报告证明,法律服务与纠纷解决除为法律人才提供就业岗位外,同时刺激城市服务业的配套发展。

(二)法律服务与纠纷解决中心是城市国际综合实力的展示

国际贸易发生在不同国家、区域的商业主体之间,考虑到不同国家法院间的判决在另一国家请求认可和执行的困难,目前国际贸易中,当事人习惯约定以调解或仲裁的方

---

[*] 黄鸣鹤,厦门市中级人民法院研究室副主任,厦门大学法学院兼职硕士生导师。

式解决纠纷。当某个城市的纠纷解决机构更多地被当事人选中时,意味着:被选择地有着稳定的政治环境;有公正、独立、透明、高效的司法制度和环境;生效法律文书、仲裁裁决能得到有效执行;完备的社会信用体系。对被选中的城市而言,则意味着:该城市有较高的国际知名度或美誉度;纠纷解决产业所带来的营业收入和就业机会;纠纷解决所涉及行业、专业高端人才的吸引。

(三)法律服务与纠纷解决中心同时也是国家软实力的体现

英国伦敦国际仲裁院(ICIA,1892年成立)和瑞典斯德哥尔摩商会仲裁院(SCC,1917年成立),每年受理大量的国际商事、海事纠纷,信用度很高。2009年,最高人民法院组团赴欧盟司法考察,① 在参观英国伦敦国际仲裁院时发现:没有烟囱,没有生产车间,在一幢有数百年历史的老建筑中,英国伦敦国际仲裁院一年创造了20亿的国民生产总值。虽然英国伦敦国际仲裁将成就归结为英国民主政体和成熟的法治环境,但研究者指出,英国国际商事仲裁业的发展,大英帝国在"日不落时代"持续向殖民地复制输出宗主国的政治法律制度,从而在全球形成一个庞大的英联邦普通法体系。因此,伦敦成为国际法律服务地和纠纷解决地,除法治环境外,某种意义应是大英帝国殖民红利的延续。

瑞典斯德哥尔摩商会仲裁院能在国际商事仲裁业稳定占有份额,与英国殖民时代制度输出的孳息延续不同,经历两次世界大战,瑞典因永久中立国② 政策而免受战火荼毒,政治稳定、国民素质高、廉洁和透明的政府、法治与信用制度建设、对人类共同命运的关注和学科研究带头人(如诺贝尔奖金制度)等。瑞典的国家软实力,是一种更温和、更具可持续性的力量,与炮舰政策所构建的殖民霸权迥异。

(四)全球经济中心转移与法律服务与纠纷解决中心的漂移

在英国伦敦国际仲裁院参观期间,执笔人以参观者视角,发现英国东道除营销意识和文化自信外,对来自远东的中国人,有着很深的戒备防范心理。观其言,担心中国随着整体经济实力的壮大,在全球秩序重构中,要求有与经济体量相适称的话语权和规则制定参与权。这种对"中国人来了"的担心,并不仅是英国人。全球经济到欧美的绝对中心到多元化,金砖国家的崛起,中国成为全球第二大经济体,全球经济中心的转移,必然导致附属性服务产业法律服务与纠纷解决中心的漂移。特别是如新加坡、中国香港,前英殖民地的文化烙印,同时也留下了普通法的制度基础和人才储备,再加连接东西的地理位置、同文同种的亚洲意识,跨文化的优势,是伦敦或斯德哥尔摩所不具备的。

新加坡政府将国际法律服务提供作为国家发展策略,利用新加坡沟通印度洋与太平洋、法律人才丰富、语言文化多元化的优势,成为东西方贸易和全球法律服务及纠纷解决中心。

香港特别行政区也将法律服务和纠纷解决作为提升城市核心竞争力的发展方向。香

---

① 本报告执笔人黄鸣鹤,厦门市中级人民法院法官。2008年被最高人民法院司法改革办公室借调到北京协助工作一年,2009年随最高人民法院赴欧盟司法考察团到英国、德国进行司法考察,近距离观察欧洲司法制度,执笔的考察报告获中央领导批示。

② 永久中立国是指国家通过加入条约或立法将永久中立作为基本国策,瑞典在19世纪初奉行永久中立国策。永久中立国因为长期未遭受战争侵害,社会环境和平稳定。

港前特首曾荫权先生，于 2012 年初在向中央政府述职报告中指出"面对外围险峻经济形势，香港一定要抓紧时机增强本身竞争力……其中之一就是将香港发展成为全球法律服务中心"。

（五）大国战略：话语权与规则制定参与

更深的层面，建设区域性法律服务及纠纷解决中心，不仅是城市间的竞争，也不仅仅是国家间综合软实力的竞争，更在于话语权和规划制定权的竞争。回顾近代商法、保险法和海事海商规则的出现，纠纷解决的规则，并不是由国家制定或认可，而是商人们在长期的贸易中形成的行业惯例和约定规则，有些规则因普遍受到欢迎而形成制度。[①] 即使到近代，国际贸易、海商海事的普遍性规则，大部分是由习惯遵循，进而转化为内国立法或国际公约的内容。

第一次鸦片战争之前，中国被西方列强视为半开化的封建邦国，战争爆发时，导火索明为查禁鸦片之争，实为西方强国要求中国门户开放并接受西方的贸易规则。即使是在改革开放之后，中国秉持韬光养晦的策略，在国际贸易规则的制定上，基本无话语权，与世界第二大经济体[②]的地位，极不相称。多年来，美国以各种理由打压中国，究其根源，意识形态差异只是借口，国家利益冲突才是永恒。中国综合国力的迅速发展，使美国的霸权地位受到威胁，遏制中国必然成为美国国家外交政策的主旋律，目的是为了维持美国的地位和长久的国家利益。美国是当前全球的支配者，美元是强势硬通货。中国人民币正追求全球货币和国际贸易结算货币的地位，所以美国人所担心的，也正是美国围堵遏制中国的原因，其目的是为了维持美国和美元的霸主地位。

中国"一带一路"走出去战略，正如中国传统太极拳，尽量避免正面冲突，以柔克刚，借力打力；亦如中国之围棋，黑白博弈，取边角稳扎稳打，看似闲棋冷灶，实则机锋暗藏，内力绵长，飞龙在天之日可期。总之，区域性法律服务及纠纷解决中心建设，有利于聚人气，聚财源，搭平台，蓄人才，在法律服务中寻求合作，在纠纷解决中创设规则，倡导自由贸易之精神，保障各方之平等，寻找多赢之合作，消除地域之歧视。

二、解析：厦门的区位优势及自身定位

（一）地理、文化和城市综合竞争力优势

一是地理优势。厦门城市国民生产总值与城市规模虽然无法与北京、上海相比，但厦门的优势，在于经济特区，在于海西优势，在于自由贸易试验区政策。同时，作为东南航运中心，厦门城市的国际知名度和美誉度，都是厦门建设区域性国际商事（包括海商、海事等）纠纷解决地的优势条件。二是文化优势。福建作为海上丝绸之路核心区，有着"过唐山"、"闯南洋"等传统，是全国著名侨乡，在东南亚生活的华人、华侨，占中国在海外华人华侨总数的 80% 以上。其中相当部分来自福建，至今仍使用闽南话，具

[①] 近代的保险制度由商人因需求而创设。中世纪海上贸易，商人们发现，海上运输具有风险不可预测性，每一批的货物中，总有一些船可能碰上触礁、风浪和海盗，损失若集中某人，则该商人可能破产。于是，商人们决定采用公摊损失的方式来降低风险，于是，现代保险制度的雏形出现了。

[②] 有人认为中国到目前为止仍只是"经济大国"而非"经济强国"，大而不强，差距在于核心竞争力，在于话语权，在于号召力，在于规则制定权。

有文化认同及血脉连接。三是城市综合竞争力。2014年,由中国社科院财经战略研究院等部门推出的《城市竞争力蓝皮书:中国城市竞争力报告NO.13》,在中国300个城市中,2014年度厦门城市综合竞争力排名全国第17位,城市可持续竞争力排名第10位。在宜商指数上,厦门排名第10位。

(二)法律服务与纠纷解决领域的其他优势

一是高端法律人才的培养。厦门大学、集美大学等高校法学院多年培育了大批法学人才,厦门大学在国际经济法、台湾法研究等领域,在国内具有带头优势。二是律师服务业的发展。经济特区建设35周年,厦门吸引了众多法律人才在此安居乐业,目前厦门拥有数十家律师事务所和近2000名执业律师,还有众多与法律服务延伸的会计师、审计师、精算师等配套服务机构和人才。三是仲裁业的扩容。据国务院法制办公布的数据,厦门仲裁委员会2014年共受理案件705件,总标的额50.79亿,在全国219家仲裁机构中,排名第9位。影响力逐渐扩大,当事人来自国内80多个城市,20多个国家和地区。四是高素质的审判队伍。厦门市两级法院现有干警910名,其中法官524名。近五年平均年受理案件6.6万余件,其中中院8500余件。2014年全市法院受理案件78951件,其中中院10393件。五是涉台审判改革的试验田。2011年,最高人民法院司法改革办公室批准厦门法院在涉台审判领域进行体制机制创新改革,之后,海沧法院涉台审判法庭成立,有力推动两岸在司法互助领域的发展,司法交流日益频繁。多年来,厦门在涉台审判、海峡两岸司法合作、涉台审判改革先行先试方面,积累了许多成功的经验。六是地方立法权优势。包括全国人大授权的特区立法及较大市立法。特别是全国第一部与多元化纠纷解决有关的《厦门经济特区多元化纠纷解决机制促进条例》(下称《条例》)于2015年4月1日通过,为厦门多元化纠纷解决的发展,提供了立法支持。

(三)关于"区域性"的定位问题

为什么厦门要定位"区域性",而不是如新加坡定位"全球法律服务及纠纷解决中心"、香港定位"全球法律服务中心及东南亚国际商事纠纷解决中心"?我认为,以"区域性"作前定义词,既心存高远,却不至脱离厦门城市发展实际,让人有好高骛远、不知天高地厚之观感。此外,"区域性"是个伸缩性很强的概念,目前可以是海峡两岸,可以是两岸四地,可以是面向东南亚。总之,"区域性"的外延应与厦门城市实时的国际商贸、海外投资活动范围相适应,目前应以两岸四地(大陆、港澳台)为主轴,涉台为特色,东南亚、日本、韩国为辐射,同时,以21世纪海上丝绸之路的延伸为中远期拓展。福建是21世纪海上丝绸之路核心区,厦门是中心枢纽城市,厦门应配合国家"一带一路"走出去战略,在继续发挥海峡两岸司法互助桥头堡功能,加强大陆、港澳台两岸四地纠纷解决领域的协同合作基础上,还应具有更宽广的区际、国际视野,借鉴不同法域在纠纷解决方面的经验,立足实际,在积累纠纷解决东方经验的基础上,向世界提供升级版的替代性纠纷解决"中国经验",为四个全面战略布局和实现中国梦作出示范作用。

(四)坚持法律服务与纠纷解决并举

与纠纷解决相配套的是国际法律服务。国际(全球或区域性)法律服务包括法律风险管理、投资管理、法律意见提供、谈判参与、公证服务、破产财产管理、公司解散及清算业务、客户信用调查等。法律服务与纠纷解决是法律的两个职能区域，却相辅相承，前端法律服务业做得好，客户就可以减少商业风险，如同疾病之防疫；后端的纠纷解决做得好，客户就可以从纠纷所产生的麻烦、商业风险、信用危机中解放出来。最高人民法院周强院长所提议的"区域性国际商事纠纷解决中心"，应包含法律服务的内容，故全称应为"区域性法律服务及纠纷解决中心"。

三、路径：以自贸区多元化纠纷解决平台创建为契机

（一）多元化纠纷解决机制的概念

多元化纠纷解决机制是指"由诉讼和各种非诉讼方式共同构成的纠纷解决体系，其目的是合理配置社会资源，实现纠纷解决程序的合理衔接和相互协调，为纠纷当事人提供便捷和适宜的纠纷解决途径"（《条例》第二条）。区域性国际商事多元化纠纷解决，是指以中国（福建）自由贸易试验区厦门片区的建设为契机，将和解、第三方协调、商事调解、行业调解、专家调解、行政调解、国际商事仲裁等非诉讼纠纷解决方式与诉讼有序衔接，通过纠纷解决主体间的分工、衔接、协同，及时、便捷、有效解决纠纷的工作机制与平台。

（二）厦门自贸区多元化纠纷解决平台设计

1. 国际商事仲裁院

厦门仲裁委员会将在厦门自贸区内注册设立厦门仲裁委员会国际商事仲裁院，通过制定国际商事仲裁规则、拓宽法律适用渠道、开放仲裁员名册、直接吸纳境外人士担任理事会成员等措施，创新体制机制，建设与国际接轨的商事纠纷仲裁机构。

2. 国际商事调解中心

商事纠纷调解中心属多元化纠纷解决机制中的有偿调解模式（《条例》第54条），厦门仲裁委在成立厦门国际商事仲裁院的同时，将同步注册设立"厦门国际商事调解中心"，建设多层次、宽领域、跨地域的调解员专家库，开放调解员名册，设置简便、灵活调解程序，加强与港、澳、台地区商事调解组织合作，建立两岸四地商事调解联盟。

3. 厦门市湖里区法院自贸区法庭

2015年4月13日，福建省高级人民法院批复同意湖里法院设立自贸区法庭，根据自贸区的功能定位和可能产生的纠纷特点，按照专业化、国际化等要求，先行成立涉自贸区案件专项审判合议庭，合议庭由3名取得法律专业硕士学位的审判员组成，并配备3名审判辅助人员，其中2名合议庭成员和1名法官助理具有国际法、国际经济法或普通法的专业背景，1名书记员系英语专业。一旦自贸区法庭获准设置，将以这些人员作为骨干成员。

4. 厦门中院涉自贸区案件审判合议庭

为更好服务保障中国（福建）自由贸易试验区厦门片区建设，今年5月12日，中院依托民四庭设立自贸试验区专门合议庭，选派有丰富涉外审判经验的资深法官及具有留美经历的国际法专业博士任成员，并将根据案件类型设立合议庭成员名册，进一步吸收相关领域业务骨干，形成专业化、精英化审理。主要职能是：审判与自贸区相关联的一、二审民商事案件；加强沟通联络，与自贸区管委会对接，形成良好的信息共享与交流互

动机制。对于审理过程中发现的市场风险、制度漏洞等问题,及时提出司法建议,发挥司法建议在促进科学决策、完善管理等方面的作用。

5.其他纠纷解决主体

除商事调解中心、仲裁院、法庭外,厦门自贸区多元化纠纷解决平台如同一个开放式平台,可以根据需求不断增加插件。

自贸区管委会可以设置"法务专员"的职位。其职能为:对自贸区企业有关于法律问题的投诉或协助请求;与自贸区有关的纠纷解决的协调与跟进;自贸区范围内与知识产权保护相关的事务;自贸区法治化营商环境的标语评估与改善计划;自贸区法务动态与法律风险警示;其他与自贸区相关的法律事务。

行政调解与行政裁决。《条例》对行政调解与行政裁决作出专节规定,并在第32条中规定行政调解实行属地管理和首问责任制。第35条规定:行政机关在其法定职权范围内,可以通过建议、辅导、规劝、示范、约谈等非强制性方式,实施行政指导,引导当事人协商解决纠纷。第36条规定:行政机关可以通过提供事实调查结果、专业鉴定意见或者法律意见,作为当事人协商的依据,促使其达成和解。

行业调解。《条例》第52条规定"鼓励行业主管部门、社会团体和组织设立行业、专业调解组织,调解涉及行业性、专业性以及特定类型的民商事纠纷。鼓励行业协会、商会发挥行业自治和行业服务功能,调解成员之间以及成员与其他主体之间的民商事纠纷"。

律师调解。《条例》第55条第2款:"鼓励律师协会、律师事务所建立律师调解员队伍,提供调解服务。"

一站式纠纷解决模式。《条例》第60条第1款:市、区人民政府应当加强一站式纠纷解决服务项目平台,提供服务保障,促进规范管理。

(三)厦门自贸区多元化纠纷解决平台的特色

1.多元化、国际化、开放性三位一体

多元化是指自贸区纠纷解决平台将集仲裁、调解(包括行业调解、律师调解、专家调解、商事调解、行政调解、司法调解、联合调解等)、专家评审、中立评估、诉讼等纠纷解决方式为一体的多元化的纠纷解决平台。国际化是指纠纷所涉及的当事人主体、法律事实、标的可能含有涉外、涉港澳台因素。纠纷解决组织将吸纳境外专业人士担任仲裁员、调解员、中立评估员,纠纷解决主体国际化。开放性是指纠纷解决的过程中,允许当事人选择适用国外仲裁机构和调解组织的规则来推进仲裁程序或调解程序,还允许当事人选择适用其他国家的法律来裁决纠纷。

2.诉讼与非诉讼方式相辅相成

厦门自贸区多元化纠纷解决平台将是一个诉讼与非诉讼程序衔接、优势互补、协同发力的纠纷解决复合式平台。自贸区商事主体发生纠纷后,将被引导到自贸区多元化纠纷解决平台解决,纠纷当事人可以合意从调解组织名册和调解员名册中选择相应的调解组织或调解员,可以选择行业调解(由有同业经验的调解员主持调解),也可以选择专家调解(由与纠纷相关的某领域专家主持调解,如国际投资、知识产权),在调解过程中,可以请求专家作为中立第三方提出评估意见,达成调解协议后,通过申请自贸区法庭司法确认的程序,赋予调解协议强制执行力。当事人也可以约定仲裁或直接向人民法院起诉。在程序上，申请法院财产保全、证据保全、行为保全以及诉讼中的委托调解等，程序前后衔接、相辅相成，形成一个便捷、高效、优势互补的纠纷解决复合型、一站式平台。

3. 创新型法律服务产品与纠纷解决相互衔接

两岸法律服务领域的产品创新将是自贸区营商法治环境的亮点。在两岸投资过程中的法律风险评估、商事登记法律服务、客户征信调查、涉台婚姻服务、公证见证、民事催告、台湾法律查明等，许多目前没有的法律服务产品，均可被设计、被推向市场。非诉讼法律服务项目似乎是与纠纷解决分属法律产品的不同种类，却殊途同归。法律风险评估精确，发生纠纷的概率自然下降，如同防疫工作做得好，得流感的人就会减少。客户征信可委托调查，信誉值高的客户可以得到更多的商业合作机会，良币自然驱逐劣币；海峡两岸民事、商事制度颇有差异，跨境投资自然得入境问法，避免风险，将厦门建设成"台资登陆"或"陆资入台"两岸投资的踏板地，市场需求刺激服务的提供。

在纠纷解决产品的创新上，在互联网＋时代，可以借助软件技术与互联网平台进行纠纷解决：杭州西湖法院已经开发出在线调解软件，当事人可远距离通过沟通软件促成纠纷解决；厦门海沧法院在审理一起离婚案件中，法庭通过远程视讯技术，长期在罗马尼亚经商的一方当事人通过远程视讯系统在国外参加了法庭调解，据其估计，仅回国往返费用就节约至少万元，且双方当庭达成调解。

还有一个"全球开庭服务地"的概念。就是充分利用厦门良好的法治环境、开放包容的城市特性、舒适宜人的气候环境，加强与其他国际商事纠纷解决机构的合作，推动其他国际商事纠纷解决机构选择厦门作为开庭地、商务谈判地、合同签订地、纠纷调解地，气候宜人的地方心情好，容易促成纠纷解决，以此带动厦门经贸、旅游、交通等城市服务业的发展，为发展高端法律服务业、寻找新的经济增长点进行积极探索。

诉前调解正当性问题探视

杨建伟　邱福香[*]

近年来,为应对矛盾纠纷类型多样、调处困难、容易激化的形势,全国各级法院纷纷启动多元化纠纷解决机制。继新《民事诉讼法》第 122 条规定"先行调解"制度之后,"完善多元化纠纷解决机制"作为法治建设的重要内容被写入《中共中央关于全面推进依法治国若干重大问题的决定》。为深化多元纠纷解决机制、夯实诉调对接工作平台、完善诉调对接工作机制,全国各级法院普遍设立了诉调对接中心,[①] 法官调解工作室的其中一个重要工作内容是诉前调解,[②] 通过调动法院内的专职调解法官、特邀调解员及法院外的调解组织和非常驻法院调解员的力量,调解或协助法院调解部分民事案件。据统计,笔者所在的法院从 2013 年 7 月成立诉调对接中心以来的两年内,法官调解工作室通过诉前调解的方式,共调结(含调解和撤诉)2160 件民商事纠纷案件,给予当事人更快捷高效的纠纷解决方式,降低了诉讼成本,彰显了"司法为民"理念。但与此同时,现阶段的诉前调解在制度保障、程序正义、人员素质等方面还存有缺失,导致诉前调解不能带来令人满意的法律效果和社会效果,影响了其作为法院推进多元化纠纷解决机制的重要途径之一的正当性价值,需要我们做一梳理和反思,发现其中的症结并予以改进。

一、立法空白的填补:规范调解程序和建立罚则制度

诉前调解作为当前法院调解的重要组成部分,还缺乏相关的法律规范。除了《民事诉讼法》在"起诉和受理"这一节从法律层面规定"先行调解"制度外,没有具体的法律规定,仅有出现在 2007 年最高人民法院发布的《关于进一步发挥诉讼调解在构建社会主义和谐社会中积极作用的若干意见》,其中第 10 条明确了立案阶段调解制度工作的重要性,但对诉前调解的可操作流程规定没有明确,如诉前调解的适用范围、程序均是空白,还有与业务庭如何衔接?由此导致调解法官或调解员在调解工作中难以操作,甚至具有很大的随意性。

---

[*] 杨建伟、邱福香,厦门市思明区人民法院。
[①] 就笔者所在的 S 区法院而言,专门成立诉调对接工作领导小组作为组织保障,领导小组下设诉调对接中心,负责诉调对接具体实施工作。同时,中心下面成立了以法官名字命名的调解工作室,由专职调解法官开展调解工作;另外,特聘来自各行各业的特邀调解员作为特色调解队伍,通过委托调解、委派调解和第三方中立评估机制,并与各类行政机关、行业组织建立诉调对接关系,全面发挥调解的作用。
[②] 本文所探讨的诉前调解(指广义范围的诉前调解,包括立案前进行的诉前调解和立案后进行的立案调解),是一种将法院调解与社会调解相结合的新型调解方式,以当事人起诉为契机,依据当事人的自愿选择,由法院的诉调对接中心专门进行调解,并可依当事人的请求,经调解达成的协议经法院审查确认出具调解书;调解不成的,则由法院启动审判程序的一种非诉讼纠纷解决方式。

笔者建议，将诉前调解工作尽快纳入立法议程，在有关程序法或者通过司法解释形式明确诉前调解案件的适用范围，具体适用哪一些类型的案件，不适用诉前调解的案件立即移送相关业务庭审理等；明确诉前调解的工作流程，使诉前调解有章可循，有法可依，确保诉前调解工作健康有序地开展。

第一，规范调解程序。法院接到起诉状后，在立案环节通过发放立案调查表的方式，询问双方当事人是否愿意调解，当事人也可主动申请调解。若双方同意适用诉前调解程序，则由调解法官或中立调解员在规定期限内进行调解，或采取委托、委派调解的形式进行调解。这些中立调解者应考虑由来自法院之外的律师、退休法官、社区工作者、相关行业专家（如心理咨询师）或法院的辅助人员担当。这些人通常具有一定的法律和专业背景，在调解过程中会将国家法律制度作为重要参考，达成的调解协议更具法律思维性，更易与法治理念接轨。若诉前调解未达成协议，则由立案庭移交业务庭，迅速转入审理前准备阶段，以切实保障纠纷当事人的裁判请求权。

第二，实行强制调解。法院针对某些类型的纠纷，可以适用强制性的诉前调解程序。诉前强制调解的本质在于基于价值衡量原则对裁判请求权的行使设置轻微妨碍，并将当事人的调解不成功结果作为特殊的起诉要件。它并未侵犯作为基本人权的裁判请求权，相反，还为当事人额外增加了一种非正式的司法救济渠道。我国法律及司法解释并没有直接规定诉前强制调解制度，考虑到《关于适用简易程序审理民事案件的若干规定》第14条从正面规定了6种应当"先行调解"的案件类型，可以将其设置为适用诉前强制调解程序的案件。①

第三，建立罚则制度。在一方当事人坚决拒绝对方当事人提出的调解方案而执意进入诉讼程序的情况下，如果该当事人没有在后续展开的审判中得到比调解方案更有利的结果，则需要支付必要的代价，典型的即受到一定的经济制裁，例如该当事人必须承担对方参加诉讼所支出的所有费用，以惩戒其对司法资源的重复占用。② 这一制度将促使当事人在诉前调解程序中仔细权衡选择诉讼的得失，有利于调解协议的达成。

二、正义缺失的应对：实行调审分离和创新调解模式

首先，从调解目的看。诉前调解的主要目的在于将聚集至法院的矛盾纠纷案件分流，缓减法院各业务庭的审判压力。实践中，不少法院将诉前调解在多元化纠纷解决机制中的地位拔高，在调解这种纠纷解决方式被大力推崇的社会背景下，各地法院普遍采用调解率来激励法官，片面的以调解结案率为评价标准，可能滋生法官通过暗示、诱导甚至压制等方式，促使当事人违背真实意愿，做出权利让步，导致出现强制调解、过度调解的不良现象，使衔接陷入困境。

其次，从调解现状看。诉前调解时间一般只有7天，最多不超过30天，调解法官和调解员在短时间内难于准确把握案情，摸清当事人双方的心理状况、争议焦点等。因此，很难理清调解思路，准确判断基本事实，正确运用法律进行调解，调解成功的可能性及调解率难以保证。而在当事人层面，许多案件是双方当事人多次协商不好才起诉的，许多原告认为没必要再进行诉前调解了，由法院直接开庭审理后判决更好。还有部分当事

---

① 张鸿绪：《"接近正义"视阈下我国大调解格局的制度构想》，载《西南石油大学学报》（社会科学版）2014年第1期。

② 田平安：《民事诉讼法：原则制度篇》，厦门大学出版社2006年11月版，第308页。

人有委托代理人的,如果说没有通过开庭直接调解。就显示不出其作为律师的作用与价值,有些律师也是视案件审理情况而协议收取费用的,有时会出现部分律师不愿意配合法院进行诉前调解工作,甚至极力地鼓动当事人不要进行诉前调解。受经济危机的影响,出现了部分当事人逃债的现象,当事人下落不明的,难以调解。还有一些交通事故人身损害赔偿的案件,有保险公司作为被告的案件,即使与经办人调解谈好了具体金额,保险公司也要求法院出具判决书,而不愿意由经办人个人来承担责任以调解的方式结案。

再次,从监督功能看。现行制度对调解的监督偏软,会加剧调解伤害当事人的风险。[①] 一方面,调解的审判监督在实践中很难被启动。根据"民诉法"规定,调解结案的纠纷是不允许上诉的,只能申请再审。申请再审,当事人必须提出证据证明调解违反自愿原则或者调解协议的内容违反法律。由于调解过程的灵活性特点,当事人也很难在事后举出证据证明法官在调解中违反了自愿原则。另一方面,调解的社会监督不力。最高人民法院要求各级法院裁判文书公开,使司法在阳光下运行,随时接受公众监督。但是裁判文书公开却并不包括调解书公开。在监督机制被弱化的情况下,很难想象仅仅依靠裁判法官的内在约束就能保证司法公正。例如,民事纠纷中双方当事人虽为平等主体,并不是说双方一切实力就平等了。司法实践中,常常有雇工起诉雇主,但雇主方实力强大,靠"走动关系"、施加压力,迫使原告要么撤诉,要么接受诉中调解等类似案件的发生。而诉前调解非但没有解决这一问题,反而提供给了强势主体一个新的解决途径,而这种方法更加地经济实惠。

最后,从调解效果看。有些民商事案件,往往经过诉前调解,很快就达成调解协议了。其实有的案件隐藏着不可告人的目的,有恶意串通损害国家、集体或者第三人利益,或以合法形式掩盖非法目的的情形发生,比如现在有些夫妻为了逃避计划生育义务而利用法院调解,离婚是假,超生是真,目的达到之后再复婚,调解法官在短时间内难以查清真相;还有一些民间借贷案件,为了达到执行过程中参与分配的目的,或是规避债务而进行虚假诉讼。而调解生效后一经发现,诉前调解法官可能受到违法办案的追责,严重打击了诉前调解的积极性。

针对以上出现的影响诉前调解正当性的问题,笔者提出以下建议供参考:

第一,实行调审分离。调审分离,就是直接将法院的调解和司法审判彻底分离开,去除了原来法院调解对司法被动性的影响,有利于维护司法的中立性和公正性。同时,可以促使法院纠正以调解结案率作为考核指标的评价标准,解决法官"以判压调"的问题,维护当事人的合法权利。法院应当建立独立的调解法庭或配备专职调解法官,负责审前对案件的调解。调解法官可以帮助当事人分析案情及各自利弊,促成和解。在规定调解期限内,如果未能达成调解协议的,将调解笔录记录在案,而案件将由审判业务庭的法官按照诉讼程序进行审理。审判法官在开庭前不得接触案件材料,而调解法官也不得参与审判。这样可以有效避免法官双重身份带来的不利影响,产生以判压调问题。调解过程中,调解法官还可以根据需要邀请专业人员组成调解委员会,对案件的专业性问题进行解释或者中立评估;也可以委托人民调解机构、行政调解部门、专业调解机构、社会调解组织对案件进行调解。委托调解的,要严格遵守调解期限要求。同时,调解法官还要对接受委托的调解组织进行必要的法律业务培训指导,提供必要的协调配合。

第二,鼓励诉前调解。要创新立案窗口模式,鼓励当事人接受诉前调解。立案法官

---

① 罗瑞芳:《警惕"诉调对接"弱化公民诉权》,载《新世界·社会》2014年第1期。

要面对面地与前来起诉的当事人交流,在办理相关诉讼手续的同时,了解前来起诉的每一起案件有无调解可能。通过缩短立案法官与当事人之间的距离、增强人民法院的亲和力等途径,把握案件调解的可能性。对有委托代理人或者保险公司为被告的案件,要多做沟通、宣传工作,取得他们的理解与支持。同时,对某些经常鼓动当事人拒绝诉前调解的代理人,也可考虑向司法行政部门提出依法处理的司法建议。要更多为当事人着想,在便民服务上下功夫,提高办案效率,突出一个快字,减少讼累;注重情理法的结合,向被告说明调解可以避免因诉讼造成名誉贬损,有利于生产生活的有序进行。在有可能的情况下,对于诉讼费的交纳采取缓、减、免的方式,鼓励当事人接受诉前调解,让当事人觉得诉前调解更实惠,从而更乐意地接受诉前调解。

第三,明确相关权力。按照程序主体性原则及程序主体权原理,成为程序主体的当事人,不仅应有实体法上处分权,同时,也享有程序法上处分权(即程序处分权)。这样,程序当事人既可以基于其实体法上处分权,决定如何处分系争的实体利益或实体权利,又可于基其程序处分权,在一定范围内决定如何取舍程序利益,避免因使用该程序而导致减损、消耗或限制讼争实体利益或讼争标的外的财产权、自由权的结果。因此,民事诉讼法承认当事人处分权的目的,并非仅是为了保障当事人对讼争实体权即财产权的支配地位,也是为了使当事人有机会借此追求程序利益,以同时维护其受宪法保障的讼争标的外的财产权、自由权等。①据此原理,法律应当赋予当事人双方选择通过诉前调解解决纠纷的权利。我国目前不宜规定法院依职权启动诉前调解程序,而应赋予当事人启动和终止诉前调解的决定权。在适用诉前调解的案件中,须有当事人提交法院调解的书面申请或当事人签字认可的同意调解书,方能启动诉前调解程序。当事人还有权撤回调解申请,终止调解程序。这样可以充分保护当事人对自己权利的处分,同时,法官无权启动调解程序,能够最大限度地避免强制调解、态意性调解等现象。但在赋予当事人程序处分权的同时,也应当赋予人民法院对诉前调解的程序掌控权,避免一方当事人希望调解,而且表现出了极大诚意的时候,另一方当事人为了实现或者达到自己的目的,恶意地不同意调解的情况。

第四,完善制裁措施。也就是要针对恶意诉讼的当事人建立相应的制裁措施。在现阶段,虚假诉讼的案例屡见报端,案件未经审理,有些案件事实很难一下子查清,尤其是在立案阶段,法官通知被告到庭后,双方当事人又都是自愿调解的,法院防不胜防。所以说,在调解法官谨慎对待案件的同时,也可考虑建立相应的制裁措施。对一些为达个人不法目的而恶意调解的当事人,事后一经发现,坚决按照有关规定进行制裁,迫使当事人正确对待诉前调解,杜绝虚假诉讼的案件发生,确保诉前调解工作稳步健康地发展下去。②

三、调解素质的提升:完善激励机制和加强组织保障

目前,我国还处于社会转型时期,案件类型纷繁复杂,新的法律法规司法解释层出不穷,诉前调解时间紧迫、任务又重,对从事诉前调解工作的法官综合素质提出了更高

---

① 邱联恭:《程序选择权论》,台湾三民书局2000年版,第33页。
② 笔者所在的法院的做法是:起诉前,当事人同意诉前调解的,则进行立案预登记,案件分配给调解法官调解,若调解成功,则办理立案手续,制作调解书并送达给双方当事人。若调解不成,则由调解法官将案件退给立案庭,办理立案手续,交由审判业务庭审。

要求,既要求有足够的业务水平、丰富的审判经验、熟练的调解技能,更要有主观能动性,有耐心、责任心,积极主动做好这项工作。还有,对于如何调动诉前调解工作人员的积极性、如何对诉前调解工作人员进行考核等也缺乏相应激励机制,多办案毕竟多担待一份责任,有时候导致诉前调解成了一种走过场的形式,调解成功率不高。另外,特邀调解员的薪酬待遇不合理,跳槽现象频发,调解工作人员流动性增强,也影响了诉前调解队伍的稳定性和调解效率。

为了保证诉前调解工作的顺利开展,笔者认为,可从以下三个方面努力:

第一,推动考核激励制度化。出台激励调解法官工作积极性的方案,充分发挥其主观能动性,引导调解法官注重钻研调解技巧,针对不同类型的案件,选择不同的调解侧重点,做到因案而异选择调解方法,不断提高干警的调解能力。实行多办案多奖励的制度,并将诉前调解工作纳入诉调对接中心和诉前调解审判人员的目标考核工作之中,同时,在诉前调解工作的考核中不仅要看调解案件的数量,还要看调解案件的质量,更要看调解取得的社会效果和法律效果。

第二,推动调解组织专业化。根据实际情况,对特邀调解员的选任程序、选任条件、考核标准等进行规范,提高调解员队伍的准入门槛,使其专业化、专职化。加强调解人员法学专业知识训练,开展专题讲座、学术沙龙、实践观摩等活动,研讨交流诉调衔接问题,提供咨询服务,掌握国家法律法规、政策,提升个人魅力,使调解员具备相应的素质。

第三,推动评价机制规范化。制定规范的评价、奖惩与制约机制,避免片面以调解率或是结案率作为标准,充分挖掘调解人员的自觉性与能动性。例如,可以对每个特邀调解员确定一个合理的月结案数作为其领取薪酬的基本底线,超出基本结案数的案件数量,实行阶梯式渐进的薪酬激励机制,激发调解员的调解热情,促进调解率的提升。

第四,推动运行机构专门化。设立专门机构统筹协调"诉调衔接"机制的相关工作事宜,负责调解工作的日常联络与指导落实。法院应当设立诉调对接中心,构建信息反馈、资源共享平台,实现各方业务互联互通,确保诉调衔接工作真正落到实处。

结　语

以法院诉前调解为枢纽,带动社会多元化力量参与矛盾纠纷解决,是构建多元化纠纷解决机制的第一步。目前,诉前调解存在的不足之处并不会使我们望而却步,因为多元化纠纷解决机制的建立和完善,并非一朝一夕即可实现,需要人民法院、政府部门及广大群众的共同努力与配合。笔者仅从工作中遇到的实际问题出发,阐述自己的见解,意在抛砖引玉,引起相关部门的重视,共同推进多元化纠纷解决机制的落实。

律师介入信访工作全领域的实践与思考

厦门市信访局课题组[*]

孟建柱同志在中央党校同信访工作专题研讨班学员座谈时指出,要总结律师参与化解和代理涉法涉诉信访案件的有效做法,完善社会力量参与信访工作机制。舒晓琴同志今年4月来闽调研时,考察了厦门市湖里区接访大厅法律咨询室,对福建推行律师参与化解信访事项的经验做法予以充分肯定。近年来,厦门市把引入律师介入信访工作全领域作为打造"法治信访"的重要抓手,通过全方位、多层次地为信访群众提供法律咨询、法律援助等服务,依法妥善解决了一大批合同违约、劳资纠纷、医疗事故等涉法涉诉信访事项,依法按程序办结了群众反映的行政求决类信访事项,将化解社会矛盾纠纷纳入了法治化轨道,取得了积极成效。基于此,课题组对引入律师介入信访工作全领域的重要意义、经验做法、存在问题以及改进建议进行了认真梳理和再思考,以期推动信访工作开展,进一步提升信访工作法治化水平。

一、律师介入信访工作全领域的多重意义

实践证明,引入律师全面参与信访工作具有多重重要意义。主要体现在以下三个方面:

(一)引入律师介入信访工作,是推进诉访分离、打造法治信访的客观需要

2013年以来,中央加快诉访分离改革的步伐,着力把已经或者依法应当通过诉讼、仲裁、行政复议等法定途径解决的信访事项从普通信访中分离出来,纳入法治轨道依法解决。在推行诉访分离过程中,通过律师为信访群众提供法律咨询,帮助分析信访和司法途径解决问题的可行性、经济效益等,指导信访人充分利用司法、仲裁程序,依法有效分流了涉法涉诉信访事项。同时,作为法治宣传的一种方式,律师普法能够在一定程度上培养公众理性解决矛盾纠纷的思维模式,提倡法律至上、有法必依,逐步改变传统的人治观念,着力强化司法权威,有效推进了信访工作的法治化进程。

(二)引入律师介入信访工作,是规范政府行为、促进依法行政的重要抓手

有些信访事项牵涉面广、政策性强,仅凭信访部门难以准确判断职能部门作出的行政行为是否符合法律规定。律师参与信访工作,能够站在法律的高度,协助信访部门督

---

[*] 课题组组长:林培森(原厦门市政府副秘书长、市信访局局长,现市政府副秘书长、市机关事务管理局局长),副组长:林金铸(厦门市信访局副局长),成员:钟振艺(厦门市信访局办公室主任)、林明华(厦门市委党校法学教研部副教授)、尤晓洁(厦门市信访局办公室科员)、郭金托(厦门市信访服务中心科员)、林婕(厦门市信访服务中心科员)、郭伟清(福建夏理律师事务所律师)。

查督办信访事项，督促有权处理机关依法按章办事，从而倒逼职能部门依法行政，努力避免行政的随意性和以权代法现象的发生。此外，还可以通过总结参与信访工作过程中发现的政府部门在行政工作中的不足，特别是政策上的漏洞、程序上的瑕疵，提出有针对性的法律建议，促进职能部门增强依法行政意识，提升依法行政能力。

（三）引入律师介入信访工作，是推行依法维权、解决合法诉求的有效举措

由于不少信访人对信访事项的相关政策了解不够、理解不深，加上个别职能部门对信访人的问题解释回复得不够翔实到位，工作中有时出现推诿、扯皮现象，导致信访群众陷入维权盲区和困惑。律师的参与可以有效引导信访人及时了解政策法规，少走弯路，对复杂情况还可以在律师的讲解和引导下，理清思路，明确法律关系，分清合理利益和非正当利益，正确运用法律武器争取合法权益。对情绪激动、行为过激的信访群众，可以通过对政策的释义，缓解对政府部门的对立情绪，引导信访人准确理解行政政策的目的，积极配合政府部门开展工作，信访群众需要聘请律师的能够方便得到相关信息和帮助，生活困难的信访群众还能及时获得法律援助。

二、律师介入信访工作全领域的经验做法

厦门市始终坚持运用法治思维和法治方式，有序有效开展信访工作，通过拓宽工作思路、丰富工作手段、完善工作机制，逐步将律师引入信访工作各领域，着力推进"四个参与"，充分借助律师的力量，不断加强、改进和提升信访工作。

（一）参与政策制定，完善信访制度

坚持将信访制度机制建设作为提升信访工作的重要支撑。近年来，先后出台了信访事项规范办理、诉访分离、逐级走访、听证评议、专案审评、督查督办、移送问责等14项信访工作制度，形成了一整套完整的信访工作制度链。在制度的起草过程中，例如在拟定《关于做好相关工作支持政法机关处理涉法涉诉信访问题的实施意见》时，市联席办、市信访局两次召开法律论证座谈会，多次征询并采纳法律专业人员的意见和建议，最终确保了出台的信访政策合法合规、操作可行，从源头上推动了信访工作的法治化建设。

（二）参与接访群众，促进诉访分离

早在2007年8月，厦门市信访局就联合司法部门，在市、区两级接访大厅设立了法律咨询室，制定出台了《律师参与信访接待工作规则》，明确了律师参与接谈信访事项的工作职责、基本要求和工作纪律等内容，坚持每天安排律师到接访中心值班，引导涉法涉诉信访群众通过咨询律师，了解有关法律规定，获得针对性的法律意见和建议。2007年以来，市接访大厅法律咨询室共安排律师4120人次参与接访，接待信访群众5075批次，信访事项涉及征地拆迁、劳资纠纷、医疗事故等领域。律师坚持以事实为依据，以法律为准绳，从专业角度予以明法析理，引导信访群众依照法律程序处置纷争，对于一时不愿意通过法律途径解决问题的，由律师现场普法，做好说服引导工作，帮助理清诉讼请求和诉讼流程，提供优质法律服务，并指导符合相关条件的信访人按规定程序申请

法律援助，依法维护自身权益。

（三）参与轮值接听，提升普法实效

依托厦门市长专线平台，推行律师轮值接听群众来电的创新举措。针对市民投诉、反映相对集中的问题，市长专线办公室联合福建旭丰律师事务所，每月定期安排律师轮值接听群众来电。2011年以来，共筛选与群众利益密切相关的法律政策热点进行专题解答50场，涉及行政执法、劳动法律、人身侵权、房地产买卖、房屋征收等法律问题。律师对市民咨询的法律问题当场分析，并提出法律意见，及时为市民答疑解惑，受到市民群众广泛好评。律师接听市长专线的法律专题和咨询时间提前三天在《厦门日报》《厦门晚报》以及市政府、市信访局门户网站上同步公告，从而扩大律师专题接听的群众参与度和社会影响力。

（四）参与听证评审，破解疑难积案

邀请律师参与重大信访积案的公开听证和专案评审，由律师对信访事项进行法律分析，提出法律意见。对属于涉法涉诉部分的诉求，引导信访群众调整诉求期望值，讲明采取不正当过激行为可能承担的法律后果，提高群众依法信访的意识，引导信访人通过法定渠道解决。针对有过激行为或扬言采取过激行为的信访积案当事人，通过律师面对面沟通、解答，增强信访人的法制观念，分析利害得失，引导信访群众放弃违法上访闹访念头，回归理性和正常渠道，依法反映和解决诉求，避免群体性越级上访事件的发生。近年来，通过律师参与、推动，疑难信访事项专案评审组办结息访了陈某达、陈某掌等数十件"钉子案""骨头案"。

三、律师介入信访工作全领域存在的问题

总体而言，厦门市在引入律师全面参与信访工作领域方面取得了不少开拓性、实效性成果，但在调研过程中发现仍然存在一些亟待改进的地方，这些问题也多为全国各地的共性问题，制约着信访工作水平的进一步提升。

（一）律师对信访政策有待进一步熟悉

律师只有既精通相关门类的法律法规，又谙熟信访领域的业务政策，才能更好地介入信访工作，妥善化解矛盾。近年来，中央、省、市制定出台了关于推行诉访分离、实行网上信访、引导逐级走访、规范初信初访、开展满意度评价、通过法定途径分类处理信访投诉请求、处理信访事项"七项机制"等一系列新政策、新规定。律师对上述信访政策精神缺乏系统深入的学习，对信访政策理解和把握不够精准，客观上影响了接访、处访、导访效果。

（二）律师接访实效有待进一步提高

每位律师往往仅精通某一或某些领域，实际操作中，未能根据律师擅长的领域，有针对性地进行值班安排，导致律师有时无法及时有效解答群众咨询。律师重点参与处理的信访事项，相当一部分是历年积累下来的老信访问题，信访人大多为其信访诉求已经

上访数年，而上访时间越长，律师越难与信访人进行有效沟通，很大程度上影响了律师处置化解信访事项的效果。此外，对一些比较重大的信访事项，受律师力量不足因素影响，往往缺乏后续有效的跟踪服务。

（三）律师介入领域有待进一步拓宽

经过多年的探索实践和改革创新，厦门市在引入律师介入信访政策制定、信访群众接访、专线轮值接听、信访积案化解等领域的做法和机制越来越成熟和完善，但在信访事项复查复核、督查督办、领导接访等方面，专业律师介入程度还不深，发挥作用不够充分，引入相关领域的律师参与上述环节的常态化工作机制尚需不断探索和完善。

（四）律师基层参与有待进一步强化

调研发现，基层在引入律师参与信访工作方面呈现不均衡特征。有些辖区能够发挥辖区律师事务所的专业优势，引入律师参与区领导接访，充分运用法治思维和法治方式开展信访工作，取得明显成效；但也有一些辖区、镇（街）引入律师参与信访工作力度不够，特别是镇（街）律师参与信访事项化解的工作力量还比较薄弱，律师日常接访、调处矛盾的能力和水平亟待进一步提高。

四、深化提升律师介入信访工作全领域的对策

通过走访律师、剖析案例、查阅资料、实地调查、组织讨论，建议采取以下举措，强化律师介入信访工作全领域，进一步发挥律师在信访工作中的重要作用。

（一）探索建立信访工作法律顾问小组

联合司法部门，挑选若干政治素质好、执业水平高、调解经验丰富的骨干律师，特别是精通行政法规的专业律师，组成市处理信访突出问题法律顾问小组，请律师参与政策制定、信访接待、积案化解、复查复核、督查督办等方面工作，在信访积案专案评查、包案化解等工作中提出法律层面的建议。各区信访部门比照市法律顾问小组工作模式，组建区处理信访突出问题法律顾问小组。联合司法部门，制定出台法律顾问小组管理办法、工作规则，明确律师参与化解重大疑难信访问题的目标任务、工作机制、保障措施、工作流程及责任考评，规范法律顾问小组管理，保证律师工作开展有章可循。此外，建议把律师参与信访工作作为政府公共服务体系建设的重要内容，由政府购买法律服务，将各级法律顾问小组工作经费纳入财政预算予以保障。

（二）加强律师和信访干部的双向培训

针对律师对最新信访政策精神的把握相对滞后，以及信访干部缺乏各个门类法律专业知识等问题，可采取律师与信访干部互相培训的方式，以促进两者素质能力的共同提升。一方面，组织精干力量，系统收集、整理、汇编近年来信访政策规定，由信访业务骨干向参与信访工作的律师集中讲授，提高律师信访政策水平；另一方面，不定期组织法律"强化班"，围绕行政法、民法、刑法等领域，以及信访量比较集中的劳动社保、征地拆迁、违法建设等事项，邀请专业律师向信访干部尤其是一线接访工作人员讲授法律

和政策规定，不断增强信访干部的法律素养。

(三) 完善优化律师接访导访值班制度

探索采取专题轮值接访的形式，对参与接访的律师进行科学排班。如每月15日、每周一领导接待日，安排两名熟悉劳动社保、征地拆迁等法律和政策的律师值班。周二至周五分别安排行政法、民法、刑法等专题领域的律师在法律咨询室定点接待群众来访。加强信访事项登记管理工作，引导律师详细登记信访群众的姓名、电话、主要诉求、接谈效果评估等要素，对可能出现过激上访、越级非访的信访人，第一时间进行法律教育，引导信访群众依法维权，并及时将情况告知信访部门。完善与法律援助中心的对接机制，开辟信访群众申请法律援助绿色通道，由法律援助中心指定专人与法律咨询室律师对接，及时审核法律援助申请条件，尽快安排援助律师，提供法律政策咨询或案件代理等服务。

(四) 全面推行律师参与重点约访机制

2006年至2007年间，时任浙江省委书记习近平同志在接待群众来访时，每次都安排律师陪同接访。律师具有丰富的法律知识和社会知识，比较了解社会不同层面情况，可以向接访领导、工作人员提供解决问题的法律依据、法律意见，也可以为信访群众剖析反映的诉求是否合法合理、切合实际，说理性、说服力较强。具体操作中，可将律师接访与领导重点约访、部门联合接访有机结合起来，全面实行专业律师参与市、区领导重点约访活动，根据拟接访、信访事项的实际情况，约请相应领域的法律专家全程参加接访活动，从法律角度提出客观、中立的意见。

(五) 巩固提升律师参与基层信访工作

完善区级信访部门接访值班制度，适时开展接访情况抽查，提高基层律师接访实效。各区在重大疑难信访事项专案评审和公开听证工作中，可邀请律师作为第三方参与相关评议工作。镇(街)信访综治维稳中心、司法所应不定期联系律师，对本辖区影响较大的信访事项进行法律论证。借助律师专业力量，全力推行通过法定途径就地分类处理信访投诉请求工作。通过加大基层律师服务信访工作力度，缓和与化解社会矛盾，就地吸附信访群众，防止局部问题扩大为全局性问题，个案问题衍生为群体性问题，从而维护社会和谐稳定。

引入律师介入信访工作全领域，既是加快信访制度改革的客观需要，也是推动信访法治建设的重要举措。今后，应继续总结和梳理经验做法，积极探索律师参与信访工作的新途径、新方式、新办法，力求在制度构建、机制完善、规范推广等方面实现更大的突破，推动形成"律师+信访"长效机制，不断促进信访工作法治化，提升信访工作公信力。

浅谈司法公信视角下"虚假调解"规制机制的构建

张 颖[*]

一、问题提出——虚假调解[①]现象之司法体现与司法现状

（一）由两个案例说开去

【案例一】A向法院起诉B，称与B之间达成了房屋买卖协议，A已经支付B房款60万元，现要求法院判令B协助其办理房屋过户手续，或解除房屋买卖合同、返还其已付房款60万元。法院在依法行使释明权后，双方达成调解协议，确认由B返还A房款60万元，法院据此出具了调解书。后B的妻子C向法院提起离婚诉讼，在分割财产的过程中，B将与A之间达成的调解书作为证据，证明在与C婚姻关系存续期间有60万元债务尚未偿还。后C向法院提出申诉，以A与B之间系伪造证据、虚假调解为由，要求撤销A与B之间达成的调解协议，法院经审查后启动再审程序，撤销了原审调解书。

该案中，B为了在即将到来的离婚诉讼中能够多分夫妻共同财产，与A串通，通过炮制房屋买卖合同、收条的形式，在法院的主持下迅速达成调解，并将法院出具的调解书作为其与C之间离婚诉讼分割财产的有利证据。

【案例二】A在刚出生不久被父母送至B家抚养，并在成年后回到生父母家生活，但与B未办理任何解除收养关系的手续。后A的生父母死亡。不久，B前来法院起诉，要求法院确认B与A之间的收养关系在A回到生父母家时即已解除。立案后，A与B在法院的主持下迅速达成调解，确认双方收养关系已于A回到生父母家时解除。一个月后，A向法院起诉其亲哥哥C，要求与C共同继承生父母的遗产，并将与B之间达成的确认收养关系已经解除的调解书作为其有权继承生父母遗产的证据。后C向法院提出申诉，要求撤销A与B之间达成的调解协议，法院经审查后启动再审程序，撤销了原审调解书。

该案中，A为了能继承生父母遗产，与B串通，由B向法院提起诉讼，通过调解的方式确认两人收养关系已经解除，并将此调解书作为其在另一遗产继承案件中对其有利的证据。该案中，法院对于双方收养关系是否已实际解除的事实疏于审查，对身份关系确认案件不能通过调解方式结案的法律规定也未予适用。

---

[*] 张颖，厦门市思明区人民法院。

[①] 目前学界对"虚假调解"尚无统一确定的内涵和外延，本文所讨论的虚假调解，系指在民事案件中，双方当事人以损害案外人利益或公共利益为目的，相互串通，虚构民事法律关系或法律事实，通过合法的调解程序，促使法院作出错误调解书的行为，属于虚假诉讼的行为方式之一。

（二）我国"虚假调解"现象之司法现状

"虚假调解"作为当事人"虚假诉讼"的行为方式之一，在我国司法实践中愈演愈烈。

成都法院在一项关于诉讼调解案件的专项调研中随机抽取了 200 件已进入执行程序的案件，其中发现虚假调解案件 3 件，具有虚假调解较大可能的案件 4 件，具有虚假调解嫌疑的案件 28 件，且经查阅卷宗获得的数据远远小于实际的虚假调解案件数。① 根据上海某基层法院统计，自 2004 年 10 月至 2007 年，已发现 8 件当事人利用民事调解侵犯案外人利益的案件，其中有 4 件被提起再审。②

据北京高院审监庭统计，北京市第一中级人民法院下辖的基层法院 2005 年审结民事再审案件 43 件，其中虚假诉讼案件占 14%；北京市朝阳区人民法院仅 2007 年因虚假诉讼而被申请再审的案件比 2006 年增长 4 倍多，占当年被提起再审案件数的 58.3%。③ 截至 2008 年 5 月，浙江省法院已经审理确认"虚假诉讼"案件 107 件。④

以上数据均从客观上体现了虚假调解现象正逐步侵蚀法院正常的审判活动和诉讼秩序，如何构建虚假调解的规制机制，维护法院生效判决的既判力，有效提升司法公信力，是摆在法律工作者面前的重要任务。

二、理性反思——虚假调解现象之产生根源

（一）社会现实之外在必然

1. 社会诚信体系不健全

目前我国正处于市场经济的高速发展期，个人利益的获得、自我价值的实现已成为很多人取舍行为的唯一价值标准。在社会诚信体系尚不健全的今天，虚假调解可能获得的巨大利益迎合了部分人的需求，使得这些人企图借助这一合法外衣牟取不正当利益。因此，虚假调解从根本上说是诚实信用原则在司法中的缺位，是社会诚信体系不健全所导致的。

2. 司法对公众的信任

司法公信力是一个具有双重维度的概念，主要是指司法与公众之间的动态、均衡的信任交往与相互评价。⑤ 因此，司法公信力的作用范围不是单方面的，不仅包括公众对司法的信任，也包含司法对公众信用的信任。法院在行使司法权时，基于司法公信力产生的对公众信用的信任，有理由相信公众交予法院解决纠纷是出于基本的诚实和内心善良，而这种信任的相互性恰恰为虚假调解敞开了大门。

---

① 苟峰：《诉讼调解现状及可能的进路——基于成都法院诉讼调解样本》，载 http://cdfy.chinacourt.org/public/detail.php?id=28245，访问日期：2012 年 5 月 28 日。
② 陈慧：《当前民事诉讼中的恶意调解现象及防范研究—兼谈我国恶意诉讼侵权责任制度的建立》，载《法律适用》2007 年第 5 期。
③ 钟蔚莉、胡昌明、王熠钰：《关于审判监督程序中发现的虚假诉讼的调研报告》，载《法律适用》2008 年第 6 期。
④ 魏新璋、张军斌、李燕山：《对"虚假诉讼"有关问题的调查与思考——以浙江法院防范和查处虚假诉讼的实践为例》，载《法律适用》2009 年第 1 期。
⑤ 陈素：《当代中国司法公信力问题研究》，上海社会科学院硕士论文。

(二) 司法现状之内在必然

1. 司法环境的不利影响

随着市场经济的深入发展及社会转型期矛盾的凸显，诉讼调解成为一次性化解纠纷、促进社会和谐的重要抓手。为充分调动法官调解工作积极性，目前法院实施的"三十一率"质量与效率评估指标体系中，民商事调解率、调解率、调解案件申请执行率、一审服判息诉率四个涉及调解工作的指标成为考核法官乃至法院的重要依据，且在法院案多人少矛盾日益突出的形势下，法官追求用调解方式结案势所必然。

2. 审判权运行的盲目缺位

在我国现行调审结合的审判模式下，调解机制的运行具有随意性，不可避免地会形成法官的调解偏好，弱化审判权的运行。如部分法官在调解过程中忽视对事实的合法性审查，对当事人提交的证据审查不严，尤其是在无其他证据加以佐证、只有当事人自认的情况下，更是草率地认定事实，根据当事人的要求简单地调解结案。[①]另外，部分法官对于该由法院依职权调查的证据不予调查、对于该追加的当事人不予追加也助长了虚假调解的发生。

3. 虚假调解认定难

有学者指出："面对很多恶意诉讼案件，由于法院技术有限，没有有力的证据鉴别手段，法院往往不得不支持行为人的诉求，司法机关在恶意诉讼面前往往显得很无力。"[②]法官在案件调解过程中，可能会察觉到某些当事人诉讼的反常，但合谋虚假调解的当事人往往做好了充分准备，而法院作为中立者审判离不开当事人的举证、质证等，因此很难找到足够证据证明当事人系虚假调解，从而无法做出法律上的认定。

4. 审判管理工作不到位

目前全国法院的审判管理工作刚刚起步，机构设置、工作内容、制度建设等尚在进一步健全与完善中。审判管理工作不到位，造成信息沟通渠道不畅通，审判流程管理缺漏、系统应用不完善、案件评查走过场等诸多问题，导致法院无法利用审判管理工作及时发现虚假调解苗头，更无法从源头上遏制虚假调解的产生，管理的缺位为虚假调解开了绿灯。

(三) 法律制度之固有缺陷

1. 调解制度的局限性

《民事诉讼法》第9条规定，人民法院审理民事案件，应当根据自愿和合法的原则进行调解。因调解是否合法在单一诉讼中难以判断，故诉讼调解更多的是尊重当事人合意的过程，体现的是当事人主义的司法运行模式。另外，调解的含义本身就包含对某些界限不清的事实、责任含糊不究，互谅互让，以达到既解决纠纷又不伤和气的目的。如果在调解过程中查清事实、分清责任，责任较小或无责任方在调解过程中往往不愿妥协和让步，这样反而不利于调解工作的进行。法国就有学者称："法律技术有时会走向其所追

[①] 钟蔚莉、胡昌明、王熠珏:《关于审判监督程序中发现的虚假诉讼的调研报告》，载《法律适用》2008年第6期，第55页。

[②] 丁国锋:《恶意诉讼损害司法公信力》，载 http://news.memail.net/070227/120, 4, 4268573, 00. html，访问日期：2012年5月7日。

求的终极目的的反面。"① 调解以合意为第一要旨的天性相对于判决,更容易被当事人利用,谋取非法利益。

2. 立法体系的不完善

我国现行法对虚假调解的规制主要体现在第三人撤销之诉、再审程序及执行异议程序三个方面。就第三人撤销之诉来看,虽然现行《民事诉讼法》第56条赋予了第三人提起诉讼的权利,但该类诉讼的立案案由、诉讼主张、审查标准等均无具体统一的标准,实践做法也不尽一致,待其充分发挥救济第三人的功效尚需在实践中进一步摸索;② 就再审程序来看,随着当事人申请再审受理法院上提一级,基层法院再审案件受理数逐年下降,案外人救济途径越来越窄;③ 就执行异议程序来看,事后的执行救济往往仍需要通过诉讼途径达到解决纠纷的目的。另外,民事诉讼中的侵权损害赔偿制度和刑事立法上对虚假调解责任追究的缺位一定程度上导致了虚假调解者违法成本低,助长了虚假调解的发生。

三、影响研究——虚假调解现象之现实危害

(一) 损害司法公信力

澳大利亚法官马丁指出:"在一个秩序良好的社会中,司法部门应得到人民的信任和支持。从这个意义出发,公信力的丧失就意味着司法权的丧失。"④ 虚假调解行为使得法院沦为某些当事人实施非法行为并从中获利的场所,破坏了法律的秩序价值,引起案外人申诉不断,法律的安定性受到影响,从而产生法律和司法信任危机,司法公信力受到严重损害。

(二) 诉讼权利被滥用

虚假调解是社会发展过程中权利扭曲的体现,属于当事人滥用诉权的行为方式之一,违背了《民事诉讼法》保护公民诉权的初衷,客观上对第三人、国家或集体利益造成了损害,导致司法公正受到严重威胁,危及了公平正义的法律环境和司法机关审判权的行使。

(三) 浪费司法资源

司法资源是保证实现公平正义的重要物质基础。与西方发达国家相比较,我国的司法资源,尤其是人均司法资源紧缺,人民法院案多人少矛盾日益突出。虚假调解披着合

---

① 雅克·盖斯坦、吉勒·古博:《法国民法总论》,陈鹏等译,法律出版社2004年版,第700页。
② 第三人撤销之诉在立案案由上是否应按原案由立案,在诉讼主张上是否仅系对原诉主张进行实体处理,当事人能否在撤销之诉中对虚假调解造成的损害提起损害赔偿之诉,究竟是进行实体审查还是形式审查,这些问题在实践操作中均不明确。
③ 笔者所在基层法院申诉、申请再审案件数从2006年的39件下降到2012年的2件,呈现逐年下降趋势,案外人通过原审法院进行诉讼救济受到了法律限制。新《民事诉讼法》第199条对当事人一方人数众多或者当事人双方为公民的案件,规定可以向原审人民法院申请再审,该条规定为基层法院受理再审申请打开了通道,但实际成效尚需实践检验。
④ [美]塞谬尔·亨廷顿:《变化社会中的政治秩序》,王冠军译,上海三联出版社2008年版,第19~20页。

法的外衣大行其道，原本就是对司法资源的一种浪费，在法院启动再审程序后，又要通过再审一审甚至再审二审来解决纠纷，严重浪费了司法资源。

（四）引起后续执行难

通过伪造证据达成的虚假调解在进入执行程序后，往往会面临无法执行的尴尬局面，有些是案外人提出执行异议，有些是执行过程中发现被执行人对执行标的没有所有权等，法院不得不中止执行以先解决执行标的的权利归属问题，这无疑给司法实践中日益严重的执行难问题带来了沉重的压力。

四、比较借鉴——虚假调解规制之立法分析

（一）国内立法及调研情况

1. 国内立法情况

目前我国法律体系对虚假调解的规制仅是从原则上作出了相应的规定。民事实体法中：《民法通则》第4条规定了民事活动应当遵循诚实信用原则；第5条规定了公民的民事权益受法律保护；第7条规定了民事活动中禁止权利滥用原则；第106条第2款规定了公民因过错侵害他人人身、财产的，应当承担民事责任。民事程序法中：《民事诉讼法》第93条规定了人民法院审理民事案件应当在事实清楚、分清是非的基础上进行调解；第56条规定了第三人撤销之诉；第111条规定了伪造、毁灭重要证据、妨碍人民法院审理案件行为的民事强制措施；第227条规定了案外人提出执行异议的情况。《最高人民法院关于适用〈民事诉讼法〉审判监督程序若干问题的解释》第5条第1款规定了案外人可通过申请再审的渠道向法院申请撤销原审调解书，维护其自身权益。

以上这些规定对于规制虚假调解的发生发挥了一定的作用，但在面对追究行为人责任时显得十分无力。在当前的法律条件下，可以上述原则性规定为指导，充分发挥其作用，完善相应的立法体系。

2. 地方制度尝试

随着虚假调解现象的逐步凸显，全国各地法院陆续开展了对虚假调解现象的调研工作，并形成相关的制度规定。如浙江法院在广泛搜集案例、征求意见的基础上形成了《浙江省高级人民法院关于在民事审判中防范和查处虚假诉讼案件的若干意见》；北京法院也通过对虚假诉讼的调研出台了《关于办理申诉、申请再审案件的规定》。①

（二）国外立法情况

为避免当事人滥用诉权、进行虚假诉讼，各国法律都通过立法明确了相应的防范措施，并赋予当事人或第三人救济途径。

---

① 北京市高级人民法院于2002年出台了《关于办理申诉、申请再审案件的规定》，其中第10条规定："民事、行政案件的案外人，认为生效裁判、调解直接侵害了自己的合法权益，申请撤销或变更该裁判、调解的，应当在知道或应当知道权益受到侵害之日起2年内，以书面形式向作出生效裁判、调解的人民法院提出，同时说明具体理由，并提供相关证据及相应的生效裁判文书。"该条规定为案外人申请再审提供了路径。

1. 防范措施

在德国的诉讼实务中，和解被认为是"披着和解外衣的判决"，法官提示的和解方案必须与法律状态相一致并受实体法拘束，和解方案具有预定判决的特性，当原告的诉讼请求明显缺乏法律依据时，法院应直接判回而不是劝试和解。为此，德国法院还制定了"公开心证制度"①，德国一些学者甚至认为，"不进行与作出判决相同的准备，就不应该进行和解劝告"。②德国通过一系列制度规定保证了法官在调解过程中行使查明事实、分清是非的责任，以此防范虚假调解的发生。

美国德克萨斯州在其制定的《调解员行为指南》中规定，调解是非正式的，调解过程中不配备类似诉讼程序中的书记员，调解过程不作正式笔录，不使用传票或者送达，不对案件的是非曲直作出裁决。③日本在法院内部附设了非讼性质的调解制度，对那些适合于调解解决的民事纠纷，采用先调后审的模式，把调解作为诉讼的前置程序，调解不成的才能进入诉讼。④这些规定均是通过对调解程序的分化削弱调解的司法强制力，防范别有用心的当事人借助调解书的强制力达到不可告人的目的。

英国程序法对虚假调解的规制主要体现在 1999 年英国《新民事诉讼规则》中，该规则规定："法庭可以驳回基于下列情形的任何起诉或辩护：起诉或辩护无任何合理的依据；起诉或辩护是轻率的、攻击性的或明显恶意的，或有可能阻碍公正诉讼程序进行的。"⑤法国民事诉讼法典也明确要求有"合法的利益"才能起诉。⑥这些规定试图通过控制当事人的诉权来达到防范虚假调解的目的。

2. 救济与惩罚措施

在救济措施方面，英国法律规定只有权利受到侵犯时才能够起诉，起诉者一旦有恶意或缺乏合理的理由，受害者可以对滥诉者提起诉讼。英国《最高法院诉讼规则》第 18 条规定，如果诉讼文件是骇人听闻、荒谬、折磨人的，法院应予撤销。⑦德国法律还通过实体法与程序法明确了违反法律禁令或者良俗、恶意欺诈的诉讼和解可以撤销。⑧

在惩罚措施方面，美国《侵权行为法重述》将虚假调解等虚假诉讼行为称为"无正当理由的诉讼"，规定行为人应就其行为所导致的损害后果承担侵权责任。《法国新民事诉讼法典》第 32 条规定："以拖延诉讼方式，或者以滥诉方式进行诉讼者，得科处 100 法郎

---

① "公开心证"制度即指法院在审理开始时、和解方案说明及证据调查终了阶段，均分别说明法院就该事件之理解、想法，指出争点，表明法律上之争点及事实上之评价。"公开心证"制度是建立在法院对当事人提交解决之纠纷的事实、证据进行严格审查的基础上的。

② 江伟、熊跃敏：《德国民事诉讼上的和解制度介评》，载《福建政法管理干部学院学报》2001 年第 4 期。

③ 美国德克萨斯州：《调解员行为指南》，载《人民法院报》2011 年 3 月 25 日第 6 版。

④ 李浩：《完善调解制度的几点思考——兼谈民事诉讼法的修订建议》，载 http://www.civillaw.com.cn/Article/default.asp?id=14498，访问日期：2012 年 5 月 4 日。

⑤ 沈达明：《比较民事诉讼法初论》，中信出版社 2002 年版，第 250 页。

⑥ 陈慧：《当前民事诉讼中的恶意调解现象及防范研究——兼谈我国恶意诉讼侵权责任制度的建立》，载《法律适用》2007 年第 5 期。

⑦ 沈达明：《比较民事诉讼法初论》，中信出版社 2002 年 6 月出版，第 250 页。

⑧ [德] 汉斯—约阿希姆·穆泽拉克：《德国民事诉讼法基础教程》，周翠译，中国政法大学出版社 2005 年版，第 175~176 页。

至1万法郎的民事罚款,且不影响可能对其要求的损害赔偿。"[①]

五、对策探究——虚假调解规制之现实路径

虚假调解现象的发生是多种因素相互作用下的产物,要实现对虚假调解行为的有效规制,需要通过社会层面、制度层面、立法层面及管理层面等的共同改革来实现。从社会层面来看,加强社会诚信体系建设,构建一个开放的、公正的社会信用平台已成共识。下面主要从制度、立法及管理、监督层面提出构建虚假调解规制机制的构想。

(一)制度规制之路径

调解解决的正当性并非来源于解决方案严格基于法律而形成,而是来源于当事人双方对调解方案的认同。[②]由此导致的合法原则与调解实践的冲突,为当事人进行虚假调解提供了可能。因此,笔者建议借鉴大陆法系的和解制度,将我国目前的调解机制分化为调解程序与和解程序并行的机制,调解案件由法院专门的调解庭(内设专职调解法官)进行审理,由此出具的调解书具有司法强制力;而和解可由审判法官在庭前或庭后进行,通过和解达成的和解书只具有民法上的合同性质。通过调解程序与和解程序的分化,使得一部分真心有调解意愿的当事人可以通过和解程序解决纠纷,和解书具有的合同性质也不会阻碍善意当事人履行和解协议;而调解程序的严格性也使一部分企图虚假调解的当事人望而却步,以此遏制虚假调解的发生。

上述和解程序与我国目前的调解程序运行规则大体相同,只是在文书的法律效力上有所不同。对于调解程序的运行,笔者提出以下设想:

1. 设立专门的调解庭

在法院内部设立调解庭,作为专门的调解部门,将法院调解程序从审判程序中分离出来,分流一部分法官作为专门调解员,改变同一审判人员兼做调解人和裁决者的职能设置,以保证调解法官有充分的精力处理调解案件。

2. 严格事实审查

在调解过程中,应适度强化法院的审判权,规定进入调解庭的案件必须经过开庭举证、质证、辩论等环节,法官可依职权对相关事实进行调查,必要时,法官可要求当事人本人到庭接受询问及法律调查,从而有效把握客观真实,分辨调解的真伪。

3. 规范文书制作

改革调解书制作,将当事人诉辩意见、法院对证据的认证及查明的事实、法律责任的分配和权利的行使、相关法律依据在调解书中予以阐述和说明,调解主文应详细载明履行期限、金额等内容。

4. 单独进行业绩考核

调解庭的法官与其他审判法官的考核分开进行,设置相关的考核指标进行单独考核,在指标设置方面,可设置调解案件结案率、调解案件申请执行率、调解案件申诉再审率等指标,强化法官调解工作责任心,督促法官做好调解工作。

[①] 陈慧:《当前民事诉讼中的恶意调解现象及防范研究——兼谈我国恶意诉讼侵权责任制度的建立》,载《法律适用》2007年第5期。

[②] 章武生:《法院调解制度之重塑》,载《司法现代化与民事诉讼制度的建构》,法律出版社2003年版,第378页。

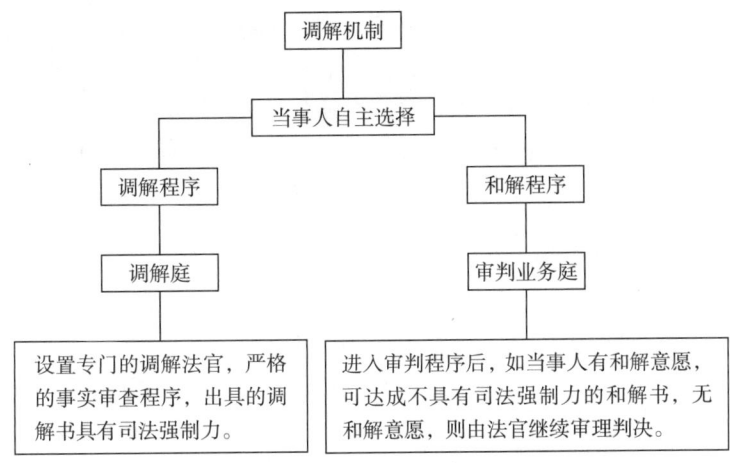

调解程序与和解程序并存的调解机制结构图

（二）立法规制之路径

德国法学家拉德布鲁赫曾说，"法律自然不是用来反对善的，而是用来对付恶的，所以，整个法律对他的接受者预设的恶行内容越多，其本身反而显得更好"。因此，有必要对虚假调解在立法层面进行规制，通过实体法与程序法的相辅相成，增加行为人的违法成本，加大惩罚力度，切实保护案外人利益。

1. 实体法方面

一是建立虚假诉讼损害赔偿制度。《最高人民法院关于适用〈民事诉讼法〉审判监督程序若干问题的解释》第 5 条第 1 款的规定为案外人申请再审提供了一个渠道，但再审审查之严格与启动程序之复杂也使得案外人申诉权利较难实现。因此，笔者建议在侵权责任法上确立虚假诉讼的侵权性质，当生效判决或调解侵害了案外人合法权益时，其有权基于虚假诉讼侵权行为直接向法院提起损害赔偿之诉，要求虚假诉讼行为人赔偿其所受损失。虚假调解作为虚假诉讼的行为方式之一，在侵权行为的认定上，需满足几个条件：首先被告必须在主观上存在虚假调解的故意且客观上实施了虚假调解的行为；其次原告必须因被告的虚假调解行为受到相应的损害；再次被告实施的虚假调解行为与原告受到的损害之间存在因果关系。

二是将虚假调解纳入刑事犯罪体系。虚假调解行为不仅侵害了财产所有权，也侵害了国家审判权，这与仅是侵害财产所有权的诈骗罪有所不同。因此，笔者建议在刑法"妨碍司法罪"体系下，增设"虚假诉讼罪"，并将虚假调解作为虚假诉讼行为方式之一予以定罪量刑。对于该罪的犯罪构成：犯罪主体是民事诉讼活动当事人，原审原告与原审被告都可以构成该罪的犯罪主体；犯罪主观方面是要求行为人有虚假诉讼的主观故意，并以损害国家利益、公共利益或他人利益为目的；犯罪客体主要是侵犯了法院正常的审判秩序，损害了司法权威及司法公信力；犯罪客观方面是行为人实施了虚假诉讼的行为，如虚假调解、故意隐匿、伪造证据或虚假作证增加查明事实难度等。此罪为行为犯，行为人只要引起了审判程序的启动，就构成既遂。

2. 程序法方面

一是完善第三人参加诉讼制度。我国目前对第三人参加诉讼的规定主要体现在《民事诉讼法》第56条中，该条规定分为诉讼中和诉讼后的救济两个方面。就诉讼中的第三人救济而言，虽然无独立请求权第三人与有独立请求权第三人有不同的诉讼参加方式，但案件审理过程中，相关事实尚在审查，第三人是否有独立请求权较难认定，法官在其能否主动参加诉讼上享有较大的自由裁量权，也带有一定的随意性。因此，笔者建议扩大第三人参加诉讼的范围，只要案外人能提供证据证明案件的审理结果同其具有法律上的利害关系，就能向法院申请以第三人身份参加原、被告正在进行的诉讼，法官对此申请仅作形式上的审查，以此拓宽案外人维护自身权益的渠道。就诉讼后的第三人救济而言，笔者建议出台相关的司法解释明确该类诉讼的具体操作规程，新增第三人撤销之诉案由，就当事人的诉求主张进行规范，并明确具体的审查标准。

二是修改相关"民事自认"规则。"民事诉讼的性质及运行原理有被当事人利用进行恶意诉讼的可能。"① 司法实践中，由最高人民法院《关于民事诉讼证据规则的若干规定》第8条② 而衍生的"虚假自认"③ 也为当事人无证据提供时的"虚假调解"打开了方便之门。因此，笔者建议在该条规定的基础上增加"不损害国家、集体或第三人利益"的前提规定。另外，对自认效力例举相应的除外情形，并设置兜底条款，如"专属法院调查的事项"、"自认事实与司法认知事实相矛盾的事项"、"法院认为应当调查的事项"等。

（三）管理规制之路径

面对社会风险因素增多，虚假调解现象屡禁不止的现状，充分发挥法院审判管理工作的整体合力与效能，遏制社会诚信缺失对法院司法公信力的影响显得尤为重要。

加强审判流程管理，强化立案、分案、开庭、裁判、上诉、执行等各环节的流程监督，特别是立案环节要加强对当事人身份及私人关系、代理人代理权限的审查，审理环节要增强对"无争议"案件及"权利义务明显不对等"案件的警惕意识，从而有效发现案件虚假调解苗头；加强司法管理信息系统应用，利用系统对审判流程节点进行实时监控，同时在一定范围内建立数据信息共享平台，在系统中增加"核查当事人"模块，④ 方便法官查找当事人相关案件信息，为法官认定虚假调解案件提供信息数据支持；加强案件质量评查，强化横向评查与纵向评查，强调案件评查的综合性分析，有力堵塞审判漏洞。

---

① 柴春元、刘金林：《规制恶意诉讼　净化私权行使空间——虚假（恶意)民事诉讼研讨会综述》，载《人民检察》2004年第1期。

② 最高人民法院《关于民事诉讼证据规则的若干规定》第8条规定："诉讼过程中，一方当事人对另一方当事人陈述的案件事实明确表示承认的，另一方当事人无需举证。"从这条规定来看，自认对对方当事人产生"无需举证"的效力。

③ 根据史旭东、王军在《民事诉讼自认及其法律效力》中的阐述，所谓虚假自认，是指民事诉讼过程中当事人承认的事实违反司法认知的众所周知的事实，或者基于推论得出的其他事实。关于虚假自认的效力，学界有两种观点：按照辩论主义的基本理论，民事诉讼当事人所自认的案件事实对人民法院的裁判有约束力，人民法院对于当事人的虚假自认没有审查核实的职责；按照修正辩论主义理论，虚假自认对人民法院的裁判不会有约束力，理由是虚假自认违背了民事诉讼公正、公平和正义的目的，损害了人民法院裁判的权威和人民法院裁判的普遍信用。笔者认为，对于虚假自认，如仅是对原、被告之间法律关系的认定，不损害国家、集体或第三人利益，则可以确定其效力；如虚假自认损害了国家、集体或第三人利益，则应当否认其效力。

④ 上海市高级人民法院在信息系统诉讼调解模块和审判执行管理中新增了"核查当事人"功能，可以核查当事人在其他法院是否有相关案件，使法官能迅速审查当事人调解协议的合法性，防止当事人借诉讼虚假调解侵害第三方合法利益。

（四）监督规制之路径

当前调解方式已经成为审判机关结案的主要方式，所占比例越来越高，但对于调解案件的监督，恰恰是检察机关的一个"盲区"。因此，笔者建议从司法层面加强与检察机关的联动协调，充分发挥检察机关的监督权，就虚假调解案件的查处、移送制定配套的机制；同时赋予检察机关对虚假调解案件的抗诉权以及在当事人无法取证时的调查取证权，加强再审检察建议等方式的运用，有效维护案外人利益，维护司法公正与司法权威，提升司法公信力。

六、结语

虚假调解的高发态势已受到了立法机关、司法机关及社会的广泛关注，全国各地法院关于虚假调解现象的调研工作也正如火如荼地开展。但我们应该看到，虚假调解的治理工作任重而道远，这不仅仰赖于社会诚信体系的建立、公民法律信仰的提升，更依靠在立法、司法的框架内进行卓有成效的改革，通过外部力量与内部力量的双重作用，才能筑牢遏制虚假调解的有力防线。

运用人民调解方式化解行政管理领域民事纠纷

林金铿[*]

近年来，随着经济体制深刻变革、社会结构深刻变动、利益格局深刻调整，人民内部矛盾日益呈现多元化趋势。特别是道路交通事故、劳动争议、环境保护、医患关系等行政管理领域民事纠纷多发高发，成为影响社会和谐稳定的难点、热点问题。党的十八大提出了"完善人民调解、行政调解、司法调解联动工作体系，畅通和规范群众诉求表达、利益协调、权益保障渠道"的要求。厦门市从实际出发，将人民调解机制引入行政管理领域民事纠纷化解工作，推动行政机关建立行业性、专业性人民调解组织，逐步构建人民调解与行政调解、司法调解三调联动的衔接机制。本文简要评估行政机关组建人民调解组织的运行成效，就进一步提升行业性、专业性调委会建设，完善人民调解介入行政管理领域民事纠纷化解工作进行初步分析探索。

一、主要模式

实现人民调解与行政调解衔接联动的有效方式之一，是将人民调解机制引入行政管理领域民事纠纷化解工作，成立相应的行业性、专业性调委会。从厦门实践看，主要有三种模式：

一是移送式。即由行政机关将其管理的民事纠纷移送到相应的行业性、专业性调委会受理调解。2010年10月，思明区司法局联合交警部门成立道路交通事故纠纷调委会（简称交调委），入驻区道路交通事故纠纷一体化调处中心，交警对道路交通事故纠纷进行责任认定后，征得双方当事人同意，将纠纷移送至交调委进行调解。与交调委一起入驻一体化中心的还有道路交通事故法庭。道路交通事故纠纷双方当事人在交调委主持调解下达成调解协议，共同向道路交通事故法庭申请司法确认。这样，在一体化调处中心这一平台上，形成了以人民调解为基础，三大调解衔接互动的道路交通事故纠纷化解模式。目前，这一调解模式已在全市全面推开。

二是引导式。即行政机关引导民事纠纷当事人到相应的行业性、专业性调委会申请调解。2010年8月，市司法局、市卫生局推动成立市医患纠纷人民调解委员会（简称市医调委），负责受理第一医院、中山医院、中医院、妇幼保健院、仙岳医院、口腔医院等6家市属医院的医患纠纷，今年又将受理范围扩大到全市15家市属医院。医患纠纷发生后，双方当事人除了可以向卫生主管部门寻求调解或直接向法院提起诉讼外，还可在卫生行政、司法行政等相关部门的引导下，向中立的第三方——医调委申请调解纠纷，达

---

[*] 林金铿，厦门市司法局。

成人民调解协议书后，双方当事人可共同向法院申请司法确认。目前，全市六个区均建立和完善医患纠纷人民调解委员会。

三是联调式。即有关行政机关与司法行政部门、人民调解组织建立各种形式的衔接联动机制，共同化解其管理的民事纠纷。2013年3月，厦门市召开警民联调工作现场推进会，要求全市所有镇街建立警民联合调解委员会（简称联调委），联调委由派出所与当地司法所、镇（街）调委会联合组建，在派出所内设立警民联调室。同时，建立"引导、委托、协作"等三种形式的对接和联调机制，对适宜通过人民调解方式解决的民间纠纷实行引导调解，对可以调解的治安案件和轻伤害案件实行委托调解，对疑难、重大和突发群体性矛盾纠纷开展协作调解。目前，全市37个镇街全部建立警民联合人民调解委员会，设立警民联调室，配备专职调解员。

二、成效评估

2012年3月份，厦门市综治委召开行业性、专业性调委会建设现场推进会，下发了《实施意见》，全市行业性、专业性调委会建设进入快车道。截至2015年5月，总数从原来90个发展到282个，涉及医疗卫生、交通事故、劳动争议、环境保障、交通运输、知识产权保护、物业管理、海洋渔业、市政园林、国土资源、国有资产管理和异地商会、妇女儿童、残疾人、工会、教育、农业、涉台、涉侨等多个专业和行业领域。从运行成效看，行业性、专业性调委会介入化解行政管理领域民事纠纷，显示出独特的优势和作用。

（一）对纠纷当事人来说，人民调解是解决纠纷的优选方式

人民调解既是我国法律制度建设中一项独特的制度，也是我国矛盾纠纷解决机制的重要组成部分。人民调解以其第三方主持、调解中立、不收费、案件处理快捷等优势，成为当事人解决行业纠纷的首选。如当前医患纠纷比较突出，处置难度很大。纠纷发生时，患方（或患者家属）往往认为卫生主管部门和医院是"一家人"，不信任卫生主管部门的行政调解，又觉得诉讼程序繁杂，不愿意到法院打官司，常常采取以"闹"解决的方式，进而引发暴力化、群体性纠纷。在这种情况下，通过人民调解委员会这个相对独立的第三方介入处置，无疑是目前非诉讼解决医患纠纷的佳选，也是维护当事人利益的一个很好的方式。

（二）对行政机关来说，人民调解是行政调解的有益补充

把大量烦琐的行政管理领域民事纠纷调解工作交由人民调解组织，一方面减轻了行政机关工作压力，可以把更多的精力放在加强日常行政管理上；另一方面行政机关也可置身于纠纷化解之外，避免了既当裁判员又当运动员带来的管理困境。如实行交通事故人民调解制度以后，充分利用了人民调解员对法律法规、调解技巧熟练运用、对民风民俗较为熟悉的优势，有效弥补警力不足，把事故调解工作中所耗费的警力资源置换出来，提高接处警的效率和质量。同时，通过人民调解，让群众了解道路交通事故处理的程序和过程，增加道路交通事故处理工作的透明度，提升公安交通管理工作的公信力，赢得群众的理解和支持。

（三）对维稳工作来说，人民调解有利于降低成本扩大效果

作为群众性自治性组织的行业性、专业性调委会，介入化解行政管理领域民事纠纷。首先，节约了行政资源，减少了司法成本；其次，作为独立第三方居中调解，更能得到当事人的信任，当事人更愿意接受调解；再次，人民调解委员会采取说服、疏导的方法，促使事故双方从剑拔弩张的争执到心平气和地自愿达成协议，调解成功率高，履行协议自觉性强，能够真正实现案结事了人和。以医患纠纷和道路交通事故纠纷调解为例。目前，全市800多个行业性、专业性调解组织年化解与行政管理的民事纠纷在2500件以上，占全市人民调解组年化解总量的1/4，其中湖里区交调委年均化解交通事故纠纷600件以上，成功率达100%，并实现了"无一激化、无一上访、无一投诉"的良好效果，得到了群众的广泛认可。

当然，发展行业性、专业性人民调解组织，引导人民调解介入化解行政管理领域民事纠纷，还存在一些亟待解决的困难和问题：一是在调解人员构成上，有的调委会委员都由在职公务人员组成，弱化了行业性、专业性调委会群众性、自治性组织的属性；二是在调解范围界定上，有的行政机关把本应由其承担的信访案件处置工作，直接交由行业性、专业性调委会化解，混淆人民调解与行政调解的受理范围；三是在相互关系处理上，有的行政机关将牵头组建的行业性、专业性调解组织作为其下属机构，在一定程度上影响了行业性、专业性调解组织作为独立第三方的中立定位。

三、几点思考

大力发展行业性、专业性人民调解组织，是完善人民调解介入化解行政管理领域民事纠纷的机制和平台建设的可行途径。按照司法部《关于加强行业性专业性人民调解委员会建设的意见》，我们提出了"各级行政部门要认真落实行政主管责任，根据实际需要组建行业性人民调解委员会和调解室，组成人民调解员队伍，积极运用人民调解的方式处理行政纠纷和行政管理领域民事纠纷"。针对行业性、专业性人民调解组织发展现状，我认为关键要处理好以下几个关系：

（一）处理好政府主导与群众自治的关系

在社会自我组建调解组织的意识尚未成熟、自我化解纠纷的能力仍然较低的情况下，采取由政府主导或引导推动建立调解组织、构建纠纷解决模式是必要的。现阶段，要继续坚持由行政机关推动建立行业性、专业性调委会为主。同时，在组建方式上，保持行业性、专业性调委会群众性、自治性、民间性的属性，引导行业管理部门发动本系统、本行业的社会团体、行业协会组建相应的行业性、专业性调解组织，由行业内享有一定威望、热心调解工作的人员担任调解员。当然，受客观条件限制，也可由行政机关牵头设立，聘请专职调解员负责日常调解工作，避免调委会组成人员的行政化。根据工作需要，在职公务人员也可担任调解员，但本质上属调解志愿者，是"受群众所托，化解群众之间的纷争"，不代表某一行政机关。

（二）要处理好全面覆盖与按需组建的关系

"实现行业性调委会在行政部门全覆盖"是厦门提出的行业性、专业性调委会的建设

目标。但实际工作中，要坚持"按需组建"。一方面，要从群众最需要、条件最成熟、发展最迫切的行业和专业领域入手，建立相应的行业性、专业性调委会，防止草率地"发个文件、建个场所、挂个牌子"了事，造成行业性、专业性调委会空转现象。另一方面，在行政调解作用发挥好的行业和专业领域，比如我市的消费者权益保护领域，以及纠纷量不大、矛盾不突出的行政部门，不一定强行推动建立行业性、专业性调委会，以防止资源的闲置和浪费。

（三）要处理好业务指导与行业管理的关系

必须明确的是，无论是负责行业管理的行政机关还是司法行政部门，与行业性、专业性调委会都不存在行政上的隶属关系。但从某种意义上说，目前对行业性、专业性调委会实行的是"双重管理"：即司法行政部门的业务指导和行政机关的行业管理。如福建省综治办、司法厅《关于进一步推进行业性人民调解委员会的通知》关于"行业性调委会设立情况由县级司法局进行统计并登记备案。行业性调委会设立单位应当为调委会开展工作提供办公条件和必要的经费"的要求，正是"双重管理"的具体体现。司法行政部门和行政机关既要相互协调、配合，又不越位、错位。司法行政部门主要负责指导调委会规范纠纷受理、调解和文书制作、归档程序，抓好调解员业务培训和表彰奖励；负责行业管理的行政机关则更多从硬件建设和经费保障上加大投入，在行政管理和纠纷调解中给予支持，以确保调委会高效有序运转。

（四）要处理好独立调解与合力化解的关系

应该说，行业性、专业性调委会独立开展调解工作，任何组织、个人不能加以干涉。但这并不妨碍其在纠纷化解中，寻求负责行业管理的行政机关和其他政府部门的协助。事实上，行业性、专业性调委会在化解疑难、重大或群体性的行业纠纷时，往往需要当地综治、公安、司法行政以及行业主管部门的支持和配合。从另外一个角度讲，发展行业性、专业性调委会，并不是取代行政调解，而是为当事人提供另一种解决纠纷途径。因此，在准确界定行业性、专业性调委会调解范围的基础上，要引导行业性、专业性调委会积极配合协助本行业系统行政调解工作，实行联调联处，合力化解行政管理中产生的各种纠纷。

强化医患纠纷调解 推进厦门法治建设

蒋雅婷[*]

随着我国市场经济体制改革的不断深化,社会主义市场经济逐步确立了它在社会经济领域的主导地位。然而历史形势日新月异,传统的医患关系不断受到巨大冲击,矛盾摩擦日益凸显。加之现代型的医患关系还不完善,医患冲突成为社会热点问题具有必然性。引起医患冲突的原因除却医疗服务市场机制不健全、不完善以外,还有医患双方角色意识的差异与归因的偏差、医疗服务补偿机制不到位、医学模式演化过程中伴随的负面效应、医患双方信息的不对称性、相关法律法规建设的滞后、媒体的跟风与误导等等。激烈的医患冲突与构建和谐社会主导思想格格不入,因此,构建理想和谐的医患关系已经成为当今社会最亟须解决的问题。

当前,我市正着力推进和谐社会的法治建设,和谐的医患关系是社会主义法治建设的重要组成部分,如何构建和谐医患关系是社会各界普遍关注的课题。从哲学上说,和谐是协调一致的统一,是对立与统一的高层境界。在和谐社会中,差异、对立和矛盾仍然存在,我们并不奢望完全消除差异、对立和矛盾。我们的目标是通过采取各项合情合法合理的措施来求大同、存小异,实现和谐社会的统一和包容,从而降低产生对抗的可能性。构建和谐医患关系的目标也是如此,表面上的一团和气或以非正常的方式达成的妥协,并不是我们所追求的和谐。医患关系是一种极其复杂的社会关系,医生为患者服务,涉及心理、道德、法律、经济和政策等等若干层面,但其中法律因素居于基础性的地位,以法律为前提和准绳,用法律杠杆来平衡医患关系,营造一个完善的法律环境,将有利于构建和谐的医患关系。因此,运用法治化建设的指导思想、合理地调整医患关系,可以有针对性的寻求对策,从而化解医患纠纷矛盾,进一步推进厦门市法治建设。

一、医患关系的法治化视野

(一)医患双方的法律意识培养

尽管目前我国的法治建设取得了一定的成就,但公民整体的法律意识依然滞后,医患双方用法律来维护自身权益的意识还比较淡薄。一方面,医患纠纷发生之后,医生往往很难做到自觉依法开展医务活动,也不能充分尊重患者的合法权益。另一方面,患者在面对医患纠纷时往往无法做到依法维权,而是经常借助"医闹"等非法手段试图获取更大的利益。在这其中,解决纠纷的相关法律被束之高阁。鉴于此,必须对医方加强法学专业知识的学习,对患方加大普法宣传力度,尽快促使医患双方早日树立依法行医、依法就诊的法治理念,时刻以法律为准绳,规范自身的行为。对医方而言,最主要的是加

---

[*] 蒋雅婷,厦门市医患纠纷调解委员会。

强内部管理，纠正有法不依、有章不循、实际操作不规范等行为，直接堵塞各种违法违规漏洞。就患者来说，关键是使其懂得如何有效利用法律武器来维护自身合法权益，与此同时，必须明确自身的行为不能侵犯社会公共利益和他人的合法权益，避免采取非法途径维权。当然，医患双方的法律意识培养不是一朝一夕的事，必须辅以各类奖惩制度及措施，经过长期努力方能见效。

（二）认清医患双方的法律地位

由于医生职业的高度专业性，使得医患双方处于事实上的不平等地位。部分医务人员总习惯居高临下地将自己的意志强加给患者，强令患者必须绝对服从。当然，也有少数患者依仗权势、地位等等，不尊重医务人员，甚至对医务人员的人身安全构成威胁。医患双方在法律上的地位是平等的，仍然是各自独立、互不隶属的关系。无论医疗机构是法人还是个体诊所，无论医疗机构的经济、技术实力和所有制的性质如何，无论患者的出身、职业、社会地位、经济状况是否优越，其合法权益均应平等地受法律保护。《医疗事故处理条例》规定，发生医疗事故赔偿等民事责任争议时，医患双方当事人可以自愿选择双方协商、申请行政调解或者提出民事诉讼这三种方式予以解决，这进一步明确了医患双方在处理医疗事故中主体平等的法律地位。

一方面，认清了医患双方所处的平等法律地位，医务人员在医疗服务中就不会只把患者当成"模具"，而忽视患者的体会和感受，甚至实施侵犯患者合法权益的行为。另一方面，患者也可以作为医患关系的平等主体积极参与诊疗活动，充分行使医疗的自主权，在依法履行各项义务配合治疗的同时，有效维护自身的合法权益，并对医务人员的非法行为进行抗辩。这样，医患双方就能在平等相待、彼此尊重、相互理解的基础上和谐共处。

（三）明确医患关系的法律性质

患者到医疗机构就医的事实一经发生，医患关系就立即确立了。至于医患关系究竟属于何种性质的法律关系，学者们的看法不尽一致，民事法律关系、行政关系、消费关系、斜向关系、社会法律关系等各种观点均有论及。笔者认为，医患关系应属特殊的民事合同法律关系。首先，如前所述，医患双方处于平等的法律地位，这一平等地位决定了医患关系是一种民事法律关系；其次，医患双方的意思表达是自愿的，在医患关系中，双方在法律规定的范围内，根据自己的意愿设立、变更、终止民事权利义务关系，其本质应当是自愿的；再次，医患双方的权利义务关系是合同关系，医患双方的权利义务不但可以按规定或约定俗成设立，而且在双方协商或一方违约的情况下也可以变更、撤销或终止；最后，医患关系鉴于医疗行业的服务宗旨和行业要求以及医疗行为的技术性和高风险性等，又与一般的合同关系有区别。因此，在现阶段，在医患双方的法律意识还比较薄弱的情况下，将医患关系界定为特殊的民事合同法律关系，有利于医患双方自觉遵守医疗合同相关约定，以诚实信用的"帝王法则"为指引，认真履行权利与义务，从而依法解决纠纷。

（四）严格遵循各项规范，充分尊重相对方的合法权益

从"应然"到"实然"，从"认识"到"实践"需要经历漫长的过程，事实上有法不依、有章不循的违法行为在不断发生，患者利益在无法得到根本保障的同时，医方利益受损的事件也在不断上演。为此，在医患关系建立之后，医患双方应当遵循法律、法规

和医疗机构规章制度的要求,严格按照规范行事,做到"执法必严、违法必究",在规则框架内实现彼此的理解与信任。在行为过程中,要充分尊重对方的合法权益,如医方的人格尊严权、自主诊断权和人身、财产安全不受损害的权利,患者的隐私权、知情同意权、合理限度的医疗自由权等权利。只有充分尊重相对方享有的各种合法权益,才能得到同样的认同和尊重,在这种气氛中更易实现医患关系的和谐。

二、医患关系的法治化管理

(一)加强医疗机构的法治化管理

医患纠纷重在预防,只要患者到医疗机构就诊就可能发生纠纷,若医疗机构进行了规范的法治化管理,就会在很大程度上避免纠纷的发生。为此,可从以下几方面努力:(1)以国家法律法规为基础,结合医疗机构实际,系统梳理、修订和完善各项规章制度及操作技术规范,并由医务科等相关职能部门严格督促执行。(2)建立医院法律服务机构,及时为医患双方提供各项法律服务,该机构的职能可以由医务科或其他职能部门承担,也可单独设立,为了更能专业性和公正性,还可采取与某些律师事务所合作的方式,由专职律师为医患双方提供免费的法律服务。(3)建立医患纠纷干预机制和合理赔(补)偿机制,医疗机构应首先制订并适时启动纠纷处理预案,并在明确过失的情况下进行合理赔(补)偿,以有效避免事态扩大化和恶性事件的发生。(4)建立医疗风险分担机制,我国医疗机构的非营利性和医疗行为的高风险性决定应从社会利益出发,由社会共同承担医疗之风险。借鉴英美等国家的经验,结合我国实际,建立医疗行业互助协会、设立医疗机构内部医疗损害赔偿基金以及强制购买医疗责任保险等均是可以探讨实施的方案。

(二)强化医患纠纷的法定调查

尽管在医患关系建立前后可以做大量预防准备工作,但医患纠纷的发生依然不可避免。当医患纠纷产生之后,不可盲目妥协以求尽快了结事端,也不可是事而非火速接受所谓条件,为避免后续争议,力求彻底解决纠纷,应首先本着既对患者及家属负责、又对医务人员负责、也有利于医学科技的发展的原则,对医患纠纷开展法定调查。由于我国长期以来受"死者为大"和其他封建观念的影响,往往在许多医患纠纷中,患者家属不同意尸体解剖等死因调查,而一味采取吵闹的方式,使纠纷无法公正地处理;同时,医疗单位由于无法独立申请鉴定,不仅使自己无法将理说清,同时也难以准确地找出医疗失败的原因。因此,当医患纠纷发生之后,应首先确定一个法定的调查程序,以此防范重大事实隐瞒不报的现象发生,并对阻碍或拒绝调查的一方不予支持和保护。通过调查,查清原因,明确事实,分清是非,从而保证医患双方的正当权益。

(三)建立专门的医患纠纷解决机构

医患纠纷仅靠医患双方的沟通、和解是不够的,现实证明,医患纠纷发生后,通过医患和解而化解纠纷的情况较少。因此,建立专门的医患纠纷解决机构势在必行。在美国,针对医患事故成立有专门的"庭外私了"机构,包括监察员组织、病人代表组织和仲裁组织,由具有医学、法学、公共卫生管理知识的人员组成。这一机构在充分听取医患双方陈述后，通过"庭外私了"的方式，客观公正地解决医患纠纷。国内一些城市已经纷纷效仿，上海成立有医患纠纷人民调解委员会，由法律人士和医学专家联合组成；广州成立了"和谐医患关系工作室"，邀请司法人员介入调解；南京倡导建立"医患纠纷紧急处理中心"，试图通过一个中立机构化解医患矛盾。

建立专门的医患纠纷解决机构是为了找到医患双方均信任的"第三方"，并通过"第三方"公开、公平地介入，和平解决医患纠纷，将医患矛盾化解在诉讼之前。专家认为，医患纠纷的处理完全可以引入仲裁模式，将仲裁机构作为"第三方"有着不可比拟的优势，相较而言更权威、更专业、也更公正。具体而言，可在现有仲裁机构内设医事仲裁庭，聘任具有较高专业水平和实践经验的医学专家、法医、法学专家、律师以及医事法律工作者等作为兼职仲裁员，由医疗机构与患者在入院时签订仲裁协议，明确一旦发生医患纠纷，同意由某仲裁机构进行仲裁。医事仲裁庭的职能不仅可以在双方自愿的条件下进行调解，还可直接作出仲裁裁决，若双方对仲裁裁决无异议可申请法院强制执行。

三、建设法治化的医患纠纷调解委员会

据市卫生局提供的数据，我市医患纠纷 2006 年首破 200 起，此后继续逐年上升，2010 年突破 300 起，2012 年突破 400 起，医患纠纷呈现愈演愈烈之势。为进一步推进我市的法治化建设，我市于 2010 年 8 月 31 日挂牌成立厦门市医患纠纷调解委员会办公室（以下简称市医调委）。我市医患调解工作虽在全省起步较晚，但起点较高，市医调委有专门人员编制、车辆编制、办公场所和调解经费。其主要职责为：受理市属、市管医疗机构与患者之间的重大疑难医患纠纷；排查医患纠纷，开展纠纷预防工作；宣传法律、法规、规章和医学知识，引导医患双方当事人依据事实和法律公平解决纠纷等。当前我市医患纠纷调解工作有以下四个特点：

（一）基础扎实，医患纠纷调解规范化

切实推进调解服务到一线，实现市—区两级医患纠纷调解网络全覆盖，形成各司其职、各有侧重的纠纷化解平台。通过对区医调委和市属多家医院的走访调研，明确各区医调委管辖范围，确保全市 1400 多家医疗机构所发生的医患纠纷都可以通过第三方调解途径解决。2012 年，市、区医调委共接待来电来访咨询 194 起，受理调解案件 97 起，调解成功达成协议 54 起，经调解医方无过错息事宁人案件 24 起，调解成功率 80.4%，协议履行率达 100%。经调解未达成协议的案件，通过医调办工作人员及时跟踪、解释和引导，也得以平息或通过正常诉讼途径合理解决。为继续推动医患纠纷调解规范化建设，提升服务能力和调解水平，市司法局与市卫生局于 2013 年 5 月 24 日联合下发《关于厦门市医患纠纷调解委员会社会监督员、调解员、法学专家、医学专家组成人员名单的通知》，聘用第二批调解专家，配好配强专家队伍。目前共有兼职调解员、监督员、法学专家、医学专家共 140 名，专家的简介和照片都公布上墙，由医患双方当场自由挑选组成调解小组，有效提高了调解公开透明度。同时，为市、区两级医调委实现专家库资源共享，确保信息通畅，加强协作奠定基础。2013 年 5 月 30 日，市医调委首次组织各区医调委工作人员进行座谈，与会人员就调解程序、技巧进行了充分交流，明确下一步市—区两级医调委应通力合作，定期沟通联系，互换经验看法，研究调解技巧，促进专家库资源共享，加强调解案件质量管理，建立全市医患纠纷第三方调解信息畅通、专家共享机

制,逐步实现岛内外医患纠纷调解一体化。

(二)思路新颖,医患纠纷调解成功率高

大力推行"诉调对接"制度,坚持医患纠纷"以调为主,调判结合,合法自愿"的原则,有效提升第三方调解社会影响力。针对重大医患纠纷(即涉及人员死亡或者综治、信访、公安、卫生或司法等相关部门现场劝导无效,认为需要医调办派员前往引导第三方调解的案件)适时介入现场引导,宣传法律法规,真正做到院内纠纷院外解决。主动商请保险公司提前介入调解全过程,确保医疗责任保险与医患纠纷案件的协议履行工作实现顺利对接。推出"医学建议书"及"法学建议书",即在每次案件调解结束后,由医学专家提出专业的、免费的医学护理意见和建议,法学专家提出其他合法解决纠纷的途径,形成书面材料,引导患方理性、合法处理医疗纠纷。制定疑难复杂案件集体讨论制度,聘请多名跨学科专家对疑难复杂案情进行面对面集体讨论研究,实行少数服从多数原则,保证讨论结论的科学性和公平性。

(三)机制完善,充分发挥第三方调解的优势作用

定期组织开展重点排查和专项排查,尽量把医患纠纷化解在萌芽状态。依托保安室开通24小时咨询热线,解答来电咨询,普及维权常识。不断完善调解三大程序,定期组织专家座谈会和培训会,交流调解经验和技巧,切实提高调解队伍的素质能力。针对重大疑难纠纷,事前引导医患双方先行司法过错或医疗事故鉴定,力争调解时事实清楚,责任明确;调解达成协议后引导医患双方进行司法确认,借助法院公权力调升医调办公信力。坚持纠纷百分百回访,对调解案件开展满意率调查,做到"依法受理,依托专家,促成协议,督导履行",真正实现案结事了人和。

(四)宣传到位,第三方调解的社会影响力进一步扩大

注重宣传载体多样性,通过厦门电视台、厦门日报等多家媒体对市医调办的职能、调解模式、工作成效等进行广泛集中宣传,构筑"有医患纠纷,通过医调办解决"的良好氛围;注重宣传内容的丰富性,制作调解受理流程图,同时附带《侵权责任法》《厦门市医患纠纷处置暂行办法》,引导医患双方通过合理合法途径化解矛盾;注重宣传方式创新性,借助市长专线平台,解答群众关于医患纠纷调解的相关问题,宣传第三方调解的优势作用;在中山路步行街、白鹭洲公园等人流量大的地方集中宣传,发放宣传材料1000余份,并接受广大群众相关咨询;协助拍摄3期《司法行政视点》医患纠纷调解专题栏目,介绍市、区医调办的建设和运行情况;在市医调办成立两周年之际,通过厦门日报、海峡导报等新闻媒体对医调办做法、典型调解案例及法律法规等进行大版面重点宣传,提升社会知晓率。

加强医患沟通,是构建健康和谐医患关系的重要措施。构建和谐医患关系,是关系到社会法治建设发展的重大问题。良好的医患沟通、和谐的医患关系是提高医疗质量、促进病人早日康复的重要保证。构建健康和谐的医患关系是一项长期的任务。我们要坚持常抓不懈,做构建健康和谐医患关系的推动者,让人民群众看到实实在在的效果,努力构建互相尊重、互相理解、温馨和谐的医患关系,为社会主义和谐社会的法治化建设贡献更大的力量,早日实现中国梦。

引入第三方人员参与信访矛盾化解的实证探究

吴雪莹*

案例一：申诉人艾某系新疆维吾尔族和田县人，和田县一方和新疆墨玉县一方因争夺在中山路经营羊肉串生意引发聚众斗殴，该案经历二审均认定艾某构成聚众斗殴罪，且系首要分子，申诉人以其与双方均无利益关系，案发时不在现场参与斗殴，提出无罪申诉。该案经审查后，对申诉请求不予支持。在刑事申诉的答复上，邀请了申诉人的律师到场并作为翻译，同时邀请厦门市民族宗教局的工作人员和厦门市公安局刑警大队的新疆籍民警作为见证人到场听取意见。通过公开示证、质证的方式，对本起案件进行公开答复，收效良好。

案例二：控告人陈某曾于2012年以房子和车位为抵押向刘某借款300万，之后刘某以朋友要买车为由让陈某的保时捷轿车开至刘某处，后刘某不予归还。陈某以涉嫌诈骗向湖里公安分局报案，湖里公安经审查不予立案，陈某不服，向湖里区人民检察院提起立案监督。湖里区院依法审查后认为该案双方当事人之间存在债权债务纠纷，刘某不予归还车辆无法认定主观上具体非法占有的故意，公安机关不立案决定并无不当。为进一步做好释法说理，通过邀请职业律师作为第三方中立人员参与答疑解惑，并邀请人大代表对答复过程进行见证，取得了较好的社会效果。

以上两例公开答复收效甚好的共同之处皆在于引入第三方人员参与化解信访矛盾，这既是推行检务公开的有效尝试，也很好地提升了信访处理结果的认同感和支持度。引入第三方人员参与监督是对涉法涉诉信访工作的一次创新改革，无论从理论上分析还是实践上引入，都有其积极作用。

引入第三方人员参与监督信访工作，是司法公开的大胆尝试，但是在这项工作开展的过程中，仍有诸多问题值得思考：何为第三方人员，引入第三方人员会不会对案件造成不当干涉，继而影响到案件结果的公平处理？第三方人员当如何参与信访工作，对第三方人员的参与，又该做如何应对？本文拟从引入第三方人员的现实必要入手，探究在实践中如何更好地运用该项制度，以期更好地化解矛盾。

一、引入第三方人员参与化解信访矛盾的必要性分析

（一）涉法涉诉信访的现状分析

从近两年的涉法涉诉数量统计来看，2013年湖里区院的重复访和缠闹访占来访量的

---

* 吴雪莹，厦门市湖里区人民检察院。

比重为 32.4%，2014 年占 58.4%，可见重复访和缠闹访占来访接待量的比重在不断上升，而缠闹访件大多伴随着重复访，当事人不断来访，检察机关疲于接访，其中固然有当事人"信访不信法"，认为"会哭的孩子有奶吃"等畸形心理影响的因素，但检察机关的释法说理能否达到息诉罢访的目的，当事人与检察机关之间能否建立起良性的信任关系却是至关重要的因素。目前信访工作奉行的是"谁主办，谁负责"原则，即信访内容涉及哪个部门承办，就由哪个部门来与控申部门共同进行答复，但仍然存在着部分案件当事人对检察机关案件承办部门的答复不满意，认为其办案不公或者有意偏袒而导致后续缠闹访现象的引发。

（二）引入第三方力量是社会管理创新和司法民主化的现实需要

引入第三方力量，将第三方置于中立地方，来参与协调化解矛盾，对当前存在的部分紧张的检民关系是有很大的润滑作用，按照十八届三中全会提出的创新社会管理体制的要求，鼓励和支持社会各方面参与化解社会矛盾，特别是邀请社会组织或中立的第三方介入，有利于解决面临突出的信访问题。另外，随着司法民主化进程的发展，民众对司法的公开性和透明度要求越来越高，在利益诉求的支配下，很多当事人往往先入为主，很难接受检察机关的处理和说法，由自己对自己承办的案件进行说明，难免存在可行度的质疑，引入第三方力量，借助第三方的参与或监督作用，打破检察机关封闭运行的司法弊端，主动接受监督，用看得见的方式让人民群众信服，有利于达到息诉罢访的目的。

二、第三方人员的范围界定

（一）第三方人员的定义

所谓"第三方"是指两个具有相互联系的主体之外某个客体。法律意义上的第三方一般称作"第三人"，是指除当事人双方之外的，在法律关系或诉讼关系中与标的或诉讼有关的第三人。在涉检信访工作中，第三方人员应该是指相对于案件承办单位、信访人的与案件无利害关系的人，第三方应当具备一定的法律知识和表达能力，具有专业性、中立性、广泛性、权威性和非利益相关性。

（二）第三方人员的选择

从我国的现状看，真正独立的第三方机构和力量还处于成长之中，借助第三方预防和化解矛盾的探索才刚刚起步。目前在信访工作中较为普遍的是引入人民调解组织来作为第三方力量处理部分刑事和解的案件。根据《检察机关执法工作基本规范》关于刑事申诉的规定，刑事申诉的审查原则上都应公开进行，公开审查的范围包含了公开听证、公开示证、公开论证和公开答复等多种形式，其中公开听证是程序最为完备的一种方式，在公开听证的过程中，邀请第三方人员参与则是必需的。在信访工作的实践层面，引入第三方参与监督，须根据案件的实际情况进行选择，目前可作为第三方人员的有：人大代表、政协委员、廉政监督员、社区调解员、与案件有关的专业人员以及职业律师、媒体记者等，在对第三方人员进行选择时，应当秉承有利于公正公平，最大限度化解矛盾的原则，在维护司法独立和权威的前提下，谨慎选择。

三、引入第三方人员参与的实现路径

（一）第三方人员参与的方式

一般情况下，第三方人员应属于受邀参加本院信访工作，案件的承办人员应根据案件的具体情况来决定受邀人员的类型，如对于侧重于释法说理类的答复工作，可邀请一些职业律师一起参与，若重在协调纠纷定分止争类的，可邀请专业的调解员或当事人所在的村委会或居委会来一同参与化解矛盾。也可以是第三方主动提出要求参与或监督，在这种情况下，为保证司法的公正，防止外来因素的不当干预，对第三方的申请应先进行审查，在认为可行的情况下，同意参与监督信访工作。

（二）第三方人员参与的程序

第三方人员提出介入获得同意或者受邀参与后，为方便其了解参与的具体信访事项，更好地行使权利，控申部门应给予第三方人员了解信访事项的时间并为之提供便利。在实践的具体操作中，可以提前邀请第三方人员参与了解，如向第三方人员介绍信访案件的情况，说明拟处理决定的理由和依据，对有关法律适用问题向第三方人员进行必要的解释说明，为第三方人员独立审阅与信访案件相关的处理决定、证据材料等提供时间和空间上的便利，第三方人员也可以就案件相关问题询问承办人并听取意见。

第三方人员具体参与后，其所发布的意见建议，控申部门都应该做好记录，并且应该根据管辖范围进行分流，如属于本院管辖的意见建议，应该移送有关部门办理，并在办结后向第三方人员反馈办理结果，若不属于本院管辖，可根据职权移送有管辖权的单位，并将分流去向告知第三方人员。对第三方人员提出的建议以及对建议的处理情况应作为人民检察院信访处理决定的重要参考纳入信访档案。

（三）第三方人员参与的范围

一般情况下，除职务犯罪举报等涉嫌保密不宜公开的案件外，控告申诉事项第三方人员皆可进行参与监督。具体范围可以包括：

不服人民检察院处理决定的申诉；反映侦查机关侦查活动存在违法行为的控告；不服人民法院生效判决、裁定的申诉；反映刑事案件判决、裁定的执行和监狱、看守所的活动存在违法行为的控告；反映人民检察院工作人员违法违纪行为的控告；公民、法人或者其他组织提出的国家赔偿申请等。

第三方人员可全程参与并监督信访事项的受理审查、办理答复等各个环节。

（四）第三方人员参与的形式

为了提高第三方人员参与化解矛盾的有效性和可行性，可以根据案件的具体情况，灵活采取联合接访、公开答复、公开示证、公开听证等公开审查、检调对接等多种方式。

1.联合接访

在日常接访和信访答复，特别是检察长接待日，可以邀请职业律师等作为"中立第三方"参与联合接访，作为无利害关系的第三方参与接访，能避免和消除当事人心里的对抗情绪，在当事人对检察机关的答复不满时，通过第三方人员适当客观的意见，有利于说理释法的效果，打开当事人的心结，消除涉检信访的隐患。

2. 公开审查

根据《检察机关执法工作基本规范》，对于刑事申诉案件的审查是可以采取公开审查的形式，公开审查包含的形式有多种：如公开听证、公开示证、公开论证和公开答复等。通过邀请第三方人员参与，公开审查案件事实和证据，公开听取申诉人、对方当事人和受邀人员的意见，以多方互动的平台，在信息公开化的前提下，敞开大门，充分听取意见，诚信化解矛盾，以公开促公信，以公开树公威，能最大限度促使当事人息诉罢访。

3. 检调对接

对于刑事和解案件，采取检调对接方式，引入人民调解组织这个第三方力量，通过较为专业化的民间调解机构，从法律和情理的层面，在当事人双方之间构筑起沟通和协商的桥梁，促成双方的和解，及时修复社会关系，以多元化纠纷解决机制取代检察机关内部调解的单一模式，提升执法公信力。

4. 公开听审

对有信访隐患的审查起诉和审查批捕等案件，可以通过邀请第三方参加听审，采取"准法庭"的适度司法化办案模式，围绕事实证据、法律适用和处理结果等方面公开听取意见建议，合理有效地评估执法办案风险，作为审查案件的参考，提高办案的社会效果，避免引发信访矛盾。

自贸区法治保障

自由贸易试验区新型争端解决机制的司法保障研究

李 婧[*]

2015年3月24日，中共中央政治局审议通过了广东、天津、福建自由贸易试验区总体方案和扩展区域后的上海自由贸易试验区方案，根据会议内容，各个自由贸易试验区（Pilot Free Trade Zone，PFTZ）将在构建开放性经济新体制、探索区域经济合作新模式、建设法治化营商环境等方面，率先挖掘改革潜力，破解改革难题，新一轮先行先试将陆续展开。如何将PFTZ工作方案"推下去"，保障PFTZ各项改革与创新的国际化、市场化、法治化，不仅是对地方政府的考验，也是对法院智慧的考验。

一、PFTZ新型争端解决机制设想的缘起："一带一路"与自由贸易区战略下国际规则与国内规则的接轨

PFTZ新型争端解决机制是指在PFTZ管委会下设立一个兼具司法和行政功能的准司法机构并制定与之配套运行的解决争端工作程序，争端解决机构承担以下主要职能：（1）指导和推进争端解决程序；（2）安排调解与和解；（3）设立专家组并监督工作程序；（4）接受并散发调解协议和专家组报告；（5）向法院提出申请；（6）对PFTZ新政做进一步解释等。此外，PFTZ争端解决机构还可以负担管委会的部分职责，如监督PFTZ新政的实施和正确引用、对实施PFTZ新政的成果进行评估、寻找在解释和适用PFTZ新政时产生的分歧、对影响PFTZ新政执行的事项进行讨论并提出方案、发布对PFTZ新政的解释。本文着重论述PFTZ争端解决机制的争端解决程序与法院提供的司法保障。这是移植自由贸易协定（Free Trade Agreement，FTA）争端解决机制并将其内国化的一种新型争端解决机制设想。必须指出的是，PFTZ争端解决机构是否有权进行专家组程序并作出解决纠纷的报告，属于创设新的诉讼制度，根据立法法应当由全国人大及其常委会制定法律规范。因此，本文提出这种设想主要基于两个因素：一是我国现有PFTZ程序法与实体法不匹配，缺乏全国性的法律改革PFTZ内的诉讼制度，可以提出先进的争端解决方式并尝试之，若方案成熟可推广至全国的PFTZ；二是立足于建设PFTZ尤其是福建PFTZ的目标——服务"一带一路"与自由贸易区战略，将争端解决的国际规则和国内规则接轨，积累国际贸易与投资争端解决的经验，为下一步FTA谈判文本的完善和可能发生的FTA项下争端提供建议。

---

[*] 李婧，厦门市中级人民法院。

本文在"中国（福建）自由贸易试验区厦门片区法治保障"研讨会被评为二等奖。

(一)我国 PFTZ 争端解决机制的现状与不足

境内单边对外/自由贸易区(Foreign/Free Trade Zone, FTZ)在功能上大致可以分为两类,一类是仓储、转口、混合、清理、包装等;另一类是加工制造。其余在投资、服务贸易、金融、知识产权等方面,FTZ 区内与区外并无太大差异。与 FTZ 的功能较为单一相对应的是,多数国家并未建立专门针对 FTZ 的争端解决机构。[①] 而我国 PFTZ 的建设,是一个不断创新制度、释放红利的过程,以目前上海 PFTZ 已经实施的措施为例,主要集中于放松在货物报关、投资准入、金融、电商、跨境服务等领域的管制,以进一步实现投资自由化、贸易便利化、金融创新和服务业开放。PFTZ 现有的争端解决机构主要由法院、仲裁委、调解组织等构成,形成囊括诉讼、仲裁和调解等方式的争端解决机制。该争端解决机制是在不突破相关法律的情况下,最大限度地整合现有争端解决方式,尤其在法院创建诉调对接工作机制,将三种方式统合在以法院为依托的平台上,尽可能地保障当事人诉权、提高诉讼效率、节约诉讼成本。然而,在 PFTZ 强调加快促进投资贸易便利、监管高效便捷等政府管理体制变革的大势下,该争端解决机制仍显单薄。

1. 行政纠纷管辖权尚待明确。行政复议事项与行政可诉事项不明。PFTZ 涉及多项新政,如投资准入"负面清单"管理机制,负面清单外的审批制改为备案制。外国投资者对"负面清单"的不同理解可能产生行政许可纠纷。如 2015 版商务部"负面清单"中,禁止对通讯、航空、网络数据中心进行投资,这里的投资是否包括一切直接和间接投资,如直接受让股权、以控股基金的方式购买股权、代为持股、隐名投资等。由此产生的纠纷,是通过行政复议还是诉讼;投资者提出异议期间,是否停止该行政行为的执行。再如,备案的性质,很多备案行为都不能进入行政复议或者诉讼,但仍有些备案行为影响到当事人的实际权利和义务,可以被诉,如业主要求撤销房屋土地管理局对业主委员会作出的备案行为、[b] 业主要求撤销建设和交通委员会核发建设工程竣工验收备案证书的行为。[c]

行政诉讼的审级不明。以福建 PFTZ 为例,从性质上看,PFTZ 管委会应为政府派出机构,如果属于福建省的派出机构,根据行政诉讼法,比照上海经验,由所在地的中级法院审理一审行政案件;如果 PFTZ 管委会属于所在地政府的派出机构,是否比照此前的开发区管委会或者保税区管委会,由所在地的基层法院审理一审行政案件。同时,PFTZ 管委会设有"一表申报、一口受理"的综合执法机构,该机构的行为有些是授权执法有些是委托执法,当事人针对该综合执法机构的行为提出的诉讼,是以管委会确定管辖法院

[①] 《1790 年联邦法院法》明确美国联邦巡回法院对依据美国对外贸易法和海关法提起的诉讼拥有管辖权。"康诺克公司诉美国对外贸易区委员会案"和"迈阿密自由区公司诉对外贸易区委员会案"之后,美国国际贸易法院取得了对外贸易区的与关税有关案件的专属管辖权。联邦巡回上诉法院是此类案件的二审法院。

[②] 如:(2010)沪二中行终字第 281 号"朱某某与上海市闸北区住房保障和房屋管理局业主大会、业主委员会备案纠纷"、(2012)沪一中行终字第 15 号"曹某等与上海市松江区某镇人民政府等业委会备案具体行政行为纠纷"、(2014)沪二中行终字第 128 号"张振潮等诉上海市宝山区高境镇人民政府备案行为纠纷"。

[③] 如:(2014)沪二中行终字第 441 号"钱旦初等诉上海市杨浦区建设和交通委员会建设工程竣工验收备案行为案"、(2013)沪二中行终字第 421 号"许某某诉上海市青浦区建设和交通委员会等建设工程竣工验收备案纠纷案"、(2013)沪二中行终字第 422 号"郑某某诉上海市青浦区建设和交通委员会等建设工程竣工验收备案纠纷案"。

的层级,还是以具体行政行为的委托执法单位确定管辖法院,尚不明确。另外,根据行政诉讼法,海关案件应当由中级法院一审,PFTZ 管委会综合执法机构的行为涉及海关监管的,是否需要分离,由中级法院一审,也尚不明确。

2. 商事纠纷管辖权尚待明确。PFTZ 新政涉及离岸贸易、跨境收付融资、国际大宗商品交易、跨境电子商务、跨境人民币业务、建立金融面向国际的交易平台、设立境外投资股权投资基金等创新措施,可能发生诸多涉外商事纠纷,目前只有部分基层法院有涉外案件管辖权,甚至同一 PFTZ 区内不同片区的基层法院的涉外案件管辖权都不同,可能不同片区的类似案件有些归中级法院一审,有些归基层法院一审。破产案件管辖权不明。与其他国家的 FTZ 不同,我国 PFTZ 允许区内注册区外经营,根据我国破产法,破产案件由债务人住所地法院管辖。根据民事诉讼法,企业住所地为其主要办事机构所在地,不能确定主要办事机构所在地的,以其注册地为住所地。债权人如果申请一家在 PFTZ 内注册而主要办事机构在区外的企业破产,根据破产审判实践,区外管辖法院的层级就难以确认。

3. 仲裁范围有限。目前 PFTZ 内提供的仲裁服务主要限于商事仲裁,我国仲裁法不允许仲裁机构受理投资者诉东道国政府的纠纷,也未规定外国仲裁机构或者临时仲裁在我国境内提供仲裁服务的情形。我国参与的 FTA 或者双边投资协定(Bilateral Investment Treaty,BIT)都规定了投资仲裁内容,境外 FTZ 也大都允许投资仲裁。正在进行的 TTIP 谈判中,投资者诉东道国政府争端成为最具争议性的问题,批评人士认为,允许私人投资者起诉通过社会安全立法的政府会损害投资,希望寻求平衡的投资体系。欧盟呼吁建立一个公共贸易和投资争端解决机构来处理投资者诉政府争端。用独立、共同的投资贸易争端解决机构代替原有的私人仲裁能使裁决更加公开透明,并能对裁决上诉,由败诉方承担相应费用。[①] PFTZ 作为开放投资领域的试验区,如果缺乏与国际接轨的法律保障制度,可能打击外国投资者信心,不利于进一步促进与保护投资。

(二)借鉴 FTA 争端解决机制的动力——国际经济新秩序在我国的"体验版"

由于 WTO 多哈回合进展缓慢,许多国家开始将贸易政策的重心转移至谋求和推动双边或多边 FTA。在亚太地区的 FTA 战略上,美国一直积极推动的《跨太平洋经济合作伙伴协定》(Trans-Pacific Partnership Agreement,TPP)参与谈判的 12 个国家基本处于中国的周边,中国面临极大的挑战。在欧洲地区的 FTA 谋划缔约过程中,美国与欧盟展开了"跨大西洋贸易与投资伙伴协议"(Transatlantic Trade and Investment Partnership,TTIP)谈判,致力于建立美国——欧盟自由贸易区,为世界贸易的监管标准设立基准。TPP 是美国"重返亚洲"和实现"亚洲再平衡"的重大战略,排除中国的主要目的是遏制中国在亚洲的影响力。TPP 和 TTIP 一旦建成,基于美欧之间特殊的政治与军事联盟关系,双方针对亚洲各国的政策协调程度无疑会明显加强。届时,亚太地区许多国家随美国而动的代入感就会进一步强化,中国将面临被隔离的风险。因此,中国必须在亚太地区寻求自贸区的重大突破,以防止自己陷入被动,并最终取得地缘政治上的主动权。同时,积极加入全球 FTA 的谈判阵营,中国有着更为迫切的自身诉求。作为全球制造业第一大国,在全球产业链的"微笑曲线"中,中国制造业依然处于最低端的加工制造环节,与此同时,中国"去产能"的压力异常艰巨。中国在未来很长一段时间内还可能维持低端出口,但

---

① 《德国:欧盟需要借助 TTIP 来避免丧失影响力》,http://intl.ce.cn,访问日期:2015 年 3 月 26 日.

要有效规避和削减各种贸易摩擦的风险,就必须通过双边或多边 FTA 的谈判培育出相对宽松的贸易环境。在传统的出口优势日渐式微但全球经济一体化趋势愈发强劲的生态下,重新寻找中国在国际经济舞台中的位置,进而强化在全球经贸合作中的话语权,必须在更高的战略层次上打开更广阔的思维。

为此,习近平总书记指出,"加快实施自由贸易区战略,是我国积极参与国际经贸规则制定、争取全球经济治理制度性权力的重要平台,我们不能当旁观者、跟随者,而是要做参与者、引领者,善于通过自由贸易区建设增强我国国际竞争力,在国际规则制定中发出更多中国声音、注入更多中国元素"。目前,中国在建自由贸易区 20 个,涉及 32 个国家和地区。其中,已签署的 FTA 有 14 个,涉及 22 个国家和地区;正在谈判的 FTA 有 7 个,涉及 22 个国家和地区,包括已经完成大部分谈判的《区域全面经济合作伙伴关系》(Regional Comprehensive Economic Partnership,RCEP)协定。

从高层的密集研讨来看,作为全新的中国对外贸易顶层设计成果,更是未来中国 FTA 主动扩身的核心支撑——"一带一路"[①]战略是以"一带一路"为纲,自由贸易区为目的对外开放布局已经显现,纲举目张体现决策层对外开放构想的大棋局。"一带一路"和自由贸易区建设呈现出中国 2.0 版对外开放的新棋局。"一带一路"规划将以推动建设自由贸易区的形式推动经济走廊建设,加快区域经济一体化是"一带一路"建设的基本要求和重要内容。中国正在推进一系列 FTA 谈判,逐步构建辐射"一带一路"的高标准自由贸易区网络。

目前,国内各地正在寻求对接"一带一路"的战略突破口。天津、福建、广东三个第二批 PFTZ 总体方案获批,尽管 PFTZ 方案尚未公布,但三地特殊的地理位置不难让人联想到自贸区与区域战略之间内含的深层联系。2015 年 3 月 27 日,博鳌论坛举行了"对话自贸区:小试验田的大未来"的分论坛。商务部部长助理王受文在论坛上介绍,国家建设 PFTZ 也是为了配合实施其他战略,三地分别对接京津冀、粤港澳和"一带一路"战略。王受文解释,新的 PFTZ 不仅像上海主要开发服务业,还将扩大到先进制造业的开发。上海 PFTZ 取得了丰富的成果,新增加的广东、天津、福建三个 PFTZ 将在上海 PFTZ 的基础上进一步开放,从服务业扩大到先进制造业,走差异化道路。他表示,发展 PFTZ 不仅仅是为了改革开放,也要服务于国家战略,辐射周边的地区。天津是为了要推动京津冀的协调发展,广东要为粤港澳服务贸易一体化做推进工作,福建则要为"一带一路"战略服务。[②]

与较为成熟的 NAFTA(North America Free Trade Agreement,NAFTA)以及谈判中的 TPP、TTIP 相比,我国参与的 FTA 争端解决机制存在不少缺陷,既有立法技术上的不足,也有不够切合 FTA 目标的设计。这些 FTA 只有一套争端解决机制,对可以提交争端解决的事项作出很多限制。这产生导致 FTA 实施后不少附件中承诺的水平无法得到审查,发生了争端也不知从何救济。同时,FTA 管理机构在争端解决过程中,时刻影响着程序的进行,无论是磋商、斡旋、调解和调停,还是专家组的组建、裁决、执行以及监督,可以说管理机构具有行政和司法双重色彩。但现有的 FTA 管理机构人员构成较单一,基本

[①] "一带"即"丝绸之路经济带";"一路"即"21世纪海上丝绸之路"。"一带一路"沿线总人口约44亿,经济总量约21万亿美元,分别约占全球的63%和29%。http://roll.sohu.com/20150414/n411219621.html,访问日期:2015年4月14日。

[②] 《博鳌论坛"对话自贸区分论坛"实录》,http://finance.sina.com.cn/hy/20150327/151621827360.html,访问日期:2015年3月27日。

是双方商务外交部门的官员组成，没有法律专家和其他相关行业的专家，也没有具有评审资质的组织。专家组程序和执行程序有明显缺陷，没有专家组名单或名册；对很多法律概念没有解释；争端解决程序的各个阶段的期限基本不相同，它们之间区别缺乏规律性和目的性，不能反映FTA的特点；在专家组成员的遴选上存在合法性问题等。这为福建PFTZ服务"一带一路"战略提供了试验机会，如何将独立关税区之间形成的双边或者多边FTA争端解决规则内国化后放在PFTZ内"体验"，吸收国际高标准的FTA规则，在专家组程序上形成先行先试的经验，充实专家组名册，为我国的FTA谈判提供法律文本建议和争端解决规则经验。

（三）我国法院与PFTZ争端解决结果的联结

FTA争端解决机制是一个自足的体系，当专家组发现一方确系存在违反FTA项下义务的措施时，执行专家组建议，或者双方收到专家组报告后经过磋商达成解决共识，是首选方案。此外，FTA还设有支付补偿金、中止减让、支付年度货币税、采取适当的措施、反报等方式以救济不执行专家组建议。与此不同的是，我国现有PFTZ争端解决机制，无论仲裁还是调解，除非当事人愿意主动履行，否则都需法院保障最终结果的执行。我国仲裁法规定，一方当事人不履行裁决的，另一方当事人可以根据民事诉讼法向法院申请执行，受申请的法院应当执行。根据民事诉讼法，经被申请人举证，符合规定的，法院应当裁定不予执行裁决，当事人也可以向中级法院申请撤销仲裁裁决。根据我国民事诉讼法、人民调解法及相关司法解释，发生法律效力的确认调解协议裁定可以申请法院执行。同时，法院还可以接受并执行仲裁机构提出的保全措施。这是国际法与国内法的区别，内国化FTA争端解决机制也不能摆脱这种差异，需要法院为PFTZ争端解决机制提供相应司法保障。

需要特别提到的是，全国法院系统正逐步推进多元化纠纷解决机制的体系构建与制度完善。周强院长指出，构建优质的纠纷解决中心对建设集经济、金融、贸易、航运中心为一体的国际化城市具有重大意义，如香港和新加坡都着力将城市打造成东南亚商事纠纷解决中心，欧洲的仲裁院以其公信力在世界范围内占有大量仲裁市场份额。我国的多元化纠纷解决机制发展到今天，完全有条件做到，北京、上海、厦门都要有所动作。① 与北京、上海等国家政治经济文化中心城市相比，虽然厦门的城市规模和经济总量较小，但在对台往来和东南亚文化圈中的影响力上拥有自身优势。目前，厦门仲裁委员会向厦门市政府提出了成立厦门PFTZ仲裁院和商事调解中心作为国际化的纠纷解决服务平台。② 同时，厦门法院除了在现有基础上继续建设集调解、仲裁、诉讼为一体的多元化纠纷解决平台，还希望通过创设新的争端解决机制——PFTZ管委会下的争端解决机构，制定国际化的投资与贸易争端解决规则，不仅为"一带一路"的自由贸易区建设提供试验、储备人才，还要将厦门建设成覆盖东南亚的投资、贸易、商事纠纷解决中心，为海峡两岸金

---

① 最高人民法院院长周强在2015年4月9日的全国法院多元化纠纷解决机制工作改革推进会的讲话。
② 厦门仲裁委员会依据厦门市人大常委会通过的《厦门经济特区多元化纠纷解决机制促进条例》，拟成立厦门自贸区仲裁院，同时加挂厦门自贸区商事调解中心。新的厦门自贸区仲裁院将其理事会预留较大比例给境外人士和台湾同胞，仲裁员和调解员名册也完全开放，允许当事人选择适用外国法律审理仲裁案件，允许当事人选择外国仲裁规则推进仲裁程序。此外，厦门自贸区仲裁院将与台湾仲裁机构共用仲裁员和调解员名册。

融、贸易中心和东南亚航运中心的建成提供更具吸引力的司法保障。

二、法院对争端解决结果的确认与执行

当事人通过 PFTZ 争端解决机构得到的纠纷结果有三种——当事人和解、通过 PFTZ 争端解决机构达成调解协议,以及专家组报告。这三种结果的确认和执行,需要法院提供司法保障。

(一) 和解、调解协议的确认与执行

我国法院对调解协议的确认,已经有现成的法律渊源。根据民事诉讼法第 194 条、第 195 条,双方当事人可以共同向法院提出确认调解协议,法院对调解协议的合法性进行审查,若裁定协议有效而一方拒绝履行或未全部履行的,另一方可以向法院申请执行。PFTZ 争端解决机构的调解协议就可以采取此方式。同时,《厦门多元化纠纷解决机制条例》第 43 条规定,"和解协议、调解协议具有给付内容的,双方当事人可以共同向公证机构申请办理具有强制执行效力的债权文书公证。对前款规定的公证债权文书,一方当事人不履行的,对方当事人可以向有管辖权的人民法院申请执行。"

(二) 专家组报告的执行

专家组报告是 FTA 争端解决机制内国化的产物,争议的各方自愿接受 PFTZ 争端解决机构的管辖,争端解决机构行使的权力类似 WTO 的准司法机构 DSB(Dispute Settlement Body, DSB),因此,专家组报告对争议各方当事人具有约束力。厦门地方立法为解决授权问题,曾计划在《厦门多元化纠纷解决机制条例》中赋予争议各方当事人同意管辖案件的争端解决机构作出裁决的权力,但因可能造成对立法的突破而最终未被采纳。① 内国法诉讼制度需要相应法律的授权,我国仲裁法为机构仲裁提供了法律渊源,因此,对 PFTZ 的争端解决机构而言,需要相同层级的法律赋予专家组作出裁决的权力。

如果厦门 PFTZ 片区对该制度的试验被证明可行,需要全国性的立法推广至各个 PFTZ,相关立法可以采取两种思路。一是比照仲裁,当事人有权依法申请撤销、执行与不予执行,法院应当在收到申请后作出裁定并采取相应措施。二是比照英国的金融申诉专员制度(Financial Ombudsman Service, FOS)。② FOS 是在英国对 ADR 的关注和支持这一背景下建立的,③ 随后,在澳大利亚、加拿大、新加坡、马来西亚、美国和中国台湾地区,

---

① 《厦门促进 ADR 条例》第 24 条,"调解未能达成调解协议,但当事人之间已经就主要争议事项达成共识,仅在个别问题还有争议的,调解员征得双方当事人书面同意后,可以提出调解方案并书面送达当事人,同时告知提出异议的方式、期限及法律后果。当事人在规定期限内对该调解方案提出异议的,视为调解不成立;未提出异议的,该调解方案即视为双方自愿达成的调解协议。"

② 此机制名称,有诸多译法。香港政府译为"金融申诉专员",见香港财经事务及库务局 2010 年《设立投资者教育局及金融纠纷调解中心的建议》。台湾学者译为"金融公评人制度"、"审诉审查员",冯圣中:《论金融服务与消费者保护之法律问题》,2006, http://etd.lib.stut.edu.tw/ETD-db/ETD-search-c/view_etd?URN=etd-0407109-183703-187,访问日期:2012 年 5 月 2 日。大陆学者则译为"金融督察服务公司"、"金融巡视员服务公司"、"金融行业调查专员公署"、"金融申诉专员"、"金融监察专员",邢会强.处理金融消费纠纷的新思路》,载《现代法学》2009 年第 5 期。

③ Access to Justice - Final Report[R]. Woolf Report, London, HMSO, July 1996.

都在各个行业中建立了类似的机制。世界银行也将此机制列为消费者保护的最佳方式。①以下列举各国 FOS 的机构设置、法律渊源和主要内容,可供立法参考。

表 FOS 程序规则比较

FOS	英国	新加坡	美国	澳大利亚
机构名称	金融申诉专员④	金融业争议解决中心⑤	金融行业监管局⑥	金融申诉专员⑦
设立法律依据	FSMA2000	MAS 发起,依照新加坡公司法成立	FINRA 内部自律规则	澳大利亚 ASIC
参与形式	强制参与	强制参与	自愿参与	自愿参与
专职机构人员	Ombudsman 是专职人员	Adjudicator 是专职人员	Mediator 是专职人员 Arbitrator 是兼职人员	Ombudsman 是专职人员
解决纠纷程序	审裁员评估后以调解方式达成和解→审裁员进行调查后作出正式结论→申诉专员作出最终决定	调解→如不奏效,则进行审裁	调解→仲裁	结论→建议→申诉专员裁决
案件提出程序	强制要求先向金融机构内部纠纷解决机制提出,再由 adjudicator 处理,最后再由 ombudsman 处理。申诉人在 FOS 程序中没有程序选择权。	强制要求先向金融机构内部纠纷解决机制提出,再由 case manager 处理,最后再由 adjudicator 处理。申诉人在 FIDReC 程序中没有程序选择权。	建议先向金融机构提出(非强制),申诉人对 mediation 和 arbitration 可以进行选择,也可以同时进行。	强制要求先向金融机构内部纠纷解决机制提出,再由 case manager 处理,最后再由 adjudicator 或 panel 处理。申诉人在 FOS 程序中没有程序选择权。
私人律师参与	不建议申诉人聘请律师	申诉人不能聘请律师	建议申诉人聘请律师	不建议聘请律师
时间表	无限定	无限定	无限定	无限定
偿付上限	150000 英镑	50000 新加坡元(与银行及金融有关的);100000 新加坡元(与保险有关的)	不设上限	280000 澳元
决定的约束力	对金融机构具约束力,对消费者无约束力,消费者对结果不满意可向法院起诉。	对金融机构具约束力,对消费者无约束力,消费者对结果不满意可向法院起诉。	结果对双方均具约束力。	对金融机构具约束力,对消费者无约束力,消费者对结果不满意可向法院起诉。

---

① Good Practices for Consumer Protection and Financial Literacy in Europe and Central Asia: A Diagnostic Tool, p10, 29, 44, 58.
④ Financial Ombudsman Service (FOS)
⑤ The Financial Industry Disputes Resolution Centre, Ltd (FIDReC)
⑥ Financial Industry Regulation Authority (FINRA)
⑦ Financial Ombudsman Service (FOS)

三、涉台纠纷解决的探索

福建是一带一路战略倡议重要的环节，也具有优越的地位。除了制度创新、改革开放进一步深化制度创新这些之外，另外也有一个重要的方面，就是探索与台湾地区的产业融合和服务业的自由化。[①] 厦门 PFTZ 片区的定位是：建设成为两岸新兴产业和现代服务业合作示范区、东南国际航运中心、两岸金融中心和对台贸易中心，由两岸贸易中心核心区和东南国际航运中心海沧核心港区域组成。其中，两岸贸易中心核心区 19.37 平方公里，含象屿保税区 0.6 平方公里、象屿保税物流园区 0.7 平方公里。东南国际航运中心海沧核心港区域 24.41 平方公里，含厦门海沧保税港区 9.51 平方公里。厦门 PFTZ 片区将在新常态下对两岸产业深度对接转型发展新路径、两岸合作参与国际产业竞争新模式、创新两岸交流交往新机制三方面进行创新。如发展跨境人民币贷款业务和双向资金池业务面，建设两岸货币清算中心。据厦门 PFTZ 相关负责人员透露，厦门将允许区内金融机构和企业从境外借用人民币资金，并允许区内企业开展集团内跨境双向人民币资金池业务，鼓励厦门金融机构与台湾金融机构建立结对两岸货币清算业务。[②]

2010 年 9 月《海峡两岸经济合作框架协议》（Cross-Straits The Economic Cooperation Framework Agreement，ECFA）生效，此后 ECFA 项下陆续达成投资、争端解决、服务贸易等后续协议，持续推进货物贸易、服务贸易、产业投资与经济合作等两岸经贸活动的自由化和便利化。ECFA 实施以来，台湾服务业进入大陆的情况良好，厦门以其与台湾的"五缘"关系，积累了对台经贸、司法往来的丰富经验，一年一度的"9.8 投洽会"、海峡两岸司法实务研讨会、厦金两岸司法实务交流研讨会等，为厦门 PFTZ 片区"打好台球"奠定了基础。

（一）选择台胞陪审员、调解员参与法院审理的案件

近年来，沟通地处海峡西岸的厦门法院积极呼应对台工作大局，充分发挥"地缘近、血缘亲、文缘深、商缘广、法缘久"的五缘优势和先行先试政策优势，着力构建专业化审判、便捷化服务、制度化互助、广泛化交流的涉台司法格局，妥善化解涉台纠纷平等保护两岸同胞的合法权益。2012 年 6 月 15 日海沧区法院成立了大陆首个涉台法庭，2013 年 1 月 28 日厦门市中级人民法院成立了涉台案件审判庭，在大陆法院中率先启动了涉台刑事案件、民事案件、行政案件集中管辖工作。厦门中院涉台庭不同于内设的"涉台合议庭"，是独立的审判庭，由硕士以上学历、懂闽南语、有丰富审判经验的法官及辅助工作人员组成，实现"专业人办专业案"。2012 年 6 月至 2014 年 3 月，厦门市两级法院共受理各类涉台案件 2486 件。厦门中院聘请了 12 名台胞调解员，其中有 3 名台胞调解员为具有法律专业背景的法学院教授和已在大陆执业的律师。厦门中院还在厦门市台商协会设立"涉台司法服务站"，将关口前移，进行法律宣传，指导台商协会调解案件，进行司法确认，同时提供法律咨询，积极倾听反馈意见建议等。目前，台胞调解员与陪审员主要参与涉台纠纷处理。

近年来，厦门法院受理的 PFTZ 区域内一审案件较多，2013 年受理案件 974 件，

[①] 王受文：《四个自贸区负面清单基本一样》，http://business.sohu.com/20150327/n410431765.shtml，访问日期：2015 年 3 月 27 日．

[②] 《自贸区，厦门具体要怎么做》．载《海峡导报》2015 年 2 月 6 日．

2014 年为 1057 件，其中商事合同纠纷超过半数。由于对两岸法律的理解存在一定差异，长期以来，台商不了解大陆法院，对来大陆投资抱有疑虑。由台胞陪审员、调解员参与 PFTZ 区域内当事人意思自治程度高的商事合同案件，更易促进两岸对法律和法院的理解，加强沟通，也可节省司法资源。因此，可以考虑放开台胞调解员、陪审员仅参与涉台纠纷的限制，允许其参与 PFTZ 区域内的其他案件。

（二）选择台湾地区的法律执业者参与涉台案件的专家组程序

专家组名册可以扩大到台湾地区的律师、曾有丰富法官经验的人员、高校法律教学人员、仲裁员等，不仅方便查明台湾地区适用的法律，在解释相关国际规则上也能提供更多思路。

（三）放宽台湾地区执业律师在 PFTZ 争端解决机构的代理限制

目前大陆尚不允许台湾地区的执业律师以律师身份在大陆代理案件，除了婚姻、继承等个别家事纠纷。台湾律师为台资企业或个人提供相关事务的法律建议，在争端解决程序中很可能扮演着支持者甚至领导者的角色，与其让台湾执业律师端坐幕后，准备书面意见或者回答专家组问题，不如让其从幕后转入台前，允许其在 PFTZ 争端解决机构进行的调解和专家组程序中代理案件。

结　论

PFTZ 的目标是要当改革开放的排头兵，创新发展的先行者。[①] 高标准的国际贸易与投资规则有赖于与之配套的争端解决机制的建设。内国化 FTA 争端解决机制，无疑于对增强外商信心，提高中国参与国际经济新秩序的法律水平，起到助推作用。希望厦门 PFTZ 片区能够在未来的工作中实现这一设想，厦门法院也将对推动该项目的启动，为 PFTZ 营造公正、高效、透明的法治环境，并将成功经验推广至全国，进一步争取全国人大及其常委会的立法授权，最终建成新型 PFTZ 争端解决机制。

---

① 《博鳌论坛"对话自贸区分论坛"实录》，http://finance.sina.com.cn/hy/20150327/151621827360.shtml，访问日期：2015 年 3 月 27 日。

基层检察院在厦门自贸区建设中如何发挥服务保障作用

林育清　林丽玉　黄建宏[*]

2015年4月21日，中国（福建）自由贸易试验区厦门片区（下称厦门自贸区）正式揭牌成立。厦门自贸区的成立促进了区内企业创业和投资热情高涨，也带动厦门海关特殊监管区进出口贸易也大幅增长。但我们同时也要看到，厦门自贸区在试点更加宽松、自由、开放的金融、贸易、投资政策的同时，更加复杂的治安维稳问题也可能会随之而来。

厦门自贸区位于厦门市湖里区、海沧区界内，厦门市检察院已初步确定由湖里区检察院筹备成立派驻自贸区检察室，管辖自贸区内的刑事案件，并履行相关检察职能。湖里区检察院在积极筹建自贸区检察室的同时，充分调研，结合厦门自贸区的特点及自身工作实践，分析厦门自贸区未来可能出现的犯罪形势给该院带来的挑战，以及作为基层检察院如何合理地定位、能动地应对，充分发挥基层检察院的服务保障作用。

一、风险的预判——自贸区设立后刑事犯罪形势前瞻

（一）自贸区成立后湖里区检察院办理自贸区范围内刑事案件基本情况

自厦门自贸区挂牌成立以来，湖里区检察院共受理提请批准逮捕犯罪地系自贸区内案件12件13人，批准逮捕涉11件12人，不捕1件1人，共受理审查起诉犯罪地系自贸园区内案件7件7人，提起公诉6件6人，不诉1人。案件主要集中在盗窃、诈骗、职务侵占、非法经营、妨害信用卡管理、受贿、放纵走私等犯罪，与其他区域的差别不大，尚未表现出金融、贸易等方面犯罪聚集的特征。

（二）自贸区成立后对刑事检察业务可能产生的影响

1.金融领域犯罪案件可能增多。厦门自贸区总体方案中提出的91项试点任务清单

---

[*] 林育清，厦门市人民检察院；
　　林丽玉，湖里区人民检察院；
　　黄建宏，湖里区人民检察院。
　　本文在"中国（福建）自由贸易试验区厦门片区法治保障"研讨会被评为一等奖。并于2015年9月在首次"沪、粤、闽、津检察机关服务保障自贸区建设交流研讨会"中进行专题发言，福建省仅厦门市院及福州市院各1篇文章入围专题发言。

中1/3与金融有关，而在金融、证券市场将不断改革创新过程中，出于信息的不对称性和监管制度的滞后性，犯罪分子往往利用公众对新型金融规则、产品的不了解，以及金融证券市场的漏洞不断拓宽金融犯罪的领域。例如，自贸区内可能出现通过离岸空壳公司、离岸公司的虚假投资与交易、衍生产品交易、债权债务关系等进行洗钱犯罪，或是炒作自贸要素，进行集资诈骗、非法吸收公众存款等犯罪，或是虚构贸易背景实施贷款、保险、票据、信用证诈骗等犯罪。

2. 犯罪的专业化水平高，发现及取证难度大。一是自贸区内企业所涉及的行业本身专业化就比较强。厦门自贸区重点培育十大功能性产业中区域性融资租赁业集聚区、跨境贸易电子商务基地、跨境人民币合作先行区、生物技术产业集聚区、全球重要航空维修基地等项目都涉及大量专业化内容。二是自贸区的企业或机构本身与境外公司机构往来频繁，跨国（境）、科技化、智能化、专业化和新类型的经济犯罪案件也会随之增多，办案专业性要求更高、难度更大。三是自贸区内备案多、审批少的执法环境方便犯罪人员通过空壳公司、虚假交易、关联交易等方式对犯罪行为进行复杂的包装，披上合法的外衣。

3. 厦门自贸区的特殊地位使得案件的政治敏感性强，示范作用大。以"两岸经贸合作"为定位厦门自贸区，区内发生的刑事案件容易受到新闻媒体与社会舆论的高度关注。对新型案件，如果处理不当，不仅会产生不好的示范效应，可能会对自贸区改革创新工作增加阻力，还可能对两岸的经贸交往产生影响，检察机关处理案件将承担更大压力。

（三）自贸区成立后对职务犯罪侦办可能产生的影响

1. 自贸区内项目本身的高收益易引发权钱交易。自贸区内往往涉及较多的国家重点投资领域、资金密集行业、重大基础工程，以厦门为例，为配合自贸区建设营造一流的营商环境，总投资达298亿元的11个重大项目正加快建设，并将在三年内陆续完工。① 同时厦门自贸区重点建设两岸新兴产业和现代服务业合作示范区、东南国际航运中心、两岸区域性金融服务中心和两岸贸易中心，这其中金融服务中心、贸易中心都属于资金密集型行业。

2. 自贸区"一线放开"、"二线管住"的通关监管服务模式易产生监管上的"木桶效应"。在自贸区的通关监管中往往是一线放开程度越高，二线压力越大。经济学上著名的"木桶效应"是指一只水桶能装多少水取决于它最短的那块木板。同样，这用在自贸区上则体现为自贸区通关监管水平取决于监管漏洞最大的地方。与以往的普通的国际贸易货物的通关时间往往涉及船期、途中状况、信用证开出时间等情况的制约限制，并不能完全进行操纵不同，二线通关存在通关时间短，通关时间易操纵的现状，犯罪人员只需成功收买监管最弱、最易收买的那班现场监管人员，便可在短期内成功实施多起甚至是大量的走私犯罪。

3. 政府职能的转变过程中部分执法人员可能会对自身"法定职责"的认识不清。自贸区以负面清单"法无授权不禁止"的改革形式倒逼政府职能的转变，政府由事先的管理转变为事中事后监管，监管过程中备案多、审批少。而在政府职能转变过程中，部分执法人员可能会对自身"法定职责"的界限认识不清，可能出现不履行或不积极履行法定职责的情况。同时对于部分职务犯罪中行贿人而言，行贿的目的更多的不是让受贿人帮其主

---

① 厦门自贸区11个重大项目加快建设，总投资达298亿元，载《海西晨报》2015年4月24日。

动争取某项权益,而更多的是让受贿人"睁一只眼闭一只眼"的不作为,放松监管,而这种不作为形式的犯罪往往更难取证,受贿人容易有"只要收钱环节不被抓,渎职环节基本没问题"的侥幸心理。

二、合理地定位——更新理念,发挥基层检察机关的服务保障作用

(一)依法打击与谨慎追责相结合,营造公平有序的市场环境

1. 依法严厉打击各类经济犯罪。李克强总理在厦门自贸区合服务大厅了解简政放权和商事制度改革等情况时表示,"自贸区不是政策洼地而是改革高地,要大胆闯勇于创"。针对厦门自贸区建设中利用金融政策、制度等改革尚不完善形成的便利条件进行的经济犯罪,要依法严厉打击。例如:走私、洗钱、逃汇、融资租赁、商业保理、金融衍生品交易等金融、知识产权犯罪的案件及电信、医疗、法律、旅游、财会、电商等服务类案件。

2. 把握好宽严相济的刑事司法政策。自贸区是金融创新、金融监管改革的前沿,必然带来与现有法律规制的适用与冲突。作为执法者,维护自贸区金融秩序稳定,既要落实严厉打击犯罪的刑事政策,同时更需谨慎追责,这需要执法者的司法思维方式和执法行为方式都与自贸区的特殊性相匹配。[①] 对于贪利性强、危害性大的犯罪以及金额巨大的金融犯罪等,要坚决依法从重打击。而对自贸区创新过程中因执行政策偏差而引发的犯罪,需要适当提高刑法对金融创新的适应性和包容性,适应和推动自贸区的创新和发展。

3. 注重社会矛盾的化解。尤其对于自贸区内出现非法吸收公众存款、集资诈骗等涉众型金融犯罪案件,应当更加注重及时挽回和尽量减少广大受害者的经济损失,打击犯罪固然必要,但对大多数的受害者而言,可能他们更关心的是自己的投资能否"保本",避免血本无归的结局。此类案件利益关系复杂,经常出现受害人群体到公检法机关上访、讨说法、要赔偿等情况,更需要检察干警加强促进社会矛盾化解,争取办案的法律效果、政治效果和社会效果的统一。

(二)深入查办和积极预防相结合,营造廉洁高效的政务环境

1. 严肃查办自贸区内的职务犯罪。包括严厉查处自贸区内国家工作人员贪污贿赂、滥用职权、失职渎职等职务犯罪。重点查办与自贸区建设相关的国家重点投资领域、资金密集行业、重大基础工程以及市场资源配置等过程中进行权钱交易和侵犯国有资产等职务犯罪案件。[②]

2. 强化自贸区内职务犯罪预防工作的开展。通过开展预防调查、预防建议、预防咨询等活动,发挥了解情况、参与意见等方面的作用,为党委加强自贸区预防职务犯罪工作当好参谋助手。包括成立预防职务犯罪工作联系协调小组,统一部署和组织实施预防职务犯罪工作,保证预防职务犯罪工作做到有组织、有计划地开展。采取举办廉洁从业、预防职务犯罪专题讲座和知识竞赛,编印反腐倡廉书籍、材料,开展预防调查,加强廉

[①] 《自贸区刑事法律适用:既要落实刑事政策又要谨慎追责》,来源正义网—检察日报,转载自网易网 http://news.163.com/14/1224/06/AE79086600014AEE.html。

[②] 上海自贸区首部刑法适用意见,来源21世纪经济报道,转载自新浪网 http://finance.sina.com.cn/china/dfjj/20141105/020120731953.shtml。

政文化建设等形式，深化廉洁自律教育、法制教育和职业道德教育。

3. 促进自贸区内监管机构完善内部控制机制。职务犯罪的一个重要原因就是有关监管机制不完善，内控机制上存在漏洞，致使一些员工利用职务之便走上了犯罪道路。检察机关可以将查办案件中发现的监管机构内控机制中出现的缺陷，通过积极制发检察建议书等方式，在金融、海关、外汇等机构完善离岗审计、岗位轮换等制度，加强对"人、财、物、重要岗位"的交流管理等方面提出建议和意见，健全内部廉政风险防范控制管理制度。建立定期回访机制。

（三）前端管理与诉讼监督相结合，营造和谐稳定的社会环境

1. 加强自贸区建设前端管理。包括充分利用全国检察机关行贿犯罪档案查询系统加强自贸区内诚信体制建设；不断深化对自贸区建设相关风险漏洞的预测性调研；成立由金融管理、行业监管、行政执法及公、检、法多方参与的"打击经济犯罪协调会商机制"；参与有关法律调整制定，提供相关检察意见等。

2. 强化对自贸区内案件的诉讼监督。一是加强对自贸区内犯罪案件的立案监督和侦查监督，尤其是加强对犯罪案件中有案不立、以罚代刑或者违法立案、以刑代罚等违法行为的监督力度。二是充分发挥民事行政检察监督职能，对自贸区内的民商事案件，充分运用抗诉和检察建议的方式监督审判机关依法裁判。

三、能动地应对—积极履职，提升基层检察机关的服务保障能力

（一）建设专业化的检察队伍

一方面在派驻自贸区检察室人员的选择上，应挑选政治素质高、业务能力强、办案经验丰富的及具有国际商贸、国际法专业知识的检察干警共同组成，切实提高切实提升办理经济案件、处理复杂问题的能力。另一方面，要不断健全强化对派驻自贸区检察室人员的专业化的培训，加强与高校、金融管理、行业监管、行政执法等单位的联络工作，加强对国际贸易、金融等相关法律、自贸区内相关政策以及财会、审计、金融等多方面的知识的培训，以适应犯罪形式多样化复杂化的趋势。

（二）强化内外部的沟通衔接工作

一是对内的衔接机制。包括加强派驻自贸区检察室与院内相关检察部门的办案协作机制、信息交流机制。对于自贸区内的案件加强侦查监督环节和公诉环节的互相配合、互相衔接，建立立案监督环节与公诉环节的有效衔接机制、重大疑难案件提前介入机制、普通刑事案件办案情况的日常通报机制。二是对外的协调机制。加强与公安、法院、金融监管机关及各大商业银行的联系，通过提前介入、联席会议、日常沟通等方式，通力协作、积极配合，依法有力查办金融犯罪案件。加强与自贸区公安机关、法院的工作对接，加强与其他地区自贸区检察机关的协作，加强与自贸区管委会、金融监管部门、海关、税务等有关主管部门的联系。同时，对于自贸区一些疑难复杂案件请专家共同进行研究解决。

(三)做好执法办案风险评估预警

风险预警制度是风险防范和控制的重要监管手段之一。对自贸区内的新型、重大金融犯罪案件,及时制定风险评估方案,在受案前、办案过程中、结案后,进行全程开放式风险评估,把握工作主动权,有效防范社会矛盾及减少发生涉检信访概率。发现影响经济秩序的重大信访、群体性上访情况,要及时向上级检察院和同级政府汇报,积极配合有关部门共同做好维稳工作。

厦门自贸园区公安管理工作初探

伍亲朝[*]

厦门自贸园区成立,给厦门带来前所未有的发展机遇,也给公安行政管理工作提出了严峻挑战。作为政府重要组成部分的公安机关,既要保证自贸区经济快速稳定发展,又要确保国家安全和社会政治稳定,这无疑需要高超的智慧和能力。尽快探索一条适合自贸区发展的公安管理模式,是当前全市公安机关一个重要任务。笔者拟从自贸区建设对厦门经济社会的影响、给公安管理工作带来的机遇和挑战出发,探索自贸区公安管理工作改革应当遵循的重要原则和基本思路。

一、厦门自贸园区成立对厦门经济社会发展的重要影响

自贸区,全称是自由贸易试验区,英文名称为"Free Trade Zone",是指一个国家或地区为降低国际贸易成本,促进对外贸易和国际投资的发展,在境内设立的相对隔离的,置于海关监管之外的特殊经济区域。自贸区虽然属于国内行政管辖范围,但因其高度开放,实行的制度类似于境外,管理模式也不尽相同。《厦门自由贸易园区建设总体方案》明确提出,厦门自贸区要坚持"面向国际、深耕东盟、对接台湾、服务海西"的建设思路,参照"一线放开、二线安全高效管住"的国际惯例,对外商投资企业实行国民待遇和负面清单管理,扩大服务业开放领域,突出对台特色,建立统一高效的口岸联检机制,把自贸园区建成与国际通行规则接轨的对外开放综合平台。厦门自贸区应借鉴国内外自贸园区建设的成功经验,结合厦门的具体情况,以对台贸易为特色,以建立健全法律体系为保障,加快政府职能转变,有计划、有步骤、有重点地稳步推进。

从经济和两岸关系发展的大局看,设立自贸区对厦门具有以下积极影响:(一)有利于推动外向型经济快速健康发展。厦门是重要的沿海开放城市和对外口岸,其对外贸易总量已持续多年占据福建省半壁江山,外贸依存度达176%;厦门外资企业工业产值占厦门工业总产值的比重超过70%。当前,经济全球化日趋明显,经济增速减缓,企业转型升级压力加大,厦门迫切需要通过自贸区建设来获得新的发展动力,加快形成与国际贸易、国际投资通行规则相衔接的制度框架,营造国际化的贸易和投资新环境,拓展经济增长的空间。(二)有利于加快推进海西中心城市建设。自2004年省委省政府提出建设海峡西岸经济区的宏伟构想后,厦门以其独特的区位优势成为海西建设的核心城市。自贸区的建设可以进一步提升厦门的综合实力和城市竞争力,进一步发挥其港口城市和长三角、珠三角两大经济区大通道的优势,增强经济辐射效应,带动和促进整个海西对外贸易增长方式的转变,推动海西经济长远发展。(三)有利于促进两岸经贸往来的深度融

---

[*] 伍亲朝,厦门市公安局高崎国际机场分局。
本文在"中国(福建)自由贸易试验区厦门片区法治保障"研讨会被评为一等奖。

合。对台合作一直是推动厦门城市发展和经济增长的重要手段。从某种意义上说，厦门经济特区是对台设立的。目前，厦台双边贸易占整个福建全省对台贸易总额的60%以上。厦门已经成为台湾水果、酒类、休闲食品、图书、大米等众多台湾商品进入大陆的主要口岸。自贸区的建设，将使厦门在这方面有更大的作为。（四）有利于提高厦门企业的盈利能力，促进企业改造升级。自贸区的核心制度可以概括为"三自由，一保障"，即贸易自由、投资自由、金融自由以及法制保障。在自贸区，便捷的通关手续、高效的物流服务、审慎的投资机制、宽松的金融管制、较大的税收优惠以及完善的司法体系，为厦门众多外向型企业开启了重获生机的大门。（五）有利于提高厦门在促进祖国统一大业上的政治地位。福建自贸区最重要的政治任务是不断缩小闽台差距，为两岸统一创造良好的条件。厦门自贸园区将大大促进两岸经济文化交流，缩小两岸在祖国统一、经济发展、文化传统、法律制度等方面的差距，为祖国统一大业作出积极的贡献。

从以上分析可以看出，自贸区建设对厦门的发展至关重要，政府各个部门都应当主动适应自贸区发展的要求，改进管理方式，提高管理效率，为自贸区发展提供良好的内外部环境。对公安机关来说，要敢于面对新形势，迎接新挑战，进一步优化警力资源配置，主动适应自贸区对行政审批制度改革、社会管理创新和司法体制改革提出的新要求，努力提高公安机关的管理服务能力，提高打击违法犯罪的效率，为自贸区健康稳定发展保驾护航。

二、自贸区公安管理工作面临的新形势和新挑战

自贸区实行高度开放政策，由此给公安管理工作带来一系列挑战，具体来说，公安机关将面临以下新形势和新挑战：

（一）国家安全和社会稳定面临新的风险

自贸区较之国内其他地区而言，其相对宽松的投资贸易政策以及出入境政策，为境外敌对势力、民运组织和暴力恐怖组织利用相关政策资金筹措、闯关入境提供了更多便利条件，也极有可能被境外宗教及非政府组织利用，进行政治扩张和意识形态渗透。自贸区内人才中介、文物拍卖、教育培训、医疗等服务产业将全面开放，各种社会矛盾将进一步交织，许多过去很少见到的矛盾纠纷将纷纷出现，成为不安定因素的诱因。自贸区高度开放，也容易成为境外敌对势力、暴力恐怖组织、民族分裂分子实施破坏的目标。因此，自贸区的设立，给国家安全和社会稳定带来了新的风险，公安机关必须高度重视，提前应对，加强信息研判，关注并有效控制高危敏感人群的行踪，才能最大限度地完成保卫国家安全的历史使命。

（二）传统公安管理方式需做大幅调整

自贸区行政管理工作更注重强化事中与事后的监管，这也使传统的公安行政管理方式发生重大变化。一是投资领域扩大开放和政府部门简政放权的大趋势，要求公安机关前置审批、把关的范围不断缩小，公安机关管理社会事务的手段也在不断减少，传统公安工作模式将面临严峻挑战；二是公安机关在治安防范、人口、交通、出入境等公共事务管理方面的习惯做法与国外发达国家有一定差距，可能会影响自贸区投资环境，公安

机关应尽快缩小差距，只要不危害国家安全和社会政治稳定，所有管理方式都应当尽量与国际接轨；三是自贸区没有像普通行政区那样完善的政府组织、基层群众自治组织和基层调解组织，传统的群防群治手段将进一步受到制约；四是自贸区实施以"非禁即入"为原则的负面清单管理模式，政府管理方式将由偏重"允许"向强调"禁止"转变，很多领域将逐步向外资开放，外资禁区将逐步被打破。对涉外娱乐、文化、中介、医疗等行业的管理，公安机关无先例可循，只能根据自贸区发展的实际，不断创新和完善管理方式；五是随着自贸区发展，区域经济成分、组织形式、就业方式以及利益关系等社会关系和社会矛盾将日趋多样化，自贸区内各类新情况、新问题将明显增多，世界各国人民的生活习惯不尽相同，公安机关化解社会矛盾的方式也有必要进一步调整。

（三）公安队伍素质需尽快提升

自贸区以发展跨境贸易、金融交易、资本投资为方向，推进投资、贸易、金融自由化。目前，自贸区内各类国际性大宗交易平台、进口商品国家展示中心等正逐步入驻，跨国银行、企业、机构、人员将更多集聚，区内经济活动的国际化、专业化、新型化特征日益凸显，警务公开的范围将持续扩大，公安机关和公安民警的职务行为将会受到更多的约束，涉外案事件将会呈井喷式增长，要求民警具备更高的处理涉外案事件的能力和水平。从这个意义上讲，自贸区改革试点工作越深入、开发开放水平越高，自贸区公安队伍建设面临的挑战就越严峻。在这样一个背景下，如何构筑有效的队伍管理体制机制，提高公安机关和公安民警的执法服务能力，也是当前自贸区公安行政管理工作必须解决的一个重要问题。

三、厦门自贸区公安管理模式调整的基本思路

（一）成立专门公安机关，提高行政管理能力

自贸区公安行政管理工作不仅是要与自贸区发展目标相适应，与现有警务工作机制相衔接，更要与国际规则接轨，在管理制度与管理方式上大胆创新。基于这个要求，仅仅依靠普通行政区公安机关进行兼管是无法完成这个任务的。自贸区公安管理工作虽然与普通行政区公安管理工作有一定的相似性，但毕竟有所不同，在个别领域，还具有较强的专业性。我个人认为，厦门有必要成立专门的公安机关来承担自贸园区治安管理工作，理由有三：一是自贸区公安机关的职责与普通行政区公安机关的职责不尽相同，设立专门的公安机关有利于优化警力资源配置，更好地服务与自贸区发展。人民警察法规定公安机关有13项职责，从厦门自贸园区给公安管理工作带来的影响看，自贸区公安机关应当突出国保、治安、刑侦、交通、消防、出入境等工作工作重点，根据需要设立相关业务部门和海沧保税港区、象屿保税区、机场物流园区三个公安派出所。自贸区公安机关成立后，也要根据自贸区发展的实际需要，不断改革管理范围、重点、方式方法，要尽快落实轻微刑事案件快办理、矛盾纠纷快速调处等制度，并着力社会管理手段创新，要助推而不能阻碍自贸区发展。二是有利于对自贸区实施集中统一的管理，有利于实现管理工作的标准化、规范化、国际化。当前，厦门自贸园区分散在海沧、湖里、机场三个分局辖区，这势必会导致工作标准、工作流程、服务质量等方面的差异，在工作协调

上，自贸区管委会需要与三个分局协调有关公安管理工作，这将在一定程度上影响自贸区管委会的工作效率。三是有利于形成具有自贸区特色的司法制度和行政管理体制。自贸区一项重要的政治使命是制度创新，其中司法体制改革和行政管理方式改革是自贸区法律体系建设的重要内容。自贸区经济社会要快速稳定发展，离不开高效、公正、文明的司法环境和稳定的社会秩序，但是，我国司法体制改革举步维艰，公安改革也任重道远。国家也期望自贸区能够探索出一条司法体制改革和公安工作改革的新路子。目前，市检察院和市中级人民法院已经陆续在自贸区成立了专门的机构，但公安机关尚无实质性动作，客观形势要求自贸区必须成立专门的公安机关。上海和天津自贸区公安机关取得的成功经验告诉我们，随着自贸区的发展，公安机关面临的任务将日益繁重，仅靠一两个社区民警无法完成保护自贸区安全有序发展的重任，市公安局要尽快成立专门公安机关，尽快融入自贸区发展之中，提高公安管理工作的效率和质量，为自贸区发展提供良好的社会治安环境，并确保国家安全和社会政治稳定。

（二）不断强化服务理念，努力拓宽服务领域

公安机关要适应自贸区的发展，就必须不断强化服务理念，努力拓宽服务的领域。自贸区的活力来自于良好的投资环境，其中公安管理便是投资环境的一个重要方面。在这方面，公安机关有四项工作要做：一是要淡化管理职能，强化服务职能。自贸区对厦门乃至中国发展都有重要意义，公安机关不能以管理者自居，要不断改进工作方法，努力拓展服务领域，提高服务质量，为辖区企业和人员提供优质服务。二是要主动适应新形势，积极解决新问题。厦门自贸区挂牌以来，货物展销、进口商品直销、平行汽车进口等新兴业态不断涌现，给公安管理工作提出了新的挑战，对此，公安机关要不等不靠，主动作为，积极逐步探索并建立适应自贸区发展的新型管理模式，主动研究并积极解决自贸区治安管理工作可能面临的新情况和新问题。三是要坚持以人为本、安全至上的执法服务理念。天津塘沽发生的爆炸案说明，自贸区的发展离不开安全、稳定的社会治安环境。在日常治安管理工作中，公安机关要立足于服务，但对园区内存在的安全隐患，也要严格贯彻"零疏漏"理念，帮助政府、企业、群众消除治安安全隐患，要把公安工作的落脚点更多地放在促进和谐、惠及群众、服务企业上。四是要与法院、检察院等职能部门密切配合，切实做好维护社会维稳的各项工作。当前，人民内部矛盾引发的群体性案（事）件不断上升，维稳压力不断加大。随着自贸区发展进程的不断推进，特别是新的产业落地和固有企业经营模式的转型，使经济、政治、文化随之产生更多的问题和矛盾，影响自贸区社会稳定的因素大量增多。公安机关应当把维护自贸区社会稳定放在更加重要的位置，密切配合其他政府部门做好矛盾纠纷化解工作，坚持用发展的手段来解决发展过程中的矛盾和问题，为自贸区经济又好又快发展创造稳定的社会环境。

（三）加强警务协作配合，提高警务工作效率

自贸区是一个人财物高速流动的区域，效率是保持自贸区活力的重要保证，公安机关也应加强警务协作与配合，努力提高警务工作效率，为辖区企业和群众提供高质量的管理与服务。一是要完善内部协调配合机制，努力降低目前困扰公安机关的分工过细、推诿扯皮现象，推行一站式办到底的工作制度，即凡是自贸区公安机关职责范围内的事项，单位领导和民警都要负责到底，涉及其他部门协作配合的，在其他部门接手处理前，

任何民警都不得停止对所受理事项的办理。为确保协作配合的高效进行，自贸区公安机关每月应召开一次协调会，对自贸区治安管理热点事项进行研究，提出解决措施，并协调相关警种开展上门服务、联合检查，形成治安、交警、边防、消防等部门紧密结合的网格化管控体系。二是要完善外部联动机制，主动与边防、海关、检验检疫、工商、税务、城管等部门联系，明确职责分工、加强协调配合，提高管理工作效率。对沟通协调未果的事项，要积极报告上级公安机关和市政府相关部门协调解决，要求确保每一件事项都能得到快速妥善处理，必要时，要建议市政府出台有关文件，明确规定各部门的职责范围、办事流程、办理时限，并明确职能交叉问题的处理办法。三是要调整各种事项的办理时限，大幅提高工作效力。自贸区具有改革试验田的功能，只要是有利于企业和群众的事情，都要大胆地去尝试，不能按部就班地按照现有模式办理，要激发制度创新的活力。自贸区公安机关要在现有法律和文件规定的执法服务事项办理时限的基础上，积极探索缩短办理时限的可行性，努力提高各种事项的办理工作效率和质量，为行政区公安机关探索制度创新的新思路、新方法。

（四）整合警务信息资源，提高管理服务水平

厦门自贸区挂牌后，各项新政逐步落地，政府监管政策更加宽松，众多新型产业可能会迅速聚集到自贸区，不可控性案（事）件可能会有所增加。因此，公安机关要加强与自贸区管委会的联系，深入辖区企事业单位走访，及时获取自贸区管理工作存在问题，促进公安管理与服务有机结合。为确保各类警务信息的准确性、全面性和新鲜度，公安机关需要做好以下几个方面的工作：一是要认真落实各项公安基础工作，科学制定管理举措。社区民警要深入企事业单位开展安全防范业务指导，本着察民情、知民心、解民忧的原则开展走访工作，落实流动人口登记制度，提高辖区企业管理人员和从业人员的安全防范意识，及时化解企业内部矛盾，及时发现混入企业内部的高危敏感人群，要建立治安维稳信息共享平台。二是要创新警务工作机制，提高公安机关安全管控能力。"警力有限，民力无穷"，目前，警力不足是全国公安机关都必须面对的一个实际问题，用有限的警力完成日益繁重的公安工作，缺少群众的参与是根本做不到的。群众路线是公安工作的生命线，自贸区公安管理工作也不例外。公安机关要充分调动社会力量参与治安防控的积极性，发挥社会治安综合管理的作用，提高对自贸区社会治安的管控能力。三是要提高公安工作的科技含量。自贸区是一个新生事物，公安机关要抓住有利时机，充分利用现代科学技术，提高公安工作的科技含量。当前，很多国家的警察机关都装备了现代化的警务装备，大大提升了警务工作的质量和效率。自贸区是国家改革开放的前沿阵地，要充分吸收发达国家在警务信息、警务技能方面所取得的先进经验，努力提高警务信息化和科技化水平。四是要建立科学的研判机制和考核机制。近年来，公安机关陷入为考评而考评的怪圈，名目繁多的考评并没有推动警务工作向着高效、高质的方向发展，在某种程度上还大大影响了基层警务工作的效率和质量。自贸区公安机关要深入研究国外一些先进的警务工作考核模式，探索新型考核激励机制，破解队伍管理难题，为全国警务机制改革积累经验。

（五）加强民警队伍职业化与专业化建设

高素质的民警队伍是实现最高警务效益的有力保障。自贸区公安队伍必须实现技能专业化、管理规范化、行为标准化，以较高的素质来应对自贸区发展对公安管理工作提出的各种挑战。一是要着力引导民警树立以"先行先试、示范引领"为主要内容的自贸区警察职业精神，提高民警的职业认同感与价值感，全方位展示公安民警良好形象，增进社会的理解与沟通，营造良好的社会舆论氛围。二是要开展多元培训，迅速培养一批能够胜任自贸区公安管理工作任务的高素质民警队伍，努力提高民警的职业技能和职业素养，不仅要培养国保、治安、刑侦、经侦、社区管理、法制、外语等领域的"专家型"人才，也要打磨"一警多能"的"复合型"人才，增强公安队伍在新环境下的应变能力、驾驭能力、执法能力和创新能力。三是要实施精细管理，科学运用绩效管理考核手段，实现警务效能的最大化。要借鉴外国的一些先进做法，突破现有制度框架，建立新型的奖惩、晋级晋职制度，实行物质、精神、政治奖励并重的奖优罚劣激励机制，激发民警主观能动性和创造力，不断推动社会管理创新，努力为公安管理工作探索新思路、新方法、新对策。

厦门自贸区事中事后监管制度研究

谢 进*

《中国（福建）自由贸易试验区总体方案》将"切实转变政府职能"作为福建自贸区的一大任务，同时要求福建自贸区加快行政审批制度改革。在取消大量行政审批，尤其是对外资实行"负面清单"的管理模式以后，构建"宽准入、严监管"的治理模式成为当务之急，完善的政府事中事后监管制度显得尤为重要。

一、厦门自贸区在事中事后监管制度方面存在的问题

（一）法律法规不完善

目前，我市或我省针对事中事后监管方面的法律多为各部门针对各自领域所立的单独立法，如：针对水土保持领域所立的《福建自贸试验区水土保持预防监督事中事后监管办法》、针对城市管理行政执法所立的《厦门市城市管理行政执法局完善福建自贸试验区厦门片区事中事后监管 实施办法（试行）》、针对交通运输市场所立的《厦门市交通运输局关于加强道路普通货物运输市场事中事后监管工作的通知》等等，缺乏对深化行政审批制度改革后的事中事后监管的整体法律规制，导致各部门之间的事中事后监管各自为战，没有统一规划。

（二）各部门间监管信息共享制度以及诚信体系尚不健全

完善的各监管部门之间监管信息共享制度，健全的市场主体诚信体系是加强政府事中事后监管的重要基石。我市已出台《厦门市公共信用信息管理试行办法》，对公共信用信息的征集、披露和使用、信息修复与异议处理、信用安全和规范以及监督管理进行了详细的规定。我省也出台了《中国（福建）自由贸易试验区监管信息共享管理试行办法》，对试验区内监管信息共享的原则、信息的提供、使用、变更和核实以及动态预警制度等都做出了较为详细的规定。但是，在实践中，各监管部门之间监管信息共享制度和诚信体系不健全的问题依然存在。

首先，公共信用信息平台建设还存在一些问题。比如，对进入平台的信息内容、信息的分类等方面，一些部门之间存在分歧。同时，不同信息库对接等方面也还存在着不完善的地方。

其次，公共信用信息平台的使用程度还不尽如人意。由于目前所收集的公共信用信息的覆盖面有限，该平台的作用发挥得还不充分。同时，现阶段仍然存在对失信行为的

---

* 谢进，厦门市委党校法学教研部。

本文在"中国（福建）自由贸易试验区厦门片区法治保障"研讨会被评为一等奖。

惩戒力度不够，市场主体失信成本低廉等问题，所以，实践中信用信息在介入事中事后监管方面还十分有限。

最后，社会中介机构自身发育不良，导致参与诚信体系建设不够，以至诚信市场体系尚未建立。诚信市场体系的形成需要对信用信息进行分析从而形成相应的评价，并以评价结果为标准进行相应的奖惩。而目前我市乃至我省在这方面都十分薄弱，唯一的分析、评价主体就是政府，相应的市场信用咨询、信用评级等业态发展尚不成熟。

（三）第三方力量介入不够

在事中事后监管中，政府应该一改以往"大政府"的状态，尤其是在一些涉及专业技术的领域，由于相应的社会组织自身建设不足，同时政府购买社会服务的相关机制不健全，导致在事中事后监管过程中第三方力量的介入不够。

（四）各部门分工合作不够

各部门在探索大部制方面，由于缺乏相应的分工合作机制从而在监管职能和职责方面尚有不清晰的地方，从而出现监管空档期。比如在商事登记制度改革中，从企业获得工商部门的营业执照到申领相关许可证这段时间，很容易出现监管空白。

二、完善厦门自贸区事中事后监管制度的对策

（一）加快事中事后监管方面的统一立法

我市可充分发挥地方立法权，依据《行政许可法》等上位法，制定《厦门市事中事后监管条例》，对我市事中事后监管推进协调机构和事中、事后监管的主体、范围、程序、各部门之间的协调沟通以及监管责任等做出规定，各部门可以依据该条例结合本部门的具体情况制定相应的实施办法。

（二）完善事中事后监管的管理体制

建议建立专门的事中事后监管的推进协调机构。如上所述，由于各监管部门之间缺乏必要的沟通协调，容易形成监管空档期，所以，依据《厦门市事中事后监管条例》成立专门的事中事后监管推进协调机构是十分有必要的。由该机构负责制定相关工作原则、程序、手段等，协调各部门之间的监管职能。

（三）进一步完善监管信息共享平台的建设，健全诚信体系

首先，构建"安全港"制度，进一步完善守信激励，失信惩戒机制。所谓的"安全港"制度是指符合一定诚信条件的企业可以享有减轻或免除处罚的权利。比如：在罚金总额不超过10 000美元时，美国商务部进口管理局秘书长有权根据被责成缴纳罚款的当事方提交的其近五年来对相关行为的良好记录，批准其减轻或取消罚款。[①] 我们也可考虑借鉴这样的制度，加大对守信的激励。

其次，大力培育征信市场体系。国外的经验表明，完善的诚信体系离不开一批专业

---

① 美国《2012年对外贸易区管理条例》第400部分第62条。

的市场化的资信机构。建议鼓励发展一批征信公司,将部分领域的信息征集打包转让给市场化的征信公司,同时,由这些征信公司承担主要的信用信息分析、评级等工作,政府则退居二线,加强对征信公司的监管和引导。

再次,对诚信口径和标准进行定量化、规则化。《厦门市公共信用信息管理办法(试行)》第10条规定"市公共信用信息工作主管部门牵头会同各单位组织编制并公布市公共信用信息目录",信息提供主体应"按照相关规范进行编目分类和说明"。这一规定一定程度上可以解决各部门对于失信的认定标准不一、对于进入平台的内容认定不一等问题,但是值得注意的是,这样的规定仍显笼统。建议在编制信息目录,对信息进行分类、说明时应尽可能定量化、规则化。

(四)完善风险预警、评估机制

香港金融管理局将香港金融体系中可能存在的风险进行划分,针对不同风险的风险大小进行管理。我们可以借鉴这样的方式,建议事中事后监管部门定期或不定期地对监管过程中发现的风险进行识别分类,并分析、研究产生风险的根本原因,在此基础上,进一步预测风险发生的可能性,从而做出风险监测预警,实现由简单监管向分析预警、防范风险转变。

(五)建立事中事后监管的前导机制

所谓的事中事后监管的前导机制是指为了实现事后监督的有效性,在科学的监督理念指导下拓展自身监督优势,在充分发挥内因作用的同时,通过搭建联系平台,建立多渠道的沟通协调机制,以此推动事后监督效能的不断提高。[①] 事实上,英国金融服务局就非常注重与金融机构高管人员进行开诚布公的交流沟通以共同实现监管目标,新加坡金融管理局甚至着手引导加强被监管者自身的公司治理,通过立法强化公司董事会和高级管理层在监管和控制金融风险过程中所发挥的核心作用。实践证明,加强事中事后监管的前导机制建设,有利于提升监管效能。建议通过召开定期会议的方式,构建监管者与被监管者之间的沟通互动机制,针对监管目标、监管过程中出现的问题、监管标准等进行充分沟通,从而有利于被监管者对监管事项的更深层次的理解,也有利于监管者改变不合理的监管标准,帮助被监管者化解风险、解决问题。

(六)加大第三方介入,形成行业自律、社会监督、行政监管、公众参与的综合监督体系

第三方包括行业协会、社会团体、民间自治组织、第三方评估机构以及社会公众。比如:美国在充分发挥社会监管力量方面的做法值得我们借鉴。美国医疗监管的主体除了政府以外,各医疗专业学会、专业人员协会也负有一定的监管职责。美国医疗机构联合认证委员会,其对医疗方面的监管得到了政府的承认,事实上成为半政府的监管机构。另外,对于一些专业技术要求较高的领域,政府机构还会与相关领域的专家进行合作,共同行使监管职能。比如:美国各级卫生机构都雇用流行病学家、微生物学家等相关领域的专家学者对食品进行持续性监管,同时,由相关法律对这些监管人员的权

[①] 闫明:上海自贸区发展与事中事后监管实践机制研究,载《中国浦东干部学院学报》2015年5月。

利义务责任进行明确规定。

建议将技术要求较高的监管责任外包给具有专业技能的团体、协会，加强与行业协会的合作与交流，引导和鼓励行业协会通过制定行业标准、进行行业惩戒等方面维护行业市场秩序，将社会公众参与作为全面共治的基础，最终形成多层次的综合监管力量。

同时，建议探索监管标准制定与执行相分离的监管模式。具体而言，由政府相关部门研究制定相关的监管标准，而将具体的执行工作委托给专业化的第三方机构。

（七）建立监管影响评估体系

建立监管影响评估体系，可以通过分析监管措施对经济、社会带来的效益以及监管措施所支付的成本，形成监管机构与相关利益群体间的信息反馈机制，为进一步完善监管体制提供相应的事实依据。为此，建议建立多主体、多层次的监管影响评估体系，第一个层次是由第三方机构组成的评估体系，比如，可以委托行业协会等第三方机构对相关领域的监管状况进行评估，并将评估结果纳入《厦门市事中事后监管年度报告》，向社会公布；第二个层次是由市人大开展相应的效能评价。事中事后监管理应列入部门的效能考核体系，由市人大成立专门机构，对相关领域、相关部门进行事中事后监督的效能考核；第三个层次是建立好授权第三方事中事后监管的影响评估。如前所述，在某些专业领域，政府需要将部分事中事后监管职责发包给第三方，对于这样的项目，更应切实做好监管影响评估。

打造国际化仲裁机构
——以厦门自贸区建设为视角

黄怡霏[*]

2015年4月21日，中国（福建）自由贸易试验区厦门片区正式挂牌成立，标志着厦门经济特区发展进入一个崭新阶段。厦门自贸区的设立为国际投资、金融、贸易提供了便利化政策，从而促进提升国际投资量，同时也会滋生大量不同种类的商事案件。仲裁作为贸易经济中被各国和国际性经济组织广泛采用的争议解决方式，其自治、独立、公正、高效、灵活、保密的优势满足自贸区商事主体解决各类商事纠纷的要求，是自贸区争端解决的首选方式，更是建设良好的国际商事争议解决机制的重点。

《中国（福建）自由贸易试验区总体方案》（以下简称《自贸区方案》）提出"围绕立足两岸、服务全国、面向世界"战略定位，并指出要营造"国际化、市场化、法治化营商环境"，福建尤其是厦门片区应当"充分发挥对台优势，率先推进与台湾地区投资贸易自由化进程"。该方案为厦门仲裁机构（以下所说仅为经济仲裁）提出了一项严峻的考验，即如何打造一支区域性国际化的仲裁机构，在自贸区建设的框架下这项考验为建设厦门仲裁机构进而完善我国仲裁制度带来契机，也为中国仲裁业的发展提供一些有益的尝试。

一、厦门仲裁机构的现状

（一）厦门仲裁机构取得的成就

厦门市仲裁委员会（以下简称"厦仲"）成立于1996年1月8日，是《中华人民共和国仲裁法》实施以来较早成立的仲裁机构之一。20年来，厦仲以办案为中心，大力开拓仲裁业务，公正、及时地解决平等主体的公民、法人和其他组织之间发生的合同纠纷和其他财产权益纠纷，其业绩始终保持在全国200多家仲裁机构的前十位，是国内具有影响力的品牌仲裁机构。

在专业化建设方面，厦仲在涉及建设工程、金融保险、海事海商、航运物流、国际贸易、国际投资等行业和专业领域的纠纷解决方面具有明显优势，拥有解决此类型纠纷的专业能力和丰富经验。

在区域化建设方面，厦仲自2005年以来确立了"海峡西岸区域仲裁中心"的战略发展目标，越来越多的外地甚至境外当事人选择厦门仲裁。据统计，近三年厦仲受理的案件中，双方当事人均非本市的案件占1/3，标的额占比近1/2，厦仲作为海西区域仲裁中

---

[*] 黄怡霏，厦门仲裁委员会。

本文在"中国（福建）自由贸易试验区厦门片区法治保障"研讨会被评为三等奖。

心的地位已初步形成。

在国际化建设方面,厦仲除了聘请来自美国、英国、新加坡、香港等国家和地区的仲裁员外,还是国台办批准的较早聘请台湾籍仲裁员的机构之一。厦仲每年受理的涉外涉台仲裁案件占年受案量的7%左右,位居全国仲裁机构前列。此外,在厦门自贸区的战略部署中,厦门市成立了厦门国际商事仲裁院及厦门国际商事调解中心,更大程度地发展壮大了厦仲的机构设置,也是自贸区建设的重要举措。

(二)厦仲的机构设置和法律制度的不足

厦仲在打造区域性国际化机构的道路上已有喜人的进步,但是仍然存在以下问题:

在机构设置方面:我国《仲裁法》第14条规定:"仲裁委员会独立于行政机关,与行政机关没有隶属关系。"尽管此条规定是仲裁机构向民间化性质取向倾斜的重要说明,但《仲裁法》却没有明确地规定仲裁机构的性质,在仲裁机关性质之争上留有空白。鉴于此,厦仲自成立以来是以事业单位的性质定位,近两年因市场经济日益发达、交易种类和规则都日益复杂、社会分工趋于精细,原本过于依赖行政支撑的局面被打破,厦仲原有体制定性已不能很好地解决市场经济争端,反而为多元化纠纷解决机制烙上浓重的行政色彩。特别是厦门自贸区的设立,为厦门与台湾乃至世界搭了一座交流沟通的桥梁,国有因素过多只会消减国际上尤其是台湾对厦仲的公正性、独立性的认识,因此厦仲努力跳脱事业单位的躯壳,改制为国有法律服务机构,这项改革已然位列成为全国200多家仲裁委前茅。

在法律制度方面,厦仲于1996年成立之初即已制定《厦门仲裁委员会暂行规则》,之后几经易稿,于2007年最终制定目前通行的《厦门仲裁委员会规则》,现行规则对规则适用、仲裁协议、仲裁庭组成、审理、裁决等作了详尽的规定,应该说这部规则囊括了仲裁事项的绝大多数。但随着时间跨越、经济发展,自贸区对于国际投资、国际贸易、国际金融的更高水平、更灵活高效的要求,规则不可避免地要与时俱进,修改相关条款使之与现行国际化市场接轨势在必行。

1. 仲裁规则中有规定当事人选定仲裁员的方式,但是必须在厦仲仲裁员名册中选择,这也是我国现行仲裁员选定的通行做法。仲裁员强制名册制度不仅有利于保障仲裁员的水平、保障仲裁裁决的质量,而且仲裁员名册编撰的专业性、细化性有利于当事人在名册中直接选定仲裁员,简化了当事人对仲裁员的了解和筛选过程,缩短了指定仲裁员的时间,提高了仲裁效率。[1]但正是因为强制选择的方式,最先限制了当事人选择仲裁员的自由进而限制了当事人自主决定解决争议的完全自治权利。仲裁活动首先应当是当事人意思自治的商事纠纷争议解决方式,正是因为仲裁相较诉讼当事人拥有更多的自由选择权才成为当前争端解决的优先选择,而名册的强制性必然限制了当事人要在该仲裁委所设置的仲裁员名册范围内选定仲裁员,与仲裁的自愿性相违背。此外,仲裁员名册造成作为非中国政府部门的当事人对"政府仲裁员"的不信任,[2]由于仲裁员名册中许多仲裁员是由中国政府在职或退休官员担任,在国外当事人选择时必然会对其公正性和独立性产生怀疑。厦门自贸区设立后,引进外商投资的优厚政策必然增加了外国商人对厦的投资活动,也将带来大量涉外仲裁案件,如果涉外当事人对名册内仲裁人员不信任,势必

---

[1] 郑洋洋、潘亚恬:《论仲裁员强制名册制的优劣势及其改进措拖》,载《法学研究》2015年第4期。
[2] 陈仰圣:《建设有中国特色的国际化仲裁机构》,载《法制日报》2006年10月13日第0006版。

会削弱厦仲在涉外当事人心目中的品牌力、影响力，不利于厦仲打造具有国际化水平的仲裁机构的宏伟蓝图的实现。

2. 厦仲规则中没有设立临时措施制度，与现行国际通用仲裁规则存在差距。中外学者都曾指出，在法律允许的情况下，有丰富的仲裁体验的当事人、具有较高诚信水准的当事人，特别是今后仍必须保持交往的当事人选择临时仲裁作为有约束力的争议解决方式，可以降低高额的仲裁机构服务管理费并能节省时间成本。[①] 但依据我国《民事诉讼法》及《仲裁法》的规定，只有法院才是采取临时措施的唯一主体，因此厦仲规则也仅规定了在仲裁活动中仲裁保全仅有证据保全与财产保全两种，且仲裁委只能转交申请，不能直接发布保全命令。这一规定并不利于外商投资环境的进一步完善，也降低了厦仲的国际竞争力；同时由于此项规定与联合国国际商事仲裁及其他国家仲裁规则规定脱节，一并影响了厦仲成为国际化商事仲裁中心的进程。

二、厦仲的国际化之路

历经20年的不懈努力与奋斗，厦仲已跻身于全国优秀仲裁机构，其公正、高效的处理原则赢得了众多当事人的赞誉和信赖，所作的裁决为当事人经济纠纷的解决、社会法治化程度的推进和厦门良好的投资环境的建立增添了一臂之力。然而我们应当辩证地看到，厦仲依然存在着许多问题，特别是在厦门自贸区构建过程中，厦仲在对台交涉、与世界接轨还有亟待提高的进步空间。

（一）仲裁机构的国际化

仲裁机构行政化与民间化之争是一种利益之争，仲裁机构的转型意味着包括地方政府部门在内的各相关主体利益的重新分配。[②] 厦仲在转型过程中已迈出了艰难的一步，但行政干预仲裁的问题依然没有得到根本解决，这也使仲裁机构和仲裁庭的办案独立性在一定程度上受到影响和干扰。为了打消厦门自贸区涉外商事仲裁案件中境内外当事人的顾虑，厦仲有必要在机构设置上改革，使仲裁朝着市场化、国际化的方向发展，可以借鉴新加坡和香港等地的仲裁机构管理设置模式，着手建立以理事会为核心的法人治理结构来强化仲裁机构的独立性，明确其不以营利为目的、独立自主经营的法律地位，在机构内实行决策、执行、监督有效制衡的管理体制。

（二）仲裁规则的国际化

1. 当事人意思自治原则是国际商事仲裁的基石，而厦仲中仲裁员强制名册制度无疑影响了在厦境内外当事人更加广泛和多元化选择仲裁员的自由。此外，厦仲500多名仲裁员中虽然都是来自全国乃至全世界的精英分子，但在时刻更新换代的社会里，早期仲裁员年龄逐步增大，思维和知识结构老化，不能及时了解和适应新型经济贸易的各种新兴发展方向，不利于其对新兴商事案件的处理。同时仲裁员强制名册也没有考虑到有一部分当事人可以不靠仲裁员名册的指导也能挑选出名册外资质适当的仲裁员。再者境外仲裁机构大多采用开放名册制，如新加坡和香港国际仲裁中心，根据其仲裁规则规定，

[①] 张圣翠：《我国仲裁市场竞争法律制度的困境与突破》，载《政治与法律》2015年第7期。
[②] 陈福勇：《我国仲裁机构现状实证分析》，载《法学研究》2009年第2期。

当事人对仲裁员的选择均没有仲裁员名册的限制。因此,我们有必要学习国外优秀仲裁机构的做法,在规则中明确规定当事人可以在仲裁员名册之外选任仲裁员,即使用"开放仲裁员名册"。在国际商事仲裁中由于有些当事人因为文化、教育、语言、习惯等因素倾向于选择本国籍仲裁员或非中国籍的仲裁员,开放仲裁员名册使之可以从仲裁机构制定的仲裁员名册之外选任仲裁员,无疑会受到外国当事人的欢迎。此外,面对自贸区纠纷的新特点、新问题,允许当事人在仲裁员名册外选择具有专业性、国际性和前沿性领域知识经验的仲裁员,无疑将大大提升仲裁本身的专业性。①

2.临时措施是国际商事仲裁程序中的重要环节,英国学者 Alan Redfern 所说,临时措施能保护证据不会遭到销毁或消失,保护财产不被转移或灭失,有利于实现法律程序的终极正义。②因此,取消法院发布临时措施的单轨制设计,赋予仲裁庭作出临时措施的权力,为当事人提供更多仲裁方式的选择,除了可以充分发挥市场主体的意思自治,吸引更多当事人选择在厦门仲裁,还符合国际商事仲裁的发展趋势,也利于厦仲与国际商事仲裁机构与制度的衔接。当然,在仲裁庭作出临时措施之时,还应当设定审查机制,为防止当事人因临时措施而遭受不公的权利救济方式。

三、结语

自贸区仲裁创新是自贸区法治建设的重要力量,自贸区蓬勃发展的市场,必将产生各方面的商事纠纷,特别是国际商事纠纷,因此创新和发展现代化、国际化仲裁机制,是自贸区法治建设的一项重要任务。③作为厦门自贸区法治建设的第一步,2015年6月6日,厦门国际商事仲裁院及厦门国际商事调解中心揭牌成立,这预示着厦门仲裁制度的国际化实践已经起步。但我们也应当认识到,自贸区法治建设并非一蹴而就,厦门仲裁仍需解决行政化色彩太浓、仲裁规则不尽完善等问题。

厦门仲裁作为厦门自贸区"先试先行"的试验田,宜再接再厉,积极参与国际商事仲裁,适应国际商事仲裁争端争议解决机制变化的趋势,借鉴各大国际知名仲裁机构先进的仲裁规则,努力推进厦门仲裁的国际化发展,为我国仲裁制度的改革与完善提供"可复制、可推广"的经验,为建设法治化的营商环境发挥更大的作用!

---

① 袁杜娟:《上海自贸区仲裁纠纷解决机制的探索与创新》,载《法学》2014年第9期。
② Redfern. D. Alan. Arbitration and the Courts: Interim Measures of Protection —Is the Tide about to Turn, *Texas International Law Journal*, 1995, 30(1)
③ 《罗东川:司法将为自贸区仲裁创新提供支持》,载《深圳特区报》2015年4月15日第T01版。

自贸区时代法律服务业的机遇与挑战

章水仙[*]

2014年12月12日,广东、天津、福建自由贸易试验区总体方案进一步深化上海自由贸易试验区改革开放方案获得中央批准,我国自贸区建设已然加速,一个新的自贸区时代悄然到来,新一轮高水平的对外开放和更大范围的改革试点正在稳步推进。与之相适应的,自贸区时代下法律服务业的发展也将迎来更多的机遇与挑战。

一、自贸区时代下法律服务业的机遇

上海自贸试验区自2013年挂牌以来,已形成了一批可复制、可推广的改革创新的成果,其建设经验亦在其他自贸区进行推广。

一是依法治国理念先行。自贸区外商投资企业到国内来由审批制变成对负面清单之外的进行备案管理,依托依法治国的理念完成。

二是以制度创新为核心。以前外商投资分为鼓励类、限制类,即便鼓励类也要审批,而在上海自贸区,负面清单之外的外商投资就不要审批了,改成备案。这是"准入前国民待遇+负面清单"模式,是一个非常好的制度创新,对国家治理体系制度创新非常具有意义。此外,上海在贸易监管、投资监管、金融领域的进一步放松管制方面都探索取得了很好的经验。

三是以政府职能转变为重点,处理好政府和市场的关系。目前,在上海自贸试验区,90%的投资项目都适用备案管理程序。特别强调要加强"事中、事后"的监管,实施分类监管、综合监管、动态监管,而且政府采用"一站式"、"单一窗口"等模式,大大提高了行政效率。

四是以风险可控为底线,建立风险防范体系。到上海自贸试验区的外资90%以上是自由备案进入的,如果在全国范围内采用这个制度,这么多外资进来,我们怎么来保证没有风险?因此风险防范体系的建设也非常重要,这方面我们坚持底线思维,除了用好事中事后监管方面的措施之外,还建立了行业风险审慎管理、经营者风险过程管理、企业诚信管理,再加上经营者集中反垄断审查、国家安全审查等,通过一系列的制度建设来防控风险,使得我们能够守住底线,防控开放可能带来的风险,从而能更加有信心地开放,进一步扩大吸引外资的规模和范围。

而正是依托自贸区的制度建设以及制度建设下的金融和贸易自由化的发展,以防范法律风险和解决法律争端为服务内容的律师事务所的存在,对预防和解决常见的、金融市场所伴生的频繁争端是必不可少的,这不仅将扩大对传统律师服务的需求空间,而且

---

[*] 章水仙,上海锦天城(厦门)律师事务所。

本文在"中国(福建)自由贸易试验区厦门片区法治保障"研讨会被评为二等奖。

在中外经济相互促进、提高的过程中一些涉及高科技新领域会不断兴起,其法律服务需求也会应运而生。另外,自贸区的非行政调节手段和措施也将进一步强化,这也将增多对律师服务的需求,如需要了解运用自贸区规则的案例、经验和教训,为国家立法和行政机关提出建议和意见;为解决国际贸易争端出谋划策,为各级政府部门、行业协会和企业提供政策和法律咨询、贸易对策、应诉方案等法律服务;参与和代理在自贸区内涉及我国的贸易争端法律事务;在反倾销、反补贴、保障措施等领域,提高律师水平和介入程序。整体而言,自贸区的发展势必带动中国法律服务行业市场的开拓这是必然的,案源将会越来越多,业务范围会越来越广,律师提供服务的空间也更为广阔,今后我们面对的不是案源,而是如何适应案件的需要。自贸区发展的每一个环节上都需要法律服务的嵌入,为法律服务行业提供大量发展机遇。

二、自贸区时代下法律服务业的挑战

(一)市场准入壁垒逐步消解

为了适应法律服务市场全球一体化的趋势,我国也放宽了法律服务市场准入的限制,如取消了"三个限制",即设立外国所驻华办事处数量的限制、设立城市的限制和一家外国所只能设立一个办事处的限制,同时也提高了其国民待遇。但从不同行业横向比较而言,我国的法律服务市场的开放措施是非实质性的,即便入世10年之后,在我国法律服务市场开放的核心问题上,即是否向外国律师开放中国法律业务方面还是作了严格的限制,如外国律师事务所不得从事中国法律事务,不得聘用中国执业律师。而与此同时,与自贸区法律服务行业发展紧密相关的金融、证券、航空、知识产权、海事海商等业务都在渐进性开放,而法律服务业的对外开放却停滞不前,开放水平甚至远远低于同为专业服务业主要组成部分的注册会计师行业。从这个角度而言,建设自贸区迫切需要法律服务行业的开放跟上步伐,提供高效的法律服务保障。

从法律服务衔接的流程来看,现在很多大型跨国企业、金融机构由于在全球运作技术、资本,一个投资或融资项目往往要涉及多个法域的法律,需要提供的法律服务也往往是复合的,法律服务业务不仅涉及所在国的法律,而且会不同程度地涉及其他国家、国际组织和民间机构的规范和商业惯例,纯粹只涉及一个国家的法律事务会越来越少。而现行的法律服务市场政策实际上是将本国法与境外法服务截然分开,本地律师事务所等于只能提供中国法的服务,境外律师事务所代表处只能提供境外法和国际法的服务,这就人为地割裂了法律服务市场的统一性。显然,这种律师事务所的组织模式和业务范围的划分就很难满足这些高端客户的要求,已经不适应自贸区建设要求的无缝隙、一站式的法律服务。

(二)竞争程度越来越高

法律服务市场的开放也是推进法律服务行业提高国际竞争力的必经之路。随着自贸区建设进程的不断向前推进,法律服务的内容和种类将逐步多元化、高端化。法律服务专业人员提供法律服务的产品链也将进一步拉升,从以事后法律救济为目的的诉讼、仲裁向事中法律控制和事前法律策划以及法律与投资、法律与税务、法律与管理、法律与金融、法律与信息等法律与其他相关领域之间相融合而形成的特殊类型的交叉增值服务方面拓展。随着自贸区法律服务市场开放程度的增加，外国法律人员进入中国法律服务市场所受的限制将越来越少，特别是外国律师从事法律服务业务的范围将大大拓展，这必然会使外国律师更多地参与我国法律服务市场的竞争。

（三）法律服务人才培养亟待改善

律师事务所作为提供法律服务的专业机构，律师是其最重要、最核心的资产。目前，自贸区所在地律所的组织结构和运作模式还不能真正培养人才、留住人才。

1. 从律所规模来看，绝大多数律师事务所的规模不足10人，律所规模比例严重失衡。

2. 从律师年龄来看，对律师而言，精通法律很重要，经验技巧和沟通能力也很重要，为此40岁以后的律师才是这一行状态最好的时候，显然本市40岁以上律师人数所占比例过低，律师年龄结构不合理。

3. 从专业技能来看，与国外律师事务所相比，本市律师的整体素质，包括对国际法和外国法的了解、国际业务的经验、法律服务的技能、外语的应用程度等方面确实有相当大的差距。所从事的多是国内法律业务，懂外文的律师人数不多，能熟练运用外语和法律知识与国外客户洽谈业务、签订合同的更是极少，熟知国际法、国际贸易法的律师尤其稀缺。中国律师在大型复杂的跨国交易和高新技术产业方面的专业知识和服务经验不足，缺乏国际谈判的经验和从事国际律师业务的能力，在国际法律服务方面竞争力较弱。

4. 从青年律师培养机制来看，目前，除了不到5%的律所能够根据自身的市场定位和客户要求定向培养长期的青年律师人才之外，绝大部分律所没有一个完整的青年人才培养机制。一部分顶尖人才在外资所高薪、业务来源、培养机制、晋升机制等的许诺下，正面临流失的危险。

三、推进自贸区法律服务业的几点建议

竞争机制健全的法律服务业、开放有序的法律服务市场将对自贸区的建设发展起到明显的助推作用。因而，对于法律服务行业多予以思考，以推动法律服务市场的开放与竞争，更好地适应建设自贸区对法律服务形式和内容提出的新要求。

（一）创新自贸区法律服务商业模式

我们认为，律师不能局限于诉讼纠纷，而且应参与到商业模式的构造与具体运作之中，以"目标客户需求"为视角的法律服务业商业模式的创新和核心竞争力的改善是促进自贸区建设的重要路径。

1. 差异化战略和目标集聚战略之提倡。所谓差异化战略是指在自贸区建设逐步推进之时，有条件的律所应当率先完成律所的专业化转型，具体而言：一是律所应当以成文规则的形式将人员分配到不同的部门，使专业分工成为律所管理体系的一部分。合伙人和普通律师可以根据其业务专长进入相应的部门，每个部门可以由若干名合伙人负责。二是不同的专业部门要做好各自的业务规划、客户规划，在服务客户的过程中，始终坚持"高水准、规范化、精细化、零缺陷"的服务要求，无论何时何地，都能提供给客户同

样品质的专业服务。三是同部门的律师之间、合伙人之间可以相互顶班,有效保证休假或暂离律师工作的延续性,而且可以保证部门对外所提供服务的同质性。所谓目标集聚战略是指律所主攻某个特定的顾客群(特定或特殊消费群体),目的是更好地为这一特定目标提供专业化的法律服务,力争在局部市场上取得竞争优势,从而在品牌形象、经销网络、客户服务等领域独树一帜。

2. 预防性法律管理计划之提倡。预防性法律管理是指对企业(公司)经营过程中存在的法律风险进行检查、评估和控制,对可能存在的法律偏差予以纠正和消除,目的是防范法律风险和杜绝法律漏洞。目前,许多公司对律师的传统观念倾向于关注过去事件,法官或者仲裁员成为最高决策人,预防性法律管理使最终决定权掌握在客户公司手中,由律师提供法律意见。

(二)重视律师在自贸区负面清单备案管理中出具的法律意见书

自贸区在投资项目管理环节,按照内外资一致的原则,取消合同章程审批,改为备案管理,备案后按国家有关规定办理相关手续,将确需保留的对外国投资者的特殊准入限制措施,列为"试验区外商投资例外管理措施表",探索负面清单管理模式,让看不见的手彻底发挥作用,有形之手尽可能从微观市场退出。但这些创新都不可避免带来新的监管问题,从审批制修改为备案制是否会影响自贸区的经贸往来的有序进行?通过何种手段来对自贸区的市场主体行为进行有效的规范化管理?如何对自贸区复杂经济活动设立起有效的风险防范屏障?为此,我们建议将律师出具的法律意见书作为自贸区负面清单备案管理的前置程序,将律师事务所出具的法律意见书作为受理行政许可申请的必备文件。法律意见书是律师事务所及其指派的律师针对委托人委托事项的合法性,出具的明确结论性意见,是委托人、投资者和自贸区政府机构确认相关事项是否合法的重要依据,其内容应包括是否合法合规,是否真实有效,是否存在纠纷或潜在风险。政府机构可以依据法律意见书的结论性意见,对不符合法律规定、不符合自贸区准入门槛的产品或申请,审查机关完全可以拒绝申请,做出不予备案的裁定。让具有专业法律素养的律师介入负面清单备案管理,重视法律意见书的功能作用,将其作为自贸区备案核查的必备条件和重要支撑,有利于确保备案审查的质量,从而促使相关公司严格遵守相关法律,这也有利于保障国家法律政策的贯彻,强化政府的监管调控。

(三)加强从事前监管向事中、事后监管的转变

自贸区从审批到备案的转变看似简单,实则意义重大,系列后续监管需要跟上,尽快形成与国际投资贸易中心规则相衔接的基本制度框架,是自贸区未来面临的考验。

1. 政府部门应全面推进律师行业诚信体系建设。进一步加强律师队伍诚信建设,建立健全诚信执业制度,提高律师行业的诚信度,使律师队伍真正做到诚信于中外客户、诚信于法律、诚信于社会。一方面,要使律师真正面向社会自主执业,由市场和社会检验其质量,决定其存亡。同时责成律师协会切实承担起行业表彰、行业惩戒的职责,对恶意降价等恶性竞争者,以及欺骗、作假等违法犯罪者列入"黑名单",对于特别重大的行业失信事项,政府有关部门应着力严惩,淘汰一些不适应律师业发展的律师事务所。另一方面,要严厉打击以虚假广告等非法竞争手段,欺骗客户钱财、侵害消费者权益的"黑律师"、"假律师",净化法律服务市场。

2. 律师协会应做好信息的搜集、整理和预判工作。应当充分利用处在行业前沿的位置优势和聚集的人才、智力优势，加强对自贸区法律服务细分市场的研究，更加重视收集信息、分析信息，预测自贸区的市场变化趋势，探讨服务领域、服务种类、服务标准和服务流程等，以及由此而产生的对法律服务人才的需求总量、结构需求、知识配备。在此基础上，对外国律所和外地分所进入自贸区法律服务市场后给本土律所带来的正面和负面影响进行综合分析，并在第一时间把新动向、新态势通过各种方式传递给政府、律所和律师，同时给予适当的建议。

3. 律师事务所应该优化自身定位。自贸区所需要的法律服务是多种多样的，具体而言：在诉讼领域，贸易纠纷以及与此相关的金融服务、投资纠纷、劳资纠纷、知识产权纠纷和反倾销诉讼、反垄断诉讼、反不正当竞争诉讼等诉讼领域将在相当长的一段时间内呈现出专业诉讼律师供不应求的局面；在非诉领域，常年法律顾问、投资与融资、银行与保险、尽职调查、风险评估、参与企业改制上市业务等业务量也将有大幅度的增长，非诉讼解决纠纷也成为律师重要的业务来源之一。这就要求自贸区律所在分析自贸区发展趋势的基础之上，结合自身的实际情况，做出明确的市场定位，进而与其他律所进行差异化的市场竞争。

（四）加强中外法律服务业的交流合作

在对外开放逐步深化的背景下，以跨国法律执业为表现形式的国际法律服务全球化是大势所趋，继续对法律服务市场采取严格的保护性措施，不是实现法律服务市场的政策目标——倡导平等竞争促进律师业繁荣的最佳手段。与其被动开放，不如主动谋划，更快地学习借鉴先进经验，实现合作共赢甚至赶超，争取开放政策的最佳效益。在自贸区国家战略确立后，启动我国法律服务市场进一步开放的时机已经成熟。从另一个角度而言，在自贸区内的法律服务业的试点也并非要求一下子做到"全面开放"，即便法律服务市场进一步开放，其所涉及的也主要是与全球化商业流动相匹配的商事法律服务领域，对此可以根据自贸区法律服务市场的客观需求，积极推进律师业的资源配置由政府为主向市场为主转变，其产业规模、业务范围、专业定位、服务方式等由市场和社会需求来确定，并随着市场和社会需求的变化而变化。同时也应该注意到，自贸区法律服务市场的开放是有选择性的，我们完全可以先选择有利于自己的政策，比如在上海自贸区内允许我国律师事务所聘用境外律师提供境外法律服务，允许境外律师事务所驻华代表机构聘用我国律师提供中国法律服务，允许境外律师事务所和我国律师事务所合作或合伙办所。这些制度设计表面上是向外国律师开放了我国的法律市场，但实际上最大的受益者是本地律师事务所。

随着自贸区建设的不断向前推进，必将形成国际性、开放性的法律服务市场。同时，发达的法律服务业、开放的法律服务市场必将为自贸区的全面发展和繁荣赢得宝贵的可持续发展机遇，中国的法律服务业也必将迎接更加美好的明天。

自贸区检察机关横向协作机制构建有关问题的思考

罗　琳[*]

2013年9月29日，中国（上海）自由贸易试验区（以下简称"自贸区"）正式揭牌，11月5日，全国首家自贸区检察室——上海市人民检察院派驻中国（上海）自由贸易试验区检察室挂牌成立。目前，天津、广东和福建三地自贸区相继挂牌、上海自贸区扩容后，各自贸区检察机关都在积极探索如何充分发挥检察职能，服务保障自贸区国际化、法治化营商环境的建设。在各自贸区检察工作高度同质化的背景下，构建起完善的自贸区检察机关之间的横向协作机制，有利于更好地发挥检察职能，满足自贸试验区建设对法律监督工作的需求。

一、构建自贸区检察机关横向协作机制必要性分析

一是检察机关服务自贸区建设发展的需要。我国从南到北四个自贸区的改革开放新格局已经形成，自贸区连点成线。虽然各个自贸区功能定位有所不同，但自贸区建设的关键就在于制度创新，废止事先审批，加强事中、事后的监管，实现投资贸易便利、监管高效便捷以及营造国际水准的规范化的法制环境。检察机关作为法律监督机关，必须积极参与其中，发挥好服务保障作用。这在提供重大发展机遇的同时，也给自贸区检察工作带来了极大的挑战，需要自贸区检察机关加强相互之间的协作，共同应对，探索推进检察改革，创新检察工作机制，完善法制监管体系，充分检察发挥职能，有效服务保障自贸区建设，为今后全国检察司法体制改革工作提供可推广、可复制的经验。

二是检察机关有效打击自贸区内犯罪的需要。从上海自贸区检察室设立以来办理的案件情况看，自贸区建设初期，区内传统的盗窃、故意伤害等犯罪仍占多数，但是随着政策的不断放开，在构建高效自由的贸易、投资机制过程中极有可能伴随着相关新型犯罪。同时，走私、骗取出口退税、洗钱、侵犯知识产权等犯罪也将不断衍生新形态，这对检察机关执法办案专业化提出更高要求。[①] 而跨自贸区犯罪案件也将随着自贸区的发展而出现。这些都需要自贸区检察机关加强协作，加强对新型犯罪问题的研究，交流经验共享信息，更加准确有效打击新型犯罪和跨区域犯罪。

三是检察机关树立权威公正司法形象的需要。随着自贸区的发展，外国人、外资企业的增多，国际商事活动的拓展，必然导致涉外刑事案件及民事行政案件不断增多，对

---

[*] 罗琳，厦门市湖里区人民检察院。
　　本文在"中国（福建）自由贸易试验区厦门片区法治保障"研讨会被评为二等奖。

[①] 朱毅敏、吴加明：《探索建立与自贸区建设相匹配的检察工作模式》，载《人民检察》2014年第8期。

检察机关执法办案国际化提出新要求，在处理案件中将可能涉及中外法律、国际条约、国际惯例、贸易规则等国际法的适用问题。自贸区检察机关的执法情况，将直接影响区内外企业乃至国际社会对我国自贸区法治环境的认知，进而影响对我们党和政府依法治国的认知。[①] 因此，需要自贸区检察机关在高度协作中统一执法标准、统一法律适用，公正公平的处理涉外案件，为自贸区发展提供公正高效的司法保障，树立检察司法权威。

二、构建自贸区检察机关横向协作机制需要注意的问题

关于构建跨区域检察机关横向协作机制，在法律法规上，最高人民检察院 2000 年颁布了《关于人民检察院侦查协作的暂行规定》，为检察机关之间开展侦查协作提供了法律指导，但范围局限于侦查协作，一些规定也较为原则。在实践中，一些地区对加强检察协作机制建设作了积极探索实践，如 2008 年 10 月 10 日，沪、苏、浙三地检察长签署了《三地检察长上海会议纪要》；同月 22 日，在南京签署了《关于进一步加强长江三角洲地区检察机关配合协作的协议》；2007 年 12 月 6 日至 8 日，渝西川东八区县检察长签署了《渝西川东八区县检察工作协作协议》等。这些地区加强协作的经验对于自贸区检察机关协作机制的构建具有一定的借鉴意义。但通过总结近年来检察机关构建横向协作机制的探索和实践，有几个问题需要引起注意。

一要树立起横向协作的观念。虽然多年来从上至下强调检察一体化建设，在纵向一体化方面，创新的作用趋于明显，但横向一体化，即构建横向协作机制方面则略显单薄，主要问题就在于观念认识上的误区，各地检察机关对于横向协作的认识不深、重视不够、积极性不高，开展的很多探索都停留在理论上、纸面上，实践中真正开展协作的领域不广，将各项机制落到实处的不多，很多相邻区域的检察机关都处于各自为政、单打独斗的状态，更遑论跨区域性的协作。因此，首先在思想上树立起协作的观念，加深对创新构建协作机制意义的认识，主动研究、主动落实协作工作机制，对于构建完善的横向协作机制至关重要。

二要更加注重协作机制的具体化和可操作性。建立协作机制关键在于在实践中能发挥作用，促进检察机关之间的交流协作，促进检察工作的更好开展，具体化的工作机制和可操作的工作程序是良好的协作的基础，在设计有关机制过程中应注意避免脱离实际、过于原则、过于烦琐等问题，更多务实，更少务虚，防止机制构建后流于形式，不能真正发挥效用。只有在实践中验证协作机制的积极作用，才能更加激发检察工作人员落实协作机制的热情。

三要更加注重专业性。构建协作机制的目标在于统一检察执法，更好地服务保障自贸区建设发展，在协作中共同提高检察人员的专业素质，共同应对自贸区建设给检察工作带来的新任务、新挑战，在专业领域的协作将是重点，不只是在检察法律监督专业领域，更要拓展至与服务保障自贸区有关的金融、经济、国际贸易、国际法等专业领域，互通有无，共同进步，培养专业化的检察业务人才。

四要更加注重信息化。随着社会经济的发展，信息化在检察工作各个领域已经得到广泛的运用，也发挥了重大作用，构建横向协作机制过程中也要注意加强信息化应用，利用现代科技手段加强协作的质量和效率，拓展协作领域，实现信息资源共享最大化。

[①] 朱毅敏、吴加明：《探索建立与自贸区建设相匹配的检察工作模式》，载《人民检察》2014 年第 8 期。

如可以依托现有的检察专线网络和全国统一检察业务系统等内网资源，建立联络、交流、信息交换等渠道，设立基础信息库，保障涉密信息安全；在各地与有关部门协调建立社会公共管理信息共享机制的基础上，实行信息资源共享，方便直接利用网络手段异地调用相关信息，既节约了办案成本，又提高了办案效率，同时也避免给异地检察机关增加负担。

三、构建自贸区检察机关横向协作机制的设想

根据各地的探索实践及自贸区检察机关的实际情况，笔者认为在构建自贸区检察机关横向协作机制过程中，应该重点建立起以下几项机制。

一是办案协作机制。对跨区域职务犯罪、重大刑事犯罪实行侦查及检务协作，根据自贸区内的治安态势，开展跨区域专项联合整治行动，形成打击犯罪的合力。在职务犯罪侦防一体化方面也可以加强合作交流，扩大辐射面。对有重大影响的民事行政案件联合办案、支持抗诉、支持受害人起诉，增强办案效果。针对自贸区内能源、环境等问题，可探索建立公益诉讼协作机制，共同推进检察改革。注意在办案协作中有关经费的保障问题，确立起合理规则，避免因为经费问题影响办案协作的开展。

二是信息共享机制。建立信息交流协作组织，以自贸区检察机关检察长联席会议为核心，依托各单位办公室形成常设交流联络组织，不定期对检察协作中的重大问题进行交流协调，日常开展经常性的信息交流，讨论研究落实上级部署、推进检察改革、开展自贸区检察工作等方面的做法经验，相互通报案件办理情况、重大案件信息、犯罪新动态等，共享社会公共管理信息，实现异地信息网上调取，建立起及时、高效、全面的信息交流机制，真正实现信息共享。

三是调研协作机制。自贸区检察机关可通过论坛、研讨会、合作课题调研等形式，定期或不定期就自贸区检察工作热点、难点问题，以及统一执法办案标准等问题，进行研讨或组织开展联合调研活动，发挥各地与高校合作的资源优势，促进自贸区检察工作涉及专门领域问题的研究，共同应对自贸区检察工作新任务、新情况，正确把握执法办案界限，处理好依法惩治违法犯罪和全力支持改革的关系。同时，可以交叉组织办案质量评查，进一步促进检察执法统一性、协调性。

四是培训交流机制。可以预见在将来随着自贸区的发展，检察工作任务将越来越繁重，对检察人员的专业素质、综合能力提出更高要求，必须加强检察人员的培训学习。要充分发挥各自贸区检察机关的资源优势，联合开展检察人员培训，整合人才和技术资源，推进教育培训资源共享，在人才培养上协同推进。可尝试互派干部进行交流挂职，选派办案骨干授课，组织开展业务竞赛等，实现资源共享、优势互补、互相促进。

五是考核奖惩机制。为保障各项协作机制真正落到实处，必须加强有关工作的考核评价，在确定内部工作责任分解中，将协作有关工作内容，逐项分解到相应的责任部门和责任人，确定考评标准，将协作工作与检察工作同部署、同考核，工作开展情况与年度评先评优挂钩，使责任部门和人员有压力有动力。

厦门自贸区知识产权保护研究

吴潇潇[*]

自由贸易区（Free Trade Zone）是指在贸易和投资等方面比世贸组织有关规定更加优惠的贸易安排，是在主权国家或地区的关境以外，划出特定的区域，准许外国商品豁免关税自由进出，实质上是采取自由港政策的关税隔离区。自贸区强调自由贸易，高度重视货物的自由流动，但它绝对不是知识产权侵权的天堂。知识产权所具有的专有性和地域性特征，决定了他人非经知识产权人许可或依据法律特别规定，在知识产权属地国不得实施受知识产权专有权利控制的行为。这些知识产权的基本属性并不会因为国家设立自贸区而改变。自贸区在中国领土范围内，当然要受中国现行知识产权法律的约束。设立中国自由贸易试验区，是我国顺应全球经济贸易发展趋势，积极主动深化对外开放的重大举措。自贸区将通过制度创新优势，成为我国推进新一轮改革和开放的典范，形成可复制、能推广的示范经验。在这样的背景、形势和任务之下，充分有效地保护知识产权无疑将成为自贸区法制保障的重要内容。

一、自贸区知识产权保护面临的问题

（一）法律适用问题

为适应建立国际高水平投资和贸易服务体系的需要，自贸区建设要求创新监管模式，促进自贸区内货物、服务等各类要素自由流动，推动服务业扩大开放和货物贸易深入发展。为此实施了"境内关外"即所谓"一线放开、二线管住"的监管模式。在"一线放开"的监管模式之下，货物从"先报关、后入区"转变为"先入区、后报关"，允许企业凭进口舱单将货物直接入区。随着进口货物的直接入区，过去在海关实施知识产权保护、扣留侵权嫌疑货物的措施将在实际上被弱化。在推动贸易便利化、加速物流快速流转的同时，大量涉嫌侵犯知识产权的货物有可能流入自贸区内。这些货物在自贸区内的进出境和进出关、生产加工和销售是否都构成知识产权侵权？是否有例外？尤其是涉嫌侵犯本国知识产权商品的临时过境行为与贴牌加工出口行为是否可能成为例外？"平行进口"的行为是否构成侵权？这些问题在自贸区内显得尤为突出，亟须有权机构作出相关规定，以免出现法律适用上的差异。

（二）行政保护中存在的问题

由于制度设计的原因，自贸区内各类知识产权行政执法、行政管理机关职权的来源未完全统一。以上海自贸区为例，上海自贸区管委会统一行使专利和版权方面的行政管

---

[*] 吴潇潇，厦门市海沧区司法局。

本文在"中国（福建）自由贸易试验区厦门片区法治保障"研讨会被评为二等奖。

理和执法,自贸区内工商局行使自贸区内商标权行政管理、行政执法。由于专利、商标、版权等各主管部门的体制地位不同,可能有不一致的规定,导致执法时各执法机关的执法思路、方法和手段差别太大。在没有统一依据的情况下,有的行政管理机关在处理案件时,为了回避有关部门的监督,为了避免承担责任而相互推脱,甚至造成个别案件无人接管的尴尬境地。虽然厦门片区在管委会内设立了"三合一"的知识产权局,但也还是处于探索阶段。如何实现统一管理,仍需进一步探讨。

除此之外,知识产权行政执法措施效果也不佳,有待加强。知识产权部门没有制定有力措施维护当事人利益。即使得到处理,往往也会因为处罚力度太弱而对于侵权行为没有足够的威慑作用。行政执法保护得不到相关部门的多重制度保障和全面完备的管理,便会使侵权行为在自贸区内任意肆行。

(三)审判机构设置问题

专门化审理是知识产权司法改革的趋势。根据自贸区内知识产权案例的类型和数量,设置统一受理知识产权案件的知识产权法院,有利于克服不同诉讼类型之间的冲突,适应知识产权案件的专业性,提高解决知识产权纠纷的针对性和有效性。专门知识产权法院是国际知识产权司法保护的趋势,包括美国、日本、英国以及欧盟都设有该类法院。然而,目前我国设有专门知识法院的地区只有北京、上海、广州,其他地区的知识产权案件大多由中级及以上法院管辖。在缺乏专业化审判机构的同时,专业审判人员的缺失也是知识产权保护过程中存在的一大问题。专门化知识产权审判机构、人员的缺失,不仅严重影响了审判的效率,也会大大增加诉讼成本,不利于发挥自贸区应有的优势。

二、自贸区知识产权保护的对策

(一)明确知识产权法律适用

自贸区法律适用问题是自贸区法庭审判案件的核心问题之一。自贸区在中国领土范围内,当然要受中国现行知识产权法律的约束,因而自贸区知识产权案件的法律适用依然是按照我国相关法律的规定进行适用。但由于自贸区的特殊性,在适用国内相关法律的过程中也会遇到新的问题,因此需明确相关行为的法律适用,如前文所涉及的贴牌加工、临时过境、平行出口等行为。

具体来说,法院在审理贴牌加工商标侵权纠纷案件中,应当注重从以下四个方面进行审查,以确定是否构成侵权行为:一是审查商标注册情况,即境外委托方在产品销往国是否享有商标权或者使用许可;二是审查商标使用情况,即贴牌加工产品上标注的商标是否严格按照该商标在境外注册的内容及核准类别使用;三是审查产品销售情况,即贴牌加工产品是否全部销往委托方享有权利的地域;四是审查加工企业的注意义务履行情况,即加工方是否切实审查核实了委托方的商标权证明文件。对于在自贸区内生产的涉案贴牌加工产品全部出口销售,中国公众可能接触到该类产品,一般会造成国内相关公众的混淆和误认,这种行为就属于商标侵权行为,自贸区知识产权司法机关就能判定其为商标侵权行为。

过境贸易作为一种贸易形态有其存在的必要性和合理性。在实践中,知识产权货物在过境国侵权,而在货物始发地的出口国和货物目的地的进口国不一定侵权。根据2011年10月通过并向WTO成员开放签署的ACTA(反假冒贸易协议),虽然规定将边境执法从进口环节延伸至转运环节,但该项义务并非强制。中国作为发展中国家,从提高通关效率、促进贸易自由的角度出发,应不认定临时过境行为构成知识产权侵权。

由于商标权的地域性,对权利用尽范围的认识直接决定了是否允许平行进口。2008年,我国明确规定专利产品或者依照专利方法直接获得的产品经合法售出后,进口该产品不视为侵犯专利权,即认可了"专利权用尽"的范围应当是"国际用尽",即允许平行进口。同样,在自贸区也应认可这一规则,而不是由于其制度的特殊性而排除"国际用尽"规则的适用。

(二)完善自贸区行政保护

目前,厦门自贸区已设立了"三合一"的知识产权局,统一的领导机构在形式上已经成立。现在更为重要的是要在落实的过程中逐渐摒弃以往分散管辖的模式。同时,要在综合管理的基础上,合理划分管理的范围,满足监督知识产权管理的系统性与专业性,明确管理的职责。

"徒善不足以为政,徒法不足以自行"。良好的知识产权保护制度除了以法律作为制度保障外,还必须以有效的执法措施做后盾,才能真正发挥激励创新、促进科技成果转化的实际效用。在自贸区内的知识产权执法体制上,应控制知识产权综合执法部门职责的交叉,保证政府履行职能的能力,提高自贸区实施统一执法模式的效率,也提高知识产权执法的效果。尽可能地界定可以进行相对集中的综合行政执法领域,针对违法行为、执法依据、执法程序和处罚等明确对应的标准。当然,考虑到知识产权执法具有较强的专业性,为了确保知识产权执法的公正和准确,管委会综合执法机构可以考虑配备相关的知识产权执法专业人员或聘请相关知识产权专家。

(三)设立专门的知识产权法庭

当前,厦门自贸区设立时间尚短,因此有关知识产权案件的数量相对较少。但是,随着自贸区的发展,特别是随着自贸区服务业、投资领域的开放以及新型贸易业态的快速发展,自贸区内知识产权案件数量必然增加。在考虑知识产权案件的专业性以及发展趋势的情况下,厦门自贸区有必要未雨绸缪,设立专业的司法机构。对于专业司法机构的设置,学界和实务界现提供了两种可供选择的模式,一是设立专门的知识产权法院,二是设立专门的知识产权法庭,包括普通法院的知识产权法庭和专门法院的知识产权派出法庭。从目前大多数国家的相关经验和我国的现状来看,在自贸区设立专门的知识产权法庭或者知识产权法院的派出法庭是比较可行的,而在范围有限的自贸区土地上设立专门的知识产权法院的可行性和现实必要性都比较低。原因有二:首先,如何设立符合中国实际需要的知识产权专门法院的模式尚在探讨中,自贸区率先单独设立知识产权专门法院的前期准备和经验还远远不够;其次,设立专门的知识产权法院的成本过高,极有可能造成资源浪费。因此,在综合考虑自贸区发展需求以及当前国情的前提下,在厦门自贸区设立专门的知识产权法庭似乎是更为恰当的选择。

同时,在设立专门知识产权法庭的基础上,还可以考虑引入"专家辅助人"制度。在涉及复杂的知识产权技术问题时,"专家辅助人"可以凭借其掌握的专业知识对鉴定意见或专业问题提出意见，为法官判案提供专业的技术支持，最终达到提高庭审质量、效率和裁判水平的目的。

（四）完善多元化的纠纷解决机制

为了实现自贸区知识产权法律保护的目标，自贸区内应积极探索与司法保护相配合的多元化知识产权纠纷解决机制。在自贸区内建立多元化的知识产权纠纷解决机制相当有必要：第一，知识产权案件专业性较强，除涉及复杂的法律问题以外，还会涉及相关专业的技术性问题，这些专业性的技术问题常常影响到案件的审理和法律判断，而知识产权法官往往比较精通有关知识产权的法律法规，大多数法官对相关专业技术知识了解得并不多；第二，提倡多元化的纠纷解决方案，可以针对不同的个案选择更为合适的纠纷解决方式。

2015年4月1日，《厦门经济特区多元化纠纷解决机制促进条例》公布，并于5月1日起正式施行。该《条例》的公布，为自贸区纠纷的解决提供了一个很好的导向。自贸区可以积极探索多样化的纠纷解决方式。如（1）完善协商和解纠纷解决机制。规范当事人的协商和解程序，完善行业协会、中介组织、相关领域的技术和法律专家等参与解决纠纷的相关规定。同时还可以建立类似审前会议、诉讼和解、诉讼调解等的行政机关和法院的和解解决纠纷程序，健全完善自主调解、行政调解与司法调解相衔接的"三位一体"调解机制，把大量矛盾纠纷化解在法庭外，充分整合资源提高争端的解决效率。（2）完善仲裁解决机制。厦门仲裁委员会已在自贸区内设立了相关的分支机构，当下更为紧要的是要订立行之有效的仲裁规则，提高商事纠纷仲裁的国际化程度，提高服务效率。同时，仲裁机构也可以借助互联网，探索新的方式办理仲裁案件。

自贸区的成立为优化我国知识产权保护制度、改善我国知识产权保护实践、实现国家创新驱动发展战略，提供了广阔的实验空间和舞台。特别是随着自贸区的进一步深入发展，发生于自贸区内的知识产权实践与问题必然日趋丰富和复杂，我们必须加以密切关注、认真研究并积极应对。目前，上海自贸试验区已经在知识产权保护管理体制创新方面做出一点成绩，厦门自贸区也应积极研究、借鉴上海的做法，充分发挥对台优势，探索适合厦门本土的管理体制。

两岸司法互助

优化营商环境之司法创新探索
——以海沧法院涉台司法创新为分析样本

厦门市海沧区人民法院课题组[*]

导 言

　　市场与法治被称为现代文明的两大基石：经济发展主要关注社会财富的生产，法治则保障财富的交易与分配。市场经济是自由交易经济，但市场交易有效有序进行的一个基本条件就是法治。法治可以约束经济行为，包括产权界定和保护、合同和法律的执行、维护市场竞争等。倘若没有法治保障，产权就是不安全的，交易是不确定的，市场主体就不可能致力于通过提供产品和服务获取利益，就不可能形成高效有序的市场竞争环境，也就难以实现经济健康发展。只有实行法治，才能充分发挥市场配置资源的基础性作用，"市场经济是法治经济"早已成为共识。

　　我国市场经济经过30多年的探索发展，已初步建立起具有自身特色的社会主义市场经济体制。市场主体不断丰富，市场规则日益完善，市场交易持续活跃，价值规律、竞争规律、供求规律等在资源分配中的作用充分体现。但随着经济发展深入、市场主体多元、企业竞争激烈，司法领域内一些弊端开始凸显，例如，司法地方保护主义、司法效率低下及裁判的不统一性。因此，为弥补现行司法的不足，有必要对现行司法进行适当创新，以适应市场经济发展的需要，更好地为市场经济发展保驾护航。事实上，各地法院为优化市场营商环境，就司法创新进行了诸多有益尝试，亦硕果累累。海沧法院涉台司法创新——涉台案件跨区域集中管辖，就是其中一项的成功范例。

一、司法创新之应然理念

　　现代司法中，法院的主要功能即在于解决纠纷并通过纠纷解决形成"规则之治"。苏力教授曾指出："现代法院的功能确实已经从原来的解决纠纷日益转向通过具体的纠纷解决而建立一套旨在影响案件当事人和其他人的未来的行为准则。……而规则之形成与个别纠纷之解决相比，前者具有巨大的正处在性；大约也正是在这个意义上，法院才更可以说是提供公共产品的而不是私人产品的一个机构。"[①] 法院作为纠纷解决的专业机构与最终机构，在纠纷解决的专业性及权威性方面，是其他机构不可比拟的，其所建立的"规

---

[*] 课题组成员：傅远平，厦门市海沧区人民法院院长；
曹发贵，厦门市海沧区人民法院副院长、涉台法庭庭长；
陈进杰，厦门市海沧区人民法院涉台法庭法官，课题执笔人。

[①] 苏力：《农村基层法院的纠纷解决与规则之治》，载《北大法律评论》（第2卷第1辑），法律出版社1999年版，第80~81页。

则之治"对于市场参与者而言至关重要,能够为市场参与者提供稳定的预期。而唯有稳定的预期,市场竞争方能有序。显然,法院所承担的"规则之治"功能须依托于具体的纠纷解决,而这种"规则之治"的正当性唯有法院在具体的纠纷解决过程中始终恪守法律基本价值方能得以彰显。

"法律价值在构成上至少包括正义、秩序和效益"。[①] 其中,公正是司法活动的首要原则,[②] 其是司法的灵魂,是当今法治国家司法应然的首要准则和追求的最高目标,也是我国现代司法理念的核心。当然,迟到的正义非正义,"法律中所存在的价值,并不仅限于秩序、公平和个人自由这三种。许多法律规范首先以实用性获得最大效益为基础的"。[③] 换言之,法律正义或公正内涵的确定,需要借助于对资源使用与配置效益的评价。庞德亦指出:"自然权利、正义、公平和效益观念已经促使法律新生,同时也导致它成为衡量一切规范原则和标准的尺度。"[④] 可见,对司法而言,公正与效率缺一不可,现代司法本质上追求公正与效率的最佳统一。

故此,司法创新应基于司法并归于司法,能够让司法更好地维护法律的基本价值。换言之,司法创新应以追求公正与效率的最佳统一为导向,并依托于高度专业的法官群体进行制度创新、机制创新或方法创新,进而实现"让每一个当事人在每一个案件中都感受到公平正义"的终极目标。而这,应当成为司法创新之应然理念。

二、涉台案件跨区域集中管辖与司法创新之契合

(一)涉台案件管辖机制创新之必要性

涉台案件类型多样化,在委托代理、证据认证、司法文书送达等诉讼程序上有一定的特殊性。实务中需查明和适用台湾地区法律的情况较为常见,法院对于相同或类似案件因选择适用大陆法还是台湾地区法律的理解不一导致同案不同判情况时有发生,导致市场主体无所适从。并且,与涉港澳、涉外案件相比,涉台案件具有较强的政治性、政策性,更为敏感。涉台审判工作不仅直接关系对台工作大局、两岸和平发展与和谐交流,还直接关系台湾同胞的切身利益和台湾同胞对大陆司法的认同感和信任度,直接关系大陆法院对台司法形象。这就要求对台工作的各项政策在涉台审判工作中得到统一贯彻,由熟悉对台政策、政治素质过硬、具有较高法律素质和人文素养的法官进行专业化审理,以充分保障涉台审判的质效,保证案件得以公平公正处理,杜绝同案不同判现象,从而平等保护两岸民众,树立祖国大陆司法体系的权威,增强台湾地区民众对祖国的认同感。

而管辖是"诉讼的入口",是"人民法院独立行使审判权和司法公正的第一道生命线",[⑤] 法院管辖的确定是程序运作的基本前提和必要条件,对保障诉讼当事人的诉讼地位平等、诉讼权利合法有效地行使以及法院审判权的落实具有重要的意义。根据我国现行法律规定,基层法院对涉台民事案件均有管辖权。而分散的涉台案件管辖机制无法在法

---

① 张文显主编:《法理学》,法律出版社1997年版,第286页。
② 鲁千晓、吴新梅:《诉讼程序公正论》,人民法院出版社2004年版,第1页。
③ [英]彼得·斯坦、约翰·香德:《西方社会的法律价值》,王献平译,中国法制出版社2004年版,第2~3页。
④ [美]罗斯科·庞德:《普通法的精神》,唐前宏等译,法律出版社2001年版,第67页。
⑤ 肖建国:《管辖制度与当事人制度的重构》,载《人民法院报》2004年2月11日第B3版。

院与当事人之间设立"隔离带",且因涉台案件分散于各个法院,法院审判人员受业务水平、驾驭涉台案件的能力所限,可能对案件审理难以把握,容易造成错案或审理期限的拖延。此外,某些法院的涉台案件往往案源不足,如将案件分散受理,则会浪费司法资源,还会产生"马太效应":涉台案件受案越多的法院,其法官办案能力越能得到提高,法院也越重视相应的审判工作;受案越少的法院,其法官越难积累办案经验,法院也就越不重视相应审判工作。前者步入良性循环,后者则陷入恶性循环,办案质量参差不齐。总之,分散的涉台案件管辖机制无法满足由高素质的法官对涉台案件专业化审理之需要,鉴于涉台案件的特殊性及案件管辖的重要性,对涉台案件的管辖进行司法创新尤为迫切。

(二)涉台案件跨区域集中管辖与司法创新之契合

集中管辖的基本内涵是对特定区域内特定类型案件的管辖权进行重新调整和合理配置,把特定区域内特定类型的一审案件交由某个特定法院管辖,实现该特定类型一审案件的跨区域管辖,以达到整合审判资源、排除地方干扰、提高审判质效之目的。如前所言,在司法创新应然理念的维度下,司法创新应以追求公正与效率的最佳统一为导向。对涉台案件施行跨区域集中管辖正是契合这一理念的制度创新。

首先,对涉台案件实行集中管辖,有助于克服司法领域的地方保护主义,有利于实现涉台案件的审判公正。司法领域的地方保护主义作为一种司法腐败现象,严重妨碍了司法公正,影响了法制统一原则的实施和司法的权威,损害了司法形象。我国现行法院审级建制基本上与行政区划相一致,地方法院的人、财、物等都依赖于地方。在这种体制下,地方法院很容易变为"地方的法院",现行的审级制度已成为地方保护主义和人情案的温床。而对涉台案件实行集中管辖,切断法院与当事人之间的"地缘"关系,可有力地排除地方保护主义的干扰,实现案件的公正审理,从而平等保护市场参与者,为市场参与者提供公平的营商环境。

其次,对涉台案件实行集中管辖,有助于提高涉台案件审判效率,有利于提高涉台审判法官的专业素养,并避免同案不同判现象。涉台案件跨区域集中管辖最大的特点就是集中性,其不再是将所有的一审案件分散到各个基层法院审理,也不再是简单地将本区域案件移送给其他法院,而是有选择地将各个基层的涉台案件集中到审判资源相对优势、地理位置相对便利的法院审理,实现对管辖权的整合。实行集中管辖后,被赋予涉台案件管辖权的法院,审判力量往往较强,法官的审判经验也相对比较丰富,优化了审判司法资源的配置,提高了司法效率。且法官长期审理该类型案件,随着经验的积累,其驾驭该类型案件的能力也会提高,有助于法官提高其专业素质,也有利于案件的高效高质审理。可见,涉台案件跨区域集中管辖是通过对现有的涉台审判力量进行"减法"与"加法"的内部处理,实现优质审判资源的集约化,进而提升审判活动的质效。并且,涉台案件集中至某一法院管辖,其裁判结果更加统一亦是显而易见的。而裁判结果的统一无疑是法院"规则之治"功能重要组成部分,能够为市场参与者提供稳定的预期,保障市场竞争有序运行。

可见,以管辖为切入口,在司法创新应然理念指导下,对涉台案件实行跨区域集中管辖正是涉台审判为实现法律价值公正和效率的制度安排。其既能够使对台政策在涉台审判中得以统一掌握,避免同案不同判,在集中管辖模式下实现涉台案件的公正审理和审判专业化;又能够集约审判资源,提高涉台审判效率。进而保证法院"规则之治"的正当性。显然,对涉台案件实行跨区域集中管辖契合司法创新之应然理念。

三、海沧法院涉台司法创新举措

(一)海沧法院涉台案件跨区域集中管辖及系列创新举措

1. 全市范围涉台案件跨区域集中管辖。2011年12月20日,最高法院司改办书面批准将海沧法院申报的"审判管理暨对台审判工作方面集中管辖"改革项目列为2012—2014年的改革项目。2012年1月16日,福建高院作出批复,同意海沧法院成立专门的涉台审判业务庭,集中管辖厦门市辖区内一审涉台民商事案件。厦门中院据此制定实施办法,规定由海沧法院跨区域集中管辖全市具有涉台因素(含台资企业)的一审民商事案件。2012年6月15日,海沧法院涉台法庭揭牌成立,专门负责审理全厦门市涉台一审民事案件。此后,根据福建高院批复,海沧法院开展涉台案件"三合一"集中管辖试点工作。2013年1月28日,海沧法院受理了其辖区外第一起涉台刑事案件;2013年3月7日,海沧法院受理了其辖区外第一起涉台行政案件,实现了涉台刑事、民商事、行政案件"三合一"集中管辖工作机制的全面运行。2013年10月30日,厦门中院修订了《关于涉台刑事、民商事、行政案件集中管辖的实施办法》(厦中法发〔2013〕140号),明确规定海沧法院涉台刑事、民商事、行政案件"三合一"集中管辖的范围和标准等。

2. 设立涉台专门派出法庭。大陆首个涉台专门派出法庭——海沧法院涉台法庭于2012年6月15日正式挂牌成立。涉台法庭有别于法院内设的审判庭或合议庭,其设置是高规格的,级别高于法院内设审判庭,也有别于基层法院派出的人民法庭,是针对涉台案件这一特殊案件类型而专门设立的专门派出法庭。涉台法庭,贵在专业,根本特征是跨区域集中管辖。

3. 台胞陪审员制度及参审团制度。海沧法院在筹备涉台法庭的同时,精选出10位杰出台商,于2012年1月10日经厦门市海沧区人民代表大会(以下简称海沧区人大)任命为人民陪审员。同时,海沧法院出台《台胞陪审员工作规范》,对台胞陪审员的选任和免职事由及程序、陪审的案件范围、台胞陪审员的参审权利、回避、业务会议制度及定期业务培训制度等进行详细规定。针对首批任命的台胞审判员均为涉企人员、男性,且普遍担任较多社会职务,客观上存在代表性有限、参审时间难以保障等问题,涉台法庭积极实施台胞陪审员倍增计划,在综合考虑性别、行业界别、年龄平衡和履职能力等因素的前提下,于2014年精心挑选了10位新的台胞陪审员,解决了台胞陪审员全面代表性不足问题。涉台法庭还实行台胞陪审员定期培训制度和业务会议制度,定期召集台胞陪审员对具有普遍影响力的涉台案件的事实、法律问题进行集体讨论,重大案件的判决均以法官及全部台胞陪审员业务会议集体讨论结论为参考。2015年,海沧法院开始试行人民陪审制度改革,探索人民参审创新形式,又甄选了17位台胞为人民陪审员。该举措不仅提升了台胞陪审员的案件参与度及陪审水平,而且有效保证了涉台案件的审判质量。

此外,2014年12月,海沧法院还从区人大代表和政协委员、市台商协会理事以上成员中选任参审员。对具有重大社会影响、涉及群体性利益、道德伦理与风俗习惯、社会媒体广泛关注的涉台案件,邀请5~7名参审员参与庭审,于庭审前按照1∶2的比例在摇号随机产生。在审判台右侧设置了参审员专门席位,参审员全程旁听庭审过程,并在庭审结束后独立对案件事实认定部分发表意见，形成最终书面意见提交合议庭作为裁判的参考。

4. 引入科学管理措施。为优化质效管理，确保涉台民商事案件的审判质量，涉台法庭积极借助海沧法院建成的国内法院系统最先进的多维信息化中心项下智能辅助办案系统，提高文书制作效率及质量。该智能辅助办案系统为审判人员量身定做，兼具文书检索、文书比对、文书纠错、文书管理等功能，运用大数据和文本分析技术，对导入案件的当事人信息、案件情节、量刑情况、文字表述等自动分析提取，旨在协助审判人员通过系统自带和数据库中的文书智能分析引擎为案件审理提供帮助、提高文书质量，实现同案同判。

为强化责任意识，全面规范涉台审判行为，切实提高涉台审判工作能力和效率，涉台法庭对不能决事项实施规范化管理。针对涉台审判工作的特点，对海沧法院于2005年制定并实施的《不能决事项处理规范》进行细化，详细确定了涉台案件不能决事项的情形、处理程序及审判人员未依规定处理的责任，有效杜绝了因主、客观原因导致涉台案件久拖不办情况发生，大大增强了涉台法庭的司法公信力。

5. 人员配置。为确保涉台案件审理质效，海沧法院除选配高素质、精闽南语、懂台湾风俗和熟悉台湾相关法律的专业化涉台审判法官外，还从全院角度调配办案力量，选派刑事审判庭、行政审判庭及家事审判庭资深法官与涉台法庭法官组成合议庭，共同参与涉台刑事、行政的审理。此外，海沧法院多次指派涉台审判工作人员参加最高人民法院、福建高院组织的涉台审判业务培训、司法互助培训，不断提升法官及辅助工作人员的业务水平，并特别强调涉台法庭审判人员的调研参与度，加强涉台审判信息的搜集、分析和研判，牢牢掌握涉台审判前沿动态。

6. 司法延伸服务。为更好更便捷地提供司法服务，让台胞台商节省诉讼时间成本，把更多的精力用于市场营商，涉台法庭在高效高质做好公正审判基础上，积极延伸司法，陆续推出诸多司法便民举措。

（1）开设夜间和周末法庭，方便当事人诉讼。涉台法庭依当事人的申请，经审查符合条件并取得各方当事人一致同意的，便可启动夜间或周末法庭庭审程序，切实解决部分当事人工作时间难以到庭的难题。

（2）开展巡回审判，就近就地审理。涉台案件的当事人遍布厦门市辖区，为方便当事人诉讼，在当事人提出申请的前提下，结合案件具体情况，可采取巡回审判的方式，到当事人所在地进行就近审理。此外，涉台法庭已在厦门市思明区思明南路峰巢山设立巡回审判点，并将逐步在岛外其他区选址设立巡回审判点，进行立案、开庭审理等诉讼活动。

（3）建设电子法庭，实现远程庭审。当事人身处边远、交通不便地区，以及当事人有特殊理由无法到庭参加诉讼的，可采用远程网络庭审。涉台法庭已采用集语音、数字、图像处理为一体，综合应用数据库技术、网络技术、自动控制技术的多媒体系统，有效实现了各类证据的可视化展示、远程证人作证、听证、见面会和网上庭审直播。

（4）成立涉台法庭义工队。涉台法庭义工队全称为厦门市台商协会涉台法庭义工队，于2014年12月5日正式成立，其由厦门市各台资企业中志愿为台胞提供司法诉讼服务的在职爱心人士组成，在诉讼和调解过程中提供便民服务，帮助来涉台法庭诉讼的有需要的社群。涉台法庭义工均来自台资企业，有些甚至是企业的管理人员，其所在企业在生产经营过程中难免会碰到各种法律问题,涉台法庭义工队为台资企业提供了直接向法官咨询法律问题的平台,借助这一平台,台资企业实现了法律咨询的日常化。此外,涉台法庭义工旁听案件庭审,在他人的纠纷中获取法律知识,总结经验教训。这将有助于其对所在企业的管理更加规范,与其他公司经贸往来时也能有的放矢,将许多可能产生的不必要的纠纷扼杀在摇篮中。故涉台法庭义工队这一平台,有助于台资企业防范法律风险。

(5)发布风险提示书。涉台法庭定期不定期对涉台案件归类分析,对涉台案件所反映出来高风险且具有典型性问题,结合案例制作相应的风险提示书,通过台商协会将该提示书分发给各台企。例如针对台资企业劳动争议高发的情况,涉台法庭于2014年初对审结的涉台企劳动争议案件进行分类、分析、整理和归纳,制作《台资企业用工风险提示书》,结合案例提示劳动用工各环节存在的风险及应对或改进措施,通过台商协会将该提示书分发给各台企,促使台企对劳动用工管理进行了全面整改,成效明显。

7. 涉台缓刑考察员制度。因台籍被告人在厦门往往没有固定居住场所或工作单位,社区矫正机构通常以不能监管为由出具不愿意接受缓刑监管的意见,则必然导致法院的判决执行移送无门,导致台籍被告人难以适用缓刑。在满足缓刑条件却无法予以适用,明显有违公平正义原则。并且,尤其台籍被告人多数系经商人士,判处实刑意味着其企业运营的不可避免受到无法预知的负面影响,甚至可能断送其在大陆辛苦营商所取得的成果。

为解决台籍被告人与大陆被告人"同案不同判"的现象,维护台籍被告人的正当权益。海沧法院大胆探索,积极回应长期以来"台籍被告人缓刑适用难"这一司法难题的主动作为,建立了涉台缓刑考察员制度,与海沧区司法局共同制定了《涉台刑事缓刑考察员制度工作规范(试行)》,规定了缓刑考察员的选任、培训、奖惩、考核等内容。2015年7月24日,海沧法院对首次适用涉台缓刑考察员制度的一名涉嫌虚开增值税专用发票罪的台籍被告人进行公开宣判。该案中,该名被告人曾先后被两区社区矫正部门以经常居住地不在本辖区、无合适监管人为由拒绝监管。合议庭经讨论,认为该被告人具有自首、退赃等情节,可能宣告缓刑,遂决定启用涉台缓刑考察员制度,委托包括厦门台商协会会长陈信仲在内的三名台籍缓刑考察员对该被告人开展调查工作。三名考察员严格拟定调查方案,对该被告人的个人情况、家庭情况、前科情况、矫正条件等方面进行深入调查,最终出具该被告人适合社区矫正的评估意见,供合议庭参考,考察员同时表示愿意协助海沧司法局对该被告人进行监管。本案合议庭一致认为该评估意见客观公正,最终对该名被告人宣判缓刑。

(二)海沧法院涉台案件跨区域集中管辖等创新举措之成效

1. 案件审理质效得到有效保证。截至2016年2月,涉台法庭受理的各类涉台案件4577件(其中民商事案件3707件,审结3312件,调撤结案2282件,调撤率高达68.90%;民商事案件案由类型有60余种,以商事纠纷居多,买卖合同纠纷和借贷纠纷最为典型,两者的案件量约占涉台民商事总案件数的44%,股权争议等与公司股权有关的纠纷亦为数不少,约占受理民商事案件的8%),实现零信访、零投诉。民商事、刑事、行政案件判决结案1006件中,不服判决提起上诉案件348件(含厦华公司退休员工养老保险待遇纠纷系列案82件和翔鹭房地产公司商品房销售合同纠纷系列案27件;此外,因劳动争议案件诉讼成本极低，难以调处，80%以上劳动争议案件均需判决结案，判决结案率居高不下，且判决结案的上诉率高达78%，该348件上诉案件中，劳动争议上诉案件有96件）；二审改判21件（因新证据改判9件，无一重大改判案件），发回重审3件（因新证据原因发回2件），剔除新证据发改案件，发改率仅为3.73%，且该发改均因法官自由裁量的差异所致，均未被法院审委会认定为错案或瑕疵案件。裁判质量保持良性发展态势，已有两份判决被台湾地区法院认可，公平高效地维护了涉台案件当事人的合法权益，有效地规范和引导了涉台营商市场的竞争秩序。

此外，涉台法庭的司法互助工作也取得了积极的成效，专门开辟两岸司法协助案件的"绿色司法通道"，做到当日立案，当日移交，快送快结，积极贯彻"尽力协助"原则，"穷尽一切措施"进行送达，有效服务了两岸司法审判工作，提升两岸司法互信。截至2016年2月，协助台湾地区送达司法文书案件193件，受理协助台湾地区法院调查取证5件，均已完成协助。

2. 台胞参审效果明显。台胞陪审员具有"同乡之情、同业之谊"的天然优势，其参与案件审理有利于打消台籍当事人的疑虑，进而有利于案件的调处。并且，台胞陪审员参与案件审理，亲眼见证大陆的司法运作，能够增强他们对大陆司法制度的理解与信任，并将这种理解与信任扩大到其他台湾同胞，使更多台湾同胞更了解与信任大陆法律，从而搭建起两岸司法交流与沟通的新平台，推动两岸司法交流和合作向更深层次发展。截至2016年2月，台胞陪审员共参与调解、陪审案件376件，调解案件226件，调撤率达60.10%，结案标的额7.91亿元，取得了良好的法律效果和社会效果。台胞陪审员公正无私、勤恳敬业，深受当事人的好评，以至于有不少当事人在起诉或应诉时直接要求台胞陪审员参审。《最高人民法院简报》（信息专刊第14期）经验交流版刊发了海沧法院信息，特别肯定海沧法院涉台法庭邀请台胞陪审员及台胞调解员调处案件，无一投诉和信访的做法和成效。

3. 各界的普遍认可与赞誉。涉台法庭通过专业化审判，公正且高质高效解决涉台纠纷，有效地维护了裁判的统一性，充分发挥法院"规则之治"之功能，为台胞台商在厦门的营商营造了优质的司法环境。涉台法庭的专业审判和便民服务使得在厦台胞获得了实实在在的好处，赢得了台商台胞的赞许。

厦门市台商协会常务副会长谢苍发先生就用医院打比方，把海沧法院涉台法庭形象地比作是为解决台胞纠纷设立的"专科医院"。其坦言，以前台胞有纠纷，经常搞不清楚要到哪个法院起诉，现在一有纠纷，马上就想到涉台法庭。厦门市台商协会时任会长黄如旭先生也表示，通过设立涉台法庭，邀请台胞台商参与陪审等方式，大大拉近了台胞台商与司法工作的距离，台商台胞对于厦门司法审判的接受度、信任度大大提升。对于海沧法院提出的司法便民举措，黄如旭先生在接受东南卫视采访时，深有感触地说，他一个朋友在龙岩经商，之前因需到厦门开庭错过了一笔数百万元的大单，现因涉台法庭有了视讯法庭，台商可以做到营商和开庭两不误，实在是太人性化了。2012年10月31日，在国台办例行新闻发布会上，发言人在回答台湾网记者关于设立台商法庭的有关问题时，亦特别举例肯定海沧法院设立涉台法庭。厦门市台商协会现任会长陈信仲在参访涉台法庭后，在台北参加海基会台商座谈会上，特别推介海沧法院涉台法庭的经验和做法，引起诸多台商关注，也引起海基会方面的积极回应。2013年12月，台湾地区海基会董事长林中森到我院参访，对涉台法庭在司法便民及服务台商方面所做的努力及成效给予高度的评价,亲笔题写"公正便民"赠与我院,并赠送"伸张正义"牌匾,指出厦门设立涉台法庭的创举非常进步。2015 年,海沧法院涉台法庭更是在福建政法系统 110 个优秀基层单位脱颖而出,获评福建省政法系统"十佳基层单位"。

综上,涉台法庭涉台案件调撤率高、零投诉、零信访且至今无被认定为错案,共计收到当事人十余面锦旗和数封感谢信,当事人对海沧法院涉台法庭的办案质量、办案效率、服务意识、便民措施亦赞不绝口,甚至在合同中直接约定由海沧法院涉台法庭管辖,表明涉台法庭具有极高的公信力,亦充分说明海沧法院涉台案件跨区域集中管辖改革符合司法创新之应然理念,是司法创新的成功范例。

四、涉台案件跨区域集中管辖模式之推广及路径选择

(一)海沧法院涉台案件跨区域集中管辖之展望

党的十八届三中全会通过的《中共中央关于全面深化改革若干重大问题的决定》(下称《决定》),对未来司法改革进行了部署,提出"确保依法独立公正行使审判权检察权。改革司法管理体制,推动省以下地方法院检察院人财物统一管理,探索建立与行政区划适当分离的司法管辖制度,保证国家法律统一正确实施"。为贯彻落实党的十八届三中全会通过的《决定》,2014 年 7 月 9 日,最高法院发布《人民法院第四个五年改革纲要(2014-2018)》,进一步明确提出在管辖制度方面,通过提级管辖和指定管辖,确保行政案件、跨行政区划的民商事案件等得到公正审理。可以预见,跨区域集中管辖,建立跨行政区的法院,突破司法管辖的行政羁绊,是大势所趋。2015 年 1 月 28 日,以深圳市南山区人民法院前海法庭为雏形的深圳市前海合作区人民法院(下称前海法院)挂牌成立,除管辖前海辖区一审民商事案件、行政案件和执行案件外,还集中管辖原由深圳市辖区其他基层人民法院管辖的一审涉外、涉港澳台商事案件。此外,前海法院在司法管理体制、司法权力运行机制、法官职业保障机制等方面先行先试。

海沧法院涉台法庭的设立,符合司法改革大趋势,亦体现了最高人民法院涉台审判司法改革的方向,成为司法创新的成功范例。同时,海沧法院作为司法改革试点,也正对司法管理体制、司法权力运行机制、法官职业保障机制进行诸多创新尝试。因此,完全可以亦有必要借鉴设立前海法院的先例,进一步推进涉台审判工作机制改革——在涉台法庭的基础上,设立与行政区划适当分离的"厦门台商投资区法院"。

(二)涉台案件跨区域集中管辖模式的推广及构建路径

1.海沧法院涉台案件跨区域集中管辖模式应予推广
(1)涉台案件跨区域集中管辖符合司法改革一般规律

司法是要耗费社会资源的,无效率的司法是对社会资源的浪费。司法只有及时、有效、保质保量地满足市场经济运行过程中的需求,才能最大限度地保护当事人的权益,才能使社会资源的消耗减少到最低限度。因此,司法本身亦强调效率。因此,认真总结近年来法院改革的经验,找出影响和制约司法公正与效率的相关因素,改革现有制度中妨碍司法公正与效率价值实现的做法和习惯,积极稳妥地推行制度创新、机制创新和体制创新,应当是现今司法改革的重心。在改革过程中,往往是"摸着石头过河",发现

"中国问题",彰显"中国经验"。正是这些"中国经验",造就了很多成功的改革成果,并最终上升为法律规定。遵循这样的司法改革思路,各地法院在成立专业法庭,跨区域集中管辖相关案件方面进行了诸多尝试,并取得了重大成功。正是在这种积极有益探索的基础上,十八届三中全会提出了"探索建立与行政区划适当分离的司法管辖制度"的司法改革强音。中央全面深化改革领导小组于2014年6月6日通过《关于司法体制改革试点若干问题的框架意见》,明确提出设立知识产权法院,是司法体制改革的基础性、制度性措施,这无疑是对知识产权集中管辖的最大肯定。2014年7月3日,最高法院成立专门的环境资源审判庭,专门审理自然环境污染侵权、环境资源保护及权属纠纷等民事案件。2014年7月9日,最高法院发布《人民法院第四个五年改革纲要(2014-2018)》,更是进一步明确提出在管辖制度方面,通过提级管辖和指定管辖,确保行政案件、跨行政区划的民商事案件和环境保护案件得到公正审理,并推动在知识产权案件较集中的地区设立知识产权法院。①

与将涉台案件分散于各个法院审理相比,集中管辖无疑更显优势,不仅有利于维护司法公正,保障台胞、台企合法权益平等受法律保护,也有利于实现审判资源的集约化,大幅提高审判质效,还能够使对台政策在司法领域得以统一贯彻落实,维护裁判统一性,充分发挥法院"规则之治"的功能,为市场营商提供优质的司法环境。可见,涉台案件跨区域集中管辖无疑是我国在司法体制改革中对涉台纠纷处理的大胆尝试,符合当前司法改革追求司法公正与效率价值的统一而推行的制度创新、机制创新和体制创新的惯常做法。

(2)涉台案件跨区域集中管辖符合司法改革政策导向

涉台法庭,贵在专业,根本特征是跨区域集中管辖,契合司法创新之应然理念。党的十八届三中全会通过的《决定》提出了"探索建立与行政区划适当分离的司法管辖制度"的司法改革基本方向之一,最高法院《人民法院第四个五年改革纲要(2014—2018)》更是进一步提出推动跨行政区划的民商事案件的管辖制度。这不仅是对涉台案件跨区域集中管辖的肯定,也为全国涉台案件审判司法创新的进一步改革提供了方向和政策支持。因此,从响应和贯彻党的十八届三中全会对司法改革的部署及进一步深化涉台审判机制改革角度出发,海沧法院涉台案件跨区域集中管辖模式应在具备条件的地区予以推广。

(3)涉台案件跨区域集中管辖顺应台胞现实司法需求

海沧法院涉台案件跨区域集中管辖,是大陆对台司法实践的有益探索,有利于统一司法标准和尺度,提高司法公信力,方便台商诉讼,增进两岸司法交流,并获得巨大成功。厦门的台商从涉台案件跨区域集中管辖中获得实实在在的实惠,时任厦门台商协会会长黄如旭、现任厦门台商协会会长陈信仲及其他知名台商,从亲身感触出发,均积极推介海沧法院涉台法庭的经验和做法,并通过各种渠道积极呼吁大陆其他省市能够借鉴复制。2012年第四届海峡论坛期间,时任海基会董事长江丙坤在听取了台胞陪审员李世伟介绍涉台法庭后,表示"海沧法院涉台法庭的模式可以在台商投资集中地区推广",并希望台胞集聚区都能学习借鉴。台湾地区海基会董事长林中森到海沧法院参访时,亦直言希望厦门设立涉台法庭的做法能在大陆各地推广。2014年7月,台湾海基会董事长林中森在与福建省委书记尤权的会晤中,再次盛赞了海沧法院设立涉台法庭的创举,认为涉台法庭专门引入台胞调解员、陪审员帮助台商解决问题效率高、成效好,并特别倡导

---

① 此前,上海市、广州市已正式向最高法院提交了设立知识产权法院的申请。

将涉台法庭模式推广到大陆各省市。因此，从满足台胞台商的现实司法需求及海沧法院涉台案件跨区域集中管辖改革实绩角度出发，海沧法院涉台案件跨区域集中管辖模式亦应在具备条件的地区予以推广。

2. 厦门法院涉台案件跨区域集中管辖模式及其缘由

厦门法院涉台案件的管辖模式为：在海沧法院成立涉台法庭，集中管辖全市辖区内的一审涉台民商事案件，并根据区域需要设置相应的巡回审判点。而对于涉台行政、刑事案件，则先由涉台法庭集中审理海沧辖区内的相关案件，待时机成熟，再将全市一审涉台行政、刑事案件交由海沧法院涉台法庭集中管辖。在此基础上，积极推进设立"厦门台商投资区法院"。

之所以对厦门全市涉台案件施行集中管辖，是因为：首先，厦门与台湾有"五缘"优势，台商相对聚集，台商投资总量大①，是对台交流的"桥头堡"，故有必要创新厦门涉台审判机制。其次，在原涉台案件管辖模式下，厦门中院受理的案件中，大部分是标的额较小、没有特别影响力的案件。根据案件繁简分流的要求，有必要将部分案件分流到基层法院审理，但若将涉台案件分流到六个基层法院，无法达到审判资源集约化利用的效果。最后，厦门区域面积小，交通便利，没有必要在每个区都设立涉台案件审判庭。

3. 涉台案件跨区域集中管辖模式之构建路径

参照厦门的实际情况，前述"具备条件的地区"一般为：台商相对聚集、台商投资总量大、涉台案件数量较多、区域交通便利等。据此，与厦门区域条件相似的台商投资聚集区——上海、东莞、深圳、苏州、昆山等地区，完全可以复制厦门的成功经验，就涉台案件施行集中管辖。

对于涉台案件跨区域集中管辖模式之构建路径，实务中有以下三种路径：

一是中级法院成立涉台法庭，集中管辖全市涉台民事、行政和刑事案件。优点是依托中级法院的人才库，可保证案件审理的质量，且中级法院所在位置往往在市区中心，一审诉讼当事人参与诉讼相对较便利。缺点是不符合案件的繁简分流原则，增大中级法院及高级法院的办案压力，且二审仍需到高级法院，会增加二审当事人的诉讼成本。

二是参考海沧法院涉台法庭的模式，选取台资相对集中的基层法院设立涉台专业派出法庭，并根据需要设置若干个巡回审判点，先将全市涉台民商事案件集中由其审理，等运作成熟后再将全市涉台行政、刑事案件也集中由其审理，实现涉台民商事、刑事、行政案件审理的"三合一"。在此基础上，积极推进"台商投资区法院"的设立。

三是在海沧法院涉台法庭模式基础上实现跨越，直接设立"台商投资区法院"，将涉台民商事、行政、刑事等案件集中由"台商投资区法院"统一审理。

在构建路径选择上，其他地区法院完全可以发挥后发优势，直接实现涉台法庭审理涉台案件的"三合一"，甚至直接设立"台商投资区法院"，集中处理涉台民商事、行政、刑事、执行案件及司法互助案件等。

---

① 根据《大公报》、厦门市台办和台商协会提供的数据，在闽台资企业实有3796户，厦门有2100户。在闽台企投资总额达86.05亿美元，而厦门台商合同投资逾58亿美元，实际到资44亿美元，台湾地区百大企业中已有17家在厦门落户。厦门的台企数量是全省数量的一半以上，投资总额是全省的67%以上。

结　语

　　党的十八届四中全会通过的《决定》指出，社会主义市场经济本质上是法治经济。法治是市场经济的保障，在涉台司法领域，分散式的涉台案件管辖机制已无法满足台胞台商的现实司法需求，有必要在遵循司法创新之应然理念前提下进行必要创新。海沧法院涉台案件跨区域集中管辖正是司法资源集约化、实现涉台案件公正审判及提升涉台审判质效的一项制度创新、机制创新和体制创新。海沧法院涉台案件跨区域集中管辖已经过近四年多的摸索和实践，经验积累成形，所取得丰硕成果及实效，有目共睹！海沧法院将以积极谋划和推动建立"厦门台商投资区法院"为指引，紧抓涉台审判品牌培养，做大做强做精涉台审判品牌，努力将涉台法庭建设成为方便台商诉讼、增进两岸交流合作的平台，在司法互助方面开创新局面，在促进两岸关系和平发展、推进法治中国建设方面做出新贡献。相信随着海沧法院涉台审判机制的进一步改革，涉台案件跨区域集中管辖机制必将茁壮成长并广为推广，必将在我国司法改革史上留下浓墨重彩的一笔。

浅谈律师在两岸旅游纠纷解决中的作用

郭 真[*]

随着两岸关系和平发展不断深入,两岸旅游交流合作逐步向纵深推进,大陆居民赴台组团旅游基本形成规模化、常态化、大众化,自2009年起大陆居民赴台旅游人数更是呈现井喷式增长。随着大陆居民赴台个人游首发团在2011年6月28日顺利成行,两岸旅游交流迈向崭新阶段。但是不断涌现的旅游纠纷也伴随着两岸旅游交流渐入人们的视野,旅游活动中的权益纠纷既侵犯旅游者的合法权益,也损害两岸旅游的服务质量和信誉。本文旨在通过浅谈律师在解决两岸旅游纠纷中如何发挥其作用,希望对两岸旅游纠纷解决机制的完善有所裨益。

一、两岸旅游纠纷

旅游纠纷是指旅游主体之间因权利和义务关系而引发的争议。这里的旅游主体范围很广,如旅游者、旅游经营者、旅游管理部门、旅游相关部门、海外旅游组织等。旅游纠纷的主体虽众多,但大多数旅游纠纷都发生在游客和旅游经营者之间。司法解释认为,旅游纠纷包括旅游者与旅游经营者、旅游辅助服务者之间因旅游发生的合同纠纷与侵权纠纷,同时,也包括旅游者在自行旅游过程中与旅游景点经营者因旅游发生的纠纷。旅游纠纷表现出诸多不同于一般消费纠纷的特征,例如合同约定的旅游路线变更、参观景点减少、交通工具(飞机、火车等)延误造成的损失、旅游途中的各种住宿问题以及旅途中的人身财产安全保障、旅行中的食品安全问题、购物中的强买强卖、"霸王条款"、售后服务等等问题和因此而引起的纷争不胜枚举。

首先,旅游纠纷法律关系复杂化。旅游纠纷是一个笼统的概念,其涉及的行业相当广泛,既可以涉及食住行游购娱乐行业,也可能涉及工业、农业、制造业、服务业等,这其中法律关系复杂多样:第一,旅游经营者、旅游辅助服务者与旅游者之间存在合同关系,旅游辅助服务者与旅游经营者之间存在合同关系;第二,旅游者作为消费者,与旅游经营者、旅游辅助辅助者之间存在消费关系;第三,当旅游过程中发生侵权行为时,旅游者与直接侵权人之间存在侵权责任关系。另外还有旅游者与政府机关、旅游者与目的地居民、旅游经营者与旅游管理部门之间的管理监督关系、旅游经营者与行业协会的组织关系等等。两岸旅游纠纷的社会关注度和社会敏感度较高,涉及的关系尤为复杂。

其次,旅游纠纷主体多元化。旅游者、旅游经营者、旅游辅助服务者、旅游管理部门、旅游相关部门、海外旅游组织都可能是旅游纠纷的一方当事人,而以涉讼主体为标准,由旅游纠纷而引起的诉讼有个人诉讼、合伙诉讼、群体诉讼、混合诉讼(公民和法人作一方诉讼主体)等形式。在实践中,旅游经营者多为旅行社,但是也有许多未经旅

---

[*] 郭真,福建重宇合众律师事务所。

主管部门批准，自行从事旅游经营的人，而且容易产生纠纷的也恰恰是这些非旅行社的旅游经营者。

再次，旅游纠纷内容广泛化。旅游是涉及多行业多部门的综合性"大产业"，主要有食、住、游、行、娱、购六大主导服务。在旅游产业链中，包括了直接向旅游者提供服务的酒店业、餐饮业、旅行社、交通部门、旅游景点、娱乐场所以及其他一些辅助服务行业，也包括间接向旅游者提供产品和服务的部门，如工业、农业、商业、制造业、建筑业、轻工业、纺织业、食品业、金融、文化、教育、园林、科技、卫生、公安等，涵盖内容广泛，一旦发生纠纷，处置难度较大。

最后，旅游纠纷权利义务法定化。旅游纠纷主要表现为旅游者、旅游经营者和旅游辅助者之间的权利义务之争。旅游纠纷中利益受损害的多是旅游者，故本文此处着重探讨旅游者的权利和旅游经营者和旅游辅助者的义务。旅游者的权利主要体现在两个方面。一方面，旅游纠纷涉及合同权利。旅游纠纷双方基于签订的合同而享有合同权利。从理论上看，旅游合同一般存在广义和狭义之分。我国法律倾向于采狭义说，认为"旅游合同是旅行社提供旅游服务，旅游人支付旅游费用的合同"。另一方面，旅游纠纷涉及消费者权利。每一个旅游者同时具备了消费者的身份，均享有《中华人民共和国消费者权益保护法》规定的九大权益。但作为旅游者，三种权益尤为重要：一是消费者人身财产安全不受损害的权益，这是旅游者最基本、最重要的一项权益；二是旅游者拥有对所购买旅游商品的知情权，旅游商品俗称"三边商品"，具有边生产、边销售、边消费的动态性特点，因此，消费者在购买旅游商品时，一定要非常明确所买商品的档次和质量；三是当消费者人身财产受到损害时，有依法获得赔偿的权益。同样地，旅游经营者和旅游辅助服务者作为合同的一方，也作为提供有偿性服务的经营者，既享有权利，亦享有相应义务。其主要义务包括履约义务；保障人身、财产安全的义务；提供真实信息的义务；谨慎注意义务；还包括作为经营者应承担的义务，如听取意见接受监督、明码标价、提供单据、保证产品质量性能、三包、保证交易公平合理、不得侵犯消费者人身自由的义务等。

值得指出的是，两岸四地的不少旅游经营者大多抱着"大事化小，小事化了""怕麻烦"及担心影响生意的心态，倾向于选择"私了"。这种做法在短期内可以息事宁人，但从长远来看危害极大，会助长不良风气蔓延，损害了旅游经营者的利益，扰乱了旅游行业的秩序，最终必将损害两岸四地的旅游产业。

二、两岸旅游纠纷的解决途径

蓬勃发展的两岸旅游业，实乃互惠互利的朝阳产业，同时也是一个需要不断加以规范化、制度化的产业。旅游业的一次性特点、动态化特点、多环节特点使其区别于其他产业。因此，为该产业提供的专业法律服务需要更多的创造性和前瞻性。目前，在大陆地区，两岸旅游纠纷的解决途径主要通过以下几种方式：协商、调解、行政处理、仲裁、诉讼。

第一，协商。一般是旅游者与旅游业经营者之间直接进行协商谈判，以期达成谅解，选择双方都能接受的解决方案。协商作为法律非强制性要求的纠纷解决方式，省时便捷。旅游者为了节省时间，减少环节，首选自行协商的纠纷解决方式。但由于双方已经在纠纷的关键问题上产生严重分歧，很难在短时间内达成谅解。只要双方达成的协议不违反国家法律、法规的规定，不侵害社会公共利益，那么协商的结果便具有法律效力。协商的形式一般作为纠纷解决的前置程序,也可以贯穿纠纷解决的始终。两岸旅游纠纷由于涉及两地,又考虑到旅游消费的一次性特点,如果协商阶段律师作为熟悉两岸法律法规和法律环境的专业人士介入协商过程,将极大地促成协商程序的快速进行。

第二,调解。旅游纠纷发生后,通常在第三人主持下,争议各方就其所争议事项进行协商,通过该第三人的影响来解决纠纷。调解可分为诉讼阶段的调解过程和非诉讼阶段的调解过程。本文讨论的是后者。调解也非法律所规定的必经程序。在调解程序中,第三人的选择尤为重要,既要是让双方信服的主体,也要具备相关的法律和专业知识,这样才能使得调解过程迅速有效地进行。

第三,行政处理。目前,一般我国的旅游纠纷申诉及处理制度,大多由政府部门直接介入处理。而在法规方面,除了《旅行社条例》及其实施细则规定旅游者的投诉依据外,国家旅游局发布有《旅游投诉处理办法》,作为旅游纠纷申诉处理程序进行的依据。《旅游投诉处理办法》规定了投诉人可以向旅游投诉处理机构投诉的四大事项。

第四,仲裁。仲裁机构对于仲裁纠纷案件管辖的前提是仲裁当事人之间明确约定若有纠纷发生,同意将纠纷提交某一确定的仲裁机构解决。仲裁的当事人可以在签订合同中约定仲裁条款,也可在旅游纠纷发生前、后达成单独的仲裁协议。而仲裁制度目前的社会认知度还不甚高,仲裁制度的推广工作还要加大力度。尤其是旅游活动中主体众多,法律关系复杂,要在旅游纠纷的解决中更好地发挥仲裁的作用,离不开旅游仲裁的推广宣传和对旅游仲裁条款规范合同的大力推行。

第五,诉讼。以往在旅游诉讼中,一般是由合同的签约人提起诉讼,但这样的结果导致旅游者个人的权益可能因合同签约人怠于提起诉讼而受损。不久前,我国司法解释明确规定了旅游者个人的诉权。如果旅游者在旅游过程中受到损害,合同的签约人(实践中多体现为单位直接经办人、部门负责人或家庭成员代表等)可以提起诉讼,但如合同签约人怠于提起诉讼,则旅游者可以以个人名义提起合同纠纷诉讼。

在台湾地区,旅游纠纷处理机制主要由司法途径、行业协会和政府主管部门等组成。根据我国台湾地区的"消费者保障法律",消费者与企业经营者因商品或服务发生消费争议时,消费者可以提出申诉,并且有二次申诉的机会。消费者在第一次申诉的范围内无法得到妥善的处理时,可以向政府的消费者保护官申诉,这属于第二次申诉。消费者保护官受理申诉案件后,查明申诉案件是否已经旅游企业或消费者服务中心进行相关处理。台湾地区的通常做法是,旅游者经过上面的申诉未能获得妥适处理时,可以依据"消费者保障法律"有关规定向消费争议调解委员会申请调解。值得关注的是,台湾地区旅游主管部门——交通部观光局设立了旅游业质量保障协会,其实行的"保障金代偿制"保障了旅游者的权益。台湾地区的旅游行业协会在对旅游纠纷问题的形成和解决都起到了良性的干预作用。

目前,两岸旅游纠纷较多地以两岸消费纠纷的形式得到解决。2008年"5.18"期间,闽台消费者权益保护组织在福州签订了合作意向书,闽台两地的消费维权合作迈入新阶段。2008年5月19日《武夷山—阿里山旅游区消费者权益保护协作互助议定书》在武夷山市签订,此举标志着我国大陆与台湾消费维权协作互助机制正式建立。在2011年4月27日发生的阿里山小火车事故处理中,两岸齐心协力,合作处理善后。

三、充分发挥两岸律师在旅游纠纷协调解决中的作用

随着海峡两岸经济交流日益密切，两岸旅游行业之间的合作也得到增强，这为律师在旅游行业发挥作用提供了机会。两岸在旅游法律方面存在冲突更需要加强两岸律师的合作。

（一）为完善相关旅游法律法规建言献策

最高人民法院新闻发言人孙军称，近年来，旅游纠纷案件已经成为全国法院民事审判工作中数量增长快、牵涉环节多、处理难度大的纠纷类型。而目前旅游立法的相对滞后与司法解释的空白既不利于旅游业的健康发展，也不利于旅游者的合法权益的维护，因此，亟须出台一部司法解释加以规定。2010年11月出台的《最高人民法院关于审理旅游纠纷案件适用法律若干问题的规定》(简称《旅游纠纷司法解释》)填补了我国在旅游立法上的相对滞后和司法解释的空白。2011年4月，海峡两岸旅游交流协会(简称海旅会)和台湾海峡两岸观光旅游协会(简称台旅会)分别发出通知，同时实施《大陆居民赴台湾旅游团队组接社合作合同要点》(简称《合同要点》)。《合同要点》在界定旅游纠纷案件的受案范围、旅游者的诉讼权利及权益、旅游经营者的责任等方面作出了全面规范，为两岸旅游产业的规范化发展提供了法律保障。《合同要点》的出台，作为两岸业界合作开展"品质旅游"的重要内容，为两岸旅游产业的规范化发展，尤其是大陆居民赴台湾旅游的规范化进程提供了法律保障，也为两岸律师加强两岸旅游产业的合作提供了依据和前提。两岸律师在依据《旅游纠纷司法解释》《合同要点》等法律依据处理解决两岸旅游纠纷的同时，积累了丰富的实践经验，应当充分发挥专业法律素质和技能，为旅游立法和两岸旅游法律制度建设建言献策，也为两岸旅游行业的健康良性运作提供专业保障。

（二）为协调解决两岸旅游纠纷提供专业法律意见

在旅游纠纷解决过程中，无论是协商、调解还是仲裁、谈判中，两岸律师属于介于司法机关与民间的法律服务中介组织，熟悉两岸法律法规的专业法律人士，应主动参与，促使更快、更好、及时、有效地协调解决两岸旅游纠纷，减少有关当事人利益的损害。首先，应尽可能运用协商或调解的方式解决旅游纠纷。协商或调解可以有效地节约诉讼成本，律师在协商或调解中从专业的法律角度分析问题，使纠纷双方明确其中的法律问题和各自的权利义务，可以避免双方纠缠持久或无理取闹，同时，两岸律师及时沟通，确保信息与时俱进，采用两岸居民熟悉且能接受的平和方式解决纠纷，向对方做出必要而适当的让步或妥协，减少有关当事人利益的损害。其次，在调解不成的情况下，采取仲裁方式，不失为解决两岸旅游纠纷的一个较好方式。仲裁裁决具有强制性法律效力，不经法定程序撤销，一方当事人不履行仲裁裁决的，另一方当事人可以向人民法院申请强制执行。最后，在进行有关旅游纠纷诉讼时，可以加强两岸律师之间的相互合作或协助，建立长期的合作或协助机制，信息共享，节约诉讼成本，在最大的范围内维护两岸旅游纠纷当事人的利益。两岸律师可以寻求对岸合适的律师合作，当一方的委托人在对岸产生旅游纠纷时，由其合作律师在当地代为处理，这样既省时省力，又能确保委托人的权益得到最充分的保护。

(三)为两岸旅游行业的健康有序发展保驾护航

律师在两岸旅游活动中扮演着旅游者的维权者、旅游经营者的导航员、旅游行业协会的谋士等角色。因此,两岸律师在两岸旅游行业中提供更好的法律服务,有利于促进两岸旅游行业交流、合作,有利于促进两岸旅游产业发展。

对于旅游者来说,律师是其合法权益的维护者,能使其尽情享受旅游带来的快乐。两岸旅游者平时应多注意两岸律师对两岸旅游纠纷的评论和建议,了解自身享有的法律权利和承担的法律义务,在旅游纠纷发生时,可向律师咨询,听取律师的法律意见,以充分维护权益。

对于旅游经营者来说,律师是他们旅游服务的导航员,确保其航线正确,航行稳定。两岸律师对海峡两岸的法律相当熟悉,多半担任过企业法律顾问,与企业沟通良好通畅,关系密切,可以为企业提供法律咨询,使其明确自身权益与义务,为企业从业人员提供法律风险防范方面的培训,提高企业处理旅游纠纷的能力。旅游经营者可以聘请律师负责处理旅游纠纷事务,与产生纠纷的相对人进行协商谈判,促成旅游纠纷尽快尘埃落定。

对于旅游纠纷主管部门或旅游行业协会而言,律师是他们旅游管理的谋士。笔者建议,旅游纠纷主管部门或旅游行业协会在聘请律师提供法律帮助时,也可主动邀请熟悉精通两岸旅游行业的律师定期进行旅游法律法规方面的培训,防患于未然,以利于有效、及时、节约的解决纠纷。同时,海旅会和台旅会可以在撰写《两岸旅游须知与注意事项》等宣传手册时邀请律师提供建议意见,丰富完善两岸旅游宣传资料。

两岸律师在旅游行业中的合作将越来越紧密,合作的方式内容也将更加多元化。因此,建议建立两岸律师在两岸旅游纠纷处理协调机制和预警应急机制,针对旅游纠纷频发的类型,旅游行业协会可推出"律师伴你两岸游""律师对话两岸游客"的预警信息,提醒两岸旅游者注意当前两岸频发的旅游纠纷,也提醒企业规范其服务品质,进而提升两岸旅游品质。

四、结语

自启动大陆居民赴台游以来,两岸旅游业蓬勃发展。台湾海峡两岸观光旅游协会北京办事处、海峡两岸旅游交流协会台北办事处先后成立,实现互设办事机构,"小三通"作为海峡两岸黄金旅游通道的作用凸显。对于两岸律师来说,加强两岸律师在旅游行业的合作,将更有现实意义。两岸律师应该在两岸旅游纠纷中充分发挥专业作用,合作搭建两岸旅游产业法律服务平台,共享两岸旅游产业可持续健康发展成果,让海峡两岸的日常经贸往来环境更加和谐。

厦门法院涉台审判机制改革之路

王思思[*]

作为海峡西岸的中心城市，厦门一直以特定的地缘、人缘优势，站在两岸合作与交流的最前沿。近年来，厦门法院坚持把推动涉台审判机制改革、加强涉台案件审判以及涉台司法互助及交流作为贯彻新时期对台工作大政方针和落实《厦门市深化两岸交流合作综合配套改革总体方案》的重要举措，大胆创新，率先在海沧法院成立了全国首个涉台专业法庭，并推动创设了厦门两级法院涉台案件集中管辖工作，涉台审判机制改革取得了良好的运行效果。

一、厦门法院涉台审判机制改革的宏观路径

厦门法院涉台审判机制改革，从宏观架构上看，经历了从涉台民商事案件集中管辖，到涉台民商事、刑事、行政案件"三合一"集中管辖的过程。

涉台纠纷具有较强的政治性、政策性和敏感性，涉台审判工作不仅直接关系对台工作大局、祖国和平统一、两岸和谐交流，还直接关系台湾同胞的切身利益和台湾同胞对大陆司法的认同感和信任度。这就要求对台工作的各项政策在涉台审判工作中得到统一贯彻，充分保障涉台审判的质效，保证案件得以公平公正处理，杜绝同案不同判现象。这在客观上就需要对涉台案件施行集中管辖，由熟悉对台政策、政治素质过硬、具有较高法律素质和人文素养的法官进行专业化审理，从而平等保护两岸民众，树立祖国大陆司法体系的权威，增强台湾地区民众对祖国的认同感。此外，为改变以往各自为战、资源分散的司法交流状况，客观上亦需要集中管辖这一交流纽带和平台，以促进和实现两岸司法交流的常态化和机制化。

2011年12月20日，最高人民法院司法改革办公室下发《关于批准司法改革联系点法院申报司法改革项目的通知》，书面批准海沧法院申报的"审判管理暨对台审判工作方面集中管辖"作为2012—2014年的司法改革项目。2012年1月16日，福建省高级人民法院印发《关于由海沧区人民法院集中管辖全市涉台一审民商事案件的批复》中，同意海沧法院成立专门的涉台审判业务庭，集中管辖全厦门市的部分一审涉台民商事案件，管辖标准为双方当事人都在厦门的、争议标的在人民币3000万元人民币以下，以及一方当事人不在厦门的、争议标的在1500万元以下的案件。

2012年2月2日起，根据厦门中院《关于涉台民商事案件集中管辖的实施办法》(厦中法发〔2012〕14号，以下简称《实施办法》)，厦门市辖区内具有涉台因素的一审民商事案件由厦门市海沧区人民法院集中管辖。2012年6月14日，海沧区人民法院涉台法庭正式揭牌，统一审理厦门市辖区具有涉台因素的一审民商事案件。2012年5月9日，中共

---

[*] 王思思，厦门市中级人民法院。

厦门市委机构编制委员会同意厦门中院增设涉台案件审判庭，专门审理应由厦门中院管辖的具有涉台因素的一审、二审民商事案件。从2012年11月1日开始，厦门中院涉台庭开始专门审理具有涉台因素的一审、二审民商事案件，民四庭不再审理涉台商事案件。2013年1月28日，厦门中院涉台案件审判庭正式揭牌。

2012年8月13日，海沧法院出台《关于涉台审判"三审合一"的实施方案》，决定将其辖区的涉台刑事、行政案件统一交由涉台法庭审理。2013年1月24日，厦门中院及海沧区法院根据《福建省高级人民法院关于对厦门市中级人民法院实施涉台案件集中管辖改革的批复》（闽高法〔2013〕20号），开展涉台案件"三合一"集中管辖试点工作。当日，中院与市检察院、市公安局、市司法局以会签文件的形式（厦中法〔2013〕8号），通知自2013年1月24日起，各公安分局侦查的全部或部分犯罪嫌疑人系台湾地区当事人的一审刑事案件直接移送海沧区人民检察院审查批捕、起诉。经审查符合起诉条件的，由海沧区人民检察院向海沧区人民法院提起公诉。其他各区人民法院自2013年1月24日起不再受理检察机关提起的全部或部分被告人系台湾地区当事人的一审刑事案件（知识产权刑事案件集中管辖的除外）。2013年1月28日，厦门中院涉台案件审判庭于挂牌当天受理了第一件涉台刑事案件。2013年3月，厦门中院和海沧法院先后受理首起涉台行政案件，厦门两级法院实现了涉台刑事、民商事、行政案件"三合一"集中管辖工作机制的全面运行。

二、厦门法院涉台审判机制改革的实践运行

厦门两级法院积极采取各种配套措施，有力推动了涉台审判机制改革的顺利运行，显著提升了司法公信力。

（一）配强审判力量，提升审判质效

为适应集中管辖涉台案件的需要，海沧法院和厦门中院先后成立专门的涉台法庭及涉台案件审判庭。及时调整人员力量配备，优化资源配置。均选配懂闽南语、高学历、有丰富审判经验的法官及辅助工作人员到专门涉台庭工作，实现"专业人办专业事"。同时，强化业务培训，组织参加最高院涉台审判业务培训、省高院司法互助培训和涉台审判业务培训，不断提升法官及辅助工作人员的学习力、战斗力。

（二）出台便民举措，方便台胞诉讼

坚持"最大化便民利民"原则，认真落实司法服务和保障措施，切实维护台胞合法权益。除了设置法律宣传点加强涉台法律宣传，以及制订《涉台案件诉讼指南》，对涉台案件当事人进行风险提示和法律指导外，厦门法院还首创电子法庭，实现远程庭审；开展夜间法庭、巡回审判、网络预约立案，极大地方便了台胞诉讼。据不完全统计，从2012年2月到2013年9月，海沧法院涉台法庭累计启动夜间法庭和周末法庭审理、调解案件达20多件，送达司法文书及案件材料40余件。

（三）创新参审机制，实现无缝对接

一是积极推进与市台办建立多元化解与诉讼协调工作机制，充分发挥台办在协调解

决涉台纠纷中的作用，把司法审判法律优势与行政管理政策优势、诉讼调解与非诉讼调解有机结合起来，有效预防和妥善化解涉台纠纷。二是积极强化与台商协会日常联系，通过市台商协会向台商企业分发《企业法律风险提示手册》200余册，增强台胞遵守法律、运用法律和堵塞漏洞、预防纠纷的意识，充分发挥行业自律作用。三是聘请台商为调解员和陪审员，利用台胞调解员、陪审员"同乡、同业"优势，参与案件调处，高效化解矛盾。

（四）积极延伸服务，有效助力台企

当前国内外的经济形势给台企的生产经营带来了不少困难，厦门两级法院积极践行司法为民理念，采取有效措施司法助企。一是灵活变通保全，保证台企正常经营。适时采用"活查封"等灵活保全措施，尽量不因保全手段的实施而对台企的生产经营活动造成影响。二是发放问卷手册，解答台企法律困惑。通过发放调查问卷等方式，了解台资企业管理制度、用工状况等情况，介绍集中管辖和涉台法庭开展工作情况。三是主动走访送法，了解台企经营困难。主动走访危困台企，了解台企经营困难的原因及企业应对困难的解决思路，提供详细的法律咨询和指导；选派法官到纠纷频发企业做防范合同风险的法律讲座。同时，加强涉台审判信息的搜集、分析和研判，牢牢掌握涉台审判前沿动态。

（五）强化司法互助，推动两岸对接

涉台法庭积极做好协助台湾地区法院送达司法文书和调查取证等司法互助工作，有效服务两岸司法审判工作。一是规范互助流程。规定从立案、分案、送达、回复、报结、归档等各个环节的具体操作流程与审批程序，并采取专人办理的方式，指定一名审判员和一名书记员专门负责。二是简化互助方式。所有协助送达案件均采用直接送达方式；在直接送达未果下，主动到公安机关户籍中心查询应收送达人的详细身份信息，或电话联系台湾法院，进一步查询相关信息后再行送达。三是提升互助效率。开辟两岸司法协助案件的"绿色司法通道"，实行"快立快送"，一般在收到材料当日即予以立案，并迅速将案件材料移交经办法官；具体经办部门实行"快送快结"，一般均在一周内完成送达工作，并及时将送达情况予以回复。

（六）善用对台资源，拓展交流渠道

涉台法庭不仅是集约运用审判资源，实现涉台案件专业化审理的专业法庭，还承载着对台司法交流的重要使命。伴随着涉台审判机制改革的进行，两岸司法交流也迈上了一个新台阶。2013年7月22日，台湾地区7位法官首次以公职身份参访厦门法院，在两岸司法交流史上具有重要里程碑的意义。此外，厦门法院还通过参与或举办学术研讨会的形式，拓展与深化两岸司法交流。台湾地区法官来厦门实地参观涉台法庭、旁听涉台案件审理，并与涉台审判法官交流互动，揭开了厦门与台湾地区司法交流的新篇章。

三、厦门法院涉台审判机制改革的问题缺陷

（一）台企界定导致的立案问题

台资企业界定不明确，易引起管辖权异议及产生案件移送问题。管辖权异议一经提出，法院必须进行审查并裁定，且需重新指定举证期限；而案件移送，则需重新立案、通知应诉等。这无疑会延长审判期限，浪费审判资源并影响审判效率。实践中，台湾投资者经第三地转投资管辖问题，也有待深入研究。

（二）台籍被告人缓刑适用问题

在审理涉台刑事案件的实践中，存在台籍被告人缓刑适用比例偏低的情况。其主要成因在于：一是部分台籍被告人所涉罪行较重，缺乏适用缓刑的法定条件。二是部分台籍被告人在厦门没有固定居住场所或工作单位，社区矫正机构通常以不能监管为由出具不愿意接受缓刑监管的意见。三是基于监管压力日益增大，有的司法所对在大陆有固定住所或工作单位的台湾被告人不同意对其进行社区矫正。

（三）法律冲突及法律适用问题

两岸法律制度如信用卡管理、继承制度等存在较大差异，法律文化也有所不同，法律释明工作难度大。审判过程中兼顾法律的统一适用与涉台案件的特殊性难度大，判后息诉工作难度大。如何在涉台审判机制改革中，借助集中管辖的优势，顺利化解这些涉台案件处理中的常见问题，也是一大挑战。

（四）集中管辖办案不便利问题

首先，开展巡回审判无疑会增加法院的司法成本。其次，送达及现场勘验、取证不易。从2013年9月起，在厦门市查询当事人信息只能到位于湖里区枋湖的政务中心，且查询的范围缩小到只能查有厦门户口人员的信息或外地人员来过厦门的信息，这一变动给送达工作带来了极大的不便。最后，跨区执行难度较大。一方面，跨区执行无疑会增加执行成本；另一方面，由于执行人员对其他区的被执行人的情况不了解，增加了执行难度。此外，对于群体性案件、破产案件，往往需要多方合力才能得以妥善解决，需要相应辖区区委、区政府的协调才能保障和谐稳定，由海沧法院集中管辖，在需要该辖区区委、区政府协调时，若协调渠道不畅通，协调处理将有难度。

（五）对台司法交流方面的问题

从整体上看，对台司法交流仍未全面深入，在沟通交流的针对性、深度和持续性上有所欠缺，也未形成长效机制。大陆法官去台湾交流少，对台湾地区司法生态、法律法规及习俗、文化了解不深入。台湾当事人及台胞陪审员对大陆的司法生态、法律法规等也不甚了解。

四、完善厦门涉台审判机制的对策建议

（一）明确集中管辖范围

建议制定规范性的文件统一明确集中管辖的范围，应对实践中出现的各种问题。尤其对涉台因素及台资企业的判断要统一标准，减少立案中的困难。针对这一问题，2013年10月30日，厦门中院已印发《关于涉台刑事、民商事、行政案件集中管辖的实施办法》，但实践中，台湾投资者经第三地转投资管辖问题仍需进一步解决。

（二）加强台籍人犯监管

立法方面，建议由福建省人大、厦门市人大制定台籍人犯适用缓刑的监管条例。执行方面，建议由厦门市政法委牵头组织公检法司等部门进行协调，由市司法局在每个行政区确定一个社区或司法所，对被判处管制、缓刑、监外执行的台籍人犯进行集中监管和社区矫正，或者各区确定一个司法所，在不受台籍人犯固定居住地影响的情况下，就近对其进行监管。

（三）完善协调联动机制

建议进一步加强与公安、检察、司法行政等部门的横向联系，健全完善涉台纠纷信息共享、情况通报和事务会商。针对当事人身份信息查询难的问题，建议与公安机关统一协调，提高查询的效率。针对涉台刑事案件侦查、公诉材料用语不规范的问题，建议由上级党委政法委牵头，制定涉台案件文书用语规范文件，供公、检、法机关办案遵照适用。

（四）设立涉台专门法院

建议以开阔性的视野和前瞻性的思维，将创设"台商投资区法院"作为重大议案列入人大议事日程。可命名为"厦门台商投资区法院"，管辖标准暂定与目前海沧法院涉台法庭的管辖标准一致。人员配合方面，可以在厦门市范围内选调政治素质强、学历高、业务好，熟悉两岸政策和法律，熟悉两岸文化，熟悉两岸风土人情，有较强法学理论功底的法官充实到台商投资区法院的审判队伍中。设施配套方面，可以附设两岸司法文化研究机构，布置两岸四地司法文化展厅，搭建两岸四地司法文化交流的大平台。

（五）创新司法交流模式

建议将厦门法院作为两岸司法交流的试点，建立厦门法院与台湾地区金门法院、连江法院"院对院"的司法交流平台。人员交流方面，为厦台两地法官互访审批开辟绿色通道，每年给予厦门法院至少一个赴台湾考察交流的计划团组。允许厦门法院工作人员到台湾地区特别是金门、连江考察交流时，采取审批一次可多次往返的模式。允许厦门法院与台湾地区法官学院、中华法学会、高校法学院等建立常态化的涉台司法培训项目，选派涉台审判人员定期到台湾地区研修、培训。鼓励厦门法院邀请台湾地区法院法官到厦门访问交流，增进对彼此法律制度的了解。

"罗马不是一天建成的"。厦门法院身处涉台审判机制改革的前沿，以司法改革促司法公信，开辟了一条创新之路、特色之路。相信随着厦门法院涉台审判机制改革的不断深入，涉台审判品牌的力量将更深入人心，司法公信也随之得到更大的巩固和提升。

浅析海峡两岸海商法律合作机制的建构

施英东[*]

2008年《海峡两岸海运协议》的签署、2010年《海峡两岸经济合作框架协议》的签署及2011年大陆个人赴台游项目的启动,标示着两岸经贸往来再上新台阶,但区际海事法律冲突将成为制约两岸经贸发展的瓶颈。为确保海峡两岸的全面通航以及促进两岸关系的稳定和发展,尽快对海峡两岸海事法律法规进行研究,减少两岸海事区际法律冲突至关重要。本文试图通过对两岸海商法承运人制度的研究,达到窥见两岸海商法异同之全貌,以期构建起令两岸双赢的海事合作机制,为促进海峡两岸的经贸发展和加快区域一体化尽瓦砾之力。

一、海峡两岸承运人制度之异同

两岸海上运输的关键是运输对象的安全位移。在海运过程中,承运人是合同关系的履行主体,其义务、责任和免责构成整个海运关系的脉络,承运人制度无疑是整个国际海上货物运输法律制度的基础和核心,为解决两岸间海上货物运输所可能发生的纷争,唯有对海峡两岸海事法律规范特别是承运人制度加以研究。

(一)承运人概念之界定

1. 祖国大陆对承运人的规定

祖国大陆承运人的概念以1978年《汉堡规则》为准,将承运人区分为"承运人"与"实际承运人"两种。[①] 对于承运人与实际承运人间责任的划分,亦参照《汉堡规则》的立法原则和规定,承运人与实际承运人需对货物的损坏负连带责任。[②] 祖国大陆《海商法》第42条规定,"承运人"是指本人或者委托他人以本人名义与托运人订立海上货物运输合同的人。第42条第2款规定,"实际承运人"乃指接受承运人委托,从事货物运输或者部分运输的人,包括接受转委托从事此项运输的其他人。本条可以从两方面理解:承运人本人亲自与托运人订立海上货物运输合同;承运人委托他人与托运人订立海上货物运输合同,即承运人委托代理人以本人名义,与托运人订立海上货物运输合同。[③] 可见,祖国

---

[*] 施英东,福建远大联盟律师事务所。

[①] 《汉堡规则》第1条第1项"承运人"是指由某本人或以其名义与托运人订立海上货物运输合同的任何人。第1条第2项"实际承运人",是指接受承运人委托从事货物运输或部分货物运输的任何人,包括受托从事此项工作的任何其他人。

[②] 《汉堡规则》第10条第4项:如果承运人和实际承运人均须负责,则在其应负责的范围内,他们负有连带责任。

[③] 佟柔:《中国民法学》,中国人民公安大学出版社1990年版。

大陆对承运人立法更加注重履约性，确保承运人和实际承运人统一性，相对《海牙规则》第1条第1款所规定所谓"承运人"亦是一种提升。

祖国大陆《海商法》第61条规定："本章对承运人责任的规定，适用于实际承运人。"根据规定，实际承运人在责任区段内，具有等同承运人的法律地位，实际承运人的受雇人、代理人在其受雇或受委托范围内具有等同承运人的受雇人、代理人的法律地位。该规定虽源于《汉堡规则》，但有区别，《汉堡规则》强调的运输关系，而《海商法》却突出委托关系。

2. 台湾地区对承运人的规定

1999年台湾"海商法"基本上遵循《海牙规则》拟定，内容虽涉及"承运人"的措辞，但未对承运人的概念进行明确的规定，认定原则主要依托运输合同与提单。

（1）以运输合同认定承运人

台湾"海商法"第38条将货物运输合同分为件货运输合同与租船合同两种。但对合同当事人之一的承运人的意义，仍没有进行严格界定。有学者认为，台湾地区现行海商法货物运输系参考美国海上货物运输条例修正而来，而美国海上货物运输条例系仿《海牙规则》，故台湾"海商法"可谓间接继承《海牙规则》。[①] 依照《海牙规则》第1条（a）项的规定，"承运人"包括与托运人订立运输合同的船舶所有人或租船人。对此在台湾地区司法实务亦采取肯定见解，1981年度台上字第1267号民事判决便认为：海上运输承运人，是指与托运人订立运输契约的船舶所有人、租船人或无船公共承运人而言，此由台湾修正海商法第53条系由船主提单改为承运人提单的规定，以及《海牙规则》第1条a项的规定，应有的当然解释。[②] 故此可知台湾"海商法"所谓承运人，即为与托运人订立运输合同之人。

（2）提单认定承运人原则

台湾"海商法"第53条规定，承运人或船长于货物装载后，应托运人的请求，应发给提单；《海商法》第74条规定，提单的签发人，对于依提单所记载应为的行为，均应负责。由此可推之签发提单的人有可能成为海商法中所指的承运人。虽然依据台湾"海商法"第60条第1项规定关于提单准用《民法》第627条的规定：承运人与提单持有人之间关于运输事项应参照提单的记载。但是此处所称的提单持有人指的是托运人以外的第三人。若是由托运人所持有，则为运输合同的当事人，所以有关运输事项应依据合同内容来处理，这时提单功能只是证明有运输合同的存在，货物已经装载上船以及当托运人将货物所有权转给第三人时的权利凭证。所以只有是由托运人以外第三人持有时，因为第三人并不知道运输合同内容为何，才能凭提单记载来认定。在1999年进行修订时，采用《海牙—维斯比规则》第3条第4项规定，于台湾"海商法"第60条第2项予以增订。所以在由托运人以外的第三人持有提单下，谁签发提单，即为承运人。而签发提单者，包括船舶所有人、一般租船人、光租船人，及承揽承运人。

---

① 杨仁寿：《海商法论》，台湾三民书局1991年版，第168页。
② 张新平：《81年台上字1267号判决》，载《最高法院海商法裁判汇编（下册）》，1995年自版，第1595页。

（二）承运人责任期间之异同

1. 祖国大陆《海商法》对承运人责任期间的认定

祖国大陆《海商法》第 4 章对承运人规定了三种责任期间。第 46 条规定：承运人对集装箱装运的货物的责任期间，是指从装货港接收货物时起至卸货港交付货物时止，货物处于承运人掌管之下的全部期间。承运人对非集装箱装运的货物的责任期间，是指从货物装上船时起至卸下船时止，货物处于承运人掌管之下的全部期间。在承运人的责任期间，货物发生灭失或者损坏，除本节另有规定外，承运人应当负赔偿责任。前款规定，不影响承运人就非集装箱装运的货物，在装船前和卸船后所承担的责任，达成任何协议。该条表明：集装箱装运的货物，承运人的责任期间自装货港接收货物时起至卸货港交付货物时止。货物处于承运人掌管下的全部期间，俗称"港到港"；非集装箱装运的货物，承运人的责任期间从货物装上船时起至卸下船时止，货物处于承运人掌管下的全部期间，俗称"钩到钩"。第 103 条规定：多式联运经营人对多式联运货物的责任期间，自接收货物时起至交付货物时止。该条表明多式联运货物运输，多式联运经营人的责任期间从接收货物时起至交付货物时止。《海商法》第 4 章的规定在这三个期间内调整承运人与托运人及收货人间的权利义务关系。货物在这三个期间内发生迟延交付的，承运人根据第 4 章的规定负责赔偿。而对于非集装箱装运的货物，承运人对货物在装船前和卸船后发生的灭失或损坏是否负责，可以与托运人达成任何协议。既然是可以达成任何协议，可以包括不负责任的协议。提单背面的"装前卸后条款"规定的往往是承运人对货物装船前和卸船后的灭失或损坏不负赔偿责任。

2. 台湾地区"海商法"对承运人责任期间的认定

台湾"海商法"对承运人责任期间有相关规定，但囿于规定较为抽象，对于承运人强制责任期间起讫的认定，学者间仍有采取"收受到交付"、"商港区域至商港区域"或《汉堡规则》中的"港至港原则"或"钩至钩原则"等不同见解。其中仍以"商港区域至商港区域"唯多数见解。其见解如下述：

（1）有学者认为台湾"海商法"第 76 条第 2 项规定，使得在商港区域内从事装卸、搬运、保管、看守、储存、理货、稳固、垫舱的人也能主张法律免责事由、单位责任限制；第 58 条、第 59 条关于承运人的义务，均是发生在卸载之后。① 上述规定是仿 1978《汉堡规则》第 4 条的规定，所以关于强制责任期间的起讫是采取"港至港原则"。

（2）有学者以为依据"海商法"第 50 条、第 63 条及第 16 条规定，承运人海上强制责任期间已延伸至商港区域内。所以对于海上强制责任期间的范围已将扩及商港区域内的阶段。但此并非《汉堡规则》中所采的"港至港原则"。②

（3）另有学者直接认定强制责任期间的起讫是自"收受"至"交付"。所以如此规定在于加重承运人的责任。对于是否采取《汉堡规则》的立法，则未加以说明。③

综上所述，可以发现修正过的"海商法"已将强制责任限制从"钩至钩原则"扩大至"商港区域至商港区域"。④

---

① 杨仁寿：《最新海商法论》，台湾三民书局有限公司 2002 年版，第 191 页。
② 梁宇贤：《海商法论》，台湾三民书局 1995 年第 2 版，第 139 页。
③ 施智谋：《海商法论》，瑞兴图书股份有限公司 1999 年版，第 208 页。
④ "商港区域"依据"商港法"第 2 条第 4 项的规定，商港区域：指划定商港界线已内的水域与为商港建设、开发及营运所必需的陆上地区。第 4 页共 14 页。

(三)海峡两岸承运人免责事项之比较

1. 相同之处

两岸海商法关于承运人得主张免责的事由,就其内容而言,除了体系上及文字上有些部分差异外,基本上与《海牙规则》的立法例相差不大。承运人免责事项概括起来如下:承认航海过失和管船过失的过失免责,确立了海商法对承运人规定的责任制不完全的过失责任制;承认船舶潜在缺陷可以免责,明确了海商法下承运人使船舶适航的义务,是相对适航的义务。

2. 不同之处

(1)免责举证责任归属。大陆《海商法》就以第51条第2款除火灾外,由承运人负责举证,方能证明以援引某一项或某几项免责事项。台湾"海商法"中就免责事项的举证,虽未明文规定,但承运人需要提出做好开航时及开航当时,适航义务的程度足矣。

(2)舱面货运输免责条件。大陆《海商法》第53条没有《汉堡规则》第9条第2款那样明确规定,即承托双方达成的舱面货运办理的应在提单上说明,没有此项说明的,承运人无权援引这种对抗第三者。台湾"海商法"虽亦仿效《汉堡规则》的规定,但台湾"海商法"规定:"托运人在运输合同载明同意将货物装卸载于甲板上者。"明确说明就与托运人就舱面货物运输是以何种方式协议,即保护到善意的第三人,也符合航运习惯。

(3)活动物运输免责规定。大陆《海商法》第52条规定:因运输活动物的固有的特殊风险造成活动物灭失或者损害的,承运人不负赔偿责任。但是,承运人应当证明业已履行托运人关于运输活动物的特别要求,并证明根据实际情况,灭失或者损害是由于此种固有的特殊风险造成的。上述规定照搬《汉堡规则》,肯定货物包括活动物,若因运输活动物的固有的特殊风险造成海运物灭失或者损害的,承运人不负赔偿责任。活动物在运输途中得传染病死亡,可以理解为是运输活动物的固有的特殊风险。承运人对因此造成的货物损失不负赔偿责任。但是,承运人应当证明已经履行了运输活动物的特别要求,并证明灭失或者损害是由于此种固有的特殊风险造成的。[①] 台湾地区对于可否运输活动物以及举证责任为何皆无任何规定,可证明台湾自继承《海牙规则》依据海规则第1条(c)项对货物的定义中,将动物排除在外。

二、海峡两岸区际海商法冲突产生的原因

(一)历史原因:两岸对峙

回顾近代以来台湾与大陆的关系,自1895年以来的115年间,两岸同胞真正有着密切的往来,只有不到25年。近百年来两岸间曲折的分分合合、历史造成的恩怨与隔阂,使台湾社会形成某种"悲情意识"或特殊的"台湾意识",一些台湾同胞对大陆缺乏了解、存在误解,或者怀有复杂感情甚至抱有一些敌意,这完全是中国历史上的第二次"历史大变局"的产物。而两岸长期相互对峙,致使海峡两岸衍生出不同的社会制度、经济体制及文化框架,最终在分治期间两岸的法律本质渐渐走向殊途。

---

① 於世成、杨召南、汪淮江:《海商法》,法律出版社1997年版,第98页。

（二）政治原因：一国原则

海峡两岸之称谓源于地域概念的政治名词，自两岸分治以来，两岸政府官方在国际交往中均奉行一个中国政策，承认世界上只有一个"中国"。海峡两岸可谓地缘相近，血缘相亲，文缘相承，商缘相连，法缘相循。由此可知，中国作为"一国两制三法系四法域"国家，乃是区际法律冲突产生的最重要的条件，故海峡两岸海事法律之冲突乃是区际法律冲突，而非国际法律冲突，其特点为：两岸海事法律冲突是特殊单一制国家中特别行政区享有高度自治权情况下的冲突，是特定时期处于平等地位的中央法律和特别行政区的地方法律之间的冲突，是不同社会制度之下的法律冲突，是不同法系之下的法律冲突。冲突内容异常复杂，它不仅仅表现为不同法域本地法之间的冲突，有时还表现为一法域的本地法与另一地区适用的国际条约之间以及两法域适用的国际条约的相互之间的冲突。

（三）法律原因：既存海事法

台湾的"法律"是以日本和德国的法律作蓝本，借鉴大陆法系立法体系。它主要以台湾"海商法"为基础，同时包括其他海事法律，形成自身一套完整的海商法律体系。祖国大陆的海事法律属于社会主义新法系，以《中华人民共和国海商法》为主体，同时囊括其他海事法律法规、国际法及国际惯例。纵观海峡两岸各自的海事法律法规，在船舶、海事赔偿责任限制、海上运输、海事保险合同等方面，均存在不同之处，这是基于双方在立法背景、法律理念不同的必然结果。同时，海峡两岸就自身的海事法已适用多年，且短期内这种现状不可能发生改变，这是大陆与台湾地区区际海事法律冲突的基本原因。

（四）现实原因：两岸交往

海峡两岸人民之间的交流与互航是产生区际海事关系的前提条件。大陆与台湾地区间实现试点直航乃至"三通"势必将产生大陆与台湾地区的间的海事法律冲突。海峡两岸相互承认外法域人在本法域的民事法律地位是区际海事冲突的必要条件。一国内各法域在一定条件下相互承认外法域的法律在本法域内的域外效力。如果一国内各个法域不承认外法域的法律在本法域的域外效力，仍然不能产生区际法律冲突，因为各法域都以本法域的法律解决一切区际民事法律关系，则不会出现同一民事法律关系在同一时间受到多个法律调整的现象，也就不能产生区际法律冲突。如果在处理涉及对方地区海事法律而发生争议时，一味强调本地区法律优于对方地区法律，那么，解决海峡两岸的区际海事法律冲突将成为不可能。因此，一国内各个法域之间有相互承认外法域的人的民事法律地位是区际法律冲突产生的重要因素。

三、构建海峡两岸海商法律合作机制的路径

《海峡两岸经济合作框架协议》（简称 ECFA）是两岸遵循世界贸易组织规则，结合两岸经济发展的现状和特点，按照平等互惠原则签署的经济合作协议，是两岸经贸交流经过 30 多年互惠互补、相互依存发展的必然结果。框架协议的签署标志着两岸经济关系进入了制度化合作的新的发展阶段，有利于两岸共同应对区域经济一体化的机遇和挑战。框架协议将开创两岸经济大交流、大合作、大发展的新格局，为两岸携手参与新一轮国

际竞争提供了强有力的支撑，为两岸经济关系逐步实现正常化，并向未来更加自由化的方向发展提供了制度保障。

以 ECFA 为架构的经贸机制，让两岸的海商合作机制互动有了具体方向及可循轨迹，并将开启海峡两岸区域海商法律整合的道路。ECFA 的签署为两岸海商法律合作带来新思维、新影响、新模式，两岸海商部门应据此建立新的合作机制。

（一）海峡两岸应将 ECFA 的宗旨作为海商合作机制的指导原则

大陆和台湾地区在入世以后，两岸海运直航的法律管理体制悬殊不一，且法律和政策差距较大、冲突不小，严重影响两岸的经贸合作及区域一体化进程。而两岸签订的 ECFA 力求加强和增进双方之间的经济、贸易和投资合作，致力于促进双方货物和服务贸易进一步自由化，逐步建立公平、透明、便利的投资及其保障机制，实现扩大经济合作领域，建立合作机制的目标。海运作为两岸交流的前台及桥梁，是两岸经贸合作的基础设施。两岸构建起有效的海商合作机制成为两岸合作中刻不容缓的大事，两岸海商合作机制的成功构建将有利于两岸地缘优势的最大化，便利两岸各种物质、人才等要素流动，使两岸合作态势从单一到多元，形成区域产业链，最终真正实现两岸经贸合作"大交流"格局。可见，海峡两岸应依托 ECFA 的时代背景，使海峡两岸能在秉承"一国两制"的基本原则从国际公约、区域立法及国际惯例中取长补短，借以寻求海商合作有效机制。

（二）海峡两岸应恪守 ECFA 的理念对海商法律合作机制予以梳理

1. 两岸海商法律合作机制应延续 ECFA 鲜明两岸特色的合作模式。海峡两岸在不同环境下，各自形成并发展了相互差异的政治、经济、社会文化等各方面的制度，决定了两岸分别实行性质不同的法律制度，存在着不同的法律追求，从而形成了两岸复杂而独特的法律冲突。海峡两岸都认为只有一个中国，但两岸又同时处于接触探索期间，这种特定的历史环境决定了岸法律冲突，既不同于其他多法域国家的区际冲突，也有别于内地和港、澳间的法律冲突。两岸海商法律冲突作为一种特殊的区际冲突，两岸应通观于两岸全局利益，尊重双方既得的海商法利益，做到搁置争议、求同存异、务实协商、合理安排，真正做到既能立足两岸现状，又能着眼两岸经济长远发展，做出一条真正实现两岸双赢的海商合作之路。

2. 两岸海商法律合作机制应秉承 ECFA 开放、渐进的合作方式。ECFA 规定，两岸将在框架协议生效后继续商签货物贸易、服务贸易、投资等多个单项协议，逐步推进两岸间的进一步开放，最大限度实现两岸经济优势互补，互利双赢。海商合作机制作为 ECFA 项目之一，理应遵循 ECFA 开放、渐进的合作方式，针对该领域某些具体的法律关系先行制定特别法或双边区际协定。海事特别法或双边区际协定的主要内容应以冲突规范为主兼容必要的实体法规定。其中涉及主要的冲突规则应包括运输合同的法律适用应以当事人意思自治为主，以最密切联系原则为辅；船舶所有权和其他物权的纠纷，适用区际法；船舶碰撞的损害赔偿，一般适用侵权行为地法；海上救助，适用救助船舶的区际法或救助合同的法律；船舶所有人责任限制，适用区际法；共同海损理算，适用当事人意思自治或航程终止地法等。涉及的主要实体法规应包括直航法规的直航航线、直航船舶等的法律属性及其相应海事法律制度。①总之，两岸海商合作机制应遵循从个别到整体的逻辑过程，遇到具体海商法律关系合作条件成熟时就进行相应的磋商立法，最终形成一个覆盖整个海商系统的辐射机制。

3. 两岸海商法律合作机制应坚决贯彻 ECFA 全面、综合的合作思维。ECFA 的内容涵盖了两岸间的主要经济活动，确定了未来两岸经济合作的基本结构和发展规划。两岸海商合作机制应致力于制定两岸海商统一法：从区际海事冲突规则本身而言，制订全国统一的区际海事冲突规则，不仅能使各法域的法院对同一案件的审理得出相同的结果，根本上防止"择地诉讼"的现象，而且还可以避免区际海事冲突规则本身的冲突的产生，并为各法域实体海事法的统一奠定基础。从统一海事实体法来说，直接确定海事法律关系双方当事人的具体权利、义务，是避免和消除区际海事法律冲突的最佳途径。毋庸置疑，虽然两岸不具有超越于该法域并为其共同承认的中央最高立法机关来制定海峡两岸统一的区际海事冲突规则，也不能消弭大陆和台湾的法律差异，故要实现全国海事实体法的统一不是轻而易举的事情。但是海峡两岸制定统一海商法是两岸的必由之路，也是最终消除两岸海商法律冲突的最理想选择。

（三）大陆应依托 ECFA 时代背景进一步完善《海商法》

《中华人民共和国海商法》（下称《海商法》）自施行至今已近 13 年，经过航运及海事司法实践的检验，一些缺陷与不足已显露出来。因而，如何顺应时代发展的要求，根据我国国情适时地修改《海商法》，是不得不思考的现实问题。在 ECFA 时代背景下，祖国大陆应坚持以我为主，有所选择，提倡互惠，满足双赢的立法理念裁剪海商法。首先，对目前不适于直航的某些条款、概念、表达方式进行修改。如扩大海上客货运输的调整范围等。其次，对原来大陆海商法与台湾地区海商法相异、空白之处，应参考台湾地区海商法的合理之处进行修改。如增设建造中船舶的定义及船舶物权对建造中船舶的运用等。再次，根据世界海运发展趋势，加强海洋环境保护立法。

---

① 张敏：《浅谈海商法修改与两岸区际法律冲突的解决途径》，载《津州师范学院学报》（哲学社会科学版）2004 年第 2 期。

两岸互助送达方式的拓展与反思

周内金　俞建林[*]

海峡两岸于 2009 年正式签订《海峡两岸共同打击犯罪及司法互助协议》（以下简称《互助协议》），这是两岸在司法互助领域迈出的重要一步。《互助协议》第 7 条规定："双方同意依已方规定，尽最大努力，相互协助送达司法文书。"该条明确了两岸在互助送达民事诉讼文书方面应遵循的基本准则，为两岸开展相关司法合作提供了指引。电子送达指通过电传、电邮等数据电文方式送达诉讼文书，是两岸民事诉讼法均允许的新型送达方式。随着"互联网 2.0"（Web2.0）模式和移动互联网技术的深度融合，各类新型社交工具应运而生，电子送达的途径正在发生嬗变。本文认为，通过新型社交工具实施的电子送达，不仅适应信息时代的发展趋势，而且也符合两岸现行法的相关要求，具有应行与可行的充分理据。

一、通过新型社交工具互助送达的主要优势

（一）符合潮流

自 2004 年全球首届"互联网 2.0"主题会议召开以来，"互联网 2.0"这一概念已深入人心。"互联网 1.0"是由网站雇员主导生成内容的互联网产品模式，而"互联网 2.0"则是由用户主导生成内容的新型互联网产品模式。"互联网 2.0"的关键在于"微内容"，即个人所形成的数据，如一则评论、一则日志、一幅图片等。随着移动互联网技术的日益成熟，以"微内容"为核心的新型社交工具如雨后春笋般萌发。时至今日，以脸书、推特、微信、微博等为代表的各类新型社交工具已然成为人们日常生活不可或缺的组成部分，移动社交的互联网趋势已不可阻挡。在互联网技术日新月异的今天，法院应如何应对呢？答案是显而易见的。正像电子邮件技术的兴起带来了民事诉讼文书送达方式变革一样，新型社交工具网络技术的发展亦必然会对送达方式产生重大影响。早在 2008 年，澳大利亚一法庭首次准许律师在向受送达人住址多次送达失败后，通过社交网站脸书（Facebook）送达法律文书。[①] 此后，新西兰、加拿大和英国的法院均开始效仿此种做法。可以说，通过新型社交工具的诉讼文书送达已经逐渐形成趋势。

（二）辐射面广

在海外，脸书、推特（Twitter）等社交工具迅速崛起，动辄拥有数亿用户。在祖国大陆，微信、微博等社交工具亦蓬勃发展。微信是腾讯公司于 2011 年推出的，它支持跨通

---

[*] 周内金、俞建林，厦门海事法院。

[①] 《澳洲律师获准通过 Facebook 送达法律文书》，载 FT 中文网 m.ftchinese.com/story/001023731，访问日期：2015 年 5 月 26 日。

信运营商、跨操作系统平台通过网络快速发送免费语音短信、视频、图片和文字等,同时支持微信支付电商平台。据统计,截至2014年,微信用户数已经突破5亿,其中月活跃用户数突破4亿,是目前亚洲地区拥有最大用户群体的移动即时通讯软件。这款推出仅短短三年的新型社交工具已经全面确立其在祖国大陆移动社交领域的领袖地位,影响力遍及祖国大陆、港澳台及东南亚等地。微博是微型博客(Micro Blog)的简称,最早也是最著名的微博是成立于2006年的推特。在祖国大陆,微博的主要代表是新浪微博,于2009年8月推出内测版,成为第一家提供微博服务的门户网站。随后微博正式进入中文上网主流人群视野,并呈现迅猛发展的态势。截至2014年,新浪微博用户数达2.49亿。在台湾地区,当前最普及的实时通讯软件仍是Line,但微信在台湾地区亦取得了可观发展。据最新统计显示,微信在台湾的活跃用户数近一年增长了1.66倍,成长幅度仅次于香港。[①]此外,新浪微博在台湾地区也具有一定人气,估计未来将有更大的拓展空间。各类新型社交工具庞大的用户群是推动法院文书送达方式变革的重要动力。

(三)效率更高

迟到的正义是非正义。电子邮件送达之所以被世界各国纷纷采纳,主要是因为其通讯的快捷性。借助互联网的力量,一封电子邮件可以在短短几秒之内发送到位于世界上任何一个角落的电子信箱,这是传统送达方式所不能比拟的。然而,随着"互联网2.0"时代的到来和移动互联网技术的发展,各类新型社交工具正不断颠覆原有的通讯模式。以微信为代表的即时通信工具,可以实现点对点的即时通信(包括即时视频通信),比电子邮件的通信模式和传输效率又有较大提升。以新浪微博为代表的微博客工具,则完全颠覆了传统的点对点通信模式,实现从任何用户到任何用户通讯权限的突破。由此,微博的传输效率得到了成倍提升。微信是私密的闭环交流,而微博是开放的扩散传播,两者各有所长。[②]

二、通过新型社交工具互助送达的法律依据

如前所述,通过新型社交工具的文书送达符合互联网发展的潮流,具有普及性广、效率高等优势,其实施的必要性显而易见。但诉讼文书送达本质上是一个法律问题,两岸法院经由上述途径送达文书,不仅涉及己方法域的适法性问题,也涉及对方法域的认可问题。上述问题的解答,离不开对相关区际协定和两岸现行法的分析。

(一)两岸区际协定

海峡两岸属于一个主权国家下两个不同的法域,其间无法回避民商事裁判文书的认可与执行问题,而有效的文书送达是认可与执行的必备要件之一。就送达问题,两岸之间的司法互助,经历了从无到有、从单向立法到区际协定的发展过程。2009年4月,由两岸官方授权的大陆海峡两岸关系协会与台湾海峡交流基金会,通过平等协商达成了《互助协议》,首次为两岸相互助送达司法文书提供了制度化渠道。《互助协议》相关内容得

[①]《微信台湾用户数年增1.66倍 尚未撼动Line霸主地位》,载中国新闻网www.chinanews.com/tw/2014/09-19/6609290.shtml,访问日期:2015年5月10日。

[②] 如果受送达人配合送达,则通过微信互加好友,便可实现文书高效送达;如果受送达人拒不配合,则可通过微博以"@"或"私信"方式向受送达人实名认证的账户传送文书。

到了两岸官方的认可，被认为是"两岸今后开展民商事司法互助活动的纲领性文件"。① 该协议第3章第7条就"送达文书"作出了约定："双方同意依己方规定，尽最大努力，相互协助送达司法文书。"该条之所以如此约定，主要是因为在两岸互助送达中，一方法域一旦接受对方法域的送达请求，其将要实施的便是己方法域内的送达行为，故该行为理应遵循己方法域的相关规定。当然，需要注意的是，一方所完成的协助送达，毕竟还属于对方法域正在进行的诉讼程序的一部分，为了确保送达效力得到认可，接受方实施送达亦不应违背请求方法域的效力性规定。由此可见，通过新型社交工具实施的电子送达能否在两岸司法互助中得以采用，主要取决于两岸相关法律是否均承认这一送达方式。

（二）大陆规定

大陆最高人民法院于2003年2月发布《关于适用〈中华人民共和国海事诉讼特别程序法〉若干问题的解释》，正式确认了电子送达方式的合法性。该司法解释第55条规定："海事诉讼特别程序法第八十条第一款（三）项规定的其他适当方式包括传真、电子邮件（包括受送达人的专门网址）等送达方式。"这应该是大陆司法解释首次正式将传真、电子邮件等电子送达方式确认为有效送达方式。但遗憾的是，该司法解释仅适用于海事诉讼特别程序，不能适用于普通民事诉讼程序。为了弥补此项不足，最高人民法院在此后几年又陆续出台了《关于涉外民事或商事案件司法文书送达问题若干规定》《关于涉台民事诉讼文书送达的若干规定》《关于人民法院办理海峡两岸送达文书和调查取证司法互助案件的规定》等司法解释，明确了在域外送达和涉台直接送达中允许采用传真、电子邮件等电子送达方式。然而，对于域内送达，上述司法解释无法适用。此后，全国人大常委会于2012年8月发布修正后的民事诉讼法，该法第87条规定："经受送达人同意，人民法院可以采用传真、电子邮件等能够确认其收悉的方式送达诉讼文书，但判决书、裁定书、调解书除外。"该法最终确认了域内电子送达的合法性。为便于理解适用，最高人民法院于2015年1月发布《关于适用〈民事诉讼法〉的解释》，解释第135条规定："电子送达可以采用传真、电子邮件、移动通信等即时收悉的特定系统作为送达媒介。"从语义解释来看，民事诉讼法及其解释所规定的电子送达方式是开放的，只要满足"确认收悉"要求，其他没有被列举的电子送达方式亦应准许，如"利用微博等后台实名注册的社交网站辅助送达"。② 可见，通过微博、微信等新型社交工具完成的送达理应属于现行法允许的域内电子送达途径。

（三）台湾地区规定

台湾地区"民事诉讼法"在其第153-1条规定："诉讼文书，得以电信传真或其他科技设备传送之；其有下列情形之一者，传送与送达有同一之效力：应受送达人陈明已收领该文书者；诉讼关系人就特定诉讼文书声请传送者。前项传送办法，由'司法院'定之。"从语义解释角度看，两岸相关立法就电子送达方式的规定存在着一定差别。台湾相关"立法"强调的是，电子送达是通过"科技设备"的文书传输，而大陆相关立法强调的

---

① 姜红：《论海峡两岸民商事司法协助模式的发展趋势》，载《暨南学报（哲学社会科学版）》2011年第2期。
② 陈杭平：《"职权主义"与"当事人主义"再考察：以"送达难"为中心》，载《中国法学》2014年第4期。

则是，电子送达是通过"特定系统"的文书传输。但从目的解释的角度看，两岸立法之间的差别具有异曲同工之处，各有侧重的立法用语恰恰体现了完成电子送达所必需的软硬件配备。任何电子送达都是通过一定科技设备并依赖特定传输系统得以完成，如电子邮件送达是通过电脑或智能手机等设备并经由特定邮件系统完成文书的数字化传输。那么，通过手机、平板电脑等科技设备并经由微信、微博等新型社交工具完成的文书传输是否符合台湾"民事诉讼法"有关电子送达的要件呢？答案是肯定的。因为台湾"民事诉讼法"对电子送达的规定亦是开放式的，即凡是通过科技设备完成的文件传输，其只要符合第153-1条规定的两个情形之一，即可视为送达。

三、通过新型社交工具互助送达的注意事项

依照两岸《互助协议》的约定和两岸关于域内电子送达的现行法规定，两岸法院在司法互助中采用新型社交工具送达具有适法性基础。当前的问题在于，此种送达如何实施，应注意哪些问题？从司法实践的角度看，电子互助送达的实施首先亟须明确以下几个关键问题。

（一）关于送达顺位

传统送达是否应优先于电子送达获得实施，这是启动新型社交工具送达之前首先需要回答的问题。有观点认为，由于电子送达的完成有赖于信息网络，其间可能发生文件被篡改、拦截等可能，因而"目前的技术普及状况决定了电子送达只能处于补充地位。既然是补充，电子送达就只能在传统方式不能有效完成送达时发挥作用"。[①]但现实的情况是，电子送达的安全性并不比传统的邮寄送达差。邮寄送达依赖的是人（即邮递员），从司法实践来看，邮递员错投、漏投等情况也是屡见不鲜。电子送达依赖的是特定电子通信系统，从概率上看，电子送达出错的可能性要远远低于传统的邮寄送达。因此，上述以电子送达安全性、可靠性差为由将电子送达置于补充地位的观点实属以偏概全，难以自圆其说。从现行法来看，两岸民事诉讼法均未将传统送达无效果作为启动电子送达的必要条件。由此可见，在司法互助中何时启动电子送达，应由两岸法院根据案件具体情况作出判断。

（二）关于文书范围

依照大陆《民事诉讼法》第87条的有关规定，电子送达不适用于判决书、裁定书及调解书。其立法理由在于，上述三类诉讼文书属于裁判文书，是对案件实体法律关系或重大程序问题进行的终局认定。虽然电子送达更为快捷，但其送达的只能是体现为复印件的传真和电子邮件的文书信息，其真实性、可靠性毕竟不如直接送达等传统送达方式，况且只有加盖法院印章的正式原件文本，才能发生相应的法律效力，因此裁判文书不宜采用电子送达方式。[②]但台湾"民事诉讼法"第153-1条有关电子送达的规定，并未将裁判文书排除在外。为了规范电子送达的细节，台湾地区于2003年8月5日出台"民事诉讼文书传真及电子传送作业办法"。该法第2条规定："本办法所称传真或电子传送，系指送方将当事人或代理人书状、证人或鉴定人书面陈述及具结文书，以及其他诉讼文书，

[①] 张利民、胡亚球：《域外案件司法文书电子送达条件分析》，载《法学评论》2008年第1期。
[②] 奚晓明主编：《〈民事诉讼法〉修改条文理解与适用》，人民法院出版社2012年版，第214页。

以文书型式经由通讯网路传输，受方可于其传真或其他电子设备上收受该文书相同型式及内容之影本之传送方式。"从规范内容看，该实施规范亦未将裁判文书类诉讼文书排除在外。由此可见，两岸有关电子送达文书范围的规定存在较大差异，法院在从事互助送达时须多加注意。

（三）关于受送达人同意

依照大陆《民事诉讼法》第87条的有关规定，无论是经由新型社交工具完成的电子送达，还是其他类型的电子送达，其必要前提均应是"经受送达人同意"。从类型化的角度看，同意既有明示同意与默示同意，亦有事先同意和事后追认。从立法理由看，各地经济科技发展不平衡，有些当事人可能并不熟悉电子信息设备，因而要求法院采用电子送达必须首先经过当事人同意，换言之，只有当事人能够并愿意接受和使用电子送达方式，法院才可以采取这一新送达途径。① 可见，该条项的同意应为"事先同意"。也就是说，经受送达人同意是启动电子送达的前提条件，否则送达不生效力。此外，最高人民法院颁布的《关于适用〈民事诉讼法〉的解释》第136条规定："受送达人同意采用电子方式送达的，应当在送达地址确认书中予以确认。"可以看出，第87条规定的同意既然应当通过送达地址确认书予以确认，那么此种同意显然属于"明示同意"。因此，从立法本意来看，第87条所规定的经受送达人"同意"，应是"事先明示同意"。②

台湾地区"民事诉讼法"第153-1条明确将"受送达人陈明已收领该文书"和"诉讼关系人就特定诉讼文书声请传送"作为电子送达有效的前提条件予以规定，符合其中任一条件的电子送达即为有效送达。从语义分析看，"受送达人陈明已收领该文书"可理解为"受送达人的事后追认"，而"诉讼关系人就特定诉讼文书声请传送"则可理解为"受送达人的事先同意"。与大陆相关规定不同的是，事先同意并非台湾地区法院实施电子送达的先决条件，无论受送达人事先是否同意，法院均可实施电子送达。台湾地区"民事诉讼文书传真及电子传送作业办法"第7条第2款规定："未依前项规定之时间及方式回传者，如受方承认曾收受文书，或可证明受方已收受者，仍发生文书送达效力。"可见，台湾地区对"陈明"的含义作了扩大解释，即无论是受送达人承认收悉，还是以其他方式证明已收悉，均发生送达的法律效力。综上可知，两岸相关立法就电子送达应否经受送达人同意的问题，存在着较大差别，两岸法院在司法互助中采用电子送达时应予以注意。

（四）关于确认收悉

如何确认受送达人已收悉，是实施新型社交工具送达所必须解决的关键问题。大陆最高人民法院颁布的《关于适用〈中华人民共和国民事诉讼法〉的解释》第135条第2款

---

① 奚晓明主编：《〈民事诉讼法〉修改条文理解与适用》，人民法院出版社2012年版，第213页。
② 需要指出的是，该条有关"经受送达人同意"的限制性规定将大大限缩电子送达的适用范围。立法者的出发点是为了保护不熟悉电子信息设备的当事人。但现实的情况是，法院实施有效电子送达的前提是，受送达人拥有某个特定的电子信息接收地址，例如电子邮件地址、微博账号等。法院虽然无法预知受送达人对电子信息设备的熟悉程度，但既然其已经拥有电子信息接收地址，那我们就应推定其熟悉电子信息设备的相应操作。因此，以某些受送达人可能不熟悉电子信息设备为由设置"经受送达人事先明示同意"的前提条件，实际上会妨碍电子送达的有效开展。为了适用互联网技术大发展的时代潮流、尽量发挥电子送达的优势，本文认为，应对"受送达人同意"作扩大解释，即无论明示或默示、事先或事后，只要确认收悉，便应视为有效送达。

规定:"民事诉讼法第87条第2款规定的到达受送达人特定系统的日期,为人民法院对应系统显示发送成功的日期,但受送达人证明到达其特定系统的日期与人民法院对应系统显示发送成功的日期不一致的,以受送达人证明到达其特定系统的日期为准。"该条间接明确了如何确认收悉的标准,即法院对应系统显示文书发送成功,或受送达人证明文书到达其特定系统。大陆民事诉讼法将受送达人事先明示同意作为电子送达的前提条件,并且受送达人主动通过送达地址确认书向法院提供电子送达地址,其就应保证该地址的有效性和其收悉的及时性。因此,如果诉讼文书到达受送达人指定的上述特定接受系统,便应视为已收悉,当事人就此无权举证反驳。①

台湾地区"民事诉讼文书传真及电子传送作业办法"第7条规定:"文书传送之受方,应于收受文书后一工作天内,依收受之首页资料核对收受之文书,并将收受文书之年月日时、收受者姓名、电话号码或电子信箱地址等资料并收受文书首页回传送方,但因送方原因无法回传者,不在此限。未依前项规定之时间及方式回传者,如受方承认曾收受文书,或可证明受方已收受者,仍发生文书送达效力。"该办法首先明确了受送达方应于一个工作日内回传相应文书以确认收悉的法律义务,一旦回传,即证明其已收悉诉讼文书。在受送达方不履行回传义务时,该办法又明确了两项可以确认收悉的情形:受送达人承认曾收悉文书;存在可证明受送达人已收悉文书的其他情形。关于第二项情形下如何证明收悉问题,有学者曾提出两种方法:案情证明,即通过案情能够推断受送达人已经收到文书,便可视为收悉;技术手段证明,即通过技术手段证明受送达人收到并阅读了文书的事实。②但本文认为,技术手段证明与案情证明不是并列关系,而应是隶属关系,即技术手段证明是案情证明的方法之一。无论是通过电子邮件系统发送文书,还是通过新型社交工具发送文书,从技术上证明该文书已达到受送达人特定系统并非难事。但是,如果受送达人事先未向法院确认其送达账户且事后又以其账户长期不使用或被盗等理由抗辩其未收悉,则技术手段证明的有效性将受到质疑。此时,法院需要借助其他案情方面的证明,方能综合判断其是否确已收悉。综上可知,大陆相关立法围绕"经受送达人同意"这一严格限制条件设定了较为单一的确认收悉标准,而台湾地区相关立法未设此项限制条件,其确认收悉的方式更为多样。

结　语

电子送达的产生,是法律适应时代发展的产物。从传真送达到电子邮件送达,再到新型社交工具送达,电子送达的外延正不断扩展。从两岸现行法的角度看,新型社交工具送达均有适法性基础。需要注意的是,两岸立法在电子送达的具体操作方面存在较大分歧,两岸法院在互助送达中应予充分重视。从务实的角度看,为了使己方法域通过新型社交工具完成的协助送达行为能得到对方法域的认可,有必要在协助送达时考虑并尊重对方法域的相关规定。

---

① 当然,到达特定系统的日期与法院送达成功的日期可能并不相同,但在互联网技术日益成熟的今天,此种情况发生的概率微乎其微。基于此,该司法解释的上述规定在允许将法院发送成功的日期推定为达到特定系统的日期的同时,又赋予受送达人举证反驳的权利。此外,如果因受送达人提供无效接收地址而导致文书发送失败,则其也应承受此种不利后果,即视为其已收悉。

② 张利民、胡亚球:《涉外案件司法文书电子送达条件分析》,载《法学评论》2008年第1期。

打击在厦涉台跨境毒品犯罪的对策研究

李永艳[*]

2014年6月，中共中央、国务院印发《关于加强禁毒工作的意见》，将禁毒工作提升到"国家安全战略和平安中国、法治中国建设"的新高度。我国毒品问题正呈现出五大特点——境外毒品渗透加剧，境内制毒贩毒猖獗，制毒化学品走私严重，吸毒人群不断扩大，毒品危害日趋严重。国际毒潮加速泛滥，各种涉毒因素不断增多，国内毒品形势日益严峻复杂，禁毒工作处于重要关键时期。跨境毒品犯罪严重威胁地区安全、国家安全甚至全球安全，是当前国际社会共同面临的严峻挑战。本文就在厦涉台跨境毒品犯罪活动规律特点进行分析，并因地制宜地提出打击涉台跨境毒品犯罪的对策进。

一、在厦涉台跨境毒品犯罪的特点

厦门与台湾文化、气候相近，加上厦金直航、两岸三通带来便利，在厦门台资企业已超过4000家，在厦工作、创业、生活的台湾人已突破10万人。台湾毒贩利用这一点，混杂于众多台商之中，聚居厦门组织策划毒品交易，开辟建立毒品走私地下秘密通道，在闽粤台三地穿梭往来，从事跨境制造、贩卖、走私毒品犯罪活动。近年来，涉台跨境毒品犯罪呈以下特点：

一是涉台毒品走私趋大宗化。当前我市涉台跨境毒品犯罪主要包括走私毒品和跨境制毒犯罪两种。2012年至今全市共侦破涉台跨境毒品案件13起47人，其中制毒2起5人、走私11起42人，走私毒品案件占涉台跨境毒品案件总数的84.6%，单案缴毒数量基本保持在10公斤以上，大宗化趋势明显。2012年至今，我市共查获11起涉台走私案件，缴获毒品891.8公斤，缴获的走私毒品量占全市收缴毒品总量的96.7%。边防支队2014年6月以来破获3起涉台毒品走私案，合计缴获氯胺酮和冰毒达600多公斤；禁毒支队于2012年8月和2014年11月破获的2起涉台毒品走私案，缴获氯胺酮和冰毒近200公斤。涉台走私的毒品种类主要以氯胺酮和冰毒为主，因为氯胺酮在台湾属三级管制毒品，台湾地区"法律"对贩卖、走私氯胺酮的量刑较轻，加上市场销售呈迅速扩张之势，避险趋利的台籍毒贩纷纷涉足。但也出现了走私制毒原料麻黄素的新苗头，2015年4月5日，厦门海警三支队成功查获了一艘涉嫌走私制毒原料麻黄素回台湾澎湖的台籍货轮，当场缴获麻黄素近500公斤。

二是涉台制毒犯罪死灰复燃。一些台湾籍跨境毒品犯罪分子从台湾组织犯罪资金，指派台湾籍制毒技师潜入我市，与龙岩长汀籍制毒分子相互勾结，在我市岛内外偏僻山区、高层楼宇设点制毒，而后伺机走私毒品成品赴台。2000年至2006年期间，我市曾经出现一波台湾籍毒贩制毒犯罪高峰，几乎每年都能捣毁一个涉台制毒窝点，之后我市

---

[*] 李永艳，厦门市公安局禁毒支队。

加大打击查处力度，该类犯罪一度沉寂。近年来，国家禁毒委加大了对广东省、福建龙岩制贩毒打击整治力度，制毒工厂及制毒原料窝点迅速向周边扩散，我市首当其冲，仅2014年我市就捣毁了两个涉台制毒窝点。2014年3月24日，我局在集美区成功捣毁一涉台制毒窝点，抓获5名台湾籍犯罪嫌疑人，缴获冰毒成品约7千克，制毒原料麻黄素13千克，以及大量易制毒化学品和制毒设备。同年11月26日，集美分局成功打掉了以台湾籍制毒嫌疑人"峰仔"为首的制贩毒团伙，当场缴获成品和半成品冰毒共计1.5公斤。

三是走私毒品来源"多地开花"。之前，我市涉台毒品走私案件涉案的毒品基本都来源于广东、云南等地，如今受走私毒品种类多样化和制毒区域扩张化影响，我市走私毒品来源地已形成了"一主多辅"格局，犯罪分子从广东和四川、福建龙岩甚至是朝鲜等地购买氯胺酮和冰毒，从内蒙古、湖南、山东等地购进麻黄素，辗转来厦后伺机走私出境，毒品来源地呈多区域、多渠道态势。2013年我市破获的"4.19"、"7.8"以及"10.9"等三起涉台走私毒品（易制毒化学品）案件，共抓获犯罪嫌疑人16名（其中台湾籍9名），缴获冰毒30公斤、麻黄素500公斤、毒资人民币740万，这些案件基本都是由台湾籍不法分子从朝鲜、广东以及内蒙古等地购运冰毒和麻黄素来厦后，雇佣我市沿海渔民，利用渔船走私毒品至台湾二担岛等附近海域与对岸不法分子交接。

四是毒品走私渠道呈多样化。目前，涉台走私毒品方式主要有两大类：一类是利用行李夹藏、人体藏毒的方式，通过国际航班、厦金客运航线走私毒品，这类案件涉案数量通常比较少；另一类是利用厦门和台湾（金门）两地渔船、台籍货轮往来，以补给生活物资为掩护将毒品走私至金门进而运输到台湾本岛，或者是通过将毒品隐藏于矿石、矿土、石雕、佛龛中出口台湾。2014年8月10日，边防支队破获的林某走私毒品案，缴获冰毒152公斤，就是利用台轮船长带货走私；2015年1月4日边防支队破获的周某走私毒品案，缴获氯胺酮250公斤，就是雇佣厦门湖里五通渔民的渔船运输；2014年7月，台湾警方在金门料罗港查获60公斤的冰毒，抓获3名台籍嫌犯，其手法是将毒品藏在厦门至金门的花岗岩石板中。此外，近几年国内外物流快递行业迅猛发展，利用跨境邮包进行毒品走私犯罪"便捷、低成本、低风险"的优势更加凸显，越来越多的不法分子开始采用"蚂蚁搬家"方式，频繁利用跨境邮包进行毒品走私。据台媒报道，2013年4月份台湾警方成功破获一起特大走私毒品案，缴获毒品氯胺酮15公斤，犯罪分子就是利用快递邮寄到台湾。

五是涉台毒品犯罪手段隐蔽。涉台毒品犯罪的组织严密，分工明确，走私手法专业。从联系毒源、购买、运输到销售毒品都有非常明确的分工，且具有很强的反侦察、反跟踪意识和经验，有严密的运输路线和藏毒窝点，有相对稳定的销售渠道，逐步形成制、贩、销一条龙的毒品分销网络。为降低毒品犯罪风险，毒贩也越来越狡猾，逐步退居幕后，遥控指挥。我市毒品走私、贩运主要犯罪主体是台湾籍毒贩，台湾籍毒枭幕后指挥，几乎没有亲自实施的。他们往往租住在大陆一些高档社区，雇用大陆无业人员或者来自台湾地区、菲律宾、印尼、泰国的社会底层人员充当"马仔"（台湾称"雀仔"），利用"人体藏毒"、行李夹藏、伪包装等方式从事运输、走私毒品任务，对其主要案犯打击难度较大。2008年，禁毒支队打掉二个涉台特大走私毒品团伙，但其真正幕后指挥台湾人王某陆和程某廉均在逃，至今逍遥法外。

二、我市涉台跨境毒品犯罪的成因

（一）国际国内毒潮环境的冲击

当前，境外贩毒集团对我国采取"多头入境，全线渗透"的策略，大量毒品被运进我国，"金三角"毒源地每年生产加工的毒品通过中缅边境陆路进入我国。为逃避打击，境外贩毒集团开辟了新的贩毒路线，采用"大迂回"方式，通过印度、尼泊尔将毒品转运至我国。"金三角"生产的冰毒片剂也大量向我走私贩运，而阿富汗生产的鸦片，对我国的现实危害和潜在威胁继续扩大。与此同时，国内制毒活动猖獗，已经形成完整的产业链，尤其是广东、福建龙岩长汀制毒犯罪突出。毒品犯罪根本动力在于其暴利之所在，台湾贩毒集团绝不放弃大陆市场这块"大蛋糕"。厦门作为东南沿海的开放地区，海、陆、空交通十分便捷，毗邻广东、龙岩，又与台交往十分活跃，这是厦门市涉台毒品犯罪增多的大背景。

（二）厦金海域特殊区位的因素

福建是台湾贩毒集团首选的毒品犯罪基地、通道和跳板，近年来，全省破获涉台跨境毒品犯罪案件逐年递增，且多为大宗毒品犯罪案件，案发地涉及沿海一线的厦门、泉州、福州等市，数百公斤的毒品大要案呈大幅快速增长态势。地理上，厦门拥有众多不受潮水影响的码头，与台湾一水相隔，与临近的台属金门列岛更是近在咫尺，是台湾籍不法分子进行毒品犯罪特别是从事海上大宗毒品走私最为便捷的地方。厦门与台湾不仅地理相近，距金门岛仅数千米之隔，而且在语言、民俗等众多地方有共同之处，两岸民间往来十分活跃。厦金航线的全面开通，两岸居民通过渔船进行小额商品贸易，在翔安区的大嶝、刘五店一带，渔民拥有大量的"三无"船只往来于涉台跨境。这些客观条件使得厦门成为台湾籍毒贩从事涉毒活动的首选地。

（三）两岸法律制度差异的影响

目前，两岸合作打击犯罪主要依据1990年签订的《金门协议》和2009年《海峡两岸共同打击犯罪及司法互助协议》（以下简称《南京协议》），上述协议虽然为海峡两岸合作打击跨境犯罪开展司法互助提供了框架性法律支撑，在共同打击犯罪、送达文书、调查取证、人员遣返等方面达成共识。但海峡两岸分属不同法域，两岸在刑事实体和刑事程序制度存在差异，刑事互动协助过多停留在刑事嫌疑犯的缉捕遣返以及间接合作。在罪名设置、证据采用和认定、侦查、刑事审判等方面存在诸多不同，造成执法效率低、办案周期长、成本高等问题，难以形成有效的打击合力，让毒品犯罪分子钻了空子，许多毒贩在大陆犯罪后逃到台湾，或者在台湾犯罪后躲到大陆，大陆警方即使侦破案件，负案在逃的台湾籍主犯抓捕工作困难重重。

三、打击涉台跨境毒品犯罪的难点

一是两岸打击合作机制不够完善。《南京协议》签订以来，两岸警方积极探索建立打击跨境犯罪合作机制，取得一定成效。但仍然存在许多不足，需要两岸警方不断在实际工作中加以磨合完善。由于两岸存在政治层面、法律层面的差距，在合作渠道的广度、信息交流的深度、办案协作的力度上都受到一定制约。在办理涉台毒品案件中，许多案件证据调查要通过市局、省厅再通过台湾警方帮助才能获得，程序烦琐，流转周期长，查复率低。由于缺乏畅顺的线索通报、情况反馈、协查协办等合作机制，使得犯罪情报信息无法及时交流传递，对于十分依赖情报进行查缉和侦查行动的缉毒工作来说，影响了双方合作打击毒品犯罪的效率。《金门协议》所定的"己方人民、政治犯以及宗教和军事犯不遣送等原则"，为台湾籍逃犯"漂白"身份逃避打击提供了借口。《南京协议》在刑事裁判相互认可，两岸刑事管辖冲突、犯罪情报信息交流、追赃取证以及抓捕台籍逃犯上均未实现实质性突破。

二是跨境缉毒情报工作相对滞后。2009年之前，厦门和台湾金门警方在跨境毒品犯罪情报线索交流方面做了大量而有益的探索，通过情报共享联手侦破了"2006.5.30王某鹏等走私毒品案"和"2008.4.21邹某铭团伙走私毒品案"等案件，抓获台湾籍犯罪嫌疑人6名，缴获毒品氯胺酮59公斤、海洛因近900克。但由于未能形成有效的、常态化的跨境情报交流共享机制，厦金两地情报交流一直停滞不前，处于个案、偶发性阶段，2009年以后联手打击跨境毒品犯罪的案例更是乏善可陈。随着入境厦门的台湾籍人员逐年大量递增，一些台籍贩毒分子纷纷偷潜入境，披着合法外衣，或做生意，或旅游观光，或投资办厂，暗地里却大肆组织跨境毒品犯罪。但由于两岸一直缺乏有效的信息互通，对入厦的涉毒犯罪分子背景资料缺乏深入了解，尚无有效措施来掌握、控制其行踪，也没有专门的情报分析机构，缺乏有效的情报分析手段和情报研判力量，这些都成为了我们打击涉台跨境毒品犯罪的"瓶颈"。

三是公开查缉毒品力度有待加强。堵源截流构建大陆和台湾防控毒品流入、流出缉毒体系是打击跨境毒品犯罪的有效手段。目前，在公开查缉、海上巡逻、渔船管理上的工作措施还不够到位，跟不上形势的需要。海关缉私部门通关检查手段单一，主要依赖关员经验判断，缺少先进的快速监测设备，对过境旅客缺乏有效的检查措施。停靠码头监管不到位，管理存在漏洞。我市应对两岸"大三通"开放了多个临时停靠点，由于点多航次多，有的码头没有设置固定的检查点，边防、边检和海关相互间监管衔接不顺畅，又缺少必要检查设备及相应措施。厦门海域各类渔船共有4000余艘，合法办证的不到70%，只有相当一部分在从事涉台跨境运输等经济活动，但部分非法船只逃避管理，从事非法旅游，私载旅客游弋于厦金海域，甚至受巨额非法报酬诱惑，铤而走险替台籍不法分子走私贩运毒品。虽经近几年有关部门大力整治，但由于各种原因，这种现象仍然没有得到根治，这给跨境毒品走私提供了可乘之机。

四、打击涉台毒品跨境犯罪的对策

毒品犯罪是国际性的犯罪，两岸禁毒执法部门应在各自的法律框架下，实践《海峡两岸共同打击犯罪及司法互助协议》的宗旨，越过打击跨境毒品犯罪警务合作中出现的法律和实践障碍，以积极务实的态度，合理合法，相互尊重，求同存异，在对口联络机制、犯罪信息交换机制、证据协查机制、人员遣返机制、罪赃移交机制等方面进行更深层次的合作，解决现有工作机制中不适应形势发展的地方，实现打击毒品犯罪的共同目标。

(一) 加强两岸警务联动

对涉台跨境毒品犯罪活动的打击效果，直接关系到厦门安定稳定，关系到两岸和平稳定。当前，打击整治涉台跨境毒品问题面临着难得的机遇，《南京协议》签署后，两岸警务交流合作迈出实质性的一步。2010 年 2 月，公安部和国台办联合下发《公安机关落实〈海峡两岸共同打击犯罪及司法互助协议〉工作意见》，进一步明确了两岸警务合作的范围、程序。厦门和金门作为姐妹岛，特殊的地理优势，也成了两岸看彼此的"窗口"。2010 年 4 月 28 日我局港澳台办与金门警方建立联系渠道以来，厦金警方畅通了联系通道，建立了互动机制，在案事件人员查询、信息交换、案件共同侦办、厦金一日（两日）游突发或违规事件的处置、警务交流访问等方面的合作趋于常态，对维护厦金两地良好的治安秩序发挥越来越大的作用。自 2011 年 6 月来厦暂住人员赴金游业务启动以来，已有来自 28 个省、市、自治区、直辖市的 12 万余人次游客参团赴金游，总体运行情况良好。我局要先行先试，积极探索新的交流模式，进一步加强两岸警务合作，不断完善缉毒协作制度，拓宽合作渠道，在跨境毒品犯罪、毒品犯罪情报交流、协助调查取证、追逃合作、追赃收缴以及控制下交付等方面寻求协作有效途径，建立有效共赢模式，及时解决合作中出现的问题，使双方禁毒执法合作有序、高效开展，切实提升打击跨境毒品犯罪的实际效用。

(二) 完善情报交流平台

当前我市涉台跨境毒品犯罪猖獗，司法机关疲于应付，两岸特殊的地理、政治因素固然是原因之一，两岸司法机关犯罪情报交流不畅却是主因。在建立犯罪情报交流平台，共同打击跨境犯罪方面，同样作为一国内不同法域的大陆与港澳警方的交流经验就很值得借鉴。广东省与港澳警方在情报交流合作方面有着良好的合作历史，三地警方通过情报互动，多次采取针对跨境犯罪的联合行动均取得了良好的成效，在一定程度上打击了跨境犯罪组织的嚣张气焰。就我市而言，可以以更加务实的态度进一步用足、用好厦金两地现有的警务定期会晤制度，建立跨境毒品犯罪信息定期通报机制，全面收集相关的人员和犯罪情报，掌握其组织情况及活动规律，通过定期交换、通报跨境犯罪线索、个案动态和一些通缉犯行踪等资料信息，制定宏观的策略性的长期遏制打击对策和针对具体目标的专项打击对策，改变被动应付局面，逐步建立主动遏制打击模式。

(三) 深化执法办案协作

联合开展侦查破案，打击跨境毒品犯罪，是当前两岸深化《互助协议》、加强禁毒合作的当务之急。近几年，两岸警方不断探索实验海上缉毒执法合作和联合办案机制，成功侦破了几起跨境走私大宗毒品案件，积累了一些联合办案经验。要在联合侦办个案的基础上，进一步加大办案协作力度，推动联合侦查办案工作全面展开，有效遏制跨境毒品犯罪高发势头。对于涉及对岸人员的本地大宗毒品案件，要积极创新缉毒侦查模式，完善侦查协作机制，联手开展破案工作，力争打掉毒品犯罪集团和网络；对于在侦查经营中发现的跨境毒品案件，要在不影响侦查的前提下及时通知对方，防止发生毒品和毒资转移、毒犯潜逃等情况；对于特别重大的毒品案件和贩毒团伙，要联合组成专案组，采取"控制下交付"等侦查手段，集中力量开展侦查破案行动，确保侦破全案，打掉整个网络，发挥好整体作战优势。

（四）强化边境阵地控制

要牢牢抓住缉毒特情建设这个核心竞争力，在台湾人和沿海渔民中物建一批为我所用的专案特情和工作关系，打入跨境犯罪团伙内部获取深层次情报，掌握侦查经营主动权。要成立专门的禁毒情报研判机构或指定专兼职人员，全面推进"互联网+"和大数据在缉毒情报工作上的应用，建立在厦重点台湾人员数据库，对无正当职业有涉毒嫌疑的台湾籍不法分子建档跟踪，建立信息全面、反应灵敏的台籍重点人员监控系统和对台进出境异常情况预警系统，及时掌握涉台毒品犯罪可疑人员的活动踪迹和动向。公安禁毒、边防和海关、港务监督、渔政等要充分发挥本警种和本部门的职能优势，严密对台籍人员聚居地和沿海各台轮停泊点以及机场、码头等通关口岸的阵地控制，采取有效措施管住、管好沿海船只，要通过基础工作达到顺线延伸、调查取证、易制毒化学品管制、阵地控制、经营查控，提高发现和打击毒品犯罪能力，有效遏制涉台跨境毒品犯罪。

（五）落实禁毒主体责任

打击涉台跨境毒品犯罪活动是一项"整体战"，需要各职能部门、单位牢固树立"一盘棋"思想，通过构建情报、侦查、堵截、防范、管控为一体的堵源截流工作机制，积极布建覆盖路、海、空、邮、物的立体化毒品查缉网络。海关、商检、邮政、交通运输、民航、海洋与渔业局、人行、铁路以及公安边防、边检、禁毒、治安、刑侦、技侦、交警、监管、打私等部门、警种是打击涉台跨境毒品犯罪的主要职责单位，要切实落实好《厦门市禁毒委员会成员单位工作职责》，发挥好各自职能作用，切实形成全方位的打击和防控工作合力。口岸执法部门要把好关口，建立常态化的毒品公开查缉工作机制；港务监督、海关、边防、国检等要加强对国际航行船舶及其所载船员、旅客、货物和其他物品进出我国口岸的检查；边防检查站要加强出境、入境边防检查工作，重点对出境、入境的人员及其行李物品，交通运输工具及其载运的货物实施边防检查，对出境、入境的交通运输工具进行监督；海关、国检、港务控股集团等部门要加大设备投入，完善技防措施，强化现场查验手段，加强对散货码头的监管，提高查缉效率；边防支队要在涉台停靠码头设立边防派出所或工作站，确保监管工作到位；海洋与渔业局要加强海上渔船的日常监管；缉毒执法部门要广辟线源，加强情报收集和案件线索经营，深挖涉台毒品犯罪线索，重点打击涉台毒品犯罪团伙网络、窝点，力争破大案、破要案。

两岸金融司法合作的基点与路径选择

洪志坚[*]

在经济全球化的趋势下,海峡两岸区域经济一体化的步伐不断加快。《海峡两岸经济合作框架协议》(ECFA)、《海峡两岸金融合作协议》以及金融行业的谅解备忘录(MOU)的签署,[①]建立了海峡两岸经济与金融合作的框架,两岸的金融合作逐步进入实质性阶段,两岸的金融经济往来日益活跃。据商务部的统计,2011年全年大陆共批准台商投资项目2639项,大陆与台湾的贸易额为1600.3亿美元,同比上升10.1%。截至2011年12月底,大陆累计批准台资项目85772个,实际利用台资542亿美元。随着海峡两岸区域投资的纵深发展,相应的金融纠纷也逐渐增多,如何充分发挥两岸在金融司法方面的优势,形成切实有效的两岸金融纠纷解决机制,是司法为海峡两岸投资权益提供积极保障的现实课题。

一、海峡两岸金融法制建设的现状

(一)两岸金融交流合作方面的法律法规

1. 大陆现有涉台金融业方面的立法

(1)大陆现有涉台银行业方面的立法与政策。早在加入世界贸易组织之前,大陆就已出台一系列配套的涉台金融法规政策,便于两岸间的金融经贸往来。1994年,中国人民银行下发《关于台资在大陆办银行的审批与监管问题的通知》,开放了台湾地区居民在上海等地外汇指定银行以新台币兑换人民币的业务。2001年年底,中国人民银行修订颁布了《外资金融机构管理条例》及其实施细则,为台资银行来大陆拓展业务提供了更加有利的条件。2002年8月29日,《中国人民银行关于建立两岸商业银行直接业务往来关系的通知》,明确规定两岸商业银行可以建立代理关系以处理相应的业务,两岸直接通汇中的结算参照国际上通行的办法进行。2006年12月11日,《中华人民共和国外资银行管理条例》开始施行,该《条例》最大的亮点是解除了外资银行在大陆境内经营人民币业务的地域和客户对象的限制,取消了任何限制所有权、运营、分支机构和牌照的措施,这标

---

[*] 洪志坚,厦门市思明区人民法院院长。
[①] 2009年4月26日,大陆海协会会长陈云林与台湾海基会董事长江丙坤签署《海峡两岸金融合作协议》;2009年11月16日,台湾方面金融监管机构代表分别与大陆方面金融监管机构代表签署《海峡两岸银行业监督管理合作谅解备忘录》《海峡两岸保险业监督管理合作谅解备忘录》《海峡两岸证券及期货监督管理合作谅解备忘录》;2010年6月29日,大陆海协会会长陈云林与台湾海基会董事长江丙坤签署《海峡两岸经济合作框架协议》。

志着大陆全面开放了内地的银行业,[①] 为台湾银行机构在大陆的设立与经营的业务范围提供了法律上的依据。

（2）大陆现有涉台保险、证券业方面的立法与政策。1992年大陆保险市场开始对外开放。加入世界贸易组织后，大陆依照入世的有关承诺，允许台湾保险业可采取参股的办法进入大陆开展业务，在符合一定条件后可在大陆设立分公司开展相关业务。[②] 2002年2月1日开始实施的《中华人民共和国外资保险公司管理条例》在其第39条中，特别规定："香港特别行政区、澳门特别行政区和台湾地区的保险公司在内地设立和营业的保险公司，比照适用本条例。"2006年6月，由中国保险监督管理委员会制订的新《外国保险机构驻华代表机构管理办法》审议通过。这一办法对2004年3月份开始施行的《外国保险机构驻华代表机构管理办法》进行了20处的修改，其内容涉及申请条件、设立条件、审查批准程序及代表机构名称规范等多个方面。[③] 该办法的第40条规定："香港、澳门和台湾地区的保险机构在内地设立的代表机构，比照适用本办法。"以上各项法规政策都为台资保险机构前来大陆设立保险公司以及代表处提供了空间与机会。

（3）涉台司法审判方面的司法解释。随着海峡两岸不断加深两年经贸往来，司法层面的交流与合作日渐重要。2008年最高人民法院出台了《关于涉台民事诉讼文书送达的若干规定》，对两岸文书送达互助和操作规范做了明确具体的规定，解决了两岸在文书送达方面的现实困难。2011年1月1日起开始实施的最高人民法院《关于审理涉台民商事案件法律适用问题的规定》对人民法院审理各类涉台民商事案件的法律适用问题及台湾地区当事人的民事诉讼法律地位作出了明确规定。

2. 台湾现有涉两岸金融业方面的立法

随着两岸经贸往来的频繁，台湾地区逐步放宽对大陆金融往来的限制，并积极主动修订涉及两岸金融业方面的相关法律文件，目前台湾地区涉及两岸金融业方面的相关法律文件主要有以下几部。

（1）"大陆地区投资人来台从事证券投资及期货交易管理办法"。2009年4月台湾金融管理部门发布"大陆地区投资人来台从事证券投资及期货交易管理办法"。该办法界定了大陆投资人的范围，明确大陆地区投资人至台湾地区从事证券投资和期货交易所需要的手续、要件、经营范围及限制，并规定了大陆地区投资人来台投资的相关管理机制。

（2）"台湾地区与大陆地区人民关系条例"。2011年修正的"台湾地区与大陆地区人民关系条例"，明确规定了经"财政部"许可，台湾金融机构即可与大陆地区法人与机构的海外分支机构直接往来并且赴大陆设立分支据点。不过，修正的"条例"虽然适度开放大陆人民、法人、团体、其他机构的公司，经许可进入台湾的大陆物品、劳务、服务或其他事项，但是这些规定都还未进入实际运作阶段，现阶段两岸金融业务尚未真正摆脱过去间接往来的模式。

（3）"台湾地区与大陆地区金融业务往来及投资许可管理办法"。2011年修正的"台湾地区与大陆地区金融业务往来及投资许可管理办法"，允许台湾地区银行海外分支机构及国际金融业务分行，可以与外商银行在大陆地区之分支机构、大陆地区金融机构及海

[①] 刘冰：《海峡两岸银行业法律合作机制问题研究》，载《福建江夏学院学报》2011年第2期。
[②] 台湾保险业只要符合"532"条件，即保险总资产50亿美元，保险经营30年以上，在大陆设立代表处2年以上，便可在大陆设立分公司及开展保险业务。
[③] 董子林、生柳荣：《两岸金融合作现状与前景》，载欧阳卫民：《两岸金融研究》，厦门大学出版社2003年版，第97页。

外分支机构等为金融业务从事业务往来。明确台湾地区银行在大陆地区设立代表人办事处,得办理从事金融相关商情之调查、从事金融相关信息之搜集以及其他相关联络事宜等,基本上将办事处定位在信息联系的地位上。

(4)"台湾地区金融机构办理大陆地区汇款作业准则"。2002年修正的"台湾地区金融机构办理大陆地区汇款作业准则",在业务范围方面,该准则较旧准则的范围明显扩大许多,显示台湾地区政府对于金融机构经办大陆地区汇款的限制已有放宽。该准则主要是规范国内金融机构经办对大陆地区进行汇款的业务,包括业务流程、业务范围等方面;但目前该汇款业务只承办人民币、新台币以外的外币。

(5)"台湾地区银行办理大陆地区进出口外汇业务作业准则"。2002年修正的"台湾地区银行办理大陆地区进出口外汇业务作业准则",主要是规范台湾金融机构经办对大陆进出口的外汇业务,包括业务流程、业务范围等方面的内容。

3.两岸金融监管机构的设置

(1)大陆金融监管机构的设置。大陆现有的金融监管机构包括中国人民银行、银行业监督管理委员会、证券监督管理委员会、保险监督管理委员会。中国人民银行作为中央银行,在国务院的领导下依法独立指定和执行货币政策,防范和化解金融风险,维护金融稳定。银行、证券、保险三个监督管理委员会分别对相应的金融行业和部门进行宏观调控和微观管理,维护行业市场秩序,保障其合法运行。

(2)台湾金融监管机构的设置。台湾地区现有的金融监管机构主要包括"中央银行"、金融监督管理部门和"农业金融局"。[①]

①"中央银行"。"中央银行"为台湾金融业务的主管机关,负责各金融机构的业务检查,其主要的职责是维护物价和金融的稳定,以金融行政和货币政策来调控金融体系,为经济发展提供安定的金融环境。

②金融监督管理部门。台湾地区的金融监督管理部门,下设银行局、证期局、保险局及金检局等部门,可以对银行业、证券期货业、保险业的监督检查,并可以接受委托对农渔会信用部进行检查,集中了大部分金融检查与管理的职权。

③"农业金融局"。"农业金融局"是农渔会信用部的主管机关,其主要职责在于,通过全台农业金库的应约,增进农业金融机构间的互助、互利功能,并加强辅导农渔会信用部,健全农业金融监管与检查制度,从而构建完整安全的农业金融体系。

二、两岸金融法制建设存在的问题

通过对海峡两岸金融法制建设现状的梳理与对比,我们不难发现在涉及两岸金融贸易往来的法制建设过程中,大陆和台湾地区都存在一些共同的缺陷与不足,随着两岸经贸关系的进一步深化,这些缺陷与不足将成为两岸金融贸易往来的阻碍因素。

(一)立法层面

1.法律位阶较低,权威性不足

无论大陆还是台湾,目前有关两岸金融往来所依据的法律规定,均零散分布在一些条例、行政规章或者政府部门制定的意见和办法中,缺乏以法律形式对两岸金融合作的

---

① 谭曙光:《论海峡两岸金融法制建设的现状、问题及完善》,载《法律适用》2011年第2期。

明确规定。① 这一现状,在造成法律权威不足的同时,也在一定程度上制约了两岸金融法制的交流与合作的深度和广度。

2. 立法不完善,许多重要内容亟待规范与明确

两岸现有的金融立法规范的内容主要集中在两岸互赴开展业务的条件设置和程序要求,而对于一些具体法律规范和监管模式的协调、司法体制的对接等方面的内容,则缺乏有针对性的规定,导致两岸的金融立法与司法的交流与合作上存在空白地带。

(二)司法层面

随着两岸金融合作的不断深化,因金融业务往来及投资而产生的各类纠纷将不可避免地产生,而目前在涉及两岸金融纠纷案件的审理中,并无相关的程序性和实体性司法操作规范,也缺乏完善统一的区际司法互助体系。

1. 缺乏涉两岸金融纠纷案件审理中的程序性互助机制。涉及两岸金融纠纷案件的处理,首先要解决的是有关管辖、文书送达等相关程序性法律问题。除了文书送达互助之外,目前两岸在审理互涉金融纠纷案件中,并无双方共同认可的程序性或实体性法律规范,由此带来了案件管辖和审理方面的冲突,并进而影响两岸对互涉金融纠纷案件审理结果的承认与执行。

2. 涉两岸金融纠纷案件中的法律适用准则不明确。海峡两岸的区际法律冲突是一种比较特殊的法律冲突,有别于世界上其他一些多法域国家的区际法律冲突。在如何选择可适用的法律规范这一问题上,无论是理论界还是实务界,均一致地将其视为区际法律冲突。"我国的区际法律冲突,除了不存在主权国家间的法律冲突这个因素外,几乎与国际法律冲突没有多大差别"。② 那么,在这一特殊的区际法律冲突中,实体法律的适用如何进行,准据法如何确立等问题尚未形成较为一致的意见,这也是阻碍海峡两岸金融司法合作的重要方面。

3. 两岸区际司法互助体系尚未建立。在两岸区际司法互助体系方面,2009年4月26日海峡两岸关系协会与财团法人海峡交流基金会签署了《海峡两岸共同打击犯罪及司法互助协议》,就两岸共同打击犯罪及司法互助与联系事宜做出了安排,双方同意就共同打击犯罪、送达文书、调查取证、认可及执行民事裁判与仲裁裁决(仲裁判断)、移管(接返)被判刑人(受刑事裁判确定人)等方面相互提供协助。目前在实践操作中运用比较普遍的是两岸之间的民事诉讼文书送达和调查取证,③ 但是送达程序仍然需要通过海基会与海协会的途径方能实现,两岸法院之间尚未实现直接委托送达。与此同时,在涉及两岸金融纠纷案件民事判决与仲裁裁决的认可与执行、移管(接返)被判刑人等问题上,双方尚无协商一致的具体实施方案,对于涉及两岸金融司法管辖冲突问题及分配原则以及刑事判决的相互认可等问题上,双方尚未达成共识,这在很大程度上成为深化两岸金融司法合

---

① 刘冰:《海峡两岸银行业法律合作机制问题研究》,载《福建江夏学院学报》2011年第2期。
② 韩德培:《中国冲突法研究》,武汉大学出版社1993年版,第420页。
③ 2008年4月23日开始施行的《关于涉台民事诉讼文书送达的若干规定》,就人民法院审理涉台民事案件中,向在台当事人送达民事诉讼文书作出了较为详细的规定,同时还规定了人民法院接受台湾地区有关法院的委托代为向住所地在大陆的当事人送达民事诉讼文书等相关问题。2011年6月25日开始施行的《最高人民法院关于人民法院办理海峡两岸送达文书和调查取证司法互助案件的规定》,就办理海峡两岸民事、刑事、行政诉讼案件中的送达文书和调查取证司法互助业务的相关事项做出了具体安排。

作的障碍。

三、海峡两岸金融司法合作的基点

（一）整合司法资源，强化两岸金融合作的司法保障功能

司法资源，特别是审判机构，对两岸金融合作的司法保障功能主要体现在对金融纠纷的处理与救济、对金融市场的警示与规范、对金融风险的提示与防范等几个方面。通过两岸司法交流和司法公开机制的构建，最大限度地让两岸对彼此的金融法治现状有深入的了解，对彼此的金融法治发展趋势有清晰的展望，及时沟通信息，交流经验，明确宣示司法对金融领域各种纠纷的裁判标准，让两岸金融业界以及相关主体形成对具体金融行为合法性的准确预期。要基于互惠原则，在不违反公共秩序或善良风俗的情况下，相互认可及执行民事确定裁判。从长远来看，要注重研究两岸在金融立法与司法方面的差异，相互取长补短，推动立法的完善和司法尺度的统一。[①] 从某种意义上来说，金融司法的水平在一定程度上决定了金融发展的水平，金融司法的质量对两岸金融合作的前景起到了重要的作用。因此，两岸的司法机关在合作中要整合各种司法资源，提高司法能力，化解法律冲突。

（二）坚持能动司法，凸显司法对两岸金融法制的查漏建制功能

由于两岸金融法律法规的滞后阻碍了两岸金融法制建设的步伐，单向开放模式将导致台湾金融业失去大陆重要的客户资源，应及早重视两岸对金融法制建设的协商，促进金融交流与合作。不同的监管机构、监管模式造成了两岸监管格局的混乱，各自为营的局面阻碍了两岸金融活动的统一、规范。因此，迫切需要建立、健全两岸金融监管法制体系。

建立两岸金融监管法制体系的"根基"是《海峡两岸经济合作框架协议》，协议中约定"由两岸金融监督管理机构就两岸银行业、证券及期货业、保险业分别建立监督管理机制，确保对互设机构实施有效监管"，确立了两岸金融法律监管体系的基本原则。根据这一原则，对两岸的法律法规进行修订、更新，使之符合实际。同时亦可借鉴大陆与港澳特区签署的各项金融贸易协议及司法协助及交流机制，及时建立与台湾地区的交流与合作。[②]

（三）注重多方联动，多元化解调处互涉金融纠纷

金融从基本性质上不可避免存在着投资行为固有的纠纷高概率。一方面，金融投资本身即意味着一种带有风险的经济行为，尤其是域外的金融投资，更是使投资行为处于东道主所在地的政府、市场等陌生外部环境因素中，投资的不稳定性大大增加，这种风险的破裂极其容易演变成经济纠纷。另一方面，投资地市场竞争的日益激烈使得投资企业在采购销售、商业谈判水平、盈利模式等诸多方面的内在风险被迅速放大，企业的投资更易于出现"水土不服"而导致纠纷的产生。更重要的是，与一般的海外投资相比，两

[①] 公丕祥：《海峡两岸金融合作的司法保障》，载《人民司法》2011年第3期。
[②] 谭曙光：《论海峡两岸金融法制建设的现状、问题及完善》，载《法律适用》2011年第2期。

岸之间的投资既存在着更加优越的外部环境，但也蕴藏着政治因素、劳工法律制度、税收法律制度、运营成本、开放政策等方面的更大不确定及差异，区域法律投资成为投资纠纷产生的最主要原因。随着两岸纠纷解决机制的逐步建立，相关法律服务进一步健全，越来越多的两岸投资企业愿意通过沟通协商、司法与仲裁等渠道来解决投资过程中的各类纠纷。因此，在推动两岸民商事审判制度相互衔接和认可的同时，应当进一步扩大非诉讼纠纷解决机制的适用，加强诉讼调解、中间协商、法官斡旋等柔性司法机制的运用，以更好地消除分歧，促进纠纷的有效解决。①

1. 司法机关。司法机关是解决两岸金融纠纷问题的重要机构，早在2009年，最高人民法院就曾指导福建漳州、江苏苏州等法院组建涉台案件审判庭。2010年，最高法院决定在江苏、天津、福建、广东等台商比较集中的地方设立专门的涉台案件审判庭或合议庭，并尝试选择由长期在大陆生活的台湾居民担任陪审员。

2. 柔性纠纷解决机制。通过司法机关化解涉及两岸金融纠纷方面，目前仍然存在诸多因素的限制，诸如管辖冲突、法律规范适用、生效文书的执行等。因此，寻求两岸金融纠纷的解决的非公力救济方式，成为一种各方更能够接受的有效化解纠纷的现实途径。在构建两岸金融司法合作机制时，应当充分利用仲裁和调解化解两岸民商事纠纷方面的优势，利用已有的仲裁协会开展互涉金融纠纷的化解工作。早在1989年12月16日海峡两岸分别成立了"海峡两岸经贸协调会"（大陆）与"海峡两岸商务协调会"（台湾），并共同制定了《调解规则》②为两岸金融纠纷的联合调解提供了共同的规则依据。通过双方共同认可的民间自治机构，寻求一种非公力救济方式的互涉金融纠纷解决方式，往往能够带来相对公正并能为争端各方共同接受的解决结果。

（四）强化沟通协调，实现两岸司法部门与监管机构的良性互动

两岸的法院作为解决金融纠纷的主体，在共同合作充分发挥司法审判职能，化解互涉金融纠纷的同时，应当进一步加强与金融监管机构之间的联系与互动，共同构筑一个司法系统与监管机构间的沟通协调机制，防范金融风险，完善两岸金融法制建设。一是建立定期联席会议制度，两岸的司法机关和监管机构可以通过建立定期的联席会议制度，实现两岸金融司法审判机构和监管机构间的业务交流和合作，加强对金融领域法律问题的研讨，共同探索预防和解决金融纠纷的途径与方法。二是建立信息互通机制。金融行业是现代经济的晴雨表，在金融创新风起云涌的当今，及时准确的信息对于金融行业具有极端重要的意义。对于金融监管机构和纠纷解决机构来说，信息的及时传递和互通对行业监管、纠纷处置和风险预防同样十分重要。通过建立两岸司法机关和监管机构间的信息互通机制，金融监管机关可以将监管资料和金融动态信息向司法机关及时通报，司法机关在案件审理中发现的问题和漏洞，也可以司法建议等方式及时通报给金融监管机构，以便金融机构有针对性地采取措施，共同防范金融风险、化解金融纠纷。

---

① 公丕祥：《海峡两岸金融合作的司法保障》，载《人民司法》2011年第3期。
② 陈动：《两岸仲裁合作之探讨》，载《台湾研究集刊》1997年第3期。

四、海峡两岸金融司法合作的机制构建

（一）建立两岸金融纠纷协商调处机制

司法理论和实务界，均认为海峡两岸之间的法律冲突是一种主权区域内的区际法律冲突，因此对于两岸金融活动所产生的纠纷可以参考海外投资中对于纠纷解决的成熟做法，建立具有中国特色的两岸金融纠纷协商调处机制及相关法律服务。一是争取与台湾签订两岸金融合作保障协定，如在金融主体准入、金融投资者待遇、金融投资纠纷解决等问题上尽可能达成一定层面的共识，最大限度降低纠纷的发生概率。二是两岸商议建立类似 WTO 争端解决机制中的专家组和上诉机构的解释机制，优先适用磋商的办法解决两岸金融活动中出现的纠纷。三是组建处理两岸金融纠纷的专家库。由于金融业务具有很强的专业性，需要深谙财务会计、税务、贸易等方面的专家学者组成两岸金融事务协调机构，破解两岸金融纠纷中出现的难题。

（二）构建两岸金融司法互助机制

构筑两岸司法互助体系是在两岸金融司法的合作中最直接、最现实的问题之一。随着海峡两岸关系的回暖，构建两岸的司法互助体系，具有了现实的可能性。加快两岸司法互助的力度和步伐，建立起有效的司法互助机制，可以从以下三方面着手。[①]

1. 发挥海协会和海基会的作用，尽快就两岸司法互助问题作出可行安排。1991 年 11 月，国务院台湾事务办公室与台湾海峡交流基金会交换意见时，内容已经涉及有关司法机关相互协助的问题。1993 年 "汪辜会谈" 中，海协会与海基会亦商定尽快协商 "两岸有关法院之间的联系与协助" 等议题。时隔 9 年之后，2008 年 6 月 12 日，海协会与海基会重启商谈。2008 年 11 月 4 日，海协会与海基会在台北会谈并签署四项协议，内容涉及两岸空运、海运、邮件与两岸食品安全，这意味着两岸 "三通" 将正式实现。《海峡两岸邮政协议》的签署，可望成为解决两岸司法诉讼文书送达和代为取证难题的契机。尽管海协会和海基会名义上属于民间团体，但都具有政府背景，从某种程度上代表着大陆中央政府和台湾地区政府的态度。因此，两会应当发挥更大的作用，推进两岸司法协助进程。

2. 发挥律师在送达和取证中的作用。2008 年 5 月 28 日司法部公布实施了《台湾居民参加国家司法考试若干规定》，台湾法律界对此反映强烈。早在 1990 年，《司法部关于办理涉台法律事务有关事宜的通知》第 2 条规定可以委托台湾的律师办理。司法实践中，人民法院对律师域外获取的证据持认可态度。大陆律师协会和台湾律师公会之间不妨开展更多的交流活动，由两岸律师以代理的形式协作完成一部分送达和跨区域取证的工作。

3. 力促两岸法院的直接委托。两岸法院直接办理委托送达，无疑是最便捷的合作方式。尽管实行起来仍有难度，但是不妨做一些有益的探讨，包括实现直接委托送达文书和代为取证时，应当由哪个层级的法院来出面完成联络，如何办理委托和回复，实务中使用文书的格式及传递途径等一系列实际问题。两岸的法官协会可以进行一些务实的接触，彼此交换意见，力促实现两岸法院间的直接联系和相互委托，以便利诉讼为原则，开展委托送达文书和代为询问当事人、证人和收集证据的工作。

[①] 徐步林：《海峡两岸司法协助现状及发展》，载《法制与社会》2009 年第 9 期（下）。

(三）构建两岸金融司法调研和风险监控机制

金融业是现代经济的核心之一。现代金融业已经成为整个国民经济有效运转和调控的重要系统，金融机构一旦出现危机极易引发全局性、系统性的金融风波，其后果远远超出金融业自身，从而导致整个经济秩序的混乱，甚至引发系统性的政治经济危机。余波未平的欧洲主权债务危机便是金融系统危机波及整个经济社会秩序的典型案例。因此，通过司法调研和风险预警机制的构建，实现对两岸金融行业的风险的监控与预防，是两岸司法机关延伸司法服务，保障经济社会化发展的重要课题。

1.建立两岸司法机关互涉金融纠纷典型案例通报制度。通过定期召开研讨会等方式，加大对两岸互涉金融纠纷案件的研究和总结，在调查研究的基础上，定期对外发表典型金融案例，形成两岸司法机构在处理类似金融纠纷的统一模式与思路，为规范两岸金融市场主体提供指引，从而实现两岸金融司法从微观个案到宏观指引的视野转换。

2.共同开展前瞻性调研。在司法实践的基础上，共同开展涉及两岸金融法制建设的课题调研，对当前金融市场领域可能存在的法律风险和形成原因进行深入分析和预测性研究，在保护两岸金融投资和金融创新积极性的同时，发挥司法在预防、控制和化解金融风险中的重要作用，为完善金融监管制度和金融决策提供参考依据。

3.建立两岸金融风险监控预警机制。通过对金融司法领域的动态分析和金融行业的前瞻性调研，及时发现金融行业的潜在风险，在推动金融市场创新的同时，加强对金融领域的风险防范与控制，将金融行业的法律风险、诉讼风险消除在萌芽状态。

虽然海峡两岸在金融领域的法律规定、监理制度和行业发展现状不尽相同，但是金融法制建设有其内在逻辑和科学规律。同时，国际金融危机之后，国际金融秩序的重建不可避免地会对两岸金融业的发展产生重要的影响。随着两岸金融联系的日益紧密，两岸金融司法机关携手调处互涉金融司法纠纷，构建宏观审慎的金融司法合作框架，成为保障海峡两岸金融体系平稳运行和金融纠纷有效调处的当务之急。

关于构建厦门自贸片区两岸投资争端多元化解决机制的思考

许荣锟[*]

厦门经济特区"因台而设",肩负着对台交流合作和深度对接的重任。据统计,厦门现有4000多家台商投资企业,超过15万台胞在厦门生活,台商投资的规模不仅在福建省乃至在全国都举足轻重。2015年3月21日,中国(福建)自由贸易试验区厦门片区(以下简称厦门自贸片区)正式挂牌设立。随着自贸区建设的不断推进,自贸区内的两岸投资争端在主体、类型、数量等方面的特点势必对现行争端解决机制构成新的挑战。本文介绍了现行两岸投资争端解决机制的主要内容,分析了自贸区建设对争端解决机制的新挑战,并据此提出在现有规范基础上构建厦门自贸片区两岸投资争端多元化解决机制的设想及拓展两岸投资争端解决机构平台、整合自贸区两岸投资争端行政协处系统、提升司法服务保障自贸区建设能力、建立两岸投资争端替代性解决机制等具体建议。

一、现状:两岸投资争端解决机制的主要内容

(一)形成背景

自1987年台湾地区开放民众赴大陆探亲以来,海峡两岸经贸交流、人员往来迅猛发展。台湾逐渐成为大陆重要的投资来源之一。与此同时,受限于两岸的政治气候,两岸的投资保护与争端解决问题一直未有进展。2008年,台湾地区政党轮替,两岸关系迎来历史性机遇。在此背景下,2010年6月,大陆海协会与台湾海基会受权签署了《海峡两岸经济合作框架协议》(ECFA),首度触及两岸投资争端解决议题。根据ECFA第5条"投资"要求,两岸应"在ECFA生效后六个月内,就建立投资保障机制等事项展开磋商,并尽速达成协议"。2010年12月20日至12月22日,两会第六次领导人会谈在台北举行。期间,双方就投保协议的主要内容达成了一致,基本确定了投保协议的原则和框架。但之后,投保协议商谈一度陷入困境。其中争议之一即在于投资者与投资所在地政府争端的纠纷解决机制问题。在两岸关于争端解决机制的谈判中,台湾方面也一直强烈要求采取国际仲裁机制或第三方仲裁,而大陆则主张建立两岸特色的仲裁机制,不便采国际仲裁机制,否则会让两岸问题国际化,问题会更复杂。磋商过程中,时任大陆国台办主任王毅提出了"两岸设计出一系列调解解决方式,同时采必要形式,使调解结果可以具有

---

[*] 许荣锟,厦门市中级人民法院。
本文在"中国(福建)自由贸易试验区厦门片区法治保障"研讨会被评为一等奖。

执行力、约束力"的思路。① 在此基础上，两会于 2012 年 8 月正式签署了《两岸投资保障和促进协议》（以下简称投保协议），最终双方就处理投资者与投资所在地投资争端处理达成双方协商解决、投资所在地协调解决、投资争端协处机制协助解决、投资争端解决机构调解解决、当地行政复议或司法程序等五种解决方式。

（二）主要架构

"世界上只有一个中国，大陆和台湾同属一个中国，中国的主权和领土完整不容分割。"② 虽然两岸尚未统一，且客观上处于不同法域，但两岸投资争端在性质上并不是国际投资争端，而是一个主权国家内部两个经济体间的争议。也因此，投保协议所建构的两岸投资争端解决机制既借鉴了国际上处理投资争端的一些做法，也具有两岸特色。

1. 适用范围

国际经济贸易合作中的投资争端从广义上包括外国投资者与东道国企业或公司、自然人之间的争端（即 P-P 争端）；外国投资者与东道国政府间因为投资引发的争端（即 P-G 争端），以及政府之间对投资条约的解释及适用而发生的争端（即 G-G 争端）；③ 从狭义上则专指私人投资者与投资所在地一方因为投资引发的争端（即 P-G 争端）。《投保协议》系采狭义定义，将投资争端规定为"一方投资者主张另一方相关部门或机构违反本协议规定的义务，致使该投资者受到损失产生的争端"。因此，《投保协议》第 13 条规定的两岸投资争端解决机制仅适用于 P-G 争端，协议对平等主体之间争端即"投资商事争议"和"协议双方的争端"进行了另外规定。

2. 适用主体

根据《投保协议》，有权主张适用协议约定的争端解决机制的必须是"一方投资者"。由于台湾当局长期以来对于台商赴大陆投资有诸多限制，历史上有大量的台商系通过第三地转投资大陆。因此，就投资者的定义而言，《投保协议》除了将一方自然人和一方企业纳入其中外，还包括了"根据第三方规定设立，但由本款第一项或第二项（即一方自然人或企业）的投资者所有或控制的任何实体"。该规定扩大了一方投资者的范围，明显广于对外商投资者的认定。而认定投资行为的标准则为"一方投资者依照另一方的规定，在该另一方所投入的具有投资特性的各种资产"。④《投保协议》还例举了属于投资范围的七种资产，将传统的动产与不动产财产权、对公司的权利、货币请求权和合同权利、知识产权以及特许权利与类似权利等五大权利群纳入其中，容纳了各种新型的投资形式。

3. 适用程序

《投保协议》规定了五种两岸投资争端解决适用程序：争端双方友好协商解决；由投资所在地或其上级的协调机制协调解决；由协议第十五条所设投资争端协处机制协助解决；因协议所产生的投资者与投资所在地一方的投资补偿争端，可由投资者提交两岸投资争端解决机构通过调解方式解决；依据投资所在地一方行政复议或司法程序解决。两岸投资争端在排除提交国际投资争端解决中心（以下简称 ICSID）仲裁的同

---

① 王建民：《两岸投保协议签署一再延后的警讯》，载华夏经纬网 http://www.huaxia.com/thpl/sdfx/2909576.html，访问日期：2014 年 5 月 8 日。
② 《中华人民共和国反分裂国家法》第 2 条。
③ 董世忠：《国际经济法》，复旦大学出版社 2009 年版，第 411 页。
④ 《投保协议》第 1 条。

时，设置了协处机制协助解决和由两岸投资争端解决机构通过调解方式解决两种处理模式。

二、挑战：厦门自贸片区对两岸投资争端解决机制的新需求

建立自由贸易区，是大陆新形势下推进改革开放的重大举措。自贸区的建设肩负着加快政府职能转变、积极探索管理模式创新、促进贸易和投资便利化，为全面深化改革和扩大开放探索新途径、积累新经验的重要使命。继上海自贸区之后，广东、天津、福建自由贸易试验区于2015年3月21日同时设立，大陆自贸区的数量增加到4个，自北至南，贯穿整个中国东部沿海线。自贸区对包括台资在内的外商投资实行新的准入前国民待遇加负面清单管理模式，在投资领域和贸易自由方面也施行一系列新举措。尤其厦门自贸片区的定位是"立足两岸、服务全国、面向世界"，对台是最大特色。自贸区内的两岸投资争端的特点产生了对于争端解决机制的创新需求，对现行两岸投资争端解决机制构成了新的挑战。

（一）自贸区内两岸投资争端的特点

1. 争端主体方面

自贸区内只存在台商对大陆的单向投资，故该区域内的两岸投资争端主体只能是台湾地区的个人或企业及台商第三地转投资企业与自贸区相关政府部门或机构。

2. 争端类型方面

自贸区在投资管理体制、投资待遇、投资贸易自由、投资开放领域和监管体制等方面做出了新的规定，实际上构成了当地政府在投资待遇、保护方面应遵守的新的义务。投资者主张当地政府部门违反该类"新"义务致使其收到损失产生的争端，即为自贸区内独有的投资争端类型。厦门自贸片区在推进与台湾地区投资贸易自由方面，推出了扩大通信、运输、旅游、医疗等行业对台开放的举措。如在电信和运输服务领域，允许台湾服务提供者在自贸试验区内试点设立合资或独资企业，提供离岸呼叫中心业务及大陆境内多方通信业务、存储转发类业务等，允许台湾服务提供者在自贸试验区内直接申请设立独资海员外派机构并仅向台湾船东所属的商船提供船员派遣服务，无须事先成立船舶管理公司。在两岸金融合作方面，提出支持台湾地区的银行向自贸试验区内企业或项目发放跨境人民币贷款；允许台资金融机构以人民币合格境外机构投资者方式投资自贸试验区内资本市场；支持在自贸试验区设立两岸合资银行等金融机构。探索允许台湾地区的银行及其在大陆设立的法人银行在福建省设立的分行参照大陆关于申请设立支行的规定，申请在自贸试验区内设立异地（不同于分行所在城市）支行。① 相应的，自贸区政府部门在执行自贸区特殊台资投资政策和待遇的过程中，在其新开放的投资领域、新准入的投资业务中都可能产生相应的新类型投资争端。

3. 影响力方面

自贸区在通关便利、管理体制创新和开放领域等方面的优势，对台商投资形成了巨大的虹吸效应。自厦门自贸片区挂牌成立至今年10月，已吸引了近5000家企业落户，注册资本达700多亿元，片区进出口总额132.91亿美元。作为外商投资集聚区，区域内

---

① 《中国（福建）自由贸易试验区总体方案》。

发生的投资争端不可避免地会相应增加,其最终解决方式具有较强的示范作用,影响面也较广。

(二)对两岸投资争端解决机制的新需求

自贸区内的两岸投资争端,除了政府因执行一般的经济和社会管理措施而产生的争端,还包括政府因执行自贸区特殊投资法律与政策而产生的自贸区内独有的投资争端类型。其在主体、类型、数量、影响等方面的特点对两岸投资争端解决机制的构建提出了新的需求。

一是专业。自贸区内投资争端覆盖投资待遇、透明度、投资便利、征收补偿、转移投资等方面,涉及跨境投资、国际贸易、离岸金融等领域,要解决该类争端不但需要良好的法律知识还需要相关领域的专业知识储备。此外,自贸区内除了政府因执行一般的经济管理和社会管理措施而产生的争端,也包括政府因执行自贸区特殊投资法律与政策而产生的自贸区内独有的投资争端类型,如因实施负面清单管理模式而产生的对"负面清单"解释上的争端,或因服务业扩大开放而产生的暂停或取消投资者准入限制措施方面的争端等。[①] 该类纠纷并无先例可循,对于争端解决的专业能力提出了更高的要求。

二是高效便利。自贸区优惠的政策、措施都旨在为自贸区内的国际投资、国际金融、国际贸易提供一个法制化、国际化、便利化的营商环境,这种高效便利的营商环境也要求自贸区内的争端解决方式具有高效、灵活等特点。[②] 纠纷处理的延宕、救济的迟缓不但影响当事人的合法权益,还可能影响该领域投资活动的整体运转。因此,应提供多元的解决方式供当事人根据实际情况自主选择,保障纠纷处理的自主性与灵活性;纠纷解决方式应有规范的程序、充分的信息披露和一定的时间限制,能够让当事人在纠纷处理的各个阶段都最大限度地、高效地保障自己的权益。

三是中立权威。如前所述,自贸区内的两岸投资争端均为台湾地区投资者与大陆政府部门之间的争端,且其解决方式具有较强的示范作用,影响面也较广。考虑到两岸关系的特殊性和敏感性,两岸投资争端极易被过度渲染,影响大陆政府部门形象。故而,在争端解决机制中应尽量通过与处理结果不具利害关系的第三方处理,由其通过规范的程序寻求解决争端;纠纷解决应有权威性,有相应的执行机制保障执行。

三、创新:厦门自贸片区两岸投资争端多元化解决机制的构建

建立完善的投资争端解决机制对于促进自贸区健康发展有重要意义。从某种程度上说,是否能公正、便捷地进行争端调处,事关自贸区的前途和命运。[③] 厦门自贸片区自挂牌以来,积极主动对接国际标准,构建法制化营商环境。比如,成立国际商事仲裁院、国际商事调解中心,构建与国际接轨、市场化运作的纠纷仲裁与协调机制;成立两岸知识产权智库,出台片区经济活动知识产权评议办法,帮助企业运用知识产权评议手段研判产业技术趋势、预测产业市场与创新发展空间等。但总体上仍与高效公正解决两岸投资争端的需求尚有一定差距。因此,厦门自贸片区应充分利用政策先发优势,在《投保协

---

① 陈力:《上海自贸区投资争端解决机制的构建与创新》,载《东方法学》2014年第3期。
② 袁杜娟:《上海自贸区仲裁纠纷解决机制的探索与创新》,载《法学》2014年第9期。
③ 沈国明:《法治创新:建设上海自贸区的基础要求》,载《东方法学》2013年第6期。

议》搭设的两岸投资争端解决的制度化平台上着力构建自贸区两岸投资争端多元化纠纷解决机制。

（一）拓展两岸投资争端解决机构调解平台

两岸投资争端解决机构是体现两岸特色的全新制度设计。《投保协议》对于机构的设立、适用范围及运作程序进行了详细了规定。应该说该机制在很大程度上替代了传统双方投资协议中的国际仲裁制度，具有其独特价值。尤其两岸投资争端解决机构必须是双方指定的机构，在专业水平、服务能力和政策把握上较有保障。但是，该机制仅限于通过调解方式解决争端，在当事人难以对达成一致的情况下无法作出裁断，可能会导致案件久拖不决。同时，两岸投资争端解决机构并非司法机关或其他公权力部门，而系两岸指定的以调解方式处理投资补偿争端的民间组织。故而，该机构所作出的调解协议并不具有直接的法律效力。关于调解协议的执行问题，《投保协议》仅规定双方应确保建立、完善与调解协议执行相关的制度。但截至目前，两岸并未出台相应的制度。缺乏强制执行力将大大降低当事人选择两岸投资争端解决机构的意愿。

笔者以为，可从以下几个方面积极拓展厦门自贸骗取两岸投资争端解决机构平台：首先，积极争取将中国（福建）自由贸易试验区厦门片区厦门国际商事仲裁院纳入投资争端解决机构名单。目前，大陆仅确定贸促会调解中心和国际经济贸易仲裁委员会作为大陆指定的调解机构。上海、福建自贸区新设立的中国（上海）自由贸易试验区仲裁院、中国（福建）自由贸易试验区厦门片区厦门国际商事仲裁院均不具备两岸投资争端的调解权限。作为两岸投资争端多发区，从资源整合的角度，厦门应积极向相关部门申请厦门国际商事仲裁院对两岸投资争端进行调解的权限。其次，适当扩大受理范围。根据《投保协议》，两岸投资争端解决机构受理范围仅限于"投资补偿争端"，即有关征收和损失补偿等补偿事宜的争端。其他违反协议规定致使投资者受到损失所产生的投资争端如因为投资待遇、准入、转移等事项产生的纠纷并不适用该调解程序。[①]考虑到厦门自贸片区内投资争端类型较多，在双方同意的前提下，可尝试将受理范围扩大至其他类型的投资争端。再次，赋予特定情况下的仲裁权限。两岸选定的投资争端解决机构实际上均为仲裁机构，具有仲裁裁决功能。但《投保协议》并未赋予其在投资补偿争端中的仲裁权限，而只能通过调解方式解决争端。但若双方经两岸投资争端解决机构调解不成后均同意由该机构直接作出仲裁，应允许其根据当事人要求作出仲裁裁决。最后，建立相应的执行保障模式。投资者与投资所在地一方产生的投资补偿争端在达成调解协议后，已经转化为金钱补偿、返还财产等债务的履行，属于典型的民事权利义务关系，可参考对人民调解协议的司法确认程序，构建两岸投资争端解决机构所作调解协议的司法确认程序。

（二）整合自贸区两岸投资争端行政协处系统

投资所在地协调解决和投资争端协处机制协助解决均为行政主导的争端解决方式。两岸投资争端的协调机制，最早可上溯至1991年海协会成立初期。当时，国台办就授权海协会成立经济部，专门负责保护台商合法权益工作，从而在两岸两会间建立了一个受理、承办台商台胞求助陈情的工作渠道。之后国台办专门设置了投诉协调局，专司台胞

---

① 任清：《简析〈海峡两岸投资保护和促进协议〉》，载海峡两岸关系学研究会编：《第二届海峡两岸和平发展法学论坛论文集（下）》，2013年8月。

权益保护工作。各地各级台办也建立起专业工作机构和队伍，推动涉台纠纷调处工作。据统计，2000年至2012年，大陆各级台办受理各类台胞投诉、求助案件28215件，协调解决24084件，结案率达85.4%。①投资争端协处机制则是《投保协议》新确立的协调机制。根据台湾地区经济主管部门的统计，从《投保协议》生效至2014年5月，台湾方面已与大陆协处两岸投资争端109件，完成协处程序32件，案件类型包括地方政府片面终止合同、征收金额过低、土地被强制收回等。②

投资所在地协调解决和投资争端协处机制都是行政权高度介入的过程，其中更涉及两岸公权力的磋商。其经常有利于推进个案的解决，在两岸当前的政治经济背景下也有其特殊价值。但是，行政权的行使本身具有一定的任意性，该二种解决方式更不可避免地包含政治性的考量，其在实践中若过度介入个案处理可能造成对于一方压力而导致最终的解决方案丧失公平性。厦门市在应对台商投诉协调方面累积了较为丰富的经验，在2007年就确立了"厦门市台商权益保障工作联席会议制度"，多部门联动协调两岸投资争端。下一步可以在既有基础上，从以下几个方面整合提升自贸片区两岸投资争端行政协处系统：一是强化行政协处通报、反馈功能。不论是投资所在地及其上级的协调机制或是两岸投资争端协处机制，均不应介入个案实体处理。其应主要发挥通报、反馈功能，根据当事人或对口单位要求向相关机构了解相关纠纷处理进展，并将获得的信息进行反馈，或对当事人的纠纷解决提供指引。二是要规范协处程序。协处单位对于受理程序、反馈时限和回复方式应有明文规定并对外公示，使当事人可以对于信息反馈情况有合理的预期。三是整合统一协处窗口。投资所在地及其上级的协调机制与两岸投资争端协处机制应有效衔接，避免出现多头马车的情况。

（三）提升司法服务保障自贸区建设的能力

保障自贸区国际化、市场化、法治化营商环境的构建，预防及依法处理两岸投资争端，需要发挥法院化解矛盾纠纷、营造法治环境、支持改革创新等职能作用。上海自贸区成立后，专门在自贸区设立了上海浦东新区自由贸易区法庭设立涉自贸纠纷。厦门在处理涉台司法工作方面一直走在全国前列：2012年6月，厦门市海沧区法院率先成立全国首个基层涉台专业法庭；2013年1月，厦门市中级法院也成立了专门的涉台案件审判庭。在此基础上，中院和海沧区法院在全国率先实行涉台刑事、民商事、行政案件"三合一"跨区域集中管辖。两岸投资争端在性质上为涉台行政案件，属于涉台案件集中管辖范围。根据《最高人民法院关于审理国际贸易行政案件若干问题的规定》，自然人、法人或者其他组织认为我国具有国家行政职权的机关和组织及其工作人员有关国际贸易的具体行政行为侵犯其合法权益的，可以向人民法院提起行政诉讼，但一审国际贸易行政案件由具有管辖权的中级以上人民法院管辖。依该规定，海沧区法院管辖对国际贸易行政案件以外一审两岸投资争端案件；中院管辖一审国际贸易行政案件和不服海沧区法院判决提起的二审上诉案件。

据统计，2012年2月至今年10月，厦门法院共受理涉台刑事、民商事、行政及执行案件合计4414件，审结3432件。其中，受理涉台行政案件14件、审结12件，已结案

---

① 季烨：《两岸投资争端解决机制的制度创新及其完善》，载《台湾研究》2014年第2期。
② 郭清宝：《两岸投资补偿争端解决机制实践深化之探讨》，载海峡两岸关系法学研究会编《第三届两岸和平发展法学论坛论文集——两岸关系和平发展法治保障》，2014年8月。

件中仅 2 件属于两岸投资争端,处理该类案件的经验还相对欠缺。随着厦门自贸片区建设的不断推进,因投资人对自贸区管委会或者有关部门的具体行政行为不服而提起的行政诉讼在数量上势必有较快增长,亟须提升相应的司法能力。一是要牢固树立与自贸区发展相适应的司法理念,通过司法对金融、海关、外汇等行政行为的维护与监督,强化规则意识,巩固改革成果,完善自贸区公开、公正、透明的法治环境。二是全面加强涉自贸区案件的审判工作,密切关注行政审批模式转变带来的法律问题,促进自贸区法治政府和服务型政府建设。三是积极探索服务自贸区建设新机制,发布审判白皮书、典型案例、司法建议,发挥司法对自贸区行政机构与经营主体的指引作用。四是加强自贸区审判队伍建设,加大与自贸区有关的审判专业培训力度,开展"负面清单"等与自贸区建设相关的法律问题和审判理论前沿性研究,着力打造适应自贸区建设要求的司法队伍。

(四)建立两岸投资争端替代性解决机制

除了传统的诉讼、仲裁解决方式之外,两岸投资争端还应积极利用替代性解决机制(以下简称 ADR)。ADR 概念起源于美国,最初是指 20 世纪逐步发展起来的各种诉讼外纠纷解决方式,现已引申为对世界各国普遍存在着的、裁决以外的非诉讼纠纷解决程序或者机制的总称。由于 ADR 以争议当事人的自愿为基础,以充分调动争议当事人的积极性和最大限度地保护争议当事人的合法利益为目标,因而争议当事人可结合具体案情,有针对性地利用 ADR 方式,采用于自己有利、让所有参加者满意的切实可行的方案,快速、有效地解决争议。目前,替代性纠纷解决方法主要有单方行动、早期中立评价、非正式的协商、和解、调解等。

两岸投资争端在性质上属于行政争议,关于行政纠纷能否适用 ADR 曾有争议:第一,行政纠纷当事人之间的地位不平等,行政相对人较之行政机关而言,在资源、技能、获得信息等诸多方面处于劣势。第二,许多行政纠纷涉及的利益往往关乎公共福利或者国家利益,适用 ADR 机制就存在着行政机关被某些利益集团掌控的风险,从而危及公共利益。第三,用 ADR 解决行政纠纷,实际上是允许行政机关与行政相对人讨价还价,这就为行政自由裁量权的滥用提供了空间。[1]但是,随着行政理念的更新,行政纠纷也可以适用 ADR 渐成公论——与其让行政机关基于单方面的判断和斟酌而行使这种权力,显然还不如鼓励行政机关在通过协商对话获得合意的基础上行使这种权力。况且,对行政机关而言,建立在通过对话、协商方式而获得的共识基础上的行政决定也更容易得到执行。事实上,《投保协议》也将"争端双方友好协商解决"作为纠纷解决方式之一。2015 年 4 月 1 日,厦门已通过了全国首部关于多元化纠纷解决机制的地方立法——《厦门经济特区多元化纠纷解决机制促进条例》。厦门自贸片区在两岸投资争端解决方面,可以依据该条例扶持自贸区内经济、法律、咨询服务等社会机构的成长,充分发挥 ADR 在解决两岸投资争端中的作用,使其成为解决该类纠纷的常态。

---

[1] 骆念荣:《替代性纠纷解决机制在行政法上的运用》,载《东方企业文化》2012 年 10 月。